1 MONTH OF
FREE
READING

at
www.ForgottenBooks.com

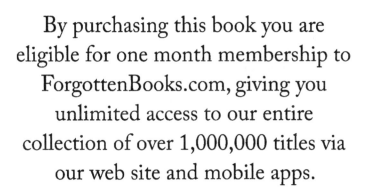

By purchasing this book you are eligible for one month membership to ForgottenBooks.com, giving you unlimited access to our entire collection of over 1,000,000 titles via our web site and mobile apps.

To claim your free month visit:
www.forgottenbooks.com/free728236

ISBN 978-0-666-46535-1
PIBN 10728236

Album.

Bibliothek deutscher Original-Romane.

Mit Beiträgen

von

Amely Bölte, Julie Burow (Frau Pfannenschmidt), Franz Carion, Jacob Corvinus (W. Raabe), Ida von Düringsfeld, Ernst Fritze, Friedrich Gerstäcker, Graf St. Grabowski, Bernd von Guseck, F. W. Hackländer, Edmund Hoefer, Karl von Höltei, Moritz Horn, Siegfried Kapper, A. von L., Alfred Meißner, Louise Mühlbach, Eduard Maria Oettinger, Louise Otto, F. Isidor Proschko, Robert Prutz, Josef Rank, Max Ring, Johannes Scherr, Adolf Schirmer, August Schrader, Levin Schücking, Gustav vom See, Ferdinand Stolle, Ludwig Storch, Ernst Willkomm, A. von Winterfeld, Adolf Zeising u. A.

⚶1865⚶ Zwanzigster Jahrgang. ⚶1865⚶

Zwanzigster Band.

Leipzig,

Ernst Julius Günther.

Frau von Gampenstein.

Roman

von

Ernst Willkomm.

Erster Band.

Leipzig,
Ernst Julius Günther.
1865.

Druck von J. L. Kober in Prag.

Erstes Kapitel.

Am Teichrande.

Stundenlang hatte das Unwetter gedauert. Erst gegen Sonnenuntergang klärte sich der Himmel wieder auf, und nun ließen sich einigermaßen die Verwüstungen übersehen, die es angerichtet. Aus dem unheimlichen Rauschen in der Luft war zu vermuthen, daß in nicht zu großer Entfernung Hagel gefallen sein möge. Die hoch angeschwollenen Bäche, von denen mancher seine Ufer überspülte, verkündigten den Bewohnern der Ortschaften, an denen das heftige Gewitter nur unter befruchtenden Regenschauern vorübergestrichen war, daß weiter aufwärts gegen das Gebirge hin ein Wolkenbruch niedergegangen sein müsse. Auch der Blitz hatte an verschiedenen Orten gezündet; denn als die Sonne, Berg, Wald und Thal mit Gold überströmend, durch die Wolken brach, sah man breite Rauchsäulen an den Gebirgsabhängen aufsteigen, die bei einbrechender Dunkelheit sich in röthliche Glut verwandelten.

Weit und breit aber hauchte die Erde würzige Düfte aus. Die ganze Natur war zu neuem Leben erwacht und schlürfte es ein in vollen Zügen. Am durchsichtigen Firmament, soweit die zerrissenen Wolken es frei gaben, leuchteten die Sterne in verjüngter Pracht. Leuchtkäfer glühten im nassen, duftigen Grase und hingen sich an die weißen Säume des dünnen Nebels, der hin und wieder über der feuchtwarmen Erde verdunstete. Es war ein Sommerabend, wie er auch das sorgenbeladene Herz des Menschen erquickt, weil er es mit neuer Hoffnungslabe tränkt.

Den Windmüller, welcher aus dem Fenster seiner bescheidenen Wohnung hinab auf den großen Teich sah, der sich unterhalb des Hügels fast eine Stunde weit ins ebene Land hineinzog, durchbebte wohl auch eine dunkle Ahnung von diesem Glück, das alle Creatur frei und froh aufathmen ließ; wenigstens drückten die Züge seines gutmüthigen, ehrlichen Gesichts die vollste Zufriedenheit mit dem Loose aus, das ihm zugefallen war. Regungslos lehnte der glückliche Mann am Fenster und freute sich offenbar still an dem prächtigen Nachtbilde, das vor ihm aufstieg. Ueber der weiten, spiegelklaren Fläche des Teichs wallten und wogten phantastische Nebelgestalten; darüber am blauschwarzen Himmel lag der Mond wie eine silberne Denkmünze auf dunklem Sammetkissen. Aus der Ferne scholl

Hundegebell und das Blöken einer noch nicht zur Ruhe gekommenen Schafheerde. Ueber seinem Haupte auf dem Hügel sausten die Flügel der Mühle, die ein lauer Wind langsam in Bewegung setzte.

Meister Fabian war ein zufriedener Mann, der sich nicht leicht etwas zu Herzen nahm. Auf seinem allerdings bleichen oder richtiger farblosen Gesicht lag nicht die Blässe des Gedankens. Er ließ die Welt gehen, wie sie mochte, und fügte sich ruhig in Alles, was der Himmel über ihn verhing. Nur ganz ohne Neugierde war der Mann nicht, und wenn sich ungesucht eine Gelegenheit zu bequemer Unterhaltung bot, mochte er gern schwatzen. Lieber noch hörte er Geschichten erzählen, wenn sie innerhalb des Gesichtskreises sich zutrugen, den sein Blick umspannte. Große Weltbegebenheiten ließen ihn kalt, und er machte aus dieser seiner Theilnahmlosigkeit gegen Niemand ein Hehl.

Die Neugierde des Windmüllers erhielt plötzlich Nahrung durch ein Geräusch, das vom Teiche her kam. Die Luft war nicht so stark bewegt, daß man ungewohnte oder besonders auffällige Töne nicht hätte vernehmen können. Ein solcher Ton nun ließ jetzt den gedankenlos in die duftige, lauwarme Nacht blickenden Müller aufhorchen. Er schob den Kopf etwas weiter vor durch den geöffneten Fensterflügel, rückte die roth und weiß gestreifte Zipfelmütze, die sein starkes, grau gesprenkeltes Haar bedeckte, mehr nach rechts und lehnte die linke Seite des Kopfes an den Fenster= pfosten. Gleichzeitig richtete sich sein Blick auf den Teich und das hohe Schilfröhricht, das in breitem Gürtel um das sumpfige Ufer lief.

In den leicht beweglichen, langen Blütenrispen des Schilfes, über dessen leise flüsterndes Blättermeer die dunkeln, langen Fruchtkolben, vom Volke Teich= kolben genannt, schwer hin und wieder schwankten, pfiff und kicherte der Nachtwind. Fabian mit seinen ungewöhnlich scharfen Augen sah ganz deutlich, wie sich die mattgrünen schmalen Blätter des Schilfes, dem Luftdrucke nachgebend, wenn der helle Schein des Mondes auf ihnen lag, immer nach einer Seite bewegten. An einer Stelle nur, zunächst dem Ufer, war die Bewegung eine entgegengesetzte. Anfangs glaubte sich Fabian zu irren, weil vereinzelte Nebel, die wie aus schimmernd weißer Seide filirte Ballons über den Teich fortrollten, die Aussicht trübten. Bald aber war er seiner Sache gewiß, und nun reizte ihn die Neu= gierde zur Anspannung des Gehör= wie Gesichtssinnes. Es mußte ein lebendes Wesen, vielleicht ein Hund, der sich verlaufen hatte oder einer Spur nachging, durch das Schilf streichen.

Die Bewegung war von dem Windmüller zuerst in der Nähe des sogenannten Teichständers bemerkt worden. Es war dies ein ausgehöhlter Baumstamm mit Schleußenvorrichtung, durch welche das überflüssige Wasser abfloß. An diesem Stäuder verengerte sich der Teich zu einem schmalen Graben, über den ein Steg ohne Lehne führte. Es lief nämlich durch das hohe Schilfröhricht ein Fußpfad längs der Westseite des Teichs hin, der an sumpfigen Stellen durch eingelegte breite Basaltsteine gangbar erhalten wurde.

Bei stillem Wetter und insbesondere des Nachts hörte man im Hanse des Müllers deutlich das gur= gelnde Geräusch, welches das aus ·dem Teich abflie= ßende Wasser in der Höhlung des Ständers hervor= brachte.

Fabian war so gewöhnt an diesen gurgelnden Ton, daß er nie darauf achtete; nur wenn er sich nicht hören ließ, spitzte er die Ohren, denn es fehlte ihm etwas. Wacht der Müller doch aus dem tiefsten Schlafe auf, sobald das klappernde, ja lärmende Werk plötzlich still steht! ·

Das Gurgeln am Teichständer hörte auf einmal auf, als habe sich die Höhlung verstopft oder als sei kein Tropfen überflüssigen Wassers mehr ·vorhanden. Lange dauerte die Pause nicht, sie reichte aber gerade hin, den Müller aufmerksam zu machen. Kaum hatte sein Blick sich an den im Mondschein einen kurzen Schatten auf das Schilf werfenden Ständer geheftet,

da schlug auch der Gurgelton wieder an sein Ohr,
nur in kurzen Unterbrechungen, zögernd, bald lauter,
bald leiser. Das ablaufende Wasser des Teichs mußte
mit einem Gegenstande kämpfen, der ihm den Weg
versperrte. Gleichzeitig fiel dem Windmüller die Be=
wegung der Schilfhalme bei dem Ständer auf, die
nicht vom Luftzuge herrühren konnte. Der Blick Fa=
bian's folgte ihr; er sah deutlich, wie sie sich längs
des Ufers im Schilfe fortzog bis dahin, wo der Fuß=
pfad zu dem höher gelegenen Wiesenlande aufstieg.
Der Mond versteckte sich gerade hinter einen der die
Luft durchsegelnden Nebelballons, als die Häupter des
Schilfes zunächst dem Uferrande sich beugten. Als er
hinter der Wolke wieder hervortrat, war auf dem
schmalen Wiesenstrich zwischen dem Teich und einem
Erlengehölz, das sich bis an den Mühlenberg fortzog,
kein beweglicher Gegenstand sichtbar. Fabian lauschte
angestrengt, hörte aber nichts. Das Wasser im Stän=
der gurgelte wie immer, und die Flügel der Mühle
rauschten in altgewohnter Weise. Da hörte er sich
bei Namen nennen. Den Kopf rasch zurückziehend und
sich umkehrend, fragte er unwirsch: „Was gibt's?“

Hinter ihm stand seine Tochter, ein schmächtiges,
lang aufgeschossenes Mädchen, ein brennend rothes
Seidentuch nach damaliger Landessitte dergestalt um
den Kopf geknüpft, daß unter den Fransen nur ein

paar feine Löckchen schönen hellbraunen Haares auf die Stirn herabfielen.

„Der gnädige Herr besteht auf seiner Forderung", berichtete Eva, „er wird aber morgen bei Zeiten die Ladung schicken. Mit der Zahlung könnt Ihr Euch Zeit nehmen."

„So! Kann ich? Siehste, wie du bist! Als ob unsereiner davon Profit hätte! Thut aber nichts, der Preis soll doch herausgeschlagen werden! War er grob, der gnädige Herr?"

„Bei Leibe! Auch nicht so dreist wie sonst. Nicht einmal gespaßt hat er mit mir. Da, Vater, ist's Trinkgeld für den Weg! Ich wollt' es nicht nehmen, aber ich mußte."

„Trinkgeld? Und für Dich, Evchen? Das ist vor seinem Ende! Behalt's und thu' es in Deine Sparbüchse. Kannst Dir zum Kirmesmarkte ein Stück Band dafür laufen. Ist die Mutter zu Bett?"

„Ich hab' sie nicht gesehen, Vater."

„Such' sie auf, Evchen, und legt Euch schla=fen. Ich will nur dem Gehilfen noch Bescheid sagen, dann geh' ich auch zur Ruhe. Die schwüle Luft vom Gewitter her liegt mir noch in den Gliedern."

Eva ging, ohne dem Vater gute Nacht zu wün=schen. Es war das bei diesen einfachen Naturmenschen,

die einen Tag wie den andern in stets gleicher Weise
neben einander fort lebten, arbeiteten, aßen, tranken
und schliefen, nicht herkömmlich. Als die an einem
Gewicht hängende Zuschlagthür, deren nach außen ge=
kehrte Seite mit Stroh gepolstert und mit einem sau=
bern Lederüberzug zu besserem Schutz gegen die Win=
terkälte versehen war, kaum hörbar sich hinter ihr ge=
schlossen hatte, wendete sich Fabian nochmals dem Fen=
ster zu.

Die letzten Flocken des Nebels waren verdampft.
Wie geschmolzenes Silber, vom Winde gekräuselt, flim=
merte das Wasser im Teiche; goldene Funken trieben
auf der schmeichelnden Welle der weichen Luft oder
hingen wie Feuertropfen im dunkeln Laub der Erlen,
welche das Meisenholz bildeten. Dieses Holz gehörte
zur Mühle, dessen Besitzer auch zur Hälfte Antheil an
dem Fischertrage des großen Teichs sowie an dem
Schilfe hatte, das waldartig rund um dessen Ufer wu=
cherte und so prächtig gedieh.

Wie Fabian auf das Glimmern und Flimmern
der Johanniswürmchen in dem Gezweig des Erlen=
gebüsches hinuntersah, trat ein Mann aus demselben
hervor. Der Mond schien voll auf sein Gesicht und
der Müller erkannte ihn auf den ersten Blick.

„Sollte der aus dem Röhricht kommen?" dachte
Fabian und lehnte sich mit dem halben Oberkörper

aus dem Fenster. „Das wäre ja sonderbar! Sein Weg ist's nicht, wenn er aus der Stadt kommt, und an Umwegen ist ihm nichts gelegen."

Während dem Müller diese Gedanken durch den Kopf fuhren, war der späte Wanderer dem Mühlhause bis auf wenige Schritte nahe gekommen. Er mußte die Figur des Müllers erkennen, denn der Mond schien gerade auf das Fenster, aus dem sich Fabian beobachtend lehnte.

„Guten Abend, Moser", sprach jetzt der Müller und rückte seine Zipfelmütze ein wenig in den Nacken. „Ihr seid noch spät zu Gange. Habt Euch wohl infolge des bösen Wetters verspätet? Hier und in nächster Umgegend sind wir gnädig davon gekommen. Oben im Gebirge scheint's schlimmer gehaust zu haben."

Moser war stehen geblieben. Er nahm den schlanken, roth gebeizten, knotigen Dornenstock, auf den er sich stützte, unter den Arm und klopfte die kurze Pfeife von Birkenmaser, aus der er geraucht hatte, aus, um sie aufs neue mit Tabak zu füllen.

„Wenn mir recht ist, brennt's an drei Stellen", antwortete er auf die Anrede des Müllers. „Das eine Feuer ist groß; 's muß eins von den Vorwerken sein."

Einen zischenden Ton ausstoßend, schlug er Fener, fächelte mit dem entzündeten Schwamm einigemal durch die Luft, um ihn besser zum Glimmen zu bringen, und drückte ihn, den Deckel halb zuklappend, auf den neu gestopften Kopf. Dann ließ er den Stock an der linken Seite herabgleiten und stützte sich darauf. Im klaren Mondschein können wir uns den Mann genauer ansehen.

Moser war von langer Statur, hager, sehnig und starkknochig. Arme und Beine standen ihrer Länge wegen in keinem rechten Verhältniß mit dem Ober= körper. Der Kopf, dünn behaart, war proportionirt geformt, schmal und ausdrucksvoll. Blitzende graue Augen leuchteten unter struppigen Brauen hervor. Um die stark aufgeworfenen sinnlichen Lippen lag ein Zug von lustiger Derbheit und Spott. Er ging sehr einfach gekleidet in langen, ziemlich fest anschließenden Lederbeinkleidern, die am Knöchel mit Riemen fest ge= bunden waren. Statt der Stiefeln trug er bequeme Schuhe mit derben Sohlen, die mit unzähligen kleinen Nägeln beschlagen waren, um das zu rasche Abnutzen derselben zu verhindern. Auf dem Rücken hing dem Manne an ledernen Tragriemen ein großer Ranzen von Kalbfell, der oben zugeschnürt war. In diesem Ranzen befanden sich alte Bücher verschiedenen Inhalts und eine bedeutende Anzahl gehefteter Druck= schriften in Quartformat mit Vignetten und allerhand Darstellungen in grobem Holzschnitt.

Moser war der allbekannte Brief= und Zeitungs=
bote, der hundert Bestellungen von Ort zu Ort trug,
den alle Welt mit Aufträgen beehrte und der aller
Leute Vertrauen besaß. Man kannte den Tagebuch=
Moser, wie er gewöhnlich von einer damals viel-
gelesenen Wochenschrift, die zahlreiche Illustrationen
enthielt, genannt wurde, als einen zuverlässigen, ver=
schwiegenen Mann, der nöthigenfalls auch ein Ge=
heimniß still mit sich herumtragen konnte, ohne davon
belästigt zu werden. Und da Moser, wie viele seinesgleichen, weder schreiben noch Geschriebenes lesen konnte,
dafür aber ein merkwürdig treues Gedächtniß besaß,
so eignete er sich vortrefflich zu dem Geschäft, das er
nun schon seit einem halben Menschenalter zu aller
Zufriedenheit trieb.

„Der Weg durchs Röhricht ist wohl sehr schlüpfrig?"
fragte der neugierige Müller, den Blick auf das scharf
geschnittene, von Wind und Wetter gebräunte Gesicht
Moser's heftend, der mit starken Zügen die zu fest ge=
stopfte Pfeife in Brand zu setzen sich bemühte. „Kann's
nicht sagen", versetzte dieser, einen schlauen Seitenblick
auf den Müller werfend. „Bin oben 'rum gegangen
durchs Kiefricht. Wollt Ihr morgen vielleicht dürres
Schilf schneiden?"

Die Pfeife brannte jetzt und Moser schickte sich
an weiter zu gehen.

„Sonst nichts Neues aus der Welt?" fragte Fabian und gähnte den Mond an. „Mich dünkt, seit die Engländer dem Bonaparte das Maul gestopft haben, passirt nichts mehr."

„Unterschiedliches doch", versetzte Moser. „Lest morgen das neueste Tagebuch beim Schloßverwalter und Ihr werdet Euch des Todes verwundern! Das wird der Gnädigen in die Glieder fahren, als sollt' sie noch einmal ohne Reifrock tanzen! Hätte sie so was voraussehen können, ja, dann läge sie wohl nicht schon seit zehn Jahren alle Tage in ihrer Hauskapelle auf den Knieen! Na, gute Nacht, und fallt morgen nicht ins Wasser, wenn Ihr am abschüssigen Teichrande Schilf schneidet."

„Was ist's denn mit der Gnädigen, Moser?" fragte Fabian, der von der letzten Bemerkung des Boten ganz munter geworden war. „Ich bitt' Euch, erzählt doch; 's ist ja meine Herrschaft!"

Moser aber lachte schelmisch in den Bart, schlug mit seinem Stocke ein paar am Wege stehende Distelköpfe ab und ging, ohne den neugierigen Müller einer Antwort zu würdigen, stracks seines Weges.

Zweites Kapitel.

Der Bote und die Schloßfrau.

Eine kleine Stunde von der Windmühle am Meisenholze entfernt lag Schloß Gampenstein, der alte Stammsitz der Familie von Gampenstein. Die Familie war reich und besaß außer dem Stammschlosse noch mehrere große Herrschaften im Auslande. In frühern Jahren lebte der derzeitige Besitzer bald da, bald dort, hielt sich aber vorzugsweise in den großen Residenzstädten Europas auf. Seit dem Ende der Napoleonischen Kriege war in der Lebensweise des Rittmeisters von Gampenstein eine bedeutende Veränderung eingetreten. Er hatte sich von den Zerstreuungen der großen Welt zurückgezogen und legte sich mit Eifer, ja mit einer gewissen Leidenschaft auf die Bewirthschaftung seiner Stammländereien, die während der letzten Jahre unter wenig gewissenhaften Inspectoren und Verwaltern stark gelitten hatten.

Früher schon war seine Gemahlin, mit der sich Gampen=
stein im Auslande vermählt hatte, auf dem Schlosse
angekommen, in welchem eine Menge Zimmer vorher
ganz umgebaut werden mußten.

Moser's nächstes Ziel, das er noch am Tage er=
reicht haben würde, wäre er unterwegs nicht von dem
bösen Unwetter überrascht und aufgehalten worden,
war das Schloß. Er sprach alle Wochen daselbst ein,
da von den vielen Dienstleuten des Rittmeisters immer
der eine oder andere eine Bestellung für ihn hatte.
Außerdem machte er im Schlosse gelegentlich auch einen
kleinen Handel oder einen Tausch, der ihm Vortheil
brachte. Die Gemahlin des Rittmeisters, weit und
breit kurzweg die Gnädige genannt, hatte eine wun=
derliche Liebhaberei für alte Druckwerke, insbeson=
dere für selten gewordene Bibelausgaben und völlig
aus der Mode gekommene Gebet= und Andachtsbücher.
Diese Raritäten schleppte Tagebuch=Moser der gnä=
digen Frau in Menge zusammen, obwohl er von dem
wirklichen oder eingebildeten Werthe der in Schweins=
leder gebundenen Quartanten und Folianten gar keinen
Begriff hatte.

So spät wie heute war Moser noch niemals in
Gampenstein angekommen. Um nicht Alles schon in
tiefem Schlafe zu finden, was fast zu vermuthen stand,
beschleunigte er seine Schritte und .hatte das Ver=

gnügen, schon nach wenigen Minuten die Lichter im
Schlosse durch die köstliche Julinacht schimmern zu
sehen.

In dem sehr geräumigen Schloßhofe war noch
reges Leben. Mehrere Knechte hantierten neben dem
Wagengebäude trotz des hellen Mondscheins bei Laternen=
licht, und als Moser, dessen Ankunft von Niemand
bemerkt wurde, näher kam, sah er, daß die Schloß=
spritze im Hofe stand und die Knechte alles dazu
Nöthige, so gut es in der Eile geschehen konnte, in
Ordnung zu bringen suchten.

Wenn Moser die Menschen etwas Unnützes thun
sah, lachte er regelmäßig. Auch jetzt fing er an recht
herzhaft zu lachen und meldete sich damit dem Schloß=
gesinde an.

„Ihr hättet auch eher kommen können‟, meinte
der Schloßschmied, welcher als Spritzenmeister zu fun-
giren hatte und nicht in der besten Laune war, weil
es der selten gebrauchten Maschine an sehr Vielem
fehlte, das sich in der Kürze nicht herbeischaffen ließ.
„Lacht Ihr uns aus, daß wir uns mit dem halb ver=
morschten Kasten herumplagen? Werft lieber Euern
Ranzen ab und legt mit Hand an! Wir kommen
dann wenigstens noch zurecht, um die letzten paar
Kohlen mit auslöschen zu helfen.‟

Moser lachte von neuem und that ein paar

herzhafte Züge aus seiner kurzen Pfeife. „Wohin soll's denn gehen?" fragte er.

„Aufs Vorwerk bei der Lochbuche", entgegnete der Schmied; „'s ist Unsinn, - aber der gnädige Herr hat's befohlen. Er selber ist schon fort seit einer Stunde; der Verwalter mit ihm. Ihr könnt auch mit aufhocken, denn für Eure Lügenchronik findet Ihr heute kein Ohr."

„Danke für gütige Einladung", sagte Moser gelassen. „Bin just nicht fürs Spritzenwesen passionirt und machte Euch am Ende nur Ungelegenheiten. Hat das liebe himmlische Feuer, das so grausamliche Zerstörungen anrichtet, auch die Gnädige nach dem Vorwerke gelockt?"

„Die Gnädige!" höhnte der Schmied. „Wenn's der nachginge, müßten die Engel vom Himmel steigen und alle drei Erzväter heiliges Wasser aus dem Teiche Bethesda oder dem Jordan heranschleppen. Ungeweihtes Wasser aus einer alten Lehmgrube, wie das unergründliche Buchenloch, ist der Gnädigen bei einer Feuersbrunst, die der Himmel selbst anzündet, sicherlich ein Greuel."

„Habt Ihr sie gefragt?"

„Daß ich ein Narr wäre!"

„Dann will ich, während Ihr die Kohlen auf dem eingeäscherten Vorwerke vollends ausgießt, die

gnädige Frau ins Gebet nehmen. Gute Ver=
richtung!'"

Gutmüthig lachend wendete Moser den Geschäf=
tigen den Rücken und schritt dem Schloßportale zu.
Der Schmied sah ihm giftig nach und brummte:
„Wenn der Landläufer noch oft mit der Gnädigen
verkehrt, wird sie zuletzt noch ganz verrückt. Ich
kann's und kann's nicht begreifen, daß der gnädige
Herr an dem verlogenen Windbeutel einen solchen
Narren gefressen hat."

Schloß Gampenstein bildete mit seinen großen
Oekonomiegebäuden ein gewaltiges Viereck. Das Her=
renhaus lehnte sich an schön bewaldete Hügel, die ein
angenehm schattiges Thal mäandrisch durchzog. Ein
klarer Bergbach, den muntere Forellen belebten, schäumte
über kiesigen Grund, kleine Wasserfälle bildend, durch
das Thal, bespülte die Mauern des Schlosses und er=
goß sich jenseits des Meisenholzes in den uns bekann=
ten Teich.

Das Aeußere des Schlosses war nicht viel ver=
sprechend. Der Unterbau, aus Granitquadern beste=
hend, deutete auf ein hohes Alter des umfangreichen
Gebäudes. Die beiden obern Stockwerke waren später,
wahrscheinlich infolge einer Feuersbrunst, welche den
ursprünglichen Sitz der Herren von Gampenstein zer=
stört hatte, aufgesetzt worden. Ein nur wenig über

das spitzgiebelte Dach emporragender plumper run-
der Thurm flankirte das Gebäude. Zunächst diesem Thurme befand sich das Schloßportal mit dem
in Stein ausgemeißelten Wappen derer von Gampenstein.

Moser steckte die Tabakspfeife in die Seitentasche
seiner Jacke, ehe er das Schloß betrat. Frau von
Gampenstein konnte den narkotischen Geruch des Ta-
baks nicht leiden, weshalb sie auch nicht duldete, daß
ihr Gatte innerhalb der Schloßmauern rauchte. Bekannt mit dieser Eigenheit der Gnädigen, trug der
fügsame Landbote derselben Rechnung.

Langjähriger Verkehr mit den Herrschaften hatte
Moser dreister als jeden Andern gemacht, der im
Schlosse aus und ein ging. Er wußte, daß er stets
eine gern gesehene Persönlichkeit auf Gampenstein sei,
und das benutzte der ungebildete Mann, der von Natur gute Anlagen erhalten hatte, einen scharfen Verstand und viel Schlauheit besaß.

Moser pflegte sich dem Dienstpersonal auf ganz
eigenthümliche Weise anzumelden. Er läutete die Be-
dientenglocke nicht, er schlug mit seinem Stocke so
lange daran, bis einer von den Dienern erschien, um
ihm Rede zu stehen. Auch jetzt ging Moser ungeachtet der späten Abendstunde von dieser Gewohnheit
nicht ab. Die scharfen kurzen Schläge an die ziemlich

große Glocke, die grell durch die stillen Räume hall=
ten, riefen alsbald einen Diener herbei.

„Endlich!" sprach dieser sichtlich erheitert. „Die
gnädige Frau hat schon unzählige Male nach Euch
gefragt und ist ganz unruhig geworden. Ihr sollt nur
gleich eintreten; einer Meldung bedarf's nicht."

Moser stellte seinen Ranzen neben den Stock, zog
die Lederschnüre auf und nahm ein paar schadhafte
alte Bücher und ein einziges darunter liegendes Zei=
tungsblatt heraus, das verschiedene Flecke hatte. Mit
diesen Gegenständen schritt er den gewölbten Corridor
hinab, an dessen Ende das von der Schloßfrau ge=
wöhnlich bewohnte Gemach lag. Der Diener riß die
geschnitzte schwere Eichenthür auf und Moser trat ein.

Frau von Gampenstein saß lesend an einem run=
den Tische, den eine Menge Bücher verschiedenen For=
mats bedeckten. Von den sehr hohen Wänden,
die gepreßte Ledertapeten bekleideten, sahen aus ge=
bräunten Rahmen die Portraits von Männern und
Frauen in den Trachten des fünfzehnten, sechzehnten
und siebzehnten Jahrhunderts. Nur ein einziges Ge=
mälde war jüngern Datums und stellte eine Dame
in voller Jugendblüte, aber in einem Costüm dar,
das wohl nur Wenige schön gefunden haben würden.
Das goldbraune Haar war mittels eines halbbogen=
förmigen Kamms von Schildpatt, an dem Juwelen

2*

schimmerten, glatt nach hinten gestrichen und im
Nacken kurz abgeschnitten. Den Hals umhüllte bis dicht
an das schön geformte, feine Kinn ein weißes Tuch,
wie es Dorfschullehrer und Pastoren gewöhnlich tragen,
und den Busen bedeckte außer dem hohen Kleide noch
ein kreuzweis darüber gestecktes durchsichtiges Gewebe
von weißen Spitzen, dem sich die übermäßig hoch hin=
aufgerückte Taille des simplen Kleides anschloß.

Man erkannte auf den ersten Blick zwischen die=
sem jugendlichen Brustbilde und der am Tische sitzen=
den Dame eine sprechende Familienähnlichkeit; verglich
man die lebensfrischen, rosigen, in schalkhaftem Ueber=
muth lächelnden Züge des Portraits genauer mit den
ernsten Mienen der Schloßfrau, so mußte man zu der
Ueberzeugung kommen, daß man ein Portrait aus der
glücklichsten Zeit ihres Lebens vor sich habe.

Vier Wachskerzen auf zwei silbernen Armleuch=
tern verbreiteten genügende Helle und beschienen ins=
besondere das Gesicht der Schloßfrau so stark, daß ein
scharfes Auge die zarten Fältchen zu zählen im Stande
gewesen wäre, die um den ein wenig eingesunkenen
Mund und um die Augen feine Netze angesetzt hatten.

Bei dem derben Tritte Moser's, den die Dame
nach den auch ihr vernehmbar gewordenen Schlägen auf
die Glocke erwartete, blickte sie auf, nickte ihm ver=
traulich und freundlich zu und deutete mit der schnee=

weißen Hand, die von seltener Kleinheit, Zartheit und
Rnudung war, auf den niedrigen Sessel zunächst dem
Sopha, das sie selbst einnahm.

„Ruhe Dich aus, Moser", redete sie den Boten
an; „Du wirst müde und angegriffen sein von den
schlechten Wegen, auf denen Du wandeln mußtest.
Ich bin Dir nicht böse, obwohl ich mich in Sehn=
sucht nach Dir fast verzehrt habe. Gottes Hand hielt
Dich zurück, und was Gott thut, ist immer wohl ge=
than, wenn wir es auch in unserer Kurzsichtigkeit nicht
begreifen. Wir sollen ihm dankbar sein für Alles,
was er uns schickt, auch für das Schwere und Pei=
nigende. Weißt Du schon von dem Unglück, das der
Blitz auf Gampenstein angerichtet hat?"

„Im Schloßhofe hab' ich's erfahren, gnädige
Frau."

„Cäsar ist hinüber geritten, um zu sehen, ob sich
noch etwas retten läßt. Ich sollte ihn zu Wagen be=
gleiten; Gott Lob! die schlimmen Wege, die von den
Wassern des Wolkenbruchs, der im Gebirge gefallen
sein soll, ganz verschlammt sein müssen, haben mich
von dieser Strapaze frei gemacht."

Bei diesen Worten blitzte die Dame mit ihren
großen blauschwarzen Angen den Tagebuchboten so
schelmisch an, daß sie dem Portrait an der Wand noch
um Vieles ähnlicher ward.

„Begreif's, gnädige Frau, begreif's“, entgegnete
Moser und klappte die mitgebrachten Bücher auf
und zu.

„Leg' sie zu den übrigen“, fuhr die Schloßfrau
fort, „und dann berichte.“

Moser legte die Bücher auf den Tisch; nur das
Zeitungsblatt behielt er zurück.

„Zuverlässiges habe ich nicht erfahren, gnädige
Frau“, sprach er, das Blatt zwischen seinen derben
Fingern hin und her schiebend. „Wir müssen aber
Geduld haben und nicht müde werden. Nur bei Leibe
nichts forschiren!“ — so sprach Moser das fremde
Wort aus, dessen er sich gern und oft bediente. „Mit
Gewalt und Forsche ist nichts herauszukriegen aus
den Leuten.“

„Von welchen Leuten sprichst Du, Elias?“

„Von allen denen, die etwas wissen oder doch
erfahren können.“

„Und deren hast Du einige gefunden?“

„Bis jetzt vier, gnädige Frau; aber sie stellen
sich alle dumm. Das ist so Manier bei allen schuf=
tigen Seelen.“

Frau von Gampenstein's Blick traf zum zweiten
Male blitzartig funkelnd den schlichten Mann im nie=
drigen Sessel.

„Ist das Alles, was Du mir zu berichten hast?" forschte sie weiter. „Es wäre noch weniger, als was ich erwartet habe. Wie steht's mit den Papieren?"

„Nächstens, gnädige Frau, nächstens. Die Rose will jetzt auch mit Handschuhen angefaßt sein. Sie hat eine merkwürdige Forsche im Abschlagen."

„Du weißt, sie gehören ihr nicht! Es war mein Wille, sie beiseite zu legen."

„Beiseite zu schaffen, gnädige Frau. Nichts für ungut!"

„Das ist dasselbe, Elias!"

„Nicht immer und nicht bei Jedermann. Wer etwas beiseite legt, der verwahrt's gewöhnlich mit Sorgfalt; wer eine Sache beiseite schafft, kann sie auch vernichten, ganz verschwinden lassen. Es kräht kein Hahn drüber, war's ordnungsmäßig befohlen."

„Laß Deine schlechten Späße, Elias, und ängstige mich nicht! Ich will ja gern erkenntlich sein; Du weißt, daß ich unter dieser Ungewißheit leide. Rose kann mich nicht so verstanden haben, wie Du sagst."

„Ich sage gar nichts, gnädige Frau, ich will Ihnen nur zu Ihrem eigenen Besten den Fall klar machen. Dieser aber besteht darin, daß ich zur Zeit die Papiere noch nicht habe. Sie sind weggepackt und müssen erst wiedergefunden werden."

„Gefunden? So wären sie verloren?"

„Bei Leibe nicht! Aber die Rose muß sich doch erst besinnen. Und dazu gehört Zeit und Ruhe und Lust obendrein. Man thut also gut, daß man wartet; ich meines Theils rathe dazu, gnädige Frau."

„Das sind recht traurige Nachrichten, Elias", sagte Frau von Gampenstein, die Arme über der Brust kreuzend und diesmal Moser mit schwermüthigem Auge ansehend. „Ich habe meine ganze Hoffnung auf diese Documente gestellt, und nun werden sie mir vorent= halten! Das ist hart, Elias, entsetzlich hart! Ich habe das um Rose nicht verdient!"

„Was da, gnädige Frau!" entgegnete Moser in nicht sehr respectvollem Tone. „Die Rose ist so un= schuldig wie ein neugeborenes Kind, wenn der Bettel sich verloren haben sollte! Das ist aber nicht geschehen. Jedoch kann ich gegen die eigene Frau nicht forsch auftreten. Also haben Sie Geduld, und ich werde herbeischaffen, was Sie brauchen, und müßt' ich's aus des Teufels eigenem Raritätenkabinet holen!"

Er machte Miene aufzustehen, faltete dabei das unsaubere Blatt, mit dem er bisher gespielt hatte, zu= sammen und wollte es in die Tasche stecken.

Frau von Gampenstein streckte ihm die Hand entgegen und sagte bittend:

„Werde nicht ärgerlich, Elias! Es ist ja nichts

Unrechtes, wozu ich Deine Hülfe beanspruche! Was
zerknitterst Du da zwischen den Fingern?"

Moser strich das Zeitungsblatt, so gut es gehen
wollte, glatt auf seinem kräftigen Schenkel und blickte
die Schloßfrau forschend an.

„Das Blatt hatte ich eigentlich dem gnädigen
Herrn zugedacht", erwiderte er zögernd. „Ich weiß
nicht, ob ich recht thue, wenn das Gewicht auch dieser
Nachricht, die freilich nicht verbürgt ist, zu all dem
Uebrigen auf Ihro Gnaden zuerst fällt."

„Eine Nachricht, die mich in Bestürzung, in Angst
und Sorge versetzen kann?" fiel die Dame ein, und
ihre noch immer anmuthigen Züge vibrirten vor Auf=
regung. „Reiche mir das Blatt! Ich muß wissen,
was es enthält."

„Ich hab's unterwegs stipitzt, gnädige Frau.
Etwas mag dran sein, denn auch im Tagebuche ist
davon die Rede."

Frau von Gampenstein hatte Moser das Blatt
schon entrissen und überflog es mit weit geöffnetem,
unruhig suchendem Auge. Bald fand sie die Stelle,
die für sie Bedeutung hatte. Sie las mit halb offe=
nem Munde; ihre Hände begannen zu zittern; ein
Schrei entrang sich ihrer gepreßten Brust. Sie ließ
das Blatt fallen und sank, beide Hände über ihr
Antlitz breitend, in das Sopha zurück.

Moſer blieb ſcheinbar ein theilnahmloſer Zuſchauer dieſer gewaltigen Gemüthsaufregung der Schloßfrau. Er beobachtete ruhig, wie ein Arzt, jede Bewegung, jede Miene der vornehmen Dame, als ſei es ihm Bedürfniß, ſie bis auf den Grund der Seele zu durchſchauen. Als ſie mit halb geſchloſſenen Angen vor ihm lag, nahm er das Blatt wieder an ſich, faltete es kaltblütig zuſammen und ſteckte es zu ſich.

„Ihro Gnaden werden zugeben, daß es nicht meine Abſicht war, Sie zu erſchrecken‟, ſprach er, als Frau von Gampenſtein ſich wieder bewegte und die Hände von den Angen herabgleiten ließ. Ihre Blicke hefteten ſich fragend auf den leidenſchaftsloſen Mann aus dem Volke.

„Meine Kinder werden an mir noch zu Mör= dern!‟ ſprach ſie mit dumpfem, hohlem Tone. „Es iſt ſchrecklich, es iſt, um wahnſinnig zu werden! Egbert ein Verſchwörer, ein Hochverräther!‟

Moſer zog das bedruckte Blatt wieder hervor, hielt es mit ausgeſtrecktem, ſteifem Arm weit von ſich, ſchirmte mit der rechten Hand ſeine Angen gegen das grelle Licht der Wachskerzen und ſtudirte mit Aufmerk= ſamkeit die Worte, welche Frau von Gampenſtein ſo gewaltig erſchütterten. Nachdem er ſich den Sinn der betreffenden Nachricht zu eigen gemacht hatte, ſchüttelte er mißbilligend den Kopf und ſagte:

„Nichts für ungut, gnädige Frau! Was Sie eben
behaupteten, steht da nicht zu lesen; das sind — mit
Verlaub! — Weibereinbildungen. Wer des Hochver-
raths verdächtig gehalten wird, kann ganz unschuldig sein. Und Junker Egbert war, soviel ich mich
erinnern kann, immer ein kreuzbraver Junge, ganz
anders als die Meisten seines Standes in jungen
Jahren. Aber die Zeit wird ihm lang geworden
sein, und da hat er sich verführen lassen und mit den
Uebrigen ein bischen Regiment auf eigene Hand gespielt. Das kostet den Kopf noch nicht, gnädige Frau!"

Diese mit rücksichtsloser Herbheit gesprochenen
Worte des kurz angebundenen Mannes blieben auf
Frau von Gampenstein nicht ohne Eindruck. Sie war
es gewohnt, die Ansichten Moser's nicht blos zu hören,
sondern auch zu berücksichtigen.

„Warum ist er aber davongelaufen?" sagte sie,
die schönen weißen Hände faltend. „Er muß seine
Aeltern doch gar nicht lieb haben, daß er ihnen aus
purem Leichtsinn solche Schande macht. Ich fürchte,
Cäsar sagt sich von ihm los, wenn er sieht, daß sein
einziger Sohn, der Erbe seines Namens, steckbrieflich
gleich dem gemeinsten Verbrecher verfolgt wird."

„Meinen Ihro Gnaden, der gnädige Herr habe
in seiner Jugend nicht auch dumme Streiche gemacht? Ein Splitter Galgenholz steckt in den besten

Menschen; deswegen aber hängt man die Leute nicht
gleich auf. Der gnädige Herr wird Spectakel machen,
vielleicht ein Pferd halb todt reiten und dann nach
dem Junker suchen lassen."

Frau von Gampenstein seufzte.

„Laß mir das schreckliche Blatt hier, Elias",
sprach sie, nach Fassung ringend. „Cäsar muß es doch
erfahren; und es ist besser, er liest, was sich nicht
lange mehr verheimlichen läßt, als daß ich es ihm er=
zähle. Er wird seit einiger Zeit immer so heftig,
und ich fürchte mich dann vor ihm. Geh jetzt, Elias,
und vernachlässige meine Angelegenheiten nicht. Ich
bin erkenntlich, Du weißt es. Nimm also, wenn es
nicht anders sein kann, ein wenig Schmollen Deiner
Frau geduldig hin. Du warst gewiß auch nicht
immer sanftmüthig gegen sie. Das zahlt sie Dir
jetzt heim. Ach ja, so sind wir armen, schwachen
Frauen! Man achtet uns blos, wenn wir aus
unserer Schwäche geschickt Kapital zu machen ver=
stehen. Wenn Rose sich bewegen lassen wollte, mich
einmal auf Gampenstein zu besuchen, ich glaube, wir
verständigten uns dann leichter, schon weil wir uns
ganz offen gegen einander aussprechen könnten."

„Rose soll von Ihren Wünschen unterrichtet wer=
den, gnädige Frau; und wenn ich inzwischen in Er=
fahrung bringe, was Sie wünschen."

„Dann machst Du mir auf der Stelle Anzeige davon, Elias! Ich fühle mich nun einmal in meinem Gewissen bedrückt. Ach, und Gewissensbisse sind fürchterlich! Sie lassen uns schon auf Erden die Qualen Verdammter leiden, sodaß es einer Hölle eigentlich nicht bedürfte, obwohl ich überzeugt bin, daß es wirklich einen solchen Ort der Pein gibt. In meiner Jugend lachte ich darüber. Nun, worüber lacht man nicht in der Jugend! Schön aber war sie doch, diese Jugend, so schön, o, daß man davor zurückschrecken kann!"

Sie war aufgestanden, schritt um den runden Tisch und blieb vor dem Brustbilde der jungen Frau in der unschönen Tracht stehen, ihre Blicke melancholisch darauf richtend. Draußen ließ sich Peitschenknall und polterndes Gerassel hören. Frau von Gampenstein kehrte sich rasch um und reichte Moser die Hand.

„Ich bleibe in Deiner Schuld, Elias!" sagte sie, ihn nach der Thür drängend. „Verschaffe mir Nachrichten, sichere Nachrichten, und ich werde Dich und Deine Familie in meinem Testamente glänzend bedeulen. Die Rose muß aber zuvor ihr brüskes Wesen ablegen und geschmeidiger werden. Wann gedenkst Du wiederzukommen?"

„Zu Anfang nächster Woche, gnädige Frau. Wünsche gehorsamst wohl zu ruhen!"

Steif und hart auftretend, wie er gekommen war,
verließ Moser das Zimmer der Edelfrau wieder, nahm
den neben dem Glockenzuge an der Wand lehnenden
Ranzen auf und ging, seine Maserpfeife mit neuem
Tabak stopfend, gemessenen Schrittes über den jetzt
stillen Schloßhof in die klare, wunderbar milde Som-
mernacht hinaus.

Drittes Kapitel.

Cäsar von Gampenstein.

Bald nach Mitternacht sprengte auf schäumendem Rappen ein Reiter in den Schloßhof. Es war Cäsar, der Besitzer der Herrschaft Gampenstein, welcher direct von dem niedergebrannten Vorwerke an der Lochbuche zurückkam. Sein Reitknecht hatte dem Herrn auf seinem weniger kräftigen Thiere nicht folgen können; er erreichte den Schloßhof erst, als Cäsar schon aus dem Sattel gesprungen war und, mit seiner silberbeschlagenen Reitpeitsche wüthende Streiche in die leere Luft führend, nach dem Portale des Schlosses schritt.

Cäsar befand sich in großer Aufregung und zwar in zorniger. Er war ein hoher, starker Mann von ebenmäßigem Wuchse, voll strotzender Gesundheit. Man sah es ihm an, daß starke körperliche Bewegung ihm Bedürfniß sei, daß er, ohne zu jagen, zu reiten, zu fechten, vielleicht auch zu spielen, gar nicht leben könne.

Die Bedienten, welche herbeieilten, um die Be=
fehle des Herrn in Empfang zu nehmen und auszu=
führen, wurden mit einer drohenden Bewegung der
Reitpeitsche zurückgewiesen, indem er kurz fragte:

„Ist Licht in meinem Zimmer?"

„Zu Befehl, Ew. Gnaden!" lautete die devote
Antwort.

„Die Hofpforte schließen!" fuhr Cäsar fort. „Nie=
mand einlassen, zur Ruhe gehen! Wenn ich schelle,
ist Jedermann prompt zur Hand!"

Sporenklirrend lief der energische Mann die
breite, hell erleuchtete Treppe hinan, stieß ungestüm
die Thür seines Zimmers auf und schloß sie hinter
sich zu. Nun sah er sich um, als befinde er sich
in einem ihm ganz fremden Raume, schleuderte die
Bibermütze, die sein schwarzbehaartes Haupt bedeckte,
zu Boden und strich die in größter Fülle auf seine
Stirn herabfallenden natürlichen Locken zurück. Dabei
ward eine breite, jetzt bläulichroth schimmernde Narbe
sichtbar, die quer über die ganze, etwas kühn vorsprin=
gende Stirn lief. Cäsar hatte diese Narbe in einem
Duell erhalten, das seinem Gegner, dem er die Puls=
ader am Halse durchhieb, das Leben kostete. Jeden
andern Mann würde eine so große Hiebwunde ent=
stellt haben, dem Gesicht Cäsar's von Gampenstein
verlieh sie nur ein noch kühneres Gepräge, mit dem

der scharf stechende Blick des schwarzen Auges, die
herausfordernde, stolze Adlernase und sein ganzes
rasches, entschlossenes Wesen vortrefflich harmonirten.

Mitten im Zimmer stehend riß er die reich mit
Schnüren besetzte kurze Reitkutka auf, als wolle er
sich die Brust mit öffnen, und athmete so laut, daß
die Fenster entlang ein klagender Ton lief.

„Wenn mir die Bestie doch in die Hände käme!"
rief er, die Zähne auf einander beißend, daß sie knirsch=
ten, und wild den Fußboden stampfend. „Hauen
darf ich freilich Keinen mehr lassen, nicht einmal
fremdes Vagabondenpack, das Halseisen aber ließ ich
ihm doch so ein Stündchen anpassen, damit die
wildesten Rangen meiner Unterthanen ein ergötzliches
Ziel für faule Zwetschen und mißrathene Gurken
hätten! Nur ein persönlicher Feind, der mich ärgern
will, kann auf solche Tollheiten verfallen! Wäre
das dumme Zeug nicht erst vor ganz kurzer Zeit auf
das Vorwerk geschafft worden, hätt' ich es ja längst fin=
den müssen! Und während alles Uebrige in Grund
und Boden zusammen brennt, fällt gerade auf diesen
verfluchten Plunder kein Funke Fener! Was bleibt
mir nun übrig, als daß ich mir den Unsinn doch
näher ansehen muß?"

Cäsar schob einen bequemen Sessel an den Tisch,
rückte die Armleuchter zusammen, damit sich das Licht

mehr auf einem Punkte concentrire, und zog dann ein kleines Convolut Papiere aus der Tasche. Eine kreuz= weise geknüpfte Schnur hielt sie zusammen; die heran= leckende Flamme hatte den Rand der Papiere bereits angesengt, einzelne sogar verkohlt, im Ganzen aber war das in einen losen Umschlag gewickelte Paquet noch wohl erhalten.

Nichts als die Aufschrift hatte den Freiherrn ver= anlaßt, das Bündel an sich zu nehmen. Es standen nämlich in sauberer, sehr leserlicher, großer Fractur= schrift auf dem Umschlage die Worte:

„An die Freifrau Helene Cornelie von Gampenstein,
verwittwete Marquise von Saint=Hilaire
auf Gampenstein.‟

Dieses Briefpaquet war kurz nach Cäsar's Ankunft auf der Brandstätte von herbeigeeilten Landleuten, die nach Kräften dem Fener Einhalt zu thun und dabei etwa noch nicht zerstörte Mobilien gänzlichem Unter= gange zu entreißen suchten, aus einer im Erdgeschoß des Vorwerks gelegenen Kammer, in welcher außer zwei Himmelbetten noch ein altes, verschließbares Pult stand, zugleich mit diesem Möbel aus dem Fenster ge= worfen worden. Beim Sturz auf den gepflasterten, mit brennenden Trümmern und noch glimmendem Ge= bälk wüst überstreuten Hof löste sich der Deckel des Pultes und der Inhalt fiel auf schwelende Kohlen.

Cäsar stand in der Nähe, gewahrte, daß Geschriebenes Feuer fing, und entriß das Paquet eilig den es um= züngelnden Flammen. Er vermuthete werthvolle Schriften des Pachters darin, die, gingen sie verloren, diesen vielleicht in Schaden bringen konnten. Die Aufschrift machte ihn fast erstarren; ein zweiter Blick gleich in den ersten Brief, der mitten aus dem Paquet in seine Hände fiel, entflammte seinen Zorn und versetzte ihn in die heftigste Aufregung. Ohne sich weiter um das Feuer zu kümmern, das noch lange nicht ganz ge= dämpft war, steckte er die verdächtigen Papiere zu sich, rief nach seinem Rappen, schwang sich in den Sattel und jagte im wildesten Galopp zurück nach Gam= penstein.

Der scharfe Ritt besänftigte den robusten, sangui= nisch erregbaren Mann nicht. Das schneller circuli= rende Blut reizte eher noch seine Galle, und wäre es nicht so tief in der Nacht gewesen, dann hätte die still zurückgezogen lebende Schloßfrau, die geheimer Kummer schwer belastete, von ihrem ungestümen Gatten wahr= scheinlich einen Besuch erhalten, der sie schwerlich er= baut haben würde.

Cäsar von Gampenstein hatte Grund, über den fatalen Fund bestürzt zu sein. Auch wenn er mit Cornelie glücklicher gelebt hätte, als es der Fall war, mußte die Schlange Eifersucht Gift in seine Seele

3*

träufeln bei einer Entdeckung, wie er sie eben gemacht
hatte. Kein Mann von Ehre kann gleichgültig bleiben
bei Auffindung einer verheimlichten Correspondenz,
welche ein Mann vor der Verheirathung an seine
Frau richtet. Dieser Fall aber lag hier vor; und was
Cäsar in noch größere Aufregung versetzte, war, daß
die in seine Hände gerathenen Briefe, rührten sie
nicht von einem böswilligen, intriguanten Menschen
her, der absichtlich Unfrieden stiften wollte, an ein
junges Mädchen gerichtet waren, welches der zudring=
lich kecke Schreiber bald kurzweg Helene, bald ceremo=
niell und respectvoll Fräulein von Valdegg nannte.

Valdegg war der Geschlechtsname Corneliens, die
Cäsar vor einigen zwanzig Jahren als junge bewun=
derte Frau am Rheine zuerst kennen gelernt hatte.
Der Vergangenheit gedenkend, stutzte er einen Augen=
blick; sein Verlangen aber, insgeheim Blicke in längst
vergessene Jahre zu thun und den Schritten nachzu=
spüren, welche das Mädchen, das jetzt seinen Namen
führte, in die Welt geleiteten, war doch stärker als
sein angeborenes Rechtsgefühl. Ein gerader Charakter
wäre ehrlicher, vertrauensvoller zu Werke gegangen.
Er hätte die Briefe, die ein bloßer Zufall ihm zu=
warf, der Adressatin überreicht und es darauf an=
kommen lassen, ob und wie weit diese ihn mit deren
Inhalt vertraut machen werde oder wolle.

Zu so freisinniger Anschauung vermochte sich Cäsar von Gampenstein nicht aufzuschwingen. Das Leben hatte ihn mißtrauisch gemacht, und er selbst trug die Schuld einer so traurigen, die eigene Person herabwürdigenden Weltanschauung. Der Freiherr war eine unbändige Natur. Sein robuster Körper, sein leicht aufwallendes Blut stürzten ihn schon frühzeitig in allerhand bedenkliche Abenteuer und brachten ihn mehr als einmal in Lagen, aus denen ihn nur der treue Begleiter seines Lebens, ein fabelhaftes Glück, errettete. Gewohnt, mehr augenblicklichen Eingebungen zu folgen, als auf die Stimme der Vernunft zu hören, führte Cäsar buchstäblich ein Leben ohne Plan und Ziel. Was der momentanen Laune behagte, das that er, ohne sich um die etwaigen Folgen zu kümmern; was seinen Sinnen schmeichelte, dem jagte er in wilder Gier nach. War aber seine Begierde, seine Leidenschaft gestillt, so suchte er gelangweilt nach neuen Reizen.

Eine solche Menschennatur kann in sich selbst nie zur Ruhe kommen und noch weniger Andere beglücken. Es war ein Frevel gegen die heiligsten Naturgesetze, daß Cäsar von Gampenstein, von Corneliens zauberischer Jugendfrische und berauschender Keckheit geblendet, sich zu übereilten Schritten fortreißen ließ, die ihm jede Umkehr unmöglich machten. Durch seine

dreiste Rücksichtslosigkeit eroberte er sich die schöne
Marquise im Sturm, war aber freilich auch genöthigt,
um dauernd in ihren Besitz zu gelangen, zuvor ihren
Gatten im Zweikampf zu erschlagen.

Gewissensbisse hatte dieser blutige Ausgang eines
Duells, auf welchem der Marquis von Saint=Hilaire
mit großer Hartnäckigkeit bestand, dem Freiherrn schon
deshalb nicht gemacht, weil ihn das Glück bei einem
Haare selbst verlassen hätte. Die Hiebwunde auf
seiner Stirn, die dem breitschulterigen Manne ein fast
allzu martialisches Aussehen gab, rührte von jenem
Zweikampfe her und mußte Cornelie, so oft sie ihres
ritterlichen Gatten ansichtig ward, immer von neuem
an ihren so schwer bestraften Leichtsinn und an das
Unrecht erinnern, das sie, wenn auch im Uebermuth
jugendlicher Unbesonnenheit und strafbarer Gefallsucht,
ihrem ersten Gemahl zugefügt hatte.

Aerger und Verdruß machten den Freiherrn un=
geduldig. Mit Ungestüm löste er das Band und riß
die Briefe auseinander. Dabei ließ sich ein Ver=
schieben derselben nicht vermeiden. Nun griff Cäsar auf
gut Glück den ersten besten aus dem vergilbten Häuf=
lein heraus, machte sich mit dessen Inhalte bekannt
und legte ihn beiseite.

Je länger er las, desto mehr gerieth sein Blut
in Wallung. Bald glühte ihm der Kopf fieberhaft;

sein Herz klopfte, daß er im Sessel wankte. Dennoch hörte er nicht auf zu lesen, bis auch das letzte, von den Flammen fast ganz verkohlte Blättchen durch seine Finger gegangen war.

Es war eine sonderbare, äußerst kritische Lage, in die sich Cäsar durch die Einsicht der Briefe versetzt sah, und es gehörte in der That eine nicht geringe Dosis Selbstbeherrschung dazu, um sich zu fassen und erst nach reiflicher Erwägung aller Verhältnisse zu einem Beschlusse zu kommen.

Es hatte gewiß eine Zeit gegeben, wo Cäsar von Gampenstein die jugendlich heitere, reiche, mit allen Glücksgütern überschüttete, von den ersten Män= nern der Gesellschaft bewunderte Cornelie geliebt, ja angebetet hatte. Es war dies in Koblenz gewesen, als die Elite französischer Réfugiés daselbst den Ton an= gab. Altfranzösische Galanterie hatte trotz der feinen Frivolität, mit der sie sich umgab, für sinnlich reizbare Naturen eine große Anziehungskraft. Am wenigsten widerstand den Verlockungen dieses berauschenden Gif= tes die tugendhafte Blödigkeit unverdorbener Naturen. Wie die Motte um die blendende Flamme des Lichts flattert, bis sie sich die Flügel daran versengt, so ward manch edles Männerherz ein Raub unreiner Gelüste, die sich unter der Maske erkünstelter Sprödigkeit versteckten.

Cäsar von Gampenstein gehörte zwar nicht mehr
zu den Unerfahrenen, als der Zufall ihn mit den Ré=
fugiés zusammenführte, aber er war in seiner Art ein
Mann, der einen schnellen und dauernden Eindruck
auf junge Frauen machen mußte, deren Rosenlippen
den Giftbecher verbote'ner Leidenschaft, wenn auch nur
der Zerstreuung wegen, schon berührt hatten. Ein sol=
cher Mann war der damals noch sehr junge Freiherr
von Gampenstein. Die zwar zierlichen, dabei aber
großentheils durch zu langen Genuß blasirten Grafen,
Fürsten und Marquis würden durch die Athletengestalt
Cäsar's in ihrer strotzenden Jugendkraft verdunkelt.
Die Ueberbildung unterlag beim ersten Anlaufe schon
der ungekünstelten Naturkraft. Cäsar galt nicht blos
nach kurzem Verkehr mit den französischen Flüchtlingen
für den bevorzugten Günstling aller Frauen und Mäd=
chen, er war es auch. In seiner Siegesgewißheit brü=
stete er sich damit, ging gefährliche und frivole Wetten
ein und gewann sie immer. Ein so glücklicher Sieger
konnte nicht unbemerkt bleiben. Hätte sich auch die
Tugendhaftigkeit der galanten Flüchtlinge darüber mit
witzigen Einfällen hinweggesetzt, die Ritterlichkeit, welche
die Frau am Manne, weil er ihr Beschützer sein soll,
höher schätzt als dessen Moral, konnte und durfte es
nicht. Daher jenes Rencontre, das vielen schönen
Augen Thränen entlockte, das manches Herz banger

und höher klopfen machte, und das schließlich die reizende Marquise Helene. Cornelie von Saint-Hilaire, geborene Baronesse von Baldegg, zu der Würde der Freifrau von Gampenstein erhob.

In jenen Tagen sprudelnder Lebensfülle liebte Cäsar die junge, bestechende Frau. Cornelie setzte sich über das Gerede allzu streng urtheilender Tugendheldinnen hinweg und pflegte den verwundeten Gampenstein, der ja doch um ihretwillen litt, nach der Beerdigung des Marquis mit der Hingebung einer Samariterin. Um den gefallenen Gatten trauerte sie tief, und diese Trauer stand der schönen Büßenden so prächtig zu Gesicht, daß Cäsar wohl Ursache gehabt hätte, auf die junge Wittwe eifersüchtig zu werden.

Der Freiherr aber hatte nur Augen für die Vorzüge Corneliens, mit der er sich einige Monate später vermählte und darauf mit ihr jahrelang auf Reisen ging. In Genua ward dem glücklichen Paare ein Sohn geboren, der nach katholischem Ritus getauft wurde und den Namen Egbert erhielt. Dieses Kind blieb der einzige Sprößling einer Ehe, deren Zauber bald ihre bindende Kraft verloren. Cäsar langweilte sich in immerwährendem Umgange mit Cornelie, deren Anhänglichkeit, einer unheimlichen Angst des Herzens entsprungen, welcher sie nicht Meister werden konnte, ihn oft belästigte. Und die junge Frau zeigte eine

auffallende Neigung zu stillen Beschäftigungen, welche
sie der Gesellschaft, deren Freuden und Zerstreuungen
mehr und mehr entfremdeten.

Seitdem führte das freiherrliche Paar ein völlig
getrenntes Leben. Auch nach der Beziehung des alten
Stammschlosses blieben die Verhältnisse die nämlichen.
Die Gatten sahen sich selten; jeder richtete sich die
eigene Existenz nach seinem Belieben ein. So ertrug
man sich gegenseitig, ohne sich zu geniren; und im
Grunde war dieses Abkommen unter dem freiherrlichen
Paare das zweckmäßigste, da es weder auffällig erscheinen, noch Anlaß zu Klatschereien und übler Nachrede
geben konnte.

In diesem getrennten Nebeneinander zweier Ehe-
gatten, die eine wild auflodernde Leidenschaft zusammen-
geführt hatte, wäre schwerlich ohne die vom Blitz veranlaßte Feuersbrunst auf dem Vorwerke eine Aenderung
eingetreten. Nach dem Funde der Briefe, von deren
Existenz Cäsar keine Ahnung hatte und die er sich auch
nach deren Lectüre noch nicht erklären konnte, ward es
wenigstens fraglich, ob der Freiherr immer oder nur
längere Zeit die Kraft besitzen werde, vor Cornelien ein
Geheimniß zu verschweigen, das ihm diese niemals
auch nur mit einer Silbe verrathen hatte.

Die Briefe rührten von einem Manne her,
der sich abwechselnd bald Jonathan, bald Salomo

unterſchrieb. Die Handſchrift ſelbſt wies aus, daß
alle ohne Ausnahme von einer und derſelben Perſon
herrührten. Es war nicht mit Gewißheit zu ermitteln,
ob Cornelie oder — wie der Briefſchreiber ſie nannte
— Helene dieſe von wahrhafter Liebe dictirten Zu=
ſchriften erwidert hatte. Bei dem ſanguiniſchen Tem=
peramente Corneliens war dies mehr als wahrſchein=
lich. Durch zwei Jahre fáſt zog ſich die Correſpondenz
fort, und es ließ ſich kaum annehmen, daß ein em=
pfängliches junges Mädchenherz für ſo glühende Be=
theuerungen ganz empfindungslos geblieben ſein ſollte.
Einzelne Aeußerungen klagten allerdings über Kälte und
Zurückhaltung, aus andern aber jauchzte wieder volle
Befriedigung himmelhoch auf, ſodaß Cäſar vor ſolchem
Jubel einer tief befriedigten Seele ſein eigenes Herz
ſtill ſtehen fühlte. Er mußte zugeben, nur in ſolchen
Worten könne wahre, glückliche, erhörte und erwiderte
Liebe weinen, ſchwelgen, jubeln.

Cäſar war nicht mehr zornig, als er die Lectüre
der Briefe beendigte. Es ſtand ihm auch gar kein
Recht zu, ſeiner Gattin wegen einer frühen Jugend=
neigung, und wäre ſie noch ſo ſtrafbar geweſen, Vor=
würfe zu machen. Nicht dem unſchuldigen ſechzehn=
jährigen Mädchen — in dieſem jugendlichen Alter
hatte Cornelie bei Eröffnung des Briefwechſels ge=
ſtanden — reichte er ſechs Jahre ſpäter die Hand,

fondern der Marquife von Saint=Hilaire, die in ihm
den Mann ihrer Wahl gefunden zu haben glaubte.
Wäre es nicht edler gewefen, das Paquet ungeöffnet
an feine Adreffe abzugeben?

Den Freiherrn überfchlich etwas wie Reue, ob=
wohl er fich unbequeme Regungen des Gewiffens gern
fern zu halten fuchte. Alles Nachdenken, das zu
ftiller Einkehr in fich felbft, mithin auch zur Reue
führt, macht den Menfchen nur zaghaft und fchwach;
zaghäftes und fchwaches Wefen aber verliert die Macht
über das Irdifche. An Cornelie hatte er ja das leben=
dige Beifpiel. Traurige, niedergefchlagene, ftille und
büßende Frauen aber waren dem Freiherrn von
Gampenftein im höchften Grade zuwider. Er wich
ihnen aus, wo er es irgend, ohne roh oder graufam
zu erfcheinen, thun konnte.

Die fatalen Briefe rafch zufammenfchiebend, warf
er fich zurück in den Seffel und fchüttelte das
mächtige, fchwarzgelockte Haupt, wie ein Löwe die
Mähne. Die Narbe auf feiner Stiru fchimmerte roth
wie Blut.

„Nein“, fprach er nach einigen, aus tiefer
Bruft geholten Athemzügen, „ich will großmüthig fein
und fchweigen. Wozu mir mit Grillen und Ver=
muthungen die Tage verderben! Was kann es mir
nützen, wenn Cornelie fich Vergehungen anklagt, über

die längst Gras gewachsen ist und über die Niemand
anders als das eigene Gewissen zu Gericht sitzen kann?
Wenn ich thue, als wüßte ich nichts von diesen
Briefen, so sind sie für mich auch nicht vorhanden.
Von wem kommen sie und in welcher Absicht will
man sie in die Hände Corneliens spielen? Hat
sie davon eine Ahnung? Oder sind sie ihr unver-
sehens verloren gegangen? Meines Wissens hat sie
das Vorwerk nie persönlich besucht; es ist mithin
kaum möglich, daß die Briefe schon in ihrem Besitz
gewesen sein können, als sie auf Gampenstein Wohnung
nahm."

Bar diese Logik auch keine stichhaltige, so trug
sie augenblicklich doch wesentlich zu Cäsar's Beruhigung bei und brachte ihn, was noch mehr war, auf
andere Gedanken.

Er stand auf, schnürte die Briefe wieder zusammen und legte sie zu andern wichtigen Docu-
menten in seine Schatulle, deren Schlüssel er stets
bei sich trug.

„Morgen am Tage reite ich nach dem Vorwerke,
um das Terrain zu sondiren", fuhr er in seinem Selbstgespräche fort. „Dann soll mir der Pachter Rede
stehen, ob er von dem Vorhandensein des Briefpaquets
etwas weiß und wie es in seinen Verschluß gekommen ist."

Freiherr von Gampenstein war mit sich selbst
sehr zufrieden, als er diesen Entschluß gefaßt hatte.
Er begab sich zur Rnhe und fiel bald in tiefen,
ruhigen Schlaf. Die Zurückkunft der Schloßspritze
mit seinen Leuten klang nur noch wie ein fern ver=
hallendes Echo in sein Ohr.

Viertes Kapitel.

Ein Zwiegespräch auf der Brandstätte.

Aus weißlichem Nebeldunst stieg am Morgen die Sonne in strahlender Herrlichkeit am Horizonte auf. Der Himmel war tiefblau, die Luft still und than= frisch. Schaaren von Lerchen schmetterten ihren Lob= gesang in ungemessenen Höhen; die ganze Natur war ein Hymnus auf die immer neu sich verjüngende Schöpfung.

Cäsar erwachte früh von dem Geräusch seiner Leute im Schloßhofe. Es war die Zeit der beginnenden Aernte, und manches Roggenfeld harrte bereits der Schnitter. Eine beträchtliche Anzahl derselben sammelte sich vor den Oekonomiegebäuden, um von dem In= spector Verhaltungsbefehle entgegen zu nehmen.

Man war es auf Gampenstein gewohnt, daß der Freiherr je nach Laune und Stimmung herablassend und fast vertraulich selbst mit dem ärmsten Tagelöhner verkehrte, bald für Niemand einen Blick, noch weniger einen Gruß hatte. In dieser letztern hochfahrenden Stimmung, in der er leicht auch den Eigensinn des cholerischen Herrn walten lassen konnte, war er heute. Es wunderte dies Niemand, da jeder Einzelne das ungnädige Gebahren des ungestümen Gebieters auf Rechnung des Verlustes setzte, der ihn durch den Brand des Vorwerks getroffen hatte.

Noch ehe die Schnitter den Hof verließen, sprengte Cäsar auf seinem Rappen durch die geöffnete Pforte und schlug den Vicinalweg nach dem Vorwerke ein.

Ueber der Brandstätte schwebten hier und da noch einzelne Rauchwolken. Geborstene Mauerreste, von der Glut röthlich gefärbt oder vom Rauche geschwärzt, ragten sehr vereinzelt aus Schutt und Asche hervor. Von den Scheuern war nichts mehr vorhanden als die Stätte, wo sie gestanden hatten, und zusammen= gesunkene Häufchen brauner oder schwarzer Asche, unter der hin und wieder noch ein rother Fnule knisterte. Nur das Wohnhaus des Pachters, welches zugleich die Stallungen enthielt und dessen Untergeschoß zum größten Theile aus unbehauenen Bruchsteinen erbaut war, bot den Anblick einer wirklichen Ruine. Der hohe, umfangreiche Schornstein ragte noch völlig un= beschädigt aus dem geborstenen Ziegelgewölbe der gänz= lich zerstörten Küche.

Ein einzelner Mann nur war zwischen den Trümmern sichtbar, als Cäsar von Gampenstein an dem vom Feuer verschont gebliebenen Thorwege den Rappen anhielt, sich aus dem Sattel schwang und die Zügel des Thieres um den zurückgeschobenen Riegel befestigte, mit dem man jenen des Nachts zu verschließen pflegte.

Der Mann auf der Brandstätte schien etwas zu suchen. Er trug einen kurzen, dunkelgrünen, mit allerhand Schnürenwerk besetzten Rock, wie er in den ersten zwanziger Jahren unseres Jahrhunderts bei den wohlhabendern Landleuten der Gegend, welche größtentheils der Schauplatz unserer Erzählung ist, Mode war, und große, bis an den halben Schenkel heraufreichende Stiefel von Juftenleder. Der Freiherr erkanute in ihm seinen Pachter. Da dieser ihn bei seinem aufmerksamen Suchen nicht gewahrte, so rief der Freiherr ihn an, über Schutt und Asche ihm entgegen schreitend.

„Guten Morgen, Pabst! Vermißt Ihr viel Wichtiges?"

Der Pachter kehrte sein dunkelbraunes, von großen schwarzen Flecken und ein paar blutigen Schrammen verunziertes Gesicht dem Herrn zu und zog ehrerbietig seine mit einem Fuchsschwanz verzierte Mütze, die er sonst nur im Winter, wenn er Holz aus dem Gebirge holte oder auf die Jagd ging, zu tragen

pflegte. Beim Ausbruche des Feuers war ihm diese
gerade in die Hände gefallen, und gegenwärtig befand
er sich nicht mehr im Besitz einer andern, zweckmäßi=
gern Kopfbedeckung.

„Außer dem Vieh, dem baaren Gelde und meinem
Documentenkasten, worin die Schuldverschreibungen
und andere wichtige Papiere liegen, habe ich von
meinem beweglichen Eigenthum ziemlich Alles verloren,
gnädiger Herr“, lautete die Antwort des Pachters, der
sich als gefaßten Mann zu erkennen gab. „Ich sehe
schon, es stehen mir schwere Jahre bevor, denn ich
werde ganz von vorn wieder anfangen müssen. Es ist
das für einen Mann in den Vierzigen kein leichtes
Unternehmen. Indessen, wenn der gnädige Herr nur
Geduld mit mir haben und auf die Verhältnisse Rück=
sicht nehmen wollte, die sich mit diesem unverschul=
deten Unglück freilich wesentlich verändern —“

„Von welchen Verhältnissen sprecht Ihr?“ unter=
brach ihn der Freiherr.

„Offen herausgesagt, gnädiger Herr, nach diesem
Unglück werde ich die Pachtsumme schwer aufbringen
und die Abzahlung des zum Herbst fällig werdenden
Kapitals —“

„Dummes Zeug, Pabst! Ich bin ja kein Wüth=
rich, noch weniger ein Wucherer! Wartet, bis Ihr
Ueberfluß an Geld habt! Ich werde Euch nicht drängen.“

„Da nehmen Sie mir eine große Sorge vom Herzen, gnädiger Herr", entgegnete mit lebhaft dan= kendem Blicke der Pachter, indem er abermals seine Fuchsmütze abnahm. „Ich muß zunächst an mein armes Vieh deuken. Keine Handvoll Futter hat das himmlische Fener mir übrig gelassen! Ist's da ein Wunder, daß man auf unrechte Gedanken geräth?"

„Wie so, Pabst?"

„Ich bin kein Spötter, gnädiger Herr, auch kein Gottesverächter. Wo ich's kann, mag ich meine Hand gern aufthun, um Andern zu helfen. Und nun schlägt mir das himmlische Feuer mein gan= zes Bischen irdische Habe in Grund und Boden, daß ich wenig besser dastehe als ein Bettelmann oder Vagabund. Darauf kann ich mir keinen Vers machen."

Ueber die Gerechtigkeit Gottes nachzudenken war nicht des Freiherrn Sache. Cäsar hatte sich um Gott, die göttliche Vorsehung und Weltregierung noch nie= mals im Leben gekümmert. Er bedurfte ihrer nicht, weil der Druck des Lebens ihn nicht berührte. Was ihm von großen und kleinen Unannehmlichkeiten zu= stieß, daran war er immer selbst schuld gewesen. Sein Glück aber und sein leichter Sinn schüttelten Alles ab, ohne daß er an das Ueberwundene später

wieder dachte. Die Bemerkungen des Pachters konnten
daher keiner schlechter gewählten Persönlichkeit als ge=
rade dem Freiherrn vorgelegt werden.

Cäsar half sich mit einem Scherz aus der Ver=
legenheit.

„Wer weiß, Pabst, ob das Glück sich nicht ge=
rade im Unglücke versteckt", sagte er lächelnd. „Auf=
merksam seid Ihr, wie ich bemerkt habe, und verloren
gebt Ihr von dem Eurigen so leicht wohl nichts.
Wenn Ihr nun unter der Asche einen Schatz fän=
det? Ich hörte schon früher davon sprechen, daß
aus den französischen Kriegen her Mancherlei auf dem
Vorwerke verborgen liegen solle. Ist Euch nie etwas
aufgefallen?"

Der Pachter bückte sich, um ein Stück geschmol=
zenes Blei aufzuheben.

„Ich kann mich nicht erinnern, gnädiger Herr",
versetzte er. „Wenn's aber wirklich der Fall wäre,
so gehörte es ja nicht mir."

„Nun, Ihr seid wirklich eine kreuzbrave, ehrliche
deutsche Haut", rief lachend der Freiherr. „Gewiß
werdet Ihr für solche Redlichkeit dereinst, wenn auch
vielleicht zu spät, um Vortheil und Genuß davon
zu haben, belohnt werden! Ich selbst, Pabst, bin
nicht halb so tugendhaft wie Ihr, und doch habe
ich mehr Glück! In der Nacht schon, während die

Glut noch Alles umhüllte, habe ich einen Fund ge=
macht, der mir heute für vieles Geld nicht feil ist."

„Einen Fund, gnädiger Herr? Und hier im=
mitten der Flammen?"

„Dort bei jenem Gemäuer", fuhr Cäsar fort und
deutete mit der Spitze seiner Reitpeitsche nach den
ausgebrannten Fensterhöhlen des steinernen Hinter=
zimmers der Pachterwohnung, dessen Decke eingestürzt
war. „Ein paar eilige Retter warfen ein Pult aus
dem Fenster, und in dem Pulte steckten werthvolle
Sachen."

„Ich erinnere mich des Pultes, aber ich habe
nie nachgesehen, was es enthält."

„Gehört es Euch nicht?"

„Ich habe es vorgefunden, als ich den Pacht
antrat. Das sind jetzt neun Jahre her. In den Pa=
pieren, die ich zum Glück gerettet habe, muß es als
Inventarienstück mit verzeichnet stehen."

„Meint Ihr?" sagte gedehnt der Freiherr, den es
ärgerte, daß er sich in seinen Voraussetzungen so
gründlich getäuscht sah. „Und Ihr wißt bestimmt,
daß während dieser ganzen Zeit das Pult von Andern
nicht geöffnet worden ist?"

„Das will ich nicht behaupten, gnädiger Herr;
nur in meinem Beisein hat dies Niemand gethan."

„Und Ihr haltet das für möglich?"

Pabst zuckte die Achseln und sah den Freiherrn mit großen Augen fragend an.

„Mit Verlaub, gnädiger Herr", sagte er nach einer Weile, „als bloßer Pachter des Vorwerks hatte ich Leuten, die in Ihrem Auftrage bei mir einsprachen oder mir einen Auftrag von Ihnen überbrachten, nichts zu befehlen."

Die Narbe auf Cäsar's Stirn nahm eine dunlle Färbung an; in seinen Augen spielten glühende Funken durcheinander.

„Wann fanden sich solche Leute bei Euch ein?" fragte er sich beherrschend. „Ich bin oft zerstreut und vergesse Manches, was ich Andern auftrage."

Pabst blickte nachdenklich nach dem Gebirge. Auf einer smaragdenen Bergwiese, die im Licht der Morgensonne mit Milliarden funkelnder Brillanten überstreut zu sein schien, weidete das aus den Flammen gerettete Vieh. Der Blick streifte die mehrere hundert Jahre alte Buche, die von der trichterartigen Erdvertiefung, deren Entstehung Niemand kannte und die stets mit trübem Wasser gefüllt war, die Lochbuche hieß.

„Jetzt besinne ich mich", sagte er und blickte den Freiherrn wieder offen an. „Es ist der einzige Besuch, der über Nacht bei mir blieb, und es waren Fremde. Sie erkundigten sich angelegentlich nach der gnädigen Frau. Einer von ihnen trug einen

Bart wie die polnischen Juden, die ich einmal auf
der leipziger Messe gesehen habe. Ich wunderte mich
wohl über diese auffällige Art, sich das Gesicht zu
verunstalten, aber ich konnte die Fremden doch nicht
abweisen, ohne mich grober Ungastlichkeit schuldig zu
machen. Sie übernachteten in dem Zimmer, wo das
Pult stand."

Cäsar schüttelte den Kopf. Die Vermuthung des
Pachters wollte ihm nicht recht einleuchten.

„Ihr scheint annehmen zu wollen, Pabst, daß
jene Fremden den Fund, von dem ich spreche, heimlich in das Pult practicirt haben können?"

„Große Mühe würde ihnen das nicht gekostet
haben. Die Charniere am Deckel waren sehr locker,
die Nieten und Schrauben verrostet. Wer Zeit darauf
verwenden wollte, konnte sie öffnen und wieder
befestigen, ohne daß es bemerkt wurde. Ich und
meine Leute, wir alle kamen nur höchst selten in das
Zimmer."

„Es ist dennoch unwahrscheinlich, Pabst", erwiderte der Freiherr, „denn was in dem Pulte sich fand,
hatte für Niemand wie für mich Werth. Es wäre
also thöricht gewesen, diesen nunmehr glücklich in meine
Hände gelangten Gegenstand geflissentlich zu verbergen
und noch dazu auf ungewisse Zeit zu verbergen!
Ohne das gestrige Unwetter, das übrigens den Fund

ebenso gut zerstören kounte, würde er wahrscheinlich noch lange in seiner Verborgenheit geblieben sein."

„Die Fremden können ihn ja auch vergessen haben", warf der Pachter ein. „Sie hatten es sehr eilig, als sie aufbrachen."

„Weshalb, Pabst?"

„Vier Stunden von hier, in Gablona, ward ein großes Fest gefeiert, dem die Herren beiwohnen wollten — ich entsinne mich deutlich. Wir hatten es allesammt verschlafen, und sie gingen fort ohne Frühstück. Sie wollten die große Procession nicht versäumen, und es ist freilich ein weiter und beschwerlicher Weg durch den Engpaß übers Gebirge. In der Eile aber kann man leicht etwas vergessen. Darf ich unbescheiden sein, gnädiger Herr, und mich nach der Beschaffenheit des gemachten Fundes erkundigen?"

„Das dürft Ihr", versetzte Cäsar lächelnd, „obwohl Ihr mich vielleicht auslachtet, wenn ich ihn Euch zeigte. Er besteht nämlich aus eitel Papier."

„Papiere, besonders wenn sie alt geworden, sind bisweilen unbezahlbar."

„Das sind sie in der That, und eben deshalb wünschte ich denjenigen, der sie gerade hier aus Vergeßlichkeit oder mit Absicht liegen ließ, zu ermitteln."

Während dieses Zwiegesprächs hatten beide Männer die Brandstätte verlassen. Sie schritten der Loch-

buche zu, da der Pachter nach dem in der Ferne wei-
denden Vieh und nach seinen Leuten sehen wollte, die
zwischen Gesträuch ein mangelhaftes Zelt aus groben
Leinentüchern aufgeschlagen hatten und jetzt beschäftigt
waren, an luftig flackerndem Feuer, das sie mit trocke-
nem Reisigabfall nährten, ihr frugales Frühmahl zu
kochen.

„Wenn dem gnädigen Herrn daran gelegen ist,
darüber etwas Zuverlässiges zu erfahren", sprach Pabst
nach kurzem Bedenken, „so gibt es ja einen Mann,
der sich mit solchen Aufträgen gegen gute Bezahlung
gern befaßt. Ich bedaure, keine weitern Fingerzeige
geben zu können. Neugierde haftet mir nicht an; auch
kann ich sie am Manne nicht leiden. Wäre ich neugierig, so hätte ich die Fremden nach ihren Namen
gefragt."

„Darin habt Ihr gefehlt, Pabst! Man kann
übrigens weder für neugierig noch für zudringlich gelten, wenn man Leute, denen man Obdach gibt, die
Frage: Wie nennt Ihr Euch? vorlegt."

„War's ein Fehler, so läßt er sich gut machen,
wenn Sie ein mäßiges Geldopfer nicht scheuen."

„Ihr meint, ich soll mich an Elias Moser, den
wandernden Ueberall und Nirgends wenden?"

„Es gibt keinen zweiten Menschen weit und breit
im Lande, welcher gleich großes Geschick besäße, Ge-

heimniſſe zu erforſchen, die Menſchen ganz unmerklich
auf ſchlaue Weiſe auszuhorchen und Nutzen davon zu
ziehen. Ein Compagnon für mich wäre der Mann
nicht, zu gebrauchen aber iſt er auf alle Fälle. Und
was ſeinen Charakter anbelangt, ſo kann ihm Niemand
etwas Uebles nachſagen.“

„Die Sache will überlegt ſein“, erwiderte Cäſar
von Gampenſtein, dem Moſer auch ſchon eingefallen
war. „Man müßte ſich vorher wenigſtens ſeiner
Verſchwiegenheit verſichern. Würdet Ihr die Herren
wiedererkennen, wenn Ihr ihnen ein zweites Mal
begegnetet?“

„Den mit dem Barte ſicherlich! Er hatte ein
gutes Geſicht mit einem Zuge ſchmerzlichen Harms,
große, ſanfte braune Augen und einen Stich in der
Wange. Der Sprache nach mußte er im ſüdlichen
Deutſchland zu Hauſe ſein.“

„Hm! Und der Andere?“

„Sein Begleiter war ein jung aufgeſchoſſener
Burſche von ſechzehn bis ſiebzehn Jahren, dem der
erſte Flaum kaum auf der Lippe ſproßte. Solch junges
Blut unterliegt innerhalb eines Zeitraums von acht
Jahren gar zu großen Veränderungen.“

Freiherr und Pachter näherten ſich jetzt der Ar=
beitergruppe unter dem improviſirten Zelt. Die Leute
begrüßten den Gebieter, indem ſie aufſtanden und ihre

Mützen zogen. Cäsar erwiderte den Gruß herablassend
und versprach ihnen zur Stärkung und damit sie den
gehabten Schreck leichter verwinden könnten, für den
Abend eine Tonne Bier. Die leicht befriedigte Schaar
brach darüber in lauten Jubel aus.

Auf einer seitwärts liegenden Anhöhe, die einen
weiten Ausblick gewährte, blieb Cäsar stehen. Man
übersah von hier aus die große Heerstraße, welche in
vielen Krümmungen vom Gebirge herabstieg und unter=
halb Gampenstein eine Biegung nach dem Teiche machte,
den sie in weitem Halbkreise umging und dann in ziem=
lich gerader Richtung der Stadt zulief, deren Thürme
über wogenden Getreidefeldern im Osten sichtbar wur=
den. Es war ein schönes, malerisches Landschaftsbild,
dessen Anblick wohl Jeden erfreuen konnte.

„Pabst", sagte der Freiherr und legte seine Hand
auf die Schulter des Pachters, „laßt den Schutt von
der Brandstätte fortschaffen, sobald wie möglich. Dingt
nicht zu sehr wegen des Arbeitslohns, wenn Ihr auch
das Doppelte bewilligen müßtet, aber dingt in Euerem
Namen, nicht in dem meinigen. Mir würden die Leute
ja noch weit mehr abverlangen. Für Wiederaufbau
des Vorwerks werde ich Sorge tragen und schon heute
Anstalten dazu treffen. Zum Herbst sollen die Scheuern
so weit fertig sein, daß Ihr vor dem Winter nicht zu
bangen braucht. Ihr sollt mir dafür einen Gefallen

thun, Pabst, der Euch wenig Mühe machen wird. Eine Liebe ist der andern werth, denk' ich."

„Was in meinen Kräften steht, soll geschehen, gnädiger Herr!"

„Reichthum allein macht nicht glücklich", fuhr der Freiherr fort. „Das erfahre ich, je älter ich werde, an mir selbst. Wie das zusammenhängt, könnt Ihr errathen, wenn Ihr's nicht schon wißt; sprechen will ich darüber nicht. Nun wünschte ich aber doch so recht innerlich glücklich zu sein, und dazu könntet Ihr mir behülflich werden."

„Ich, gnädiger Herr?"

„Ja, Ihr! Ich habe einen Sohn, welcher studirt, das heißt, welcher seit zwei Jahren auf der Universität entsetzlich viel Geld todt schlägt. Darüber beschwere ich mich jedoch nicht, denn ich habe es selber nicht besser gemacht; aber ich wünschte doch, daß Egbert mit seinem Ueberfluß an Zeit und Geld etwas wirthschaftlicher umgehen lernte. Dazu könntet Ihr ihm Anweisung geben."

„Ich bin nur ein simpler Bauer, Herr von Gampenstein, und ein sehr mittelmäßiger Jäger."

„Nebenbei aber auch ein Mann, welcher zu rechnen versteht. Nie waren meine Forsten in so gutem Zustande, als seit Ihr ein Wort darüber zu sagen habt. Mein Sohn will sich — wie er mir schreibt —

aus Neigung dem Forstfache widmen. Nächstens beginnen die Ferien auf der Universität. Dann kehrt er
auf einige Wochen hierher zurück, und diese Zeit soll
er unter Eurer Anweisung gut benutzen, damit er das
von den gelehrten Herren Vernommene alsbald auch
praktisch verwerthen lernt. Ein solcher Auftrag, denk'
ich, hat Euern Beifall."

„Ich werde mich bemühen, das Vertrauen des
gnädigen Herrn zu verdienen."

„Habt Dank für Eure Zusage, und nun Gott
befohlen, Pabst! Mein Rappe wird schon unruhig
und ich habe noch einen weiten Ritt zu machen, wenn
ich Alles erledigen will, was mir obliegt."

Er grüßte leichthin den Pachter, ging quer über
Wiesen und brach liegende Ackerstücke auf die noch
immer von Rauchwirbeln umkräuselte Brandstätte zu
und jagte dann in so wildem Galopp den Feldweg
hinunter nach Gampenstein, daß die Arbeiter auf den
Feldern ihm erschrocken nachblickten.

Fünftes Kapitel.

Junker Egbert.

Hart am Rande der großen Heerstraße, welche durch den Engpaß des Gebirges nach der belebten Handelsstadt hinabführte, die sich im fruchtbaren Thale, am Zusammenfluß zweier nicht unbeträchtlicher Wasserläufe ausbreitet, lag, hinter Lärchengebüsch versteckt, ein altes kleines Haus aus Fachwerk, das von außen wenig Anziehendes hatte. Die Meisten würden es wahrscheinlich gar nicht beachtet haben, wäre das Ohr Vorübergehender nicht gewöhnlich durch ein monotones klapperndes Geräusch in unmittelbarer Nähe desselben aufmerksam gemacht worden. Dies Geräusch rührte von einer kleinen Windmühle her, deren beim leichtesten Lufthauche sich drehende Flügel mit beweglichen Klappern versehen waren, die gegen ein quer befestigtes Bret schlugen. Die Mühle stand auf einem verdorrten Lärchenbaum und sah aus wie eine Spielerei. Das war sie aber nicht; denn wer näher zusah, entdeckte

alsbald unter den Lärchenbäumen eine Menge großer
Käfige mit allerhand Singvögeln und in dem daran
stoßenden, sauber gehaltenen Garten viele Beete mit
Sämereien, deren reifende und aufspringende Frucht=
kapseln für das diebische Volk der Spatze eine große
Anziehungskraft haben mochten.

Die Lage des unscheinbaren Hauses war für
Menschen, welche ein offenes Auge für Naturschön=
heiten besaßen, von anziehendem Reiz. Aus jedem der
spiegelblanken, beinahe viereckigen Fenster mit kleinen,
in Blei gefaßten Scheiben bot die umliegende Land=
schaft dem Beschauer eine andere Ansicht dar. Bald
war es das hohe Waldgebirge mit seinen zum Theil
kahlen Kuppen, das sich in den Rahmen des Gesichts=
kreises drängte, bald das fruchtbare, von anmuthigen
Hügeln begrenzte, von schönen Thälern durchschnittene
Land mit seinen vielen Weilern, Mühlen, zerstreut ge=
bauten Dörfern und ein paar alten Schlössern, die
sich durch einen ragenden Thurm oder durch hohe
spitze Giebel als Herrensitze ankündigten, bald end=
lich schweifte der Blick über die vielthürmige, leb=
hafte Handelsstadt, die auf der Südseite von einer
Menge Bleichen begrenzt war, die stets ein belebtes
und fesselndes Bild menschlicher Thätigkeit darboten.

Zu diesem seitwärts gelegenen Häuschen führte
von der Landstraße aus ein gewundener Fußpfad,

welcher zwischen schattigen Hecken üppig wuchernder Brombeeren und wild rankenden Hopfens fortlief. Der Weg war viel betreten, was auf häufigen Besuch des oben liegenden Hauses deutete.

Von der Landstraße aus waren nur das Dach des= selben, die ragenden Wipfel der Lärchen und die klap= peruden Windmühlenflügel zu sehen, Fenster und Thür versteckten sich hinter das Buschwerk der Hecken.

Diese Lage hatte für die Bewohner des Hauses das Angenehme, daß sie Alles, was außerhalb der Grenzen ihres Besitzes geschah, beobachten konnten, ohne selbst gesehen zu werden. Und darauf legten die= selben nicht geringes Gewicht.

Bei schönem Wetter saß ein wohlgebildetes jun= ges Mädchen mit frischen, rosigen Wangen entweder auf der grau angemalten Bank vor der Thür, welche in den Garten führte, oder war zwischen den Beeten mit Jäten oder Sammeln der Samenkapseln von den Gewächsen beschäftigt, die mit größter Sorgfalt gebaut wurden. Seltener sah man das Mädchen bei den Käfigen thätig, da ihr die Fütterung der verschiedenen Vögel, die stets ein überaus lautes Concert unter= hielten, nur ausnahmsweise überlassen wurde.

In einer geräumigen Bodenkammer dieses Hauses saß um die Mittagszeit eine Frau in den mittlern Jahren zwischen einer Anzahl getrockneter, meistentheils narkotisch duftender Kräuterbüschel. Sie war einfach, aber sehr reinlich gekleidet, das dünn und bereits grau gesprenkelte Haar unter einer weißen Mütze von veraltetem Schnitt zusammengefaßt. Die schlanken, magern Finger der weißen, sorgfältig gepflegten Hand zupften aus verschiedenen Bündeln bald Blüten, bald Blätter und ordneten diese wieder auf weißen Papieren, welche den Sitz der Geschäftigen auf allen Seiten umgaben.

Die so beschäftigte Frau mußte in frühern Jahren sehr hübsch gewesen sein. Jetzt zeigte das auffallend blasse Antlitz scharfe Züge, die sogar etwas Eckiges und Hartes hatten und auf einen energischen, zähen Charakter schließen ließen. Große Angen von graubrauner Farbe verriethen mehr Verstand als Gemüth. Der Blick war voll Ausdruck, aber von eisiger Kälte. Fremden mußte es schwer fallen, zu dieser Frau Vertrauen zu fassen.

Der ängstliche Ruf einer klaren Mädchenstimme ließ die Frau von ihrer Arbeit aufblicken, ohne daß sie diese jedoch unterbrach. Gleich darauf vernahm sie eilende Schritte und den wiederholten Ruf: „Mutter! Mutter!"

Die Frau erhob sich, schüttelte die an ihrer Kleidung haften gebliebenen Blättchen ab und stieg rüstig die Treppe hinunter. Die Tochter, eben jenes Mädchen, das gewöhnlich vor dem Hanse beschäftigt war,

kam ihr schon entgegen, und zwar in sichtlicher Auf=
regung.

„Ein Fremder!" stieß sie heraus. „Er hat mich
zum Tode erschreckt!"

Ihr Gesicht glühte, unter dem seidenen Brust=
tuche, das lose um ihre Schultern hing, hob sich der
leicht verhüllte Busen.

„Wo ist er?" fragte die Mutter, noch mehr Kälte
als gewöhnlich in ihre Augen legend.

„Im Wäldchen, hinter den Käfigen. Ich sah
ihn nur, gesprochen habe ich ihn nicht. Aber ich
fürchte, er führt Böses im Schilde."

Rosa Moser, die Frau des uns schon bekannten
Boten — denn sie haben wir vor uns — war nicht
furchtsam. Ein Wink verbannte die Tochter Elfriede
ins Zimmer; dann schritt sie steif und gemessen, eine
gewisse Würde simulirend, durch die schmalen Gänge
des Gartens nach den angrenzenden Lärchen, über
deren säuselnden Wipfeln die lärmende Mühle klapperte.

So scharf auch Rosa's Augen waren und so spä=
hend sie um sich schaute, sie entdeckte doch Niemand.
Aus dem unruhigen Hin= und Herflattern der Vögel
in den geräumigen Bauern aber konnte sie abnehmen,
daß sich ein Unbekannter entweder eingeschlichen hatte
oder doch vorübergegangen war.

„Holla!" rief sie mit kräftiger Stimme in das

schattige Wäldchen hinein, tapfer hinter die Käfige
tretend und in jeden Winkel spähend, der sich als Versteck benutzen ließ. Bald auch entdeckte sie den Ein-
dringling in einem ausgehöhlten Buchenstamme, der
aufgerichtet zwischen zwei Lärchenbäumen stand und
von diesen festgehalten wurde. Moser hatte denselben
erst kürzlich gekauft, um ihn als Wassertrog zu benutzen, in den ein helles Bergwässerchen ohne viele
Mühe von der nächsten Höhe herabgeleitet werden
konnte. In der Höhlung dieses Stamms lehnte ein
Mann, dessen erster Anblick selbst die entschlossene
Rosa stutzen machte.

Der Fremde, offenbar noch jung und von schlan-
kem, kräftigem Wuchse, trug die Tracht eines Jägers,
nur daß ihm der Hirschfänger fehlte. Reiterstiefel von
höchst elegantem Schnitt deuteten, waren sie des jungen Mannes Eigenthum, entweder auf vornehme Herkunft oder sie mußten einem Manne vornehmen Standes entlehnt sein. Die Kopfbedeckung war ebenfalls
die eines Jägers. Selbst die charakteristische Häher-
feder fehlte ihr nicht. Nur der Griff einer schlecht
verborgenen Pistole, die aus dem halb zugeknöpften
Rocke hervorguckte, ließ den Gedanken durch Rosa's
Gehirn zucken, sie könne es hier möglicherweise mit
einem dreisten Räuber zu thun haben. Unmöglich war
das nicht, denn es hatten in den letzten Monaten
5*

mehrmals Einbrüche stattgefunden, die Vorsicht zur Pflicht machten.

Die Angen des jungen Mannes, der keine Miene machte, sein wunderliches Versteck zu verlassen, waren unverwandt auf die unerschrocken heranschreitende Frau gerichtet. Erst als sie ihm ganz nahe gekommen war und eben den Mund öffnen wollte, um eine barsche Frage an ihn zu richten, verzog sich des Fremden Lippe zu einem ironischen Lächeln; zurückprallend erkannte ihn Rosa.

„Mein Gott, Herr Jun —"

„Pst!" fiel der junge Mann ihr ins Wort, aus seinem Versteck hervortretend und seine Hand auf ihren Mund pressend. „Schweig, oder ich bin im Stande, Dir die Kehle zuzudrücken! Elfriede, die dumme Gans, hat mich durch ihr unnützes Geschrei in diese Behausung für Wespen und Holzböcke getrieben, um nur einigermaßen mich besinnen zu können. Laß mich vor der Hand hier verschnaufen und rufe Moser! Ich habe nothwendig mit ihm zu sprechen."

„Mein Mann ist nicht zu Hause, Junker."

„Geh zum Teufel mit Deinem Junker!" fuhr der junge Mann sie unter zornigem Augenblitzen an. „Mußt Du mir durchaus einen Namen geben, so nenne mich Matz. Es hält mich dann Jeder für einen Schneider, wenn ich vielleicht im Aeußern auch mehr

Aehnlichkeit habe mit einem Cousin aus der großen Sippe Beelzebub's. Wie ist's, kann ich für ein paar Tage Quartier in Deinem Hause bekommen? Ist's möglich, so thu' es meiner Mutter zu Liebe! Irgendwo muß der Mensch doch unterducken, wenn er auch geachtet ist."

Rosa war besonnen und schnell gefaßt. Der junge Mann, den sie schon als Knabe gern hatte leiden mögen, weil er gar nicht stolz war und sie als seinesgleichen behandelte, dauerte sie. Sie deutete also stumm nach dem Hause, nöthigte den Junker sodann wieder zurückzutreten in sein Versteck und rannte ihm leise zu:

„Gedulden Sie sich ein paar Minuten, lieber Matz; ich will sehen, ob die Wege sicher sind, will die schreckhafte Elfriede instruiren und Ihnen dann Wohnung anweisen in meiner Kräuterkammer. Es riecht allerdings darin etwas scharf, ich denke aber, der junge Herr leidet noch nicht an Nervenschwäche. Jedenfalls ist Mätzchen dort oben so sicher wie in Abraham's Schooß."

„Bist und bleibst eine verschmitzte, liebenswürdige Creatur, obwohl ich als küsslichen Gegenstand, ohne Deinen schätzenswerthen Vorzügen zu nahe zu treten, die runden, pfirsichrothen Backen Deiner hasenfüßigen Tochter vorziehen würde. Wie alt ist jetzt die allerliebste Krabbe?"

„Denken Sie zunächst an sich selbst, Matz, und
lassen Sie ehrbare Frauen und halbwüchsige Mädchen
in Ruhe! Sobald Moser heim kommt, wollen wir
Rath halten, was mit Ihnen anzufangen ist, ob man
Sie ausliefern oder —"

„Ausliefern!" unterbrach sie der Junker. „Denke
an Deinen Hals und thue Deine Pflicht als gehor=
same Unterthanin derer von Gampenstein!"

Junker Egbert drückte sich wieder in den ausge=
höhlten Stamm. Rosa ging ins Haus, sprach mit
der Tochter, ertheilte dieser Verhaltungsregeln und
spähte dann nach allen Seiten hin aus, ob die Luft
auch vollkommen rein sei. Als sie sich überzeugt hatte,
daß weder von nah noch fern ein neugieriges Auge
beobachte, was um das Haus des Boten Moser vor=
gehe, kam sie zurück, legte den Arm des Junkers in
den ihrigen und führte ihn ins Haus. Elfriede lugte
neugierig durch den Spalt der angelehnten Zimmer=
thür, hinter welcher sie lauschend stand. Seit sie
wußte, daß der martialisch aussehende Fremde mit dem
langen Schnurrbart der junge Herr von Gampenstein
sei, hatte er für sie gar nichts Erschreckendes mehr.
Das junge Mädchen hätte ihn jetzt gar zu gern als
guten Bekannten begrüßt, ihm zutraulich die Hand ge=
geben und ihm in die feurigen braunen Augen gesehen,
die sie als zehn= und elfjähriges Mädchen immer mit

Fackeln vergleichen mußte. Nicht selten hatte sie dem Junker das gerade ins Gesicht gesagt, und dann hatte Egbert eine so brennende Glut in seine dunkeln Augensterne gelegt, daß Elfriede schreiend die ihrigen mit beiden Händen bedeckte und sich aus Angst in den verborgensten Winkel flüchtete.

„Es riecht bei Dir wirklich wie in einem Hexenlaboratorium, Röschen", sprach der Erbe von Gampenstein, als er sich in der etwas düstern Bodenkammer orientirt und auf einem wackligen Schemel ohne Lehne, den die Hausbesitzerin ihm aus einem Winkel herbeiholte, Platz genommen hatte. „Daß Du ein pfiffiges Weiblein bist, habe ich von Kindesbeinen an gehört, und ich beuge mich respectvoll vor Deinem Wissen. Damit aber durch etwas Handgreifliches mein Glaube zur Ueberzeugung gesteigert wird, präparire doch gefälligst in dieser Deiner Hexenküche meiner armen Mutter einen Thee, ein Tränklein oder eine Latwerge, die ihr wieder Licht in die Seele und Freudigkeit ins Herz gießen."

Rosa zeigte dem Junker von Gampenstein ein sehr ernstes Gesicht.

„Sie werden gut thun, wenn Sie zunächst an sich selbst denken", erwiderte sie. „Die gnädige Frau Baronin wird schon wissen, was sie zu thun hat, und wenn es nöthig ist, Hülfe für ihre Leiden in sich selbst finden. Sie sind entflohen, lieber Matz, und man setzt Ihnen nach?"

„Bist Du schon unterrichtet?"

„Wenn ich es nicht wäre, müßte die Maske, die Sie tragen, mich auf solche Gedanken bringen. Man nimmt seine Zuflucht nicht zu derartigen Täuschungsmitteln, solange man Niemand zu scheuen hat."

„Ausgenommen zum Spaß, Röschen! Und ich bin immer zu Spaß und Scherz und allerhand Possen aufgelegt. Dein niedlich herangewachsenes Mäuschen ließ sich doch gleich von diesem Pandurenschnurrbart verscheuchen, den ich aus Respect vor Deinem Wissen jetzt den untern Göttern weihen will."

Auf Rosa machte der scherzhafte Ton des Junkers keinen Eindruck. Sie blieb ernst und ihr inquisitorischer Blick ward Egbert fast unbequem.

„Moser hat mir Alles berichtet", sagte sie, die Stirn kraus ziehend.

„Alles?" wiederholte der Junker und fuhr verstört von seinem Sitze auf. „Das wäre der Teufel!"

„Alles, was in der Zeitung stand, junger Herr!"

„Wie lange ist das her? Gib mir das Blatt!"

„Ich habe es nie besessen. Wo Moser es gelesen hat, weiß ich nicht."

„Ward ich sehr darin ausgeschimpft?" fragte Egbert weiter, indem er sich wieder setzte.

„Die Polizei hatte Sie nur abkonterfeit, wie Sie gehen und stehen, wie Sie blicken und sprechen. Der Steckbrief, mein liebes, vorlautes Mätzchen, war meisterhaft gerathen. Wenn die Frau Mutter ihn liest, wird sie ein paar hundert Thränen täglich mehr vergießen! Sie haben als Sohn und als ein studirter junger Herr ganz erbärmlich gehandelt! Wäre ich Ihre Mutter, es würde Ihnen übel ergehen!" Rosa hob den falschen Bart auf, den Egbert zwischen die Kräuterbündel geworfen hatte, besah sich ihn und zerpflückte ihn dann in kleine Stücke.

„Ich gäbe was drum, wenn ich auch Ihren Leichtsinn so zerpflücken könnte, junger Herr", setzte sie hinzu. „Leichtsinn stiftet fast noch mehr Unheil als wirkliche Herzensschlechtigkeit. Ich könnte Ihnen davon erbauliche Geschichten erzählen, wäre es jetzt schon dazu Zeit. Es wird aber eine Stunde kommen, wo ich zu reden mich gedrungen fühlen werde."

Egbert hätte die Frau, der er als ausgelassener Knabe manchen Schabernack gespielt hatte, gern ausgelacht, theils aber war ihm selbst nicht lächerlich zu Muthe, theils äußerte der strafend ernste Ton der schlichten Frau, vor deren geheimem Wissen er stets einige Scheu empfunden hatte, auf ihn eine niederschlagende Wirkung. Als sie schwieg, streckte er ihr gutmüthig die Hand entgegen und sagte bittend wie ein Kind:

„Laß das Nörgeln, Röschen, und sei wieder gut! Ich kann ohne Dich und den Moser nicht fertig werden. Darum such' ich Euch auf in meiner Noth; Ihr sollt mir helfen und Ihr werdet mir helfen.“

„Der Herr Junker ist fortgejagt worden!“ sprach Rosa, ihre Beschäftigung von früher wieder aufnehmend.

„Vorläufig bin ich nur fortgelaufen, um auf freien Füßen zu bleiben. Das interessante Intermezzo, an dem ich übrigens sehr unschuldig bin, kann aber leicht mit sogenannter Relegation schließen. Ich wünsche deshalb, daß mein Herr Vater, der zuweilen aufbrausend zu sein pflegt, auf diesen tragikomischen Ausgang der Studienzeit seines Sohnes schonend vorbereitet werde. Zu Euch beiden habe ich das beste Zutrauen; Moser bearbeitet den Vater, Du lullst mit zärtlich schmeichelnden Redensarten, über die Du ja verfügen kannst, wenn Du willst, das zaghafte Herz und das ängstliche Gewissen der Mutter ein.“

Rosa's Verhalten versprach Egbert wenig Gutes. Sie wählte und las bedächtig prüfend Blüten und Blätter aus den um sie aufgehäuft liegenden Pflanzenbündeln und streifte nur dann und wann die Gestalt des Jünglings mit mißtrauischem Blick.

„Sprechen Sie auch die Wahrheit, Mätzchen?“ warf sie dazwischen, als Egbert schwieg. „Mit den

Gerichten mögen wir einfachen Leute, die wir still vor uns hinleben, nicht in Berührung kommen."

„Mit den Gerichten! Bin ich denn ein Ver=
brecher?"

„Das kann ich nicht beurtheilen; gegen wen aber ein Steckbrief erlassen wird, an dessen Person legen die Gerichte doch eines Tages die Hand. Und überdies steht's im Blatte, daß Sie mit Hochverräthern sich gegen alle Könige und Fürsten Deutschlands verschwo=
ren haben!"

Diese ganz ernsthaft hingestellte Behauptung Rosa's machte auf Egbert einen so komischen Eindruck, daß er eine schallende Lache aufschlug; er vergaß ganz und gar, daß auf seine Person gefahndet ward und daß er nicht ohne Mühe sein jetziges Versteck er=
reicht hatte.

„O diese Angstmützen, die vor einer Vogelscheuche davonlaufen!" rief er aus. „Ja, ähnlich sieht es ihnen, daß sie aus jedem lustigen Burschen, der eine dreifarbige Trobbel um das Weichselrohr seiner Pfeife schlang, einen Staatsverbrecher, Königsmörder und Dreieinigkeitstödter machen! O es wäre zum Todt=
lachen, wenn die Narrethei nur nicht so unglaublich vielen Menschen schweres Herzeleid brächte!"

Das Gelächter des Junkers, dessen helle Angen sich an der Ernsthaftigkeit Rosa's weideten, unterbrach

das Knarren einer Thür, dem ein anderes undeut-
liches Geräusch folgte.

Rosa bedeutete den Junker, er möge sich still
verhalten, und eilte an die Kammerthür, die sie von
innen verriegelt hatte.

„Oben, sagst du? Bei der Mutter?" scholl es
von unten.

„Es ist Moser", sprach Rosa und schob den
Riegel zurück. „Bleiben Sie hier, ich will mit ihm
reden."

Sie schlüpfte behend hinaus, die steile, schmale
Treppe hinunter. Unten traf sie ihren Mann in
leisem Gespräch mit Elfriede. Er nickte ihr zu, reichte
ihr die Hand und hielt sie fest, der Tochter aufmerksam zuhörend.

„Der Junker muß fort und zwar noch vor
Abend!" sprach er dann, sich Rosa zuwendend, ebenso
fest als ruhig. „Es war unklug von ihm, sich hierher
zu wenden. Auf allen Straßen begegnet man Gens-
darmen, die jeden ehrlichen Kerl angucken, als wim-
melte es in der Welt nur so von Schuften. Vor
diesen Schergen der Gerechtigkeit wollte ich indeß den
Junker wohl schützen, allein der Freiherr, der Freiherr!"

Bis dahin hatte Egbert, das Ohr an der Thür
der Bodenkammer, dem Gespräche lauschend zugehört.
Die Nennung des Freiherrn setzte sein Blut in Wal-

lung. Er mußte wissen und zwar auf der Stelle wissen, wie sein Vater von einem Vorfalle dachte, in dem er persönlich nichts Verfängliches erblicken konnte, und wie er sich zu verhalten haben würde, falls der Freiherr diesem Vorfall größere Bedeutung beilegte, als dessen Sohn selbst in seinen trübsten Augenblicken gefürchtet hatte.

Mit wenigen kühnen Sprüngen stürmte er die Treppe hinunter, daß Elfriede vor Angst, er müsse in jähem Sturz Arm und Beine brechen, ängstlich auf= schrie, riß Moser mit jugendlicher Heftigkeit an sich und fragte mit blitzendem Auge:

„Ist mein Vater unterrichtet, Moser? Bin ich vielleicht obendrein noch angeschwärzt? Zürnt er mir? Verheimliche mir nichts, Moser! Ich bin alt genug, um auch die schlimmste Nachricht ruhig anzuhören. Das Unglück, das seit zwei Wochen wüthende Keulen= schläge gegen mich führt, hat mich vor den Jahren zum Manne gemacht!"

- Elias Moser horchte mit etwas vorgebeugtem Kopfe genau auf jedes Wort des Junkers. Jetzt wandte er sich zu der ängstlichen, verschämten und doch neugierige Blicke auf Egbert werfenden Tochter und erkundigte sich nach der Tageszeit.

„Der Kukuk auf der Uhr hat vor kurzem einmal gerufen", lautete Elfriedens Antwort.

„Dann bleibt uns Zeit bis gegen fünf, junger Herr! Um sieben spätestens muß ich wieder hier sein. Wenn Sie glauben, daß ich ein Freund Ihres Hauses bin, so lassen Sie sich von Rosa zu einem Gange ins Gebirge so ankleiden, daß Sie die eigene Mutter verleugnen würde, verlangte man von ihr, sie solle Ihre Abkunft eidlich erhärten. In fünf Minuten bin ich selbst auch reisefertig."

Rosa nöthigte Egbert in ein enges, dunkles Hinterzimmer. Moser und Elfriede traten in das nach vorn gelegene Wohngemach.

Sechstes Kapitel.

Im Gebirge.

Der Erbe von Gampenstein war nicht wieder zu erkennen, als er mit Elias Moser, der wie immer Stab und Ranzen trug, das versteckt gelegene Haus verließ. Rosa hatte ihm einen Kittel von Zwillich über den seinen Jagdrock gezogen und eine Mütze auf das in die Stirn gekämmte Haar gedrückt, wie sie damals die Holzschläger in den waldreichen Forsten gewöhnlich trugen. Die seinen Reitstiefeln verbarg ein weites Beinkleid von grober Leinwand. Egbert konnte in dieser entstellenden Tracht um so eher für einen Viehhändler gelten, als ihm quer über die Schulter eine vielbenutzte Peitsche von geflochtenem Leder hing und der Rock um die Hüften von einer leeren Geldkatze zusammengehalten wurde.

Beide Männer schlugen einen immer zwischen niedrigem Strauchwerk fortlaufenden Richtweg ins Gebirge ein.

„Hat mein Vater eine Zuschrift von dem Gericht erhalten?" begann Egbert, als sie in eine kühle Thalschlucht hinabstiegen, durch die ein krystallklarer Bach rauschte, die Unterhaltung. „In diesem Falle, sollte ich meinen, müßte ihm eine Darstellung von mir sehr erwünscht sein."

„Der Zorn des Freiherrn wird Ihnen die Augenbrauen nicht versengen", entgegnete Moser; „Sie müssen ihm nur Zeit lassen und eine Weile aus dem Wege gehen. Daß Sie mit Ihren Freunden tolle Fahrten anstiften, wäre Seiner Gnaden schon recht, der Steckbrief nur verdrießt ihn. Er wüthet, daß dadurch der Name Gampenstein an den Pranger gestellt wird. Was Seine Gnaden beabsichtigt, weiß ich nicht; ich soll ihm aber beistehen, das ist sein Wille. Und darum muß ich Schlag sieben unten an der blauen Brücke seiner warten."

„Wie kam das Blatt mit der fatalen Nachricht in seine Hände?"

„Durch mich, Junker."

„Bist Du verrückt?"

„Halte mich vielmehr für ausnehmend gescheidt. Mich kennt der gnädige Herr; von mir weiß er, daß ich ihm nichts aufbinde, mir selbst aber auch keine Flausen vormachen lasse. Es war das erste Blatt, das in der Stadt aufgelegt wurde, in der Resource

eben, wie ich das abgelefene Tagebuch für den In=
fpector dort abholte. Ich warf zufällig einen Blick
hinein, las den infamen Steckbrief und ftipitzte den
Wifch. Denfelben Abend noch, während das Vorwerk
bei der Lochbuche noch lichterloh brannte, legte ich es
in die Hände Ihrer gnädigen Frau Mutter.“

„Ich kann Dich doch nicht begreifen, Mofer!“

„Vertufchen ließ fich die Sache nicht, Junker.
Die Herren von Gampenftein find allerwärts zu be=
kannt! Wäre das Blatt gleich unter die Bauern und
unter das dumme Volk gekommen, das weder Einficht
noch Urtheil hat, fo hätte es böfes Blut machen
können. Es gibt Leute genug, Junker, die einem
Gampenftein noch fchlimmere Dinge zutrauen.“

„Du nimmft Dir viel heraus, Mofer!“

„Weil ich es ehrlich meine. Es war auch ehrlich
von mir, daß die gnädige Frau fchonend auf eine
Jugendthorheit des Sohnes vorbereitet wurde. Es
geht ihr nicht gut, der armen Dame. Sie hat man=
cherlei Herzeleid.“

„Hat mein Vater fich gegen Dich ausgefprochen?“

„Heute Abend, denke ich, foll es gefchehen.“

„Glaubt er an das mir fchuld gegebene Vergehen?“

„Ich habe ihn nicht ausholen können. Als ich
heute Morgen mit ihm zufammentraf, war Seine Gna=
den in bitterböfer Stimmung. Die gnädige Frau

hatte ein Gespräch unter vier Augen mit ihm gehabt. Er betheuerte mehrmals, alle Welt hintergehe und betrüge ihn, und er werde es noch erleben müssen, daß die Kinder mit Fingern auf ihn als auf einen Menschen wiesen, der von Gott gezeichnet sei!"

Egbert senkte die Augen zu Boden und wagte keine weitern Fragen an seinen trockenen Begleiter zu richten. Moser stopfte sich seine Maserpfeife, trat hinter eine vorspringende Felsenkante, um gegen den Luftzug geschützt zu sein, und schlug Feuer an. Der Weg ging schon eine Weile bergan und verlor sich immer mehr zwischen hochstämmigen Fichten.

„Es könnte wohl nichts schaden, Junker", hob er abermals an, „wenn Sie mir so viel von Ihren Streichen erzählten, daß ich mir eine Vorstellung davon zu machen wüßte. Den guten Willen, dem Hause Gampenstein zu dienen und ihm kein Unrecht zufügen zu lassen, habe ich, das Errathen aber ist nicht meine Sache. Ich hole nur bequem Athem in freier Luft. Wenn's also beliebt, schießen Sie los! Die Spechte, Häher und Eichhörnchen, die über unsern Köpfen ihr Wesen treiben, verstehen von dem, was Sie mir etwa erzählen wollen, ebenso wenig als die Blindschleichen und Jungferchen *), die uns bei dieser prächtig warmen Luft oft genug über die Füße gleiten werden."

---

*) Kleine, grünlich schillernde Eidechsen.

Diese verständigen Worte des schlichten Mannes
blieben nicht ohne Eindruck auf Egbert. Moser galt
allgemein für eine ehrliche Haut; man kanute ihn als
einen Mann, der stets auf seinen Vortheil sah, der
eine gewisse schlaue Gutmüthigkeit besaß, Niemand zu
nahe trat, sich aber auch von Niemand Unrechtes gefallen ließ. Er war treu, verschwiegen, gegen Jedermann gefällig, aber er setzte eine Ehre darein, daß
man ihm volles Vertrauen schenkte, wenn man, gleichviel
zu welchem Geschäft, seine Dienste in Anspruch nahm.

Egbert erinnerte sich sehr wohl, daß Moser die
Verhältnisse seines Hauses näher kenne als irgend ein
Anderer. Er wußte, daß sein Vater ihn schätzte, daß
seine Mutter ihn verehrte. Auch hatte er von letzterer
gehört, daß Rosa vor langen Jahren in ihrem Dienst
gestanden habe und in gewissem Sinne ihre rechte
Hand gewesen sei. Von jener Zeit her schrieb sich
das kleine Vermögen Moser's, der früher nur ein
armer Vogelsteller gewesen war. Seine Heirath mit
Rosa machte ihn zu einem selbstständigen Manne, der
von nun an verschiedene Geschäfte zugleich trieb. Heute
war er Botenläufer für Jedermann, morgen bestieg
er als Kurier ein schnellfüßiges Roß. Dann wieder
machte er den Unterhändler. Bei Getreidekäufen
pfuschte er den Rechtsgelehrten gelegentlich als Winkel-
advocat ins Handwerk und gab bei alledem weder

6*

den Vertrieb der regelmäßig erscheinenden Wochen=
schriften und allerhand Flugblätter, noch die Liebhaberei
auf, Singvögel zu fangen, sie abzurichten, ihnen durch
ausdauerndes Vorpfeifen beliebte Melodien zu lehren
und die begabtesten seiner gefiederten Sänger so theuer
wie möglich an den Mann zu bringen.

Dies Alles bei sich überlegend fand der Erbe von
Gampenstein, daß er nichts wage, wenn er gegen einen
Mann von solchen Eigenschaften bis zu einem gewissen
Grade offen mit der Sprache herausgehe. Bis zu
einem gewissen Grade! Diesen Vorbehalt machte er
trotz seiner fast kindlichen Unbefangenheit doch instinkt=
mäßig. Weshalb? Das werden wir demnächst in Er=
fahrung bringen.

Moser schritt tapfer vorwärts, so tapfer und eilig,
daß der Jüngling ihm kaum zu folgen vermochte. Der
Mann hatte Sehnen wie Stahl, die von wunderbarer
Ausdauer und Elasticität waren.

„Wenn Du Dir etwas mehr Zeit gönnen woll=
test, könnte ich Deine Neugierde befriedigen!" sagte
Egbert, einen sein Haupt streifenden Kiefernast er=
fassend und auf einem wackligen Sandsteinblocke über
einer gähnenden Felsschlucht mit blinzelndem Auge
balancirend.

„Nicht Neugierde, Junker, Wohlwollen ist's, das
mich Sie in dieser Brütehitze über die geheimsten Ge=

birgspfade zu verläßlichen Leuten bringen läßt. Ich
sagte Ihuen schon, ich müsse mich sputen."

„Wohin geleitest Du mich?"

„Das hat Zeit, bis ich sagen kann, ich habe
mein Versprechen gehalten. Hier hat das Steigen
vorläufig ein Ende. Auf dieser moosigen Bergwiese
bleiben wir ziemlich eine halbe Stunde. Da können
Sie frei athmen und frisch erzählen. Ich werde Sie
nicht oft unterbrechen."

Egbert mußte jetzt sprechen, wenn er seinen Führer
nicht beleidigen wollte.

„Als ein Mann, der nicht wie die gedankenlose
Masse des Volkes blind in den Tag hineinlebt", begann der junge Gampenstein, „bist Du bekannt mit
allen wichtigern Ereignissen der Zeit. Seit der gefürch-
tete corsische Kaiser auf der wüsten Felseninsel St.-He-
lena gefangen gehalten wird und Europa vor einer
zweiten Zurückkunft des dämonischen Mannes, dessen
bloßes Stirnrunzeln schon die halbe Welt erbeben
machte, nicht mehr bange zu sein braucht, ist in unserem
lieben deutschen Vaterlande Vieles anders, wenig aber
besser geworden. Es hieß, als mit den Fürsten auch
das deutsche Volk sich gegen die unerträgliche Tyrannei
des Fremden erhob und nach kurzem Kampfe ihn und
seine für unüberwindlich gehaltenen Heere zu Boden
schmetterte, man wolle über den Leichenhügeln der

unzähligen Tausende, welche in diesem Kampfe fielen, der Freiheit Deutschlands Altäre bauen. Auf die Ent= stehung dieser Altäre warten wir heute noch vergebens."

Moser blies stärkere Dampfwolken aus seiner Maserpfeife und warf dem jetzt gleichen Schritt mit ihm haltenden jungen Edelmanne schelmische Blicke zu.

„Die deutsche Jugend, insbesondere die gebildete, das heißt, die studirende Jugend, die am letzten Ende doch das Kryftallgefäß ist, in welchem sich alle Vor= züge des germanischen Geiftes am geläutertften dar= stellen, ward darüber sehr aufgebracht. Nicht weil man ihr ein ideales Bild der Freiheit, das wohl in den Köpfen vieler Ueberspannter spuken mochte, vor= enthielt, sondern weil man dem wirklichen, greifbaren, sinnlichen Leibe der Freiheit ein Kleid überhing, das sie in eine Vogelscheuche, um Kinder und Schwach= sinnige damit zu schrecken, verwandelte."

Moser wiederholte sein schlaues Seitwärtsblicken und nickte beistimmend mit dem Kopfe.

„Ich sehe, Du verstehft mich", fuhr Egbert fort, „Du wirft also auch begreifen, was die Jugend be= wegte. Es hatten Viele das Schwert mit der Feder vertauscht, als es galt, das Land von den Feinden zu säubern. Jeder Einzelne hatte, soweit die Kräfte reich= ten, seine Pflicht gethan, und Vaterlandsliebe, nicht Egoismus war die Triebfeder für das entschlossene,

todesmuthige Handeln Tausender gewesen. Diese fühl=
ten sich, zurückkehrend zu den Berufsgeschäften des
Friedens, alsbald bitter in ihren Erwartungen ge=
täuscht. Die Verheißungen, obwohl feierlich beschworen,
blieben aus; von der Freiheit, die wir im Sinne
hatten und die wir nicht aufgeben wollten, weil wir
in ihr die belebende Seele edler Volksentwickelung
erkannt hatten, blieb kein erkennbarer Schimmer übrig.
Wie Alterweibersommer zerflatterte der leuchtende Dunst,
den wir für die Morgenröthe der Freiheit hielten und
der wir gläubig zujauchzten, über Deutschlands Gauen
und zog davon, Gott weiß, wohin! Es ward still in
dem frei gewordenen Lande, guter Moser, und die Her=
zen aller wahren Freunde des Vaterlandes legten tiefe
Traner an."

„Hole der Teufel das verdammte Unkraut!" unter=
brach den bewegt Sprechenden hier der rauchende Bote
und schlug mit seinem zähen Dornenstocke einer ganzen
Reihe von Disteln, die ihm den Weg kreuzten, die
stachligen Kronen ab. „So hübsch die Dinger auch
aussehen, wenn sie gerade in voller Blüte stehen, so
wenig kann ich sie ihrer niederträchtig scharfen Sta=
cheln wegen leiden. Man vertreibt dem Zeuge aber
das Stechen gründlich, wenn man sie mit einer
Schwuppe oder einem derben Stecken gleich kurz und
klein schlägt. Nichts für ungut, Junker, ich habe

Sie unterbrochen, und es hört sich Ihnen verteufelt gut zu."

Egbert nahm den fallengelassenen Faden wieder auf, indem er fortfuhr:

„Schade, Moser, daß Du in Deiner Jugend nicht studirt haft! Du wärst sicherlich ein flotter Bursche und ein famoser Panker geworden. Du weißt doch, was Du unter Burschen zu verstehen haft?"

„Meine es zu wissen, Junker!"

„Die besten, redlichsten, geistig regsamsten aller Burschen beredeten sich vor einigen Jahren, sie wollten stets zusammenhalten und auf alle Weise dahin streben, dem Vaterlande zu jener Freiheit zu verhelfen, die sie als das Wünschenswertheste in einem wohlgeordneten politischen Staatswesen erkannt hatten. Schlecht kann ein Streben geistig frischer Jugend mit solchem Ziele nicht sein, dünkt mich, aber man kann es mißverstehen und Einzelne können es falsch auffassen. Was der sittlichen Verderbtheit, der bezahlten Schmeichelei und Heuchelei die Spitze abbrechen soll, das ist nicht gegen jeden einzelnen Schelm gerichtet; denn man rottet das Böse nicht dadurch aus, daß man da und dort einen schlechten Kerl aufknüpft oder auf irgend andere Weise unschädlich macht. Um Unkraut zu vernichten, ist es nöthig, daß man es mit Stumpf und Stiel vertilgt, den Boden umgräbt und ihn durch Beimischung edler

Erdstoffe verbessert. So verbessern auf geistigem Ge-
biete wollte die Verbrüderung der Burschenschaft unser
gesammtes Volk. Mir gefiel diese Idee, wie sie vor
mir schon Hunderten gefallen hatte, und ich gab mich
ihr hin mit voller Kraft meines Geistes: ich ward
Mitglied der Burschenschaft. Da ließ sich der unglückliche Sand zu jener schrecklichen, unverantwortlichen
That fortreißen, die Du kennst."

„Es war ein unbesonnener Knabenstreich, Junker!"

„Gleichviel, es war der Wahnsinnsausbruch eines
Einzelnen, eines überspannten Menschen, der zufällig
studirte und znfällig Mitglied der Burschenschaft war!
Ist es vernünftig, ja nur klug, eine Gesellschaft von
Tausenden entgelten zu lassen, was ein Einzelner aus
dieser Gesellschaft auf eigene Faust, gewissermaßen zu
seinem Plaisir frevelt? Aber freilich, man schlägt den
Esel und meint das Roß! Wir begriffen das sofort,
aber wir wollten uns nicht einschüchtern lassen, weil
wir uns keiner Schuld bewußt waren. Das benutzten
die Gegner der Freiheit, die wir meinen, wie es auch
in einem unserer kräftigen, belebenden Gesänge heißt,
und erklärten uns alle für schuldig! Das ist kürzlich
geschehen, und nun geht's an ein Einstecken, Verhören,
Torquiren, vielleicht auch noch ans Kopfabschneiden!
Ich bin zu lebenslüstig und ein zu großer Verehrer
derjenigen Freiheit, die selbst die unvernünftige Creatur

sich nicht gern rauben läßt, um meinen Hals gutmüthig
in die Schlinge zu stecken. Ich setzte mich also auf
flüchtigen Fuß, was indeß nicht ohne Skandal bewerk=
stelligt werden konnte. Aus diesem Skandal, bei wel=
chem vielleicht ein Rippenbruch vorgekommen sein kann
— ich weiß es nicht — wollen mir nun die gelehrten
Herren von der Universität mit sammt dem ganzen
ordengeschmückten hohen und höchsten Anhange ein
Verbrechen machen und fahnden auf mich, als hätt'
ich des weiland heiligen deutschen römischen Reichs
kopfwackelnde Majestät von ihrem Throne zu stoßen
mich staatsverrätherisch erfrecht. Es ist geradezu lä=
cherlich, alter Junge, aber ins Elend jagt's mich doch,
wenn der Teufel sein Spiel gewinnen soll!"

Egbert schwieg und ließ seine Blicke über die
wildromantische Gegend schweifen, die sich vor ihm
aufthat. Durch eine Waldschlucht ward zunächst ein
gewaltiger Schloßbau auf hohem Erdwalle sichtbar,
der sich im Osten an das südwärts streichende Gebirge
lehnte. Weiterhin tauchte hinter leicht gewelltem Ter=
rain, über welches zahlreiche Häuser mit blitzenden
Schindeldächern sich ausbreiteten, eine Kirche mit an=
sehnlicher Kuppel auf.

Moser rastete eine Weile, auf seinen Stab sich
lehnend. Ein zweifelnder Gedanke schien einen bereits
früher entworfenen Plan stören zu wollen.

„Dort liegt Gablona", sprach er, mit dem Stabe
nach der Kuppelkirche in der fruchtbaren Ebene deu=
tend; „links das Schloß gehört einem Grafen, der
weit aus Süden herstammt. Hier zu unsern Füßen
zwischen der zackigen Felsenmauer läuft die Grenze
fort, und von dort oben, wo die grauen Steine sich
wie Thürme übereinander schieben, zieht die Heer=
straße vom Norden herein in das Herz des Landes,
wo sich deutsch und böhmisch redende Menschen ohne
Noth das Leben saner machen. Noch eine Viertel=
stunde, junger Herr, und Sie ruhen sich aus, wo
dem Teufel und seinen Gesellen das Spiel, in das
Sie durch Zufall mit verwickelt worden sind, gewiß
verdorben wird."

„Wem gedenkst Du mich anzuvertrauen?" fragte
Egbert, an der Seite seines Führers auf ungebahntem
Wege und buchstäblich über Stock und Block in eine
ungewöhnlich wilde Schlucht hinabsteigend. „Mich
dünkt, ich habe nunmehr ein Recht, mich nach dem
Versteck zu erkundigen, das Du für mich ausgesucht
hast."

„Der Ort, wo Sie einige Zeit leben sollen,
wird Ihnen gefallen", versetzte Moser in seinem ge=
wöhnlichen trockenen Tone. „Es gibt daselbst zu allen
Tagesstunden, nicht selten auch des Nachts buntes,
bewegtes Leben. Die Skalhütte und ihren Herrn

kennen die Leute bis hinunter an die Donau. Ihr
Besitzer hat viel zu bedeuten im Lande, denn von
seiner Hand sind die Mauthner abhängig. Nur dürfen
Sie weder an seiner Person, noch an seinem Wesen
und seinen Reden Anstoß nehmen. Wie andere Men=
schen ist Berthold Rona nicht."

„Du kennst ihn genau, Moser?"

„So genau, wie man überhaupt einen Andern
außer sich selbst kennen kann. Rona von Slal, wie
das Volk ihn zu tituliren pflegt, ist ein Original; er
hat seine Schrullen, die sich curios genug ansnehmen.
Es muß sich eben Jeder an ihn gewöhnen. Da zeigt
sich schon der Rauch seiner Glashütte; wenn wir dort
die Waldecke erreicht haben, können wir Rona's ganzes
Besitzthum übersehen."

Diese Voraussage bestätigte sich. Mit dem Zurück=
weichen der Waldung trat das Etablissement Berthold
Rona's in den Gesichtskreis. Es lag in einer breiten
Berghalde bequem eingebettet, in der Mitte das statt=
liche, mit Schindeln gedeckte Wohnhaus des Besitzers,
ganz von Holz aufgeführt nach Art aller Wohnungen
in dieser waldreichen Gegend. Links von diesem um=
fangreiche, mehrstöckige Lagerhäuser; rechts mehr nach
dem Walde vorgeschoben, an rauschender Gebirgself
die gewaltige Glashütte mit drei hohen, weithin sicht=
baren Schornsteinen.

Zwischen der Glashütte und dem Wohnhause
Rona's, das ein artiger Garten umhegte, stieg eine
vielbefahrene Straße in den Bergwald hinauf. Im
Hofe neben den Lagerhäusern standen bespannte und
unbespannte Wagen verschiedener Form, um welche
ab= und zugehende Arbeiter beschäftigt waren.

„Was soll ich bei Herrn Rona vorstellen?" fragte
Egbert seinen Gefährten. „So wie Du mich einführst,
kann ich nicht bleiben; ich würde mich früh genug
durch meine Unwissenheit blamiren. Einen Namen
muß ich mir aber doch geben und ganz ohne Beschäf=
tigung möchte ich, umgeben von lauter thätigen Men=
schen, auch nicht gern bleiben."

„Für Beschäftigung lassen Sie, ohne danach zu
verlangen, den Herrn der Skalhütte sorgen", erwi=
derte Moser. „Rona duldet keine Müßiggänger um
sich, und an Gelegenheit, ein paar Menschen mehr zu
beschäftigen, gleichviel wozu sie auch zu verwenden sein
mögen, fehlt es dem klugen Manne nie."

„Und wie soll ich mich nennen?"

„Genau so, wie Sie heißen: Egbert; nicht mehr,
nicht weniger. Zwei Worte, die ich mit dem Herrn
wechsle, werden ihn sogleich für Sie einnehmen. In
weiterem Verkehr rathe ich zur Vorsicht. Wie alle
Menschen hat auch Rona seine Schwächen; insbeson=
dere kann er die privilegirten Stände, überhaupt Alles

nicht leiden, was Privilegium heißt oder doch so aus=
sieht. Es ist mithin besser, daß er weder Ihren
wahren Namen, noch Ihren Stand erfährt. Meine
Empfehlung öffnet Ihnen sein Haus wie sein Herz;
verstehen Sie, sich ihm zu fügen und, wo er Sie
vielleicht verletzen wird, nicht zu heftig Opposition zu
machen, so werden Sie sich Rona's Freundschaft
dauernd gewinnen."

Die Skalhütte war erreicht. Im Vorübergehen
warf Egbert durch die halb offen stehende Thür einen
Blick in den geschwärzten Raum, in welchem eine
Menge sehniger Männer, von der Glut der schmel=
zenden Kiese geröthet, wie Cyklopen hantierten, diese
riesige Glasbälle wie flammende Ballons an langen
Eisenröhren um ihre Köpfe schwingend, jene die lang=
sam verglühenden mittels großer Zangen in andere
Formen zwingend. Egbert hatte etwas Aehnliches nie
früher gesehen, und er würde die Glashütte selbst
betreten haben, wäre er nicht von Moser abhängig
gewesen. Dieser aber mahnte zur Eile, da er sich in
der Skalhütte nicht lange aufhalten konnte und er
des Besitzers schon ansichtig wurde, der eben aus einem
der Lagerhäuser kam und seiner Wohnung zuschritt.

Siebentes Kapitel.

Der Herr der Skalhütte.

Egbert von Gampenstein machte große Augen, als Moser ihm den Herrn der Skalhütte zeigte. Er mußte sich Zwang anthun, um sein Staunen nicht laut lund werden zu lassen. Moser lächelte auf seine spöttische Manier, indem er nicht ohne Beimischung von Schadenfreude sagte:

„Gelt, Junker, das ist ein Prachtmensch?"

Es blieb Egbert keine Zeit zur Beantwortung dieser Frage übrig, die ihn in Verlegenheit setzte. Berthold Rona hatte den Tagebuchmann erkannt, blieb am Eingange zum Garten stehen und wartete auf die Herankommenden.

Absichtlich hielt Egbert sich einige Schritte hinter Moser, da er der Fassung bedurfte. Die Persönlichkeit Rona's hatte zu wenig Herausforderndes, um auf den ersten Blick ihn für einen Menschen von Bedeutung

gelten zu laſſen. Auf einem anſcheinend ſchwächlichen
Rumpf, der in auffallend krumme, dünne Beine aus=
lief, ſaß ein dicker, unſchöner Kopf mit grau gewor=
denem wolligem Haar, mit dem ein gealterter Neger
hätte prahlen können. Aufgeworfene, ſtarke, etwas zu
rothe Lippen und eine gewaltige Adlernaſe trugen nicht
gerade dazu bei, das Ausſehen des Beſitzers der Slal=
hütte für Fremde anziehend zu machen. Die Angen
allein waren groß, von tiefſtem Schwarz, voll Aus=
druck und Feuer.

Rona's Kleidung unterſchied ſich in nichts von
der ſeiner Arbeiter in der Glashütte. Er war gleich=
ſam in verbleichten Zwillich eingenäht, hatte ein ſchlech=
tes Tuch von geblümter Baumwolle um ſeinen hagern
Hals geſchlungen und grobe, plumpe Schuhe an den
Füßen. Ihm gegenüber konnte der doch auch nicht
modern gekleidete Moſer noch immer für einen Gentle=
man gelten. Die Füße übereinander ſchlagend, er=
wartete er, an die Umfriedigung des Gartens gelehnt,
die Ankömmlinge. Ein bloßes kurzes Kopfnicken er=
widerte die Begrüßung Moſer's, der Rona die Hand
reichte und einige leiſe Worte mit ihm wechſelte. Dieſe
brachten eine auffallende Veränderung in deſſen Hal=
tung hervor. Der ganze Mann ſchien zu wachſen,
der gewaltige, ausdrucksvolle Kopf hob ſich, die glän=
zenden Augen waren fragend auf Egbert gerichtet.

„Sie sind willkommen auf Skal und werden mein Gast bleiben, solange es Ihnen gefällt", redete er freundlich, aber mit etwas rauh tönender Stimme den Erben von Gampenstein an, ihm die Hand vertrauens= voll reichend.

„Der junge Herr ist von guter Familie", be= merkte Moser, „und das Herz sitzt ihm auf dem rechten Flecke. Der Grenzwächter wegen mußten wir vorsichtig sein."

„Ich verstehe", sagte Rona. „Betrug ist Gottes Gesetz, wenn man Schufte damit hinters Licht führen kann. Ich mache seit dreißig Jahren ein Studium aus dem Betrügen, das mich mehr ergötzt, als eine meisterhaft aufgeführte Messe von Palestrina. Haben Sie schon einige Erfahrung gemacht in dieser noch einzig möglichen Art, die Welt zu verbessern, Herr—"

„Egbert ist mein Name", fiel der flüchtig ge= wordene Student ein, der schon nach diesen wenigen Worten den Herrn der Skalhütte mit ganz andern Augen ansah. Die Lachlust, welche ihn befallen wollte, war vollkommen verschwunden; er musterte den sonderbaren Mann mit neugierig=scheuem Blicke.

„Treten Sie näher", fuhr Rona fort, Egbert zum Vortritt nöthigend. „Sie werden müde geworden sein in der glühenden Harzatmosphäre der Kiefern= waldung und einer Stärkung bedürfen."

„Was mich betrifft, Herr Rona, so nehmen Sie mit dem guten Willen fürlieb", sagte Moser. „Ich bin pressirt."

„Dann geht, Moser! Ein schlechter Kerl, der sein Wort nicht hält, seine Pflicht nicht thut, solange Haut und Knochen noch leidlich zusammenhalten!"

„Sie hören von mir, sobald es nöthig ist", sprach Moser, dem jungen Edelmanne zum Abschiede die Hand drückend. „Thun Sie getrost, was Herr Rona gut= heißt; es wird Ihnen dann unter diesem gastlichen Dache Niemand ein Haar krümmen."

Egbert trat in das Wohnhaus des Herru der Skalhütte. Ein geräumiges Eckzimmer, von vier Fen= stern erhellt, dessen schneeweiß gescheuerte Dielen mit feinem Sand bestreut waren, nahm ihn auf. Einfach möblirt, machte es doch den Eindruck der Behaglichkeit. Die mit Holz getäfelten Wände waren mit gelblicher Oelfarbe angestrichen, ebenso die Balkendecke. An den Wänden hingen eine Anzahl guter Kupferstiche in schwarzen Rahmen. Ein wiener Flügel, der offen stand, überraschte den jungen Gampenstein, denn er hatte dem Besitzer der Glashütte, der nach Moser's Andeutungen freilich eine Menge verschiedenartiger Eigenschaften in sich vereinigen sollte, Sinn für Musik am wenigsten zugetraut.

Die Strahlen der Julisonne streiften einen Glas=

ſchrank und brachen ſich in einer Menge zum Theil
prachtvoll geſchliffener Gläſer von verſchiedener Form
und verſchiedener Farbe. Der dadurch entſtehende Licht=
reflex blendete Egbert und zwang ihn, die Hand
gegen das Funkeln des farbigen Schimmers ſchirmend
vor die Augen zu halten. Dabei fiel ſein Blick ein
zweites Mal auf die Bilder an den Wänden, unter
denen ihn vier Portraits feſſelten. Eins derſelben glich
ſo auffallend ſeinem Gaſtfreunde, daß er in dem Bilde
deſſen Conterfei erkannt haben würde, wäre die Tracht
nicht eine ſo merkwürdig fremdländiſche geweſen und
hätte nicht ein voller, langer Bart dem Geſicht auf
dem Bilde doch einen ganz andern Ausdruck ver=
liehen.

Das zweite, neben dem bemerkten hängende Por=
trait war das Bruſtbild eines auffallend ſchönen Man=
nes in erſter Jugendblüte. Dunkles, lockiges Haar
beſchattete die edel geformte Stirn, unter der große,
blitzende Augen geheimnißvoll leuchteten; um die fein=
geſchnittenen Lippen ſpielten lächelnde Grazien. Ueber
dieſen beiden Portraits hingen noch das eines Greiſes
und einer alten Frau in ebenfalls auffallender Tracht.
Egbert's ſcharfer Blick haftete auch auf dieſen einige
Zeit, verglich ſie mit den andern Bildern und kam
zu der Ueberzeugung, er habe Familienportraits alt=
orientaliſcher Abſtammung vor ſich.

7*

Rona, der in ein Nebenzimmer gegangen war, um einer dritten Person einige Befehle zu ertheilen, kam jetzt zurück. Ihm entging nicht, daß seinen jungen Gast die Bilder interessirten, und diese Wahrnehmung erfreute den Mann sichtlich.

„Wie finden Sie die Bilder, Herr Egbert?" sprach er, diesen näher zu den Portraits führend. „Es sind liebe Andenken aus längst vergangenen Tagen, die ich nie ohne Rührung, leider auch nicht ohne jedesmal sich erneuernde Zorneswallung betrachten kann."

Egbert lobte Zeichnung und Ausdruck, enthielt sich aber vorsichtig jeder weitern Bemerkung. Das schien aber Rona mit seiner Aeußerung nicht beabsichtigt zu haben, denn er fuhr, auf das Brustbild des schönen Mannes deutend, fort:

„Dieser verführerische Kopf hier saß auf den Schultern eines Mannes, den ich mehr liebte als mich selbst. Ganz so sah mein Bruder aus, als er wenige Jahre vor dem Ausbruch der französischen Revolution nach Paris ging, um dort sein Glück zu machen. Ob er es eine Zeit lang gemacht hat, der Himmel weiß es! Ich hörte selten von ihm und sah ihn nie wieder. In der greulichen Menschenschlächterei unter den Männern des Schreckens scheint der Unglückliche mit umgekommen zu sein."

„Und wen stellt dieses Portrait vor?" fragte
Egbert mit verzeihlicher Neugierde und deutete auf
das Bild des Mannes mit dem langen Barte.

„Einen Rabbi, Herr Egbert, welcher durch Nachdenken und Studium später zu der Einsicht kam, es
sei Thorheit, die Menschen durch Religion bessern zu
wollen. Angenommen, dies zweibeinige Raubthier und
Scheusal, genannt Mensch, das seine teuflischen Neigungen und Gelüste hinter einer Maske versteckt, die
es in heuchlerischer Verstellung dem Weltenschöpfer
abschmeichelte, sei zu etwas Besserem heranzubilden, so
geschieht das sicherlich nicht durch Liebe, Lehre, Milde
und Sanftmuth, sondern nur dadurch, daß man ihm
täglich seine Abscheulichkeiten vorhält, ihm die bodenlose Erbärmlichkeit, in der es schwelgt, eintränkt und
es dadurch dahin bringt, daß es vor seinem eigenen
Bilde sich entsetzt und aus Entsetzen in sich geht und
anders wird. Als Rabbi war ich ein Sklave des
Gesetzes, das alle geistige Kraft absorbirt; seit ich
einfach Mensch geworden bin, verachte ich jegliches
Gesetz und denke fortwährend nach, wie ich durch Um-
gehung und Uebertretung der Gesetze die Lotterbrut
der Menschen zur Erkenntniß des eigenen Unrechts
bringen kann."

War Egbert schon über die ersten Aeußerungen
Rona's in eine gewisse Aufregung versetzt worden, so

erfüllte ihn das eben Vernommene mit Angst und
Furcht. Seine Vermuthung, er möge es mit einem
Manne jüdischer Abkunft zu thun haben, bestätigte
Rona aus freiem Antriebe. Darüber war schon der
junge Edelmann, der bei all seinen freisinnigen Nei=
gungen doch noch lange nicht alle Vorurtheile über=
wunden hatte, etwas bestürzt. Er zürnte im ersten
Augenblicke Moser seiner Schweigsamkeit wegen, ob=
wohl er sich dieselbe leicht erklären konnte. Mehr aber
als die jüdische Abstammung des Mannes, dessen Gast
er auf unbestimmte Zeit bleiben sollte, beunruhigten
ihn Rona's Gesinnungen und Ansichten, die seinem
eigenen Dafürhalten nach ja aller Gesittung, aller
Vernunft, aller Moral Hohn sprachen. Und dieser im
Gemüth, wie es schien, völlig verwilderte Mann sollte
ihm, dem Geflüchteten und Verfolgten, Beschützer und
Freund sein!

Die Bestürzung Egbert's, der seine Züge nicht
vollkommen in der Gewalt hatte, blieb dem scharfsich=
tigen, an Erfahrung und Menschenkenntniß reichen
Hüttenbesitzer nicht verborgen. Er bot dem Jüng=
linge lächelnd die Hand, welche dieser zögernd nur
mit den Fingerspitzen berührte.

„Ich habe Sie erschreckt, vielleicht sogar belei=
digt", fuhr er fort. „Das thut mir leid; und Sie,
junger Herr, müssen herb klingende Worte, mit denen

ich aus Angewöhnung freigebig zu sein pflege, nicht
übel deuten. Das Leben hat mich rauh und scho=
nungslos angepackt von Jugend auf; die Menschen
benutzten mich nur, um später mich zu vergessen. Ich
war immer bescheiden, mäßig, mit dem Geringsten zu=
frieden; desto mehr gönnte ich Andern, wenn es
ihnen Vergnügen machte. Diese meine angeborene
Gutherzigkeit hat meinen armen Bruder ins Ver=
derben gestürzt. Darüber mache ich mir noch jetzt
Vorwürfe, obwohl der böse, unverbesserliche Leichtsinn
sehr schlecht an mir gehandelt hat.“

In Rona's Augen schimmerte ein feuchter Glanz,
den er, die Lider ein paarmal schnell zusammen=
pressend, Egbert zu verbergen suchte.

„Wollen Sie der Welt etwas nützen, junger
Herr“, schloß er seine Rede, „so zeigen Sie keine
Schwäche! Thun Sie, als hätten Sie weder Blut
noch Nerven; bleiben Sie immer kalt und besonnen
und lassen Sie sich weder von schönen Augen, noch
von wohlgedrechselten Redensarten, weder durch Be=
theuerungen, noch durch Schmeicheleien berücken! Nur
leidenschaftslose Menschen sind frei, und man wird
nur leidenschaftslos, wenn man sein Herz mit drei=
fachem Panzer umgürtet und Alles verachtet, was
Ausfluß eines Gesetzes ist! Sie werden den Sinn
meiner Worte schon fassen und deuten lernen, wenn

wir erst einige Zeit mit einander gelebt haben. Jetzt
laſſen Sie uns der Maſchine, in welcher wir als
Geiſter auf Erden zu haspeln verdammt ſind, das zu=
führen, was ſie im Gange erhält. Ich höre mit
Tellern und Meſſern klappern, und das iſt immer ein
ſicheres Zeichen, daß der Geiſt inſtinktmäßig Anſtalt
trifft, dem Thieriſchen in uns zu ſchmeicheln. Nach
dem Gefallen des Schöpfers kann dies nur durch
Darreichung von Nahrung geſchehen. Laſſen Sie uns
hier an dieſem Tiſche niederſitzen! Als gleichartige
Geſchöpfe mit gleichen Anlagen, Neigungen und phy=
ſiſchen Bedürfniſſen brauchen wir uns gegenſeitig we=
der zu geniren, noch uns vor einander zu fürchten."

Ehe noch Egbert den ihm angewieſenen Stuhl
benutzte, öffnete ſich die Thür des Nebenzimmers, in
welchem vorher Rona mit einer dritten Perſon ge=
ſprochen hatte, und ein junges Mädchen in duftiger
Sommerkleidung von modernſtem Schnitt trat ein.
Sie trug ein großes Theebret, beſetzt mit Tellern,
zwei Flaſchen und verſchiedenen ſchön geſchliffenen
Gläſern aus Kryſtallglas. Eine dienende Perſon von
plumpem Aeußern folgte mit einer Schüſſel kalter Speiſen.

„Meine Tochter Lena", ſagte Rona, das roſige
Kind ſeinem Gaſte vorſtellend. „Herr Egbert! Wird
uns einige Zeit Geſellſchaft leiſten. Iſt mir ſehr
warm empfohlen."

Lena machte einen Knix, stellte das Theebret vor
den Vater auf den Tisch und huschte, den fremden
jungen Mann, dessen kluges Gesicht gar nicht zu
seinem groben Kittel paßte, mit scheuem Augenauf=
schlag streifend, wieder zur Thür hinaus.

Auf Egbert's leicht erregbares Temperament machte
die Erscheinung Lena's einen unauslöschlich tiefen
Eindruck, obwohl er sie kaum sekundenlang mit dem
Blicke umspannt hatte. Die Gestalt war voll und
geschmeidig, das Antlitz ein Oval von vollendeter
Schönheit, die Nase von feinstem Schnitt, das Ange
groß, mandelförmig und bei sehr dunklem Haar von
tief gesättigtem Blau. Kein Wunder, daß ihm das
Wort bei der kühlen Vorstellung des Vaters auf der
Zunge erstarb. Rona aber stieg durch die schöne
Tochter hoch in seinem Ansehen, und die Skalhütte,
vor wenigen Augenblicken noch für ihn nichts weiter
als ein unfreiwilliges Asyl, verwandelte sich auf der
Stelle vor seinem schwärmerischen Geiste in ein
Paradies.

Rona nöthigte Egbert, den aufgetragenen Spei=
sen ihr Recht angedeihen zu lassen, und schenkte drei
Gläser voll Wein, zwei mit rothem Melniker, eins
mit feurigem Tokayer.

„Ich trinke nur leichten Wein, da mir schwere
Weine Blutwallungen verursachen", sprach er, dem

Jünglinge die Wahl lassend. „Die Jugend darf sich etwas mehr zutrauen. Darum bitte ich, folgen Sie Ihrem Geschmack, ohne Rücksicht auf mich zu nehmen."

Egbert ergriff gedankenlos ein Glas und stieß mit seinem Gastfreunde an.

„Auf dauernde Freundschaft, junger Herr!" sagte Rona und leerte sein Glas zur Hälfte. „Und nun gestatten Sie mir einen Blick auch in Ihr Herz! Wen Moser in solcher Tracht durchs Gebirge führt, der hat peccirt; ob mit Recht, aus Uebermuth oder weil der Zufall es so fügte, das gilt mir gleich. Sie leben mit dem Gesetz auf gespanntem Fuß; das allein genügt, Sie mir werth zu machen. Aber ich muß Ihr Streben und Ihr Wollen kennen lernen, sonst bleiben Sie mir stets Fremder. Und das taugt nichts für Leute, die zusammen mit einander unter einem Dache wohnen."

In Egbert's Pupille spiegelte sich der glänzend sanfte Blick Lena's; das allein schon war genug, ihn mittheilsam gegen Rona zu machen, von dem er ohnehin nach den gehörten Aeußerungen für seine Person nichts zu befürchten hatte.

„Ich gehöre einer studentischen Verbindung an, die bei den Regierungen in üblem Rufe steht"; begann er. „Ueber die Veranlassung zu den sehr ernsten Schritten, welche die Regierung sich gegen uns erlauben zu dürfen für berechtigt hielt, bleibe einstweilen ein Schleier gebreitet. Als Mann von Welt werden Sie keines großen Scharfsinns benöthigt sein, um die= selben zu errathen. Genug, ich ward gleich andern meiner Commilitonen verhaftet und sollte hinter Schloß und Riegel gebracht werden. Damit ich mich nicht salviren möge, überfielen mich die Häscher des Nachts, ganz so, als wäre ich ein für vogelfrei erklärter Ver= brecher. Entwischen konnte ich nun freilich nicht; da= gegen war es mir gelungen, gewisse Papiere, die mir kurz vorher Andere zur Aufbewahrung übergeben hat= ten, beiseite zu schaffen. So folgte ich denn, ohne Widerstreben und ohne Gewissensbisse zu empfinden. Allein schon nach wenigen Tagen ward meine Lage bedenklich. Bei einer nur allzugründlichen Haus= suchung hatte man die gesuchten Papiere gefunden. Sie allein konnten unserer Verbindung den Schein einer staatsgefährlichen geben. Das errieth ich aus den Ver= hören, die ich bestehen mußte, in denen ich aber tapfer leugnete. Selbst den Inhalt der in meiner Behausung gefundenen Papiere bestritt ich zu kennen, und in gewissem Sinne hatte ich dazu ein Recht, da ich nur im Allgemeinen anzugeben vermocht hätte, was darin abgehandelt wurde. Nun ging aber der Untersuchungsrichter einen Schritt weiter; ich sollte den Angeber machen und sagen, wer mir die Papiere

übergeben habe, wer der eigentliche Urheber- und Ver=
fasser der staatsgefährlichen Tendenzen sei, die nun
einmal darin niedergelegt sein sollten. Dieses Ansinnen
wies ich mit Verachtung zurück. Darauf folgte stren=
gere Haft, weniger rücksichtsvolle Behandlung. Man
wollte mich mürbe machen, reizte aber nur den mit
Füßen getretenen Stolz oder, wie Sie vielleicht be=
haupten würden, das Thier in mir. Beim nächsten
Verhöre ging meine Geduld zu Ende. Ich benutzte
einen günstigen Moment, machte unerwartet Kehrt,
schleuderte die Pedelle beiseite und stürzte wie ein
Rasender die Treppen hinunter. Leider war die Thür
des Gerichtsgebäudes verriegelt! Ehe ich mich besann
und zu einem Entschlusse kam, nahten die Verfolger.
Da fiel der Riegel unter meiner Hand; ich war frei,
wenn ich die Verfolger durch ein kühnes Wagniß zu=
rückschrecken konnte. Einen verstecktgehaltenen Dolch
ziehend, stürmte ich hinaus in den Hof. Aber ich
ward erreicht, überholt; zwei der Beherztesten warfen
sich mir entgegen. Bis zur Wuth entflammt, schlug
und stieß ich blindlings um mich; ein Blutstrahl
sprang mir entgegen. ‚Mord!‘ schrieen Mehrere jam=
mernd durcheinander, und entsetzt wichen alle mir
aus. Als ich um mich blickte, war ich allein, gerettet!
Wie ich aus der Universitätsstadt entkommen bin,
weiß ich selbst nicht. Daß auf mich gefahndet wird,

habe ich erst durch Moſer erfahren, deſſen Behauſung
ich nach mehr als wochenlangem Umherirren erreichte."

Rona hatte ſich während der Erzählung Egbert's
die Speiſen vortrefflich ſchmecken laſſen. Sein Appetit
ſchien ſogar zu wachſen, je ernſter ſich das Schickſal
ſeines Gaſtes durch deſſen eigene Schuld geſtaltete.
Er leerte mehrmals ſein Glas, verſäumte aber nicht,
jedesmal, ehe er trank, mit Egbert anzuſtoßen.

„Haben Sie den Mann, den Ihr Stahl traf,
gefährlich verwundet oder gar getödtet?" fragte er
jetzt, ohne eine Miene zu verziehen.

„Ich beſürchte es nicht", erwiderte Egbert.
„Meine Waffe war klein und nicht ſehr ſcharf. Ich
vermuthe, daß ich, blindlings zuſtoßend, dem mir zu=
nächſt Stehenden nur eine Ader verletzt habe."

„Kennen Sie den Verletzten?"

„Ich habe nicht einmal eine Ahnung davon!"

„Iſt Ihre Flucht mit den nähern Umſtänden
landbekannt geworden?"

„Aus Moſer's Aeußerungen muß ich das ſchließen."

„Der brave Mann war dennoch bereit, ſich
Ihrer anzunehmen?"

„Aus freiem Antriebe erbot er ſich dazu."

Rona goß Wein in Egbert's Glas.

„Möge es Ihnen nach dieſem erſten Sturmlauf
gegen das Geſetz ſtets wohl ergehen, junger Freund,

und Sie stets Glück haben bei Ihren fernern Unter=
nehmungen, ohne jemals eine wirkliche Schuld auf Ihr
Haupt zu laden!" sprach er ernst. „Ich wünsche Ihnen
Glück! Einen Mörder oder Todtschläger hätte Freund
Moser nicht über die Grenze geführt, um ihn mir zu
sicherer Verwahrung zu übergeben."

Er stieß abermals mit ihm an, schüttelte ihm
treuherzig die Hand und verließ ihn dann mit den
Worten:

„Machen Sie sich jetzt bekannt auf dem Boden
der Skalhütte, und wünschen Sie einen Wegweiser,
so wird sich ein solcher für Sie finden, wenn Sie
Ihren Wunsch durch Töne zu erkennen geben wollen,
die Sie diesem Instrumente entlocken."

Achtes Kapitel.

Egbert und Lena.

„Das ist der seltsamste Mensch, den ich je mit Augen gesehen habe“, sprach Egbert zu sich selbst, Roua nachblickend, der sich der Wagenburg wieder näherte, die im wirren Durcheinander die Lagerhäuser entlang aufgefahren war. „Jude von Geburt, was auch die Physiognomie gibt, dann Rabbi und Lehrer, später — da stoße ich auf eine Lücke, die noch ausgefüllt werden muß, soll ich ganz zum Verständniß dieses widerspruchsvollen Charakters kommen — und jetzt Geschäftsmann in großem Stil, Menschenfreund dem Anscheine nach und unversöhnlicher Feind aller Gesetze! Gott mag wissen, wie sich das Alles in dem Kopfe eines Menschen friedlich verträgt, ohne die Gedanken zu verwirren und wie wilde Thiere gegen einander zu hetzen! Mein Latein ist dieser incommensurablen Menschengröße gegenüber zu Ende und den

Kopf will ich mir nicht zerbrechen. Es ist das ein
unangenehmes und anstrengendes Stück Arbeit, das
meinen natürlichen Anlagen durchaus nicht homogen
ist. Ein spionirender Blick in die Verhältnisse, in
Haus, Hof, womöglich auch in die Familie des Incommensurablen wird meinen Neigungen jedenfalls
mehr zusagen und dürfte mir persönlich auch einige
Vortheile gewähren."

Er machte einen Gang durchs Zimmer und blieb
der Thür gegenüber stehen, aus welcher die schöne
Tochter Rona's als Hebe getreten war.

„Mit der Nachkommenschaft scheint es dem Alten
besser zu glücken wie mit seinem frühern Geschäft
als Erklärer und Erhalter des mosaischen Gesetzes",
fuhr er in seinem Selbstgespräche fort. „Das Mädchen hat prächtige Angen, ein classisch geformtes
Gesicht, deliciöse Lippen und eine Gestalt, die einen
Bildhauer zeitlebens um seine Ruhe bringen könnte.
Gott sei Dank, daß ich Phidias' und Praxiteles' seligen
Erben ins Handwerk zu pfuschen kein Talent in mir
verspüre! Bekannt aber muß ich mit dem anmuthigen
Kinde werden. Schade, daß sie eine Jüdin ist! Als
Cavalier kann ich's mit Anstand doch nur bis zu ga-
lanter Courmacherei treiben."

Seine Angen fielen auf die Bilder und Egbert
betrachtete sie mit großer Aufmerksamkeit, am längsten

dasjenige Portrait, welches den Bruder Rona's vor=
stellte.

„Merkwürdig", sprach er, „diese Physiognomie
kommt mir bekannt vor! Begegnet muß ich ihr in
irgend einem menschlichen Gesichte schon sein, aber
wo, das ist die Frage, auf welche mein Witz ver=
gebens Antwort sucht! Die Nichte hat einige Familien=
ähnlichkeit mit dem verschollenen, verdorbenen oder
guillotinirten Onkel — alle drei Annahmen sind für
mich möglich — nur daß ihre Züge viel zarter, viel
schöner ausgemeißelt und ungleich idealer sind. Und
dabei eine Jüdin!"

Er riß seinen groben Zwillichrock auf und ent=
ledigte sich desselben.

„Ist sie denn aber Jüdin?" fragte Egbert sich
gleich darauf zweifelnd. „Wie alt kann sie sein? Höch=
stens siebzehn Jahre! Und wann kam ihr gesetz=
verachtender Herr Vater zu der lobenswerthen Einsicht,
daß Thora und Gebetriemen sehr alte Dinge seien,
die man in die Rumpelkammer werfen könne, ohne
deshalb mit Leib und Seele nach Gehenna verbannt
zu werden? Es ist das eine Frage, die aufzuwerfen
einem Manne meines Standes wohl geziemt, ehe er
sich in unklare Speculationen einläßt. Zwei, auch
drei Fälle sind denkbar. Rona nebst Familienanhang
ist entweder dem Gott seiner Väter treu geblieben

trotz seiner formidablen Gesetzesverachtung, oder er ist
es nicht, hat also das Wasser der Taufe auf sich und
seine Nachkommenschaft träufeln lassen. Oder endlich
sein Töchterlein Lena — vermuthlich eine Abkürzung
von Magdalena — ist als Christin schon zur Welt
gekommen und nur noch gerade so viel alttestamentlich
angehaucht, um sie für jeden Christenmann urwüchsiger
Rasse desto begehrlicher zu machen. Dies zu ermitteln
werde ich zunächst die Aufgabe meiner hiesigen Thätigkeit sein lassen."

Eine Wendung brachte Egbert's Sehnerven mit
dem Flügel in Berührung. Er trat an das Instru-
ment und schlug das Notenbuch auf, das zugeklappt
auf dem Halter lag.

„Sonaten von Beethoven!" rief er verwundert.
„Sieh da, der Geschmack dieses Räthselmannes ist
nicht schlecht, vorausgesetzt, daß nicht eine Heuchelei
dahinter steckt und der classische Name des Componi-
sten nur dazu dienen soll, den gänzlichen Mangel an
wahrer musikalischer Bildung hinter einem vergoldeten
Pappdeckel zu verbergen! Solche Teufeleien sind bei
reichen und reich gewordenen Leuten von zweifelhafter
Geburt wiederholt vorgekommen."

Er blätterte in dem Hefte, um sich zu vergewissern,
was es enthalte. Die hier und da verbogenen Blätter
zeugten von häufigem Gebrauch, und Egbert über-

zeugte sich, daß er wirklich nur Sonaten von Beetho=
ven vor sich habe.

„Wenn es mich danach gelüftete, könnte ich jetzt
ein wenig Zauberer spielen", sprach er, das Heft
wieder an seinen Platz legend. „Der geheimnißvolle
Alte hat mir gestattet, durch Vermittelung tönender
Saiten mir einen Führer, in dubio eine Führerin
herbeizurufen. Wäre ich im voraus der Erscheinung
sicher, die mein Ruf ins Zimmer schweben hieß, so
könnte ich den Versuch machen. Leider bin ich so
vollkommen unmusikalisch organisirt, daß mir das Ge-
bimmel unharmonischer Kuhglocken nicht schlechter klingt
als eine Fuge von Bach, über die ich als Schulbube
mehr räsonnirte, als unser guter alter Cantor vertragen
konnte. Der arme, hoch musikalische Teufel, der Bach=
selig lebte, heulte regelmäßig über meine Barbarei,
daß ihn zu unserm größten Gaudium der Bock stieß.
Um nun den guten Geist durch Hervorbringung von
Mißtönen nicht in einen bösen zu verwandeln oder
obstinat und intriguant zu machen, will ich mich lieber
beherrschen. Der Abend verspricht ausgezeichnet schön
zu werden. Schon flammen die Wälder an den
Bergabhängen, als ergössen sich Ströme geschmolzenen
Goldes durch verborgene Thalschluchten. Ein Spazier=
gang ins Blaue oder Rosige hinein kann bei solcher
Beleuchtung unmöglich mit Gefahren verbunden sein.

8*

Ich werde demnach das Ueberflüssige, Erborgte meines
Anzugs vollends ablegen und in frischer, fröhlicher
Waidmannstracht neugierig und spionirend um die
Skalhütte streifen. Solch Revidiren hat oft sein Gu=
tes; man entdeckt Unerwartetes und findet, was man
nicht sucht. Terrainkenntniß fördert unter allen Um=
ständen das Wagniß künftiger Abenteuer! Bin ich
des Suchens, Forschens und Laufens überdrüssig oder
dünken mir die Pfade, die ich zu wandeln ge=
denke, nicht geheuer, so rufe ich meinem inwendigen
Menschen gebieterisch Halt zu und kehre als zahmer
Philister in die sichere Hürde bürgerlicher Häuslichkeit
zurück."

Noch einen Blick auf die Thür des Nebenzimmers
werfend, entfernte sich Egbert, denselben Weg einschla=
gend, den er gekommen war.

Sein nächstes Ziel war die Glashütte, deren hohe
Schlote noch immer rauchten. Auch jetzt betrat er das
Innere der großen Arbeitsstätte nicht, ein Blick in den
heißen, rußigen Raum genügte ihm vorläufig. Ueber
der Hütte am Waldsaume erregte ein Mooshäus=
chen mit spitzem Dach, auf dem ein vergoldeter Knopf
im Sonnenstrahl funkelte, seine Aufmerksamkeit. Von
jenem Punkte aus mußte man eine weite, umfassende
Umschau haben, und sich in der Umgebung der Skal=
hütte zu orientiren, war Egbert Bedürfniß.

Nach wenigen Minuten war die Höhe erreicht. Der Erbe von Gampenstein blickte zurück und lobte sich selbst wegen seines Einfalls. Die Aussicht auf die Besitzungen Rona's wie in die nächsten Wald- und Wiesenthäler erfreute Auge und Herz.

Um die Hütte herum, die verschlossen war, führte der zu den Gebäuden Rona's hinabsteigende vielbetretene Pfad. Eine Bank zog sich rund um die Hütte und lud zum Ausruhen ein. Egbert nahm darauf Platz, um die Gegend nach allen Richtungen hin zu mustern. Bei dieser Rundschau fiel ihm Mancherlei auf. Zunächst fesselte ihn ein langes Gebäude, das in ziemlicher Entfernung an der großen Heerstraße lag und sich an dem nahebei befindlichen Schlagbaume als Mauthamt kund gab. Der Verkehr auf der Straße war lebhaft; die vor dem Schlagbaum haltenden Wagen wollten sich gar nicht vermindern. Zugleich aber entdeckte das scharfe Auge des jungen Edelmanns eine weiter oben abbiegende Fahrstraße, die sich später im Walde verlor. Diese Seitenstraße mußte seiner Ansicht nach die Richtung in diejenige Gegend nehmen, wo er selbst zur Zeit sich befand, und dies zu ermitteln; verließ er seinen Sitz und stieg den jähen Fußsteig hinan, der einen recht angenehmen Spaziergang darbot.

Bald kamen ihm einige Männer entgegen, welche schwere Packe auf dem Rücken trugen. Bei diesen

erkundigte sich Egbert, wohin der Waldpfad führe und
ob man auf demselben die große Landstraße erreiche.
Die Antwort der Männer lautete bejahend. Weniger
bestimmte Auskunft erhielt er auf andere Fragen,
unter denen eine auch der Seitenstraße gedachte, die
hinter dem dichten Gebüsch sich dem Blicke entzog.
Er sah es den Männern an, daß sie ihm nicht recht
trauten, und schob den Argwohn, den sie gegen ihn
zu hegen schienen, mit Recht auf seinen Jagdrock, der
wohl Verdacht erregen konnte bei Leuten, die vielleicht
Ursache hatten, nicht jedem Fremden Rede und Ant=
wort über ihr Thun und Treiben zu stehen. Später
vernahm der Flüchtling in nicht weiter Entfernung
Geräusch rollender Wagen, und als er, weiter auf=
wärts steigend, abermals einen freien Platz mit Aus=
blicken in die Ferne erreichte, sah er mehrere Wagen
vom Walde her der Skalhütte zufahren, wo sie dann
auch wirklich Halt machten.

Diese Beobachtungen beschäftigten Egbert's Ge=
danken, der sich dabei wieder der Aeußerungen Moser's
erinnerte, und das räthselhafte Wesen seines Gast=
freundes tauchte sich immer tiefer in eine geheimnißvolle
Atmosphäre.

Die Ansicht der malerischen Landschaft fesselte
den Jüngling geraume Zeit. Erst als die Sonne
tiefer sank und in engern Thälern schon blaue

Schatten sich betteten, dachte er an den Rückweg. Zur Abwechslung und um sich den Genuß eines Gelüstes nicht zu versagen, das Behagen an allem Zufälligen findet, drang Egbert mitten durch das Buschwerk, um wieder in die Thalmulde hinabzu= steigen. Von der freien Hügelstirn war ihm eine Kapelle auf der Südseite der Berghalde aufgefallen, die von einzelnen Personen besucht wurde. Zu dieser Kapelle zog es ihn jetzt hinunter. Sie konnte höch= stens eine Viertelstunde von der Skalhütte entfernt sein, obwohl man ihrer aus Rona's Wohnhause nicht ansichtig wurde. Ein schmaler Weg schlängelte sich durch Wiesengrund und Gesträuch nach dem Häuser= complex fort, welcher das Hüttenwerk bildete.

Einige gewagte Sprünge über moosige Felsblöcke brachten Egbert bald an den Fuß der abschüssigen Höhe. Durch dunkelgrünes Unterholz schimmerte das helle Gemäuer der Kapelle, die kaum ein paar Steinwürfe weit entfernt war. Mit raschen Schritten näherte sich Egbert dem Kirchlein, das hinter leicht zu öffnendem Gitter einen mit Amuleten geschmückten Altar enthielt, welcher durch ein Fenster aus gelbem Glas von der Rückseite Licht erhielt, sodaß ein duf= tiger Glorienschein ihn dämmernd umfloß. Vor diesem Altar lag, in andächtiges Gebet vertieft, eine zarte weibliche Gestalt, deren Kopf ein schwarzes Flortuch

dergestalt umfloß, daß kaum die Umrisse des sanft
gebeugten Hauptes zu erkennen waren.

Nur Gewohnheit, nicht Herzensbedürfniß ließ
Egbert ein Kreuz schlagen und machte ihn das Knie
beugen. Er war formell Katholik durch Erziehung
und Schule; der Glaube, welcher allein die nach Be=
friedigung und Rnhe seufzende Seele beglückt und zu
seligem Frieden erhebt, hatte ihn noch nicht berührt.
Die stille Beterin wagte er nicht zu stören. Hatte er
doch Muße, sie ruhig zu betrachten, während ihre
Seele auf Flügeln der Andacht sich zum Himmel
erhob.

Nach Verlauf einiger Minuten erhob sich die Be=
tende. Hinter der westlich streichenden Gebirgswand
versank die Sonne. Mit ihr zugleich erlosch auch der
Glorienschein über dem Altar, und Dämmerung er=
füllte die geheiligte Stätte.

Egbert lehnte am eisernen Gitter; als die Bete=
rin sich wendete, sah er im verklärenden Wiederschein
frommer Andacht in das reizvolle Antlitz der Tochter
Rona's.

Auch Lena erkannte den Fremden, obwohl er
jetzt in anderer Kleidung vor ihr stand. Sie erröthete
zwar etwas, schien aber nicht überrascht zu sein; über=
haupt zeigte das schöne Mädchen eine für ihre Jahre
seltene Rnhe und Gefaßtheit im Verkehr mit Andern.

Sie ließ den Schleier fallen und grüßte, aus der Kapelle tretend, den Gast ihres Vaters.

„Wir scheinen gleiche Neigungen zu haben, Fräulein", redete Egbert das junge Mädchen an, indem er
nochmals die üblichen drei Kreuze vor Stirn, Mund
und Brust schlug und abermals das Knie beugte.
„Gestatten Sie, daß ich Ihnen auf dem Rückwege
Gesellschaft leisten darf?"

„Wenn Sie nicht lieber vorziehen, allein zu bleiben, wie bisher, nehme ich Ihr Anerbieten dankend
an", entgegnete Lena, die schlanke Gestalt des Jünglings mit fragendem Blick durch den Schleier musternd.

„Sollte das wunderhübsche Kind wissen, daß ihr
Vater es in mein Belieben stellte, mir durch Töne
einen Begleiter zu rufen?" summte es durch Egbert's
Gehirn. „Und wäre mir zum erklärenden Führer
diese verführerische Waldnymphe bestimmt gewesen?
Wahrlich, dann verdiente ich für meine bodenlose
Kurzsichtigkeit vier Wochen Haft bei schmaler Kost,
von der ich im Allgemeinen kein Verehrer bin! Es ist
eine überaus romantische Gegend, in der Sie leben",
begann er, an Lena's Seite den Pfad nach dem
Waldrande einschlagend. „Ich kann mir denken, daß
Sie sich in dieser Umgebung recht glücklich und immer
zum Dank gegen Gott angeregt fühlen. Herr Roua
hat wohl selten Zeit, Sie zur Kapelle zu begleiten?"

Wieder schimmerte ein röthlicher Duft auf Lena's feinem Gesicht.

„Geschäfte würden den Vater nicht daran verhindern", erwiderte sie. „Er ist Herr seiner Zeit und könnte oft Andern überlassen, was er selbst thut. Sein Wunsch aber ist allen Befehl; und er mag wohl Recht haben, wenn er sagt, nur der einsam betende Mensch sei Gott wohlgefällig, denn alles Gebet verlange Versenkung in sich selbst und willenloses Aufgehen in Gott!"

„Dieser abtrünnig gewordene Rabbi ist wahrhaftig ein guter Katholik geworden!" dachte Egbert. „Wer hätte ihm das bei den vielen verschrobenen Ansichten, mit denen er so freigebig um sich wirft, angesehen! Also wir sind katholisch und, wie es scheint, gläubig katholisch! Bei Frauen ist Glaube eine Eigenschaft, die sehr zur Erhöhung ihrer übrigen Vorzüge und Reize beiträgt. Skeptische, gottesleugnerische Weiber — hu! sie sind mir ein Greuel! Lieber will ich mit verwilderten Irokesen in einem Wigwam schlafen und mich an den Anblick ihrer mit gedörrten Skalpen garnirten Lagerstätten gewöhnen, als mit Mädchen und Frauen verkehren, deren schöngeformte Lippen sich höhnisch unter Spottreden über Religion und Glauben krümmen! Nur dürfen sie die Religiosität auch nicht übertreiben, sonst können sie lästig werden. Bigotterie beeinträchtigt die weibliche Anmuth, und Anmuth übertrifft noch die Schönheit, weil sie die Zwillingsschwester erlaubter Gefallsucht ist, ohne die ein weibliches Wesen unmöglich mit Anstand leben und ihren Beruf erfüllen kann. Wäre die Mutter doch nicht so bigott! Ihre Frau Mama ist wohl verreist?" unterbrach er sein stummes Selbstgespräch und suchte einen vollen Blick aus Lena's Augen zu erhaschen.

Die weichen Züge des jungen Mädchens wurden bei dieser völlig abrupten Frage sehr ernst. Sie senkte tiefer die langen Wimpern, als wolle sie einer Thräne wehren, sichtbar zu werden, und sagte bewegt:

„Ich habe meine Mutter nicht gekannt. Ihrem Andenken hat der Vater die Kapelle bauen lassen, vor deren Altar Sie mich trafen."

Diese Antwort machte Egbert für einige Zeit verstummen, da ihm eine schickliche Erwiderung durchaus nicht einfallen wollte. Er bereute die Frage gethan zu haben, und doch konnte er sich im Ernst keine Vorwürfe machen, da sie nur eine Consequenz seines Gedankengangs war.

Schweigend schritten die beiden jungen Leute neben einander fort, bis der Pfad an einer vorspringenden Felskante scharf zur Seite bog. Mit dieser Biegung traten die Gebäude der Skalhütte wieder in den Gesichtskreis, und über die tiefer sich in das Land hineinziehenden buschigen Waldhügel stieg die breite Kuppel der Kirche von Gablona auf.

Lena blieb stehen und sah klaren Auges scharf hinaus in die malerische Gegend, über der schon der Friede des dämmernden Abends lag.

„Waren Sie schon einmal dort in jener Stadt?" fragte Rona's Tochter den Gast ihres Vaters. „Es soll ein lebhafter Ort sein, namentlich im Winter, wo eine ganze Woche hindurch ein weit und breit besuchter Getreide- und Obstmarkt daselbst abgehalten wird."

Egbert verneinte.

„Der Vater hat mir versprochen, mich nächstens nach Gablona zu führen", fuhr Lena unbefangen fort. „Wenn Sie dann noch bei uns verweilen, sind Sie doch mit von der Partie?"

„Ich möchte nicht belästigen, Fräulein!" erwiderte Egbert. „Ein längerer Aufenthalt könnte Ihrem Herrn Vater möglicherweise Unannehmlichkeiten bereiten. Ich habe Feinde —"

„Die ich nicht kennen lernen will", unterbrach ihn Lena mit glänzend aufleuchtendem Auge. „Der Vater weiß immer genau, was er thut und was er will. Er legt Niemand Rechenschaft ab über sein Handeln, und ich mische mich, schon weil es mir als unerfahrenem Mädchen nicht ziemen würde, nicht in des Vaters Geschäfte. So viel jedoch, Herr Egbert, weiß ich, daß der Vater nur das Rechte, das von dem höchsten Sittengesetz Gebotene thut. Ein anderes Gesetz erkennt er überhaupt nicht an. Sollten Sie davon noch keine Ahnung haben, so werden Sie es doch bald erfahren. Von Belästigung also kann, solange der Vater Ihr Bleiben für gut erachtet, gar nicht die Rede sein; und mir thäten Sie einen Gefallen, wenn Sie zusagten, sobald der Vater sein Versprechen mir hält."

"Mit dem größten Vergnügen!" sagte Egbert verbindlich. "Es würde mir zum Genuß und zur Ehre gereichen —"

"Nicht doch", fiel ihm abermals das junge Mädchen ins Wort. "Ich werde bei meinem Wunsche von eigennützigen Absichten geleitet. Mit diesen will ich Sie jetzt schon bekannt machen, damit Sie ebenfalls Ihre Unabhängigkeit sowohl mir wie meinem Vater gegenüber bewahren können. Um mich in stillem Gebet an Gott zu wenden, genügt mir die Kapelle, aber ich entbehre die Messe, Hochamt und Predigt. Drei Jahre sind es, seit ich gefirmt wurde, und in dieser ewig langen Zeit habe ich entbehren müssen, was dem schwachen Herzen jedes Menschen doch Brod des Lebens, Stärkung seines Glaubens ist. Mit dem Vater über Ansichten zu streiten, habe ich kein Recht; ich fühle wohl nur anders, während unser Denken über religiöse Dinge und über Glauben schwerlich auseinander geht. Zur Kirche aber will er ebenso wenig gehen wie zur Beichte. Es brauche dessen nicht zwischen ihm und Gott, spricht er, und da es der Vater mit so großer Zuversicht, so fest und ruhig sagt, wird es wohl auch recht sein. Ich dagegen, Herr Egbert, ich fühle mich wegen dieser gänzlichen Entfremdung von der Kirche und ihren Segnungen in meinem Gewissen bedrückt; ich habe eine unbeschreibliche Sehnsucht, ein wahres Heimweh nach Altar, Kanzel und Beichtstuhl! Gewiß, Sie sind noch zu jung, um schon ein Gelübde gethan zu haben, das Sie abhalten könnte, demüthigen Herzens in ein katholisches Gotteshaus zu treten!"

Egbert hätte ein wahrer Eisbär sein oder Fischblut in seinen Adern haben müssen, wären diese Worte seiner jugendfrischen Begleiterin nicht wie befruchtender Sonnenschein in sein Herz gefallen. Wie Lena jetzt ihre Augen zu ihm aufschlug und das klare Email in feuchtem Glanze scheu zögernd sich ihm zukehrte, hätte er sie in überströmendem Wonnegefühl am liebsten an sich drücken, ihr Mund und Augen mit Küssen bedecken mögen! Aber die ungekünstelte lautere Natürlichkeit, die aus jedem Worte wie ein Bittgebet an sein Ohr schlug, zügelte seine aufbrausenden Gefühle.

Er begriff, daß in diesem eigenthümlichen Falle rasche
Zusage allein schicklich sei. Die Bitte des Mädchens
war so rührend, daß Egbert sich von ihr geweiht
fühlte und daß er Lena um ihre schöne Herzenseinfalt
beneiden konnte. Er grollte mit sich, daß er dieser
jungen Gläubigen gegenüber wie ein gebrandmarkter
Sünder, wie ein Verstoßener dastand. Ein passendes
Wort der Zusage stand ihm auch jetzt nicht zu Gebote.
Statt dessen reichte er Lena die Hand, sah ihr ins
Ange und nickte beifällig lächelnd.

„Ich weiß nicht, wie es zugeht", fuhr Rona's
Tochter fort, Egbert ihre Hand lassend, „aber mich
überläuft es eisig kalt, wenn ich die Leute von dem
neuen Pfarrer reden höre, der seit einigen Monaten
in Gablona angestellt ist. Der verstorbene Pfarrer
war ein alter Herr, von Herzen brav, durch die Jahre
aber stumpf geworden. Man verstand kaum, was er
sagte, und so verließen die meisten Andächtigen die
Kirche, sobald er die Kanzel bestieg. Der neue Pfarrer
soll, wie ich höre, noch jünger sein, als er aussieht.
Er ist von weit her, und seine Beredtsamkeit hört man
über die Maßen preisen! Der Vater schüttelt zu dem
Allem freilich den Kopf, aber mir zittert das Herz,
daß ich entbehren muß, was Andere so glücklich macht!
Ich flehe jeden Abend zur gnadenreichen Mutter Got=
tes, daß sie das Herz des Vaters leiten und ihn

veranlassen möge, sein Versprechen wahr zu machen. Nicht wahr, Herr Egbert, solch ein Bittgebet ist er= laubt?"

„Von solchen Lippen gewiß!" lispelte der junge Edelmann und wollte des Mädchens Hand zu seinem Munde führen.

Lena entzog sie ihm schnell.

„Da kommt der Vater aus der Glashütte!" sprach sie, ihre Schritte beschleunigend. „Die Schlote rauchen nicht mehr, die Arbeiter haben Feierabend gemacht. Sehen Sie, der Vater ist uns schon gewahr geworden; er schwenkt grüßend seine Mütze. Das gilt Ihnen, Herr Egbert! Wenn ich allein von der Ka= pelle zurückkomme, erhebt er nur winkend die Hand. Sie entschuldigen! Nach einer halben Stunde beginnt für uns alle der Feierabend."

Mit einer graziösen Wendung entschlüpfte das Mädchen ihrem Begleiter. Egbert sah ihr verlegen nach, hatte aber nicht Zeit, lange Betrachtungen an= zustellen, da er den Herrn der Skalhütte schon auf sich zuschreiten sah.

Neuntes Kapitel.

Gampenstein und Fabian.

Es war spät am Tage, als Rittmeister von Gampenstein am Schilfgelände des Mühlenteichs, in Gedanken vertieft, vorüber ritt. Die Unterredung mit Moser hatte ihn nicht befriedigt. Der sonst so leicht zugängliche Mann war auffallend zurückhaltend gewesen und wollte schließlich seine Hülfe von Bedingungen abhängig machen, auf welche einzugehen der Stolz dem Freiherrn verbot. So konnte die ganze Unterhandlung für erfolglos, wenigstens für den Augenblick, gelten. Alles blieb unklar, in der Schwebe, als der Freiherr mit einem kurzen: „Besinne Dich, Moser, ich komme auf mein Anliegen zurück!" verdrießlich sein Pferd bestieg.

Leichtes Gewölk schwamm florartig in der obern Luft; rund um den Horizont thürmte es sich auf in phantastischen Formen, hier Riesenmauern, dort schiefe

Thürme oder zinnenreiche Städte und Schlösser bil=
dend. Auf den äußersten Zacken und Spitzen dieser
Dunstbauten flirrte und zuckte silberner Lichtschein,
den bisweilen röthlichgelbes Wetterleuchten über=
fluthete. Die Luft war schwül, regungslos still; es
konnte zu später Nachtstunde wieder ein Gewitter
geben. Im Schilf des nahen Teichs quakten die
Frösche, weiterhin an den steinigen Lehnen und im
Meisenholz zirpten unzählige Grillen. Ueber die stillen
grauen Wasser des großen Teichs huschten gespenstisch
schweigsame Wasserhühner.

„Lägen die vermaledeiten Briefe doch auf dem
Grunde dieses Gewässers!" murmelte der Freiherr und
setzte sein im Schritt gehendes Thier in Trab. „Ich
wäre dann nicht genöthigt gewesen, Nachforschungen
anzustellen, die nur dazu beitragen, mir die Lust am
Leben zu verbittern. Mich dünkt, Cornelie kann mir
nicht mehr offen in die Augen blicken! Sollte sie in
meinen Blicken lesen, daß Argwohn in meinem Herzen
wuchert? Warum zuckte sie schreckhaft zusammen, als
ich sie ex abrupto fragte, wo sie zuerst den Marquis
kennen gelernt habe? Ein grauer Schatten glitt über
den Glanz ihrer Pupille, die Lippen zitterten und ich
sah es wohl, daß sie angstbewegt die Hände in ein=
ander schlug, als wolle sie Zuflucht und Hülfe im
Gebet suchen! Es liegt in ihrer Vergangenheit ein

Geheimniß verborgen, das ich nicht ermitteln soll.
Warum auch wäre sie sonst, von Allem, was ihr
Herz wünschen kann, umgeben, so widerwärtig fromm
geworden? Selbst eine Wallfahrt will sie jetzt mit=
machen, und noch dazu in grober Tracht! Meine
Einwilligung dazu habe ich noch nicht gegeben, und
das läßt mich einigermaßen hoffen. Ich werde dem
Beispiele des vorsichtigen Moser folgen und meine
Einwilligung an eine Bedingung knüpfen. Welche
Bewandtniß es mit diesen Papieren hat, von wem
sie herrühren, wie sie in das Vorwerk gekommen sind,
muß ich herausbringen, und sollte es mich Tausende
kosten! Was aber fange ich mit meinem tollen Jun=
gen an und wo suche ich den Schlingel, damit ich
ihn sicher verstecken kann, bis die alberne Geschichte
verraucht ist? Was die angebliche Verschwörung der
unreifen Brauseköpfe gegen die Ordnung Europas
und die ehrwürdigen alten Fürstenthrone des längst
von den Motten der Zeit aufgefressenen heiligen deut=
schen römischen Reichs anbelangt, so lache ich darüber.
Junge Leute, die, um sich die Langeweile zu verkürzen,
Bier trinken, Tabak rauchen und dabei halb verrückte
oder schwärmerisch dunkle Lieder singen, schlagen keinen
Staat in Trümmer, und wäre er auch nur wenige
Quadratmeilen groß! Von Duckmäusern, die einsam
bei Wasser und Brod über Anfang und Ende aller

9*

Dinge nachgrübeln, ist dergleichen weit eher zu be=
sorgen! Mehr Sorge macht mir die Verwundung
des Pedells. Wird der Mann auch, wie ich hoffen
will, genesen, so erschwert die übereilte That des
unbesonnenen Thoren mir und ihm selber doch die
nächste Zukunft. Ich werde von Glück zu sagen
haben, wenn ich dem Manne mit Geld den Mund
stopfen kann. Bei dem Gericht muß ich andere Hebel
in Bewegung setzen, die hoffentlich durch meine Ver=
bindungen nicht ganz ohne Wirkung bleiben werden."

Gampenstein hatte die Mühle erreicht. Die Flügel
bewegten sich nicht, im Mühlhause aber waren noch
Arbeiter thätig. Das Klappern einer Kornreinigungs=
maschine tönte monoton in den stillen Spätabend
hinein. Als der Freiherr langsam die Höhe zum
Mühlberge hinanritt, kam Fabian die Schwebetreppe
herunter und zog, den Gnädigen erkennend, devot grü=
ßend seine Zipfelmütze.

Freiherr von Gampenstein zügelte seinen Rappen
und winkte dem Müller mit der Reitpeitsche. Fabian
näherte sich unter vielen Bücklingen dem reichen Edel=
manne.

„Wann ist es Zeit, Fabian, Schilf zu schneiden?"
redete er ihn an. „Lange dürfen wir, glaub' ich, nicht
mehr warten; die Kolben werden schon schwer und
viele sind gebrochen. Ich möchte nun gern zwei Fliegen

mit einer Klappe schlagen und den Schilfschnitt mit der Schlemmung des Teichs verbinden. Die Fische leiden wohl nicht darunter?"

Fabian hielt die Zipfelmütze noch in der Hand und hörte respectvoll auf die Rede des Freiherrn.

„Wie könnten sie wohl", versetzte er, den Kopf zur Seite biegend und lächelnd zu dem Edelmanne aufblickend, „wenn Ew. Gnaden befehlen! Dumme, stumme Fische! Was dabei umkommt, schenkt man dem Bettelvolk! Es leckt alle Finger nach solcher Feiertagskost und hebt Ew. Gnaden Freigebigkeit bis in den Himmel!"

„Und Deine nicht, Fabian?" sagte ebenfalls lächelnd der Freiherr. „Du hast ja gleichen Antheil mit mir an dem Ertrage des Teichs laut Erbpachtrecht."

Fabian wiegte den Kopf hin und her und stülpte die Zipfelmütze wieder auf das von Mehlstaub gesättigte Haar.

„Von mir, Ew. Gnaden, kann gar nicht die Rede sein", entgegnete er. „Ich rede freilich, weil das nun einmal Menschennatur ist; es würde aber gewiß für Niemand ein Verlust sein, wenn ich stumm wäre wie ein Fisch. Denken Sie, gnädiger Herr, das ist sogar die Ansicht meiner Frau! Sie hat es mir letzthin, als ich dem Tagebuch=Moser von wegen — na Ew. Gnaden können sich's schon denken — auf

den Zahn fühlte, im vollen Ernst gerade ins Gesicht
gesagt. Und meine Frau ist doch eine Seele! Sie
betrübt kein Wasser. Der ärgste Wütherich könnte mit
ihr so zufrieden leben wie die Engel im Himmel."

Spott und Verachtung krümmten die Lippe des
Freiherrn, den Mund aber verzog er doch zu einem
Lächeln.

„Apropos", unterbrach er den Müller, „wann
trafst Du zuletzt mit Moser zusammen?"

„Ich bin gar nicht mit ihm zusammengetroffen,
gnädiger Herr; er kam zu mir, weil ihm die Pfeife aus=
gegangen war und er Stahl und Stein vergessen hatte.
Und da gab ein Wort das andere; partout aber nichts
herauszukriegen aus dem eigensinnigen Menschen, nicht
die Probe!"

„Seine Frau ist vielleicht zugänglicher, was
meinst Du?"

„Die?" sagte Fabian und schob die Mütze ganz
nach hinten, daß der herabhängende Zipfel mit der
blaßrothen Quaste höchst malerisch in der Luft bau=
melte und alsbald das Augenmerk des schwarzen Ka=
ters ward, der mit grünlich leuchtenden Angen um
die Mühle strich, wo an naschhaften Mäusen kein
Mangel war. „Ich denke, die sollten Ew. Gnaden
kennen! Wer sie links liegen läßt, fährt besser, als
wer sich mit ihr vermengelirt."

„Du verwechſelſt mich mit der Frau Baronin",
entgegnete, immer gnädiger zu dem Müller herab=
lächelnd, der Freiherr. „Ich ſah das Weib kaum zehnmal
im Leben, die Frau Baronin kennt ſie aber genauer."

„Und ob!" ſprach Fabian, eine höchſt wichtige
Miene annehmend. Da ward ihm die Mütze ſo ge=
ſchickt vom Kopfe escamotirt, als hätten Geiſterhände
ſie entführt. Er kehrte ſich, mit der Hand nach den
Haaren fahrend, ſo komiſch um, daß der Rittmeiſter
hellauf lachte. Ein paar Schritte von dem Müller
zwiſchen halb in die Erde geſunkenen Mühlſteinen ſaß
die Katze und machte, mit der baumelnden Quaſte
ſpielend, die ergötzlichſten Sprünge.

„Siehſte, wie Du biſt!" rief Fabian, klatſchte
ſchallend in die Hände und eroberte ſich damit auch
glücklich wieder ſeine reizende Kopfbedeckung. Dieſe
ſich dann wieder aufſtülpend und bis an die Ohren
herunterziehend, daß nur ein ſchmaler Streifen ſeiner
ohnehin nicht übermäßig intelligenten Stirn ſichtbar
blieb, wendete er ſich abermals zum Freiherrn.

„Bitte der unanſtändigen - Unterbrechung wegen
tauſendmal um Verzeihung, Ew. Gnaden", fuhr er
fort. „Mit unvernünftigen Creaturen muß man Ge=
duld haben, und Peter iſt ſtellenweiſe ſogar ein ganz
vernünftiges Vieh, nur ſo ſehr ſpieleriſch, Ew. Gnaden.
Er kann's Necken nicht laſſen! Darin iſt er ganz wie

meine Alte! Merkwürdige Aehnlichkeit zwischen Mensch und Thier! Naturgeheimnisse nennen's, glaub' ich, die Gelehrten! Aber wo sind wir doch stehen geblieben, gnädiger Herr? Der spielerische Peter hat mich ganz aus der Schnurre gebracht. Bitte gütigst um gnädige Entschuldigung!"

„Du hattest, meine ich, die Absicht, mir mitzutheilen, was Dir etwa von Rosa Moser's Bekanntschaft mit der Frau Baronin erinnerlich ist", sagte der Freiherr und beugte sich, den Hals des Rappens klopfend, näher zu dem Ohre des Müllers. „Du brauchst nicht so laut zu sprechen, mein Gehör ist vortrefflich."

„Sehr angenehm, Ew. Gnaden, und sehr verbunden", sagte Fabian, den Freiherrn mit Augen anglotzend, die wenig Wissen verriethen.

„Es ist eine lange Bekanntschaft und eine geheimnißvolle!"

„Vielleicht schreibt sie sich schon aus der ersten Zeit des Aufenthalts der Frau Baronin auf Gampenstein her?"

„Denk' nicht daran, Ew. Gnaden! Die Bekanntschaft ist viel, viel älter!"

„Irrst Du Dich auch nicht?"

Der Müller lächelte mit breitem Munde und zog die Mütze auf einer Seite wieder in die Höhe.

„Ich mich irren, Herr Rittmeister?" sprach er und schüttelte sein mehlbestäubtes, weises Haupt. „Kann gar nicht passiren in praktischen Dingen! Ja, da kennen Sie Meister Fabian schlecht, wenn Sie meinen, er sei so dumm, wie er manchmal aussieht. Ist nicht, gnädiger Herr, und wird niemals sein! In praktischen Angelegenheiten muß der Mensch immer contant sein! Darin kann er sich das liebe Vieh zum Muster nehmen, ohne seiner Würde etwas zu ver= geben. Der spielerische Peter zum Beispiel ist eine ganz teufelsmäßig praktische Creatur, wenn er nach Mäusen herumschnüffelt."

„Woher aber schließt Du denn, daß die Frau Baronin des Boten Frau länger kennt, als sie auf Gampenstein wohnt?" setzte der Freiherr, den die Antworten des Müllers in immer größere Spannung versetzten, sein Examen fort.

„Weil die Rose mit der Gnädigen schon ankam und auch ganz vertraut mit ihr war! Es gibt sogar Leute, die es mit angesehen haben, wie die gnädige Frau Baronin der Rose ganz wie ein gewöhnlicher gemeiner Mensch um den Hals fiel! Nun, es war just nichts Schreckliches und Unnatürliches dabei, denn die Rose war in damaliger Zeit ein schmuckes Frauenzimmer, und hatte Augen — na, Ew. Gna= den, ich sage Ihnen, Augen, die Geschichten erzählen

könnten, wie sie schöner nicht im Tagebuche zu
lesen sind."

„Du kannst doch Recht haben, Fabian", sprach
der Rittmeister, sich fester im Sattel setzend und die
Zügel kürzer fassend. „Es fällt mir ein, daß ich früher
auch davon sprechen hörte. Die Baronin selbst er=
zählte von ihrem Zusammentreffen mit Rosa Moser.
Ist sie nicht vom Rheine gebürtig?"

„Noch weiter, noch viel weiter her!" sagte Fabian
mit wichtiger Miene. „Als junges Ding soll sie mit
den Franzosen lustig scharmuzirt haben. Daher die
Knöpfe! Marketenderin sind wir gewesen! Pariser
Jakobinerin! Heute fix, morgen nix! Aber klug, ge=
wandt, spielerisch wie eine Katze und immer fidel!
Praktisch und contant, Ew. Gnaden, ist die Haupt=
sache bei Weibern wie bei Männern!"

Er lachte wieder seelenvergnügt und machte die
Geste des Geldzählens. Auf der Stirn des Freiherrn
verlor sich die Heiterkeit, die sie kurze Zeit über=
glänzt hatte.

„Noch eins, Fabian", sprach er, dem unruhig
werdenden Thiere schmeichelnd und dem Müller einige
Stückchen Zucker reichend, damit er diese dem Rappen
vorhalte. „Dir ist als umsichtigem Hausvater und
Geschäftsmanne gewiß nichts verborgen geblieben, was
vor meiner Ansiedelung auf Gampenstein sich im

Schloſſe und deſſen Pertinenzien wie den Vorwerken ereignete."

„Alles Wichtige ward mir apportirt!" ſagte Fabian geheimnißvoll.

Den Freiherrn kitzelte der Lachkrampf; er mußte, um ihn zu verbeißen, mehrmals huſten. Dann fuhr er fort:

„Ich habe von jeher gelebt, wie es meine Verhältniſſe erlauben und meine Stellung in der Geſellſchaft es mit ſich brachte."

Fabian griff an ſeine Mütze und machte eine unbehülfliche Verbeugung.

„Das Leben eines echten Cavaliers geſtattet nicht Einſchränkungen, wie man ſie vom rechtlichen Bürger verlangt und ſie ihm als Vorzüge anrechnet. Leute von altem Adel dürfen nicht geizig ſein, nicht ſparen, ja nicht einmal rechnen. Dieſem Princip lebte ich buchſtäblich nach; ich war Cavalier bis zum Extrem und warf das Geld mit vollen Händen zum Fenſter hinaus. Dieſe Verſchwendung — denn ein anderer Name läßt ſich ſolcher Thorheit nicht geben — bereue ich gegenwärtig, weil ſie keinen vernünftigen Zweck hatte, direct darunter gelitten hat jedoch Niemand. Es war eben eine noble Paſſion mehr, die mir bei geringerem Beſitz und bei weniger Glück übel bekommen ſein würde. Einen Nachtheil aber, der erſt

später sich bemerkbar machte, hatte meine thörichte
Lebensweise doch. Mir war der Sinn für Ordnung
abhanden gekommen und ich habe hart an mir
arbeiten müssen, um ihn nach und nach mir wieder
anzueignen. Als mir dies endlich gelang, bekam ich
recht trübe An- und sehr traurige Einsichten."

Der Müller machte Zeichen des Einverständnisses
und ließ sich noch mehr Zucker für den feurigen
Rappen geben, der immer heftiger mit den Vorder-
hufen die Erde schlug.

„Ich entdeckte allerhand Lücken", fuhr der Freiherr fort, „bald im Schlosse, bald anderwärts.
Manches, was ehedem vorhanden gewesen war und
noch dazu im besten Zustande, fehlte. Verschwunden
konnte es doch nicht sein, da wir glücklicherweise in
einer Gegend leben, wo der Erdboden keine urplötz-
lichen Einfälle unbequemster Art bekommt, wie das
wohl in andern Ländern bisweilen geschieht. So setzte
sich denn bei mir die Ueberzeugung fest, es möge das
nicht mehr Vorhandene durch fremde Hände, die aber
dazu nicht befugt oder beauftragt waren, heimlich be-
seitigt worden sein. Findest Du diese Annahme nicht
höchst natürlich?"

„Natürlich, vernünftig und nobel dazu, Ew. Gnaden! Es gibt keinen größern Dummerjan auf der
Welt, als den, der sich, ohne zu mucksen, das Fell

über die Ohren ziehen und hinterdrein von schuftigem Volk noch auslachen läßt!"

„Genau das war und ist noch heute auch meine Meinung! Und nun will ich Dir etwas vertrauen, Fabian, aber nur Dir, hörst Du? Deine Frau und das dralle, rothbäckige Ding, die Eva, dürfen nichts davon erfahren! Verstanden?"

„Stumm wie die Fische im Teiche, Ew. Gnaden, und verschwiegen wie das Grab!" betheuerte Fabian, legte erst die Rechte auf die Brust, dann zwei Finger auf den Mund und streckte zuletzt drei wie zum Schwure in die linde Nachtluft.

„Es ist gut, Fabian, ich vertraue Dir als Ehrenmann. Um es kurz zu machen: man hat mich niederträchtig bestohlen!"

„Abscheuliches, undankbares Gesindel!"

„Nicht um Geld und Geldeswerth, dazu sind die verschmitzten Canaillen zu vorsichtig gewesen, sondern um Papiere und Documente, die, weil sie unersetzlich sind, einen völlig unberechenbaren Werth haben."

„Die Diebe müßten baumeln, wenn man sie entdeckte, ohne Gnade baumeln! Einen so gütigen Herrn so schändlich zu bestehlen! Pfui! Lieber wollte ich alle Tage im Jahre Suppe von müssig gewordenem Mehl essen, das man zuvor aus allen Winkeln zusammenkehren müßte."

„Ja, wenn man sie entdeckte, Fabian! Dem Zuchthause sollten sie nicht entgehen. Ich fürchte nur, alles Forschen und Spioniren wird nichts fruchten. Die Schälke, welche sich auf unerlaubte Weise in den Besitz meiner wichtigsten Geheimpapiere setzten, sind klüger als Diebe gewöhnlichen Schlages. Sie müssen Kenntnisse, Bildung besitzen."

„Verstehe, Ew. Gnaden, verstehe!"

„Gingen bei der Frau Baronin viele Besuche aus und ein?"

Fabian glotzte den Freiherrn mit sehr einfältigen Augen an. Statt einer Antwort ließ er dann den Kopf sinken.

„Ich könnte mich veranlaßt fühlen, Dir diese Mühle hier nebst Zubehör gegen eine höchst unbedeutende Kaufsumme als Eigenthum zu überlassen, gelänge es Dir, diejenigen Personen zu ermitteln und mir späterhin namhaft zu machen, welche vor meiner Zeit, das heißt, ehe ich auf Schloß Gampenstein meinen festen Wohnsitz nahm, auf dem neulich abgebrannten Vorwerke verkehrten."

„Sehr wohl, gnädiger Herr", versetzte der Müller. „Wer den Wind gut zu benutzen weiß, der kann dabei ein Geschäft machen und immer contant bleiben. Ich will thun, was ich vermag."

„Nur reinen Mund halten, Fabian!"

Der Müller brummte mit fest geschlossenem Munde: „Hm, hm, hm!"

„Moser darf ebenfalls nicht wissen, daß ich mit Dir gesprochen habe. Er ist eingeweiht, soll jedoch überwacht werden."

„Ganz zu Befehl, Ew. Gnaden!" sprach der Windmüller. „Man wird beweisen, daß man seine fünf Sinne beisammen hat."

„Gute Nacht!"

„Wünsche Ew. Gnaden unterthänigst gehorsame Nachtruhe!"

Der Freiherr sprengte im Galopp die bergan laufende Straße ins offene Feld hinaus, indem er leise murmelte: „Esel! Mit Speck fängt man Mäuse!"

Der Müller stand barhäuptig und machte einen fast ebenso krummen Rücken wie der Kater Peter, bis der Freiherr hinter dem Mühlenberge verschwunden war. Dann richtete er sich gerade auf, zog sich die Mütze bis an die Ohren über den Kopf und machte dem Rittmeister eine lange Nase.

„Siehste, wie Du bist!" sprach er gedehnt. „Hast mich belämmern wollen mit Deiner Frucht und Deinen Preisen, weil ich in Deinen Augen doch nur ein dummer Tölpel und krummbuckliger Mülleresel bin, und zuletzt belämmere ich Dich! Meister Fabian ist nicht so dumm, wie er aussieht! Das hat schon

Mancher erfahren! Spioniren, ja ſo! Die alten Wun=
den fangen an aufzubrechen und man braucht heilende
Salben, um bei Zeiten dem Uebel zu ſteuern! Auch
gut, edler Herr Rittmeiſter, habe gar nichts dagegen!
Die Roſe allein jedoch mit all ihren Kräutern und
verrückten Sprüchen wird's doch nicht thun können.
Es müſſen dazu noch andere contante Leute ſich zu=
ſammenfinden, die von Natur nicht weichherzig ſind
und im Nothfalle verſchloſſenen Creaturen auch Feuer
auf die Nägel machen. Ein ſolches Exemplar wird
Meiſter Fabian dem Freiherrn von Gampenſtein gegen
contante Zahlung gehorſamſt zuweiſen.“

Er zog noch einmal die Mütze, grüßte in die
ſtille, leere Luft hinein und ging, von dem ſchnurren=
den Kater umſtreichelt, nach ſeinem Wohnhauſe, in
dem noch kein Licht brannte.

Zehntes Kapitel.

Ein dunkles Gespräch.

Cornelie von Gampenstein hatte länger als ge=
wöhnlich ihrer Morgenandacht in der Schloßkapelle
obgelegen. Als sie zurückkam in ihr Boudoir, war sie
ruhig geworden, sah aber sehr angegriffen aus. Sie
legte den Rosenkranz in eine kostbare Schatulle, die
einige Reliquien enthielt, küßte das daneben liegende
Gebetbuch und trat dann an eins der hohen, bis fast auf
den Fußboden herabreichenden Fenster, aus denen der
weitläufige, schlecht gepflegte, nach veraltetem Geschmack
mit Baumgängen, die sich rechtwinklig schnitten und
unter der Scheere gehalten wurden, durchzogene Gar=
ten sowie die hüglige Waldgegend, die sich immer
mehr ansteigend endlich im Gebirge verlor, übersehen
werden konnten. Die schönen, weißen Hände über der
Brust faltend, blickte sie lange unverwandt mit weit
offenen Augen in die sonnenbeglänzte Landschaft. Daß

irgend ein bestimmtes Bild bei diesem Ausblick in die
Seele der Baronin falle, muß bezweifelt werden. Das
Auge ist verschleiert, stier, ohne Ausdruck. Nebel, die
aus dem Gehirn der vornehmen Dame aufsteigen,
scheinen es zu umdüstern. Cornelie blickt nicht in die
Außenwelt, nach innen ist ihr Blick gerichtet und
durch die Vermittelung ihres Willens und ihres Ge=
dächtnisses in die Vergangenheit. An dem Spiegel
ihrer Seele ziehen eine Reihe bunter Bilder vorüber,
manches in hellen, heitern Farben aufleuchtend, andere
in düsterem Tone gehalten. Vor einzelnen zuckt wohl
auch die Wimper entsetzt- und senkt sich über die furcht=
same Pupille, um ihr Ruhe zu gönnen. Die glück=
lichen Tage der Jugend tauchen auf vor dem Auge
Corneliens. Sie erkennt in verschwimmender Nebel=
ferne das Haus, wo sie als Kind spielte, wo liebe,
weiche Hände sie vor jeglichem Unfalle bewahrten, wo
selige, süße Träume ewigen Frieden in ihr junges
Herz gossen. Dann erblickt sie Paläste, Thürme,
Brücken einer unermeßlichen Stadt voll brausenden,
schäumenden Lebens, das sie umwirbelt, unterhält, er=
heitert, entzückt, bis plötzlich eine blutige Wolke dar=
über hinfegt gleich einem Sturmwind aus dem
Schlunde der Hölle und Alles unter sich in ein
wüstes Chaos von Trümmern, Blutlachen und Leichen
verwandelt.

Seufzend hebt Cornelie die zitternden Hände und
breitet sie über die im Schauen nach innen matt
und schmerzhaft gewordenen Augen. So steht sie noch
eine Weile unter leisem Stöhnen. Endlich hat sie
den peinigenden Schmerz einer furchtbaren Erinnerung
überwunden, dem sie sich aber seit langer Zeit schon
täglich von neuem hingibt, weil sie ihm nicht wehren
kann, streckt die Hand nach einer silbernen Glocke
aus und bringt sie durch leichtes Schwingen zum
Tönen.

Lautlos trat eine junge, dunkeläugige Zofe ein,
von robustem Körperbau und jenem nahezu südlichen
Teint, den man häufig unter der gemischten Bevölke=
rung Böhmens findet. In dem Auge des nicht un=
schönen Mädchens glomm ein überirdisches Feuer, das
auf starke Hinneigung zu religiöser Schwärmerei oder
zu finsterer Bigotterie schließen ließ.

Cornelie winkte ihr, zog denselben niedrigen Lehn=
sessel ans Sopha, in dem wir schon Elias Moser
ruhen sahen, und sprach:

„Du wolltest mir von dem frommen Priester in
Gablona erzählen, der so seltene Rednergaben be=
sitzt. Wir sind jetzt allein und werden bis gegen die
Mittagsstunde ungestört bleiben. Theile mir also mit,
was Du zu sagen hast und was Du von ihm weißt.
Er ist ein Fremder, hörte ich neulich.“

10*

„Früher soll Pater Orna die Absicht gehabt haben, Ordensgeistlicher zu werden, gnädige Frau", begann die Zofe, „weil er aber so große Macht auf die Menschen ausübt, ward ihm der Auftrag, als Missionsprediger zu wirken."

„Was mag der hochwürdige Herr für ein Landsmann sein?" unterbrach sie die Baronin.

„Vermuthlich stammt er aus den Niederlanden, gnädige Frau, der Name soll dahin zeigen."

„Ist Orna des Herrn Paters Familienname?"

„Man sagt es."

„Und Du hast ihn selbst reden hören?"

„Messe lesen, gnädige Frau, singen und predigen! Ich fühle, daß ich durch ihn ganz anders, ich möchte wohl sagen, besser geworden bin."

„Hört er auch Beichte?"

„Gewiß! Pater Orna soll aber sehr streng sein. Nicht alle, die bei ihm beichteten, gingen, will das Gerücht wissen, getröstet und erleichtert von ihm."

„Ein um so größerer Priester muß der Mann sein!" sprach Cornelie und sendete über den runden Tisch einen Blick hinüber zu dem jugendlichen Portrait, dem sie einst Zug für Zug geglichen hatte.

„Ich glaube, es würde mein Herz erleichtern, wenn ich seine Stimme hören könnte. Was der Laie in seiner Schwachheit sich nicht zu sagen weiß, das gelingt mit Leichtigkeit dem Priester, der von seinem erhabenen Standpunkte aus vorurtheilsfrei und unbefangen die irrende Welt zu seinen Füßen überblickt. Ich habe so viel Kummer gehabt in den letzten Monaten, daß ich eines milden, erhebenden Zuspruchs wohl bedürftig bin."

„Gnädige Frau Baronin sind ja unabhängig", erlaubte die Zofe sich einzuwerfen.

„Unabhängig!" wiederholte Cornelie achselzuckend und schwermuthsvoll das Auge zum Himmel aufschlagend. „Als ich aussah, wie dort jenes junge, lebensfrohe Geschöpf, da war ich unabhängig. Dennoch bin ich nicht glücklich geworden! Nun beneiden mich Hunderte um meine Stellung, um die irdischen Güter, die eine tückische Fee mir zugeworfen hat, und mich selbst drücken zahllose Sorgen zu Boden. Man muß verheirathet sein, Afra, und Mutter, um allen Glauben an Glück und Unabhängigkeit zu verlieren oder um beide für Märchen zu halten!"

Der robusten Dienerin wollte diese Philosophie einer vornehmen Dame, die ihrer Ansicht nach Alles besaß, was ein Mensch sich, ohne höchst unbescheiden zu sein, wünschen konnte, nicht recht einleuchten. Die Verwunderung, welche über das Gehörte in ihr erwachte, mochte sich auf ihren Mienen widerspiegeln, denn die Baronin fuhr fort:

„Es ist dabei nichts, was in Erstaunen setzen kann, liebes Kind, vielmehr geht Alles ganz natürlich zu. Auch die beste Mutter kann Unglück haben mit ihren Kindern!"

Sie beugte das Haupt und faltete die alabaster= weißen Hände.

„Ihro Gnaden einziger Herr Sohn wird Ihnen gewiß keine Schande machen", sprach Afra, sich keck ein Herz fassend. Sie hätte es wagen dürfen, auch wenn Cornelie ihr weniger Vertrauen gezeigt hätte; denn die Gefangennahme des Junkers Egbert von Gampenstein, seine Flucht und die Folgen, welche sich daran knüpften, waren — Dank sei es der Vermitte= lung des Tagebuchs, welches Elias Moser so fleißig colportirte — seit einigen Tagen schon zur Kenntniß gerade der niedrigen Schichten des Volkes gekommen, von dem das populär geschriebene Blättchen mit Eifer gelesen wurde. „Es ist nicht Alles wahr, was gedruckt wird, gnädige Frau! Das meinte auch Pachter Pabst, der ganz zornig wurde, als ihm gestern der Verwalter das Tagebuch vorlegte, wo die Geschichte so erbaulich zu lesen ist."

Corneliens Blick ruhte verschleiert auf dem Antlitz der Zofe. Ihre Nerven erbebten unter krankhaftem Zucken, das sie dem Ange der Dienerin nur durch schmerz= haftes Zusammenpressen der Lippen verbergen konnte.

"Ich danke Dir, denn Du bist gut und ohne Arg", sprach sie dann, noch immer einer heftigen innern Bewegung nicht ganz Herr geworden. "Es wäre entsetzlich, wenn dieser Sohn mich so tief betrübte, daß er aus Leichtsinn und strafbarem Uebermuth zum Verbrecher würde! Darum will ich mit Dir anneh= men, die ganze Anschuldigung beruhe auf Verleum= dung. Freilich, alle Nebenumstände sprechen dagegen. Die neuesten Zuschriften, welche der Baron erhielt, lassen mich das Schlimmste befürchten! Und seitdem ist der Freiherr so heftig geworden, daß er kaum mit sich sprechen läßt! In solcher Trübsal sind beschwich= tigende Worte eines Dritten, zumal wenn ein Ge= salbter sie spricht, für das zaghafte Herz einer beküm= merten Mutter lindernder Balsam und Brod des Lebens."

"Das wird der gnädige Herr sicherlich nicht be= streiten."

"Ich fürchte, er hat gar nicht daran gedacht, daß ich mich um den flüchtig gewordenen Sohn ängstigen und grämen könne. Sanften Empfindungen ist der Freiherr schon seit lange nicht mehr zugänglich. In frühern Jahren war das anders, wie er überhaupt für Vieles Sinn hatte, was ihm jetzt ganz gleichgültig ist. Die ländliche Einsamkeit macht keinen wohlthuen= den Eindruck auf seinen Charakter. Es fehlt ihm an

geistigem Reiz und das verbittert sein ganzes Tempe=
rament. Ich bin gewiß, daß er mir gerade eine
geringfügige Bitte barsch abschlägt."

„Dann müssen Ew. Gnaden recht viel fordern,
um doch etwas zu erlangen."

„Was würdest Du vorschlagen an meiner Stelle,
gutes Kind?"

Afra wiegte den runden Kopf schlau lächelnd auf
dem kräftigen Nacken und sagte dann wichtig:

„Eine Reise vielleicht ins Ausland, der Zer=
streuung wegen und um auf andere Gedanken zu kom=
men. Ew. Gnaden haben, wie ich glaube, eine gewisse
Vorliebe für Genua. Ich hörte Sie oft über die
prächtige Lage sprechen, die jene Stadt, die ich wohl
sehen möchte, haben soll. An trefflichen geistlichen
Herren wird es in einer so großen und so berühmten
Stadt gewiß nicht fehlen."

„Genua!" wiederholte die Baronin und über ihre
bleichen Züge lief das Muskelzucken schmerzlichen Lä=
chelns. „Ja, die Stadt ist schön, majestätisch, stolz,
der Ausblick auf das azurblaue Mittelmeer von wun=
derbarer Pracht, aber es aufsuchen, um sich zu zer=
streuen, um dort die Ruhe zu finden, die mich hier
flieht, ist es doch kein Ort. Auf Gräbern duften selbst
Lilien und Rosen nach Moder und Verwesung! Ich
mag Genua nicht wiedersehen, und gäbe mir da=

selbst der heilige Vater in eigener Person die Bene=
diction!"

"Versailles oder Paris würden der gnädigen Frau
allerdings mehr Zerstreuung darbieten", fiel Afra ein,
"wenn man beiden Orten nur nicht so viel Uebles
nachsagte. Gnädige Frau hatten die Güte, gegen mich
zu äußern —"

Ein gebieterischer Wink und ein strenger, stra=
fender Blick Corneliens machten die Zofe ver=
stummen.

"Ich will Deine Vorschläge nicht hören", sagte
sie aufstehend. "Sie regen mich nur auf, weil sie alte
Erinnerungen in mir wecken. Wir Menschen sind keine
wiederkäuenden Thiere, denen der Genuß des schon
einmal Verzehrten Leben und Kraft gewährt! Glücklich
zu preisen sind nur diejenigen, die Alles vergessen
können, deren Gedächtniß nichts festzuhalten vermag,
an denen gute und böse Tage, genossene Freuden und
überstandene Schmerzen völlig spurlos vorübergehen!
Leider bin ich anders geartet, und darum martert mich
das Vergangene wie ein Todtentanz, den gespenstische
Schemen um mich wirbeln, mehr noch als das un=
durchdringliche Dunkel der Zukunft. Ja wenn die
Sonne der Gnade ihr versöhnendes Licht ausgösse
über Gerechte und Ungerechte, wenn nichts in Dunkel
gehüllt bliebe vor unserem lichtbedürftigen Auge; dann,

nur dann könnten unzählige Menschen in ungetrüb=
tem Frieden leben!"

Mit über der Brust verschränkten Armen durch=
schritt Cornelie einigemal das Zimmer. Afra folgte
ihr schweigend mit den Augen. Die Möglichkeit, etwas
in Vorschlag zu bringen, was der Gebieterin genehm
sei, hatte diese ihr selbst genommen.

„Die Unzugänglichkeit des Barons kann ihren
Grund allein nicht in den Nachrichten haben, die ge=
dankenlosen Thoren jetzt vorzugsweise Stoff zur Unter=
haltung geben", nahm Cornelie, zu ihrem Platze zurück=
kehrend, die Unterredung mit Afra wieder auf. „Es
gehört auch mit zu den häßlichsten Zügen in der Natur
der Menschen, daß die Trübsal des Nächsten ihnen
Behagen verursacht, wäre es auch nur das, es mit
Andern in gemeinster Weise durchzusprechen. Nie wird
von einem freudigen Ereignisse so viel Aufhebens ge=
macht wie von einem traurigen. Das erregt Miß=
trauen und gibt denen, die es betrifft, wohl ein Recht
zu herber Sprache auch im Beisein Unschuldiger. Bei
dem Baron ist es zunächst der Aerger, sich im Munde
der Leute zu wissen, der ihn aufregt; außerdem aber
muß noch etwas Anderes geschehen sein, das seine
Galle immer von neuem reizt. Es würde mir zur
Beruhigung dienen, könnte ich diese zweite Quelle
seiner Reizbarkeit, die sogar die Form des Zorns

annimmt, ermitteln. Sie kann nicht fern liegen, und
sie geht schwerlich hinter die Zeit zurück, die ihn von
der Flucht des Sohnes in Kenntniß setzte."

Afra hörte sehr aufmerksam zu, erwiderte aber
nichts.

„Hast Du auch schon gehört, daß im Vorwerk
gleich nach dem Brande ein Schatz gefunden worden
ist?" wandte sich Frau von Gampenstein nach kurzem
Schweigen abermals an die Dienerin. „Dieser Fund,
wenn er, was ich für wahrscheinlicher halte, nicht
ganz und gar die Erfindung eines müßigen Kopfes
ist, der Leichtgläubigen etwas aufbinden will, inter=
essirt das Volk ebenso allgemein wie die andere
Geschichte, die uns insbesondere so großes Herzeleid
macht. Der Pachter soll zuerst davon gesprochen
haben."

Afra verneinte und zwar mit so ehrlichem Augen=
aufschlag, daß die Baronin ihr unbedingt Glauben
schenkte.

„Ausnahmsweise bin ich diesmal neugierig", fuhr
Cornelie fort, indem auf dem fein gesponnenen Falten=
netz um ihren Mund ein paar lachende Schälke aus
längst vergangenen Tagen sich zu schaukeln begannen.
„Ich wünschte schon der Curiosität wegen etwas Nä=
heres, wenigstens etwas Bestimmtes darüber zu er=
fahren. Interessirt es Dich, so gebe ich Dir hiermit

Erlaubniß, Dich vorübergehend einmal mit dem Troß zu befreunden. Aber nur in diesem speciellen Falle, hörst Du? Was Du erfährst, das hinterbringst Du mir, doch nur mir! Erfände ich Dich plauderhaft, so würdest Du mich sehr erzürnen!"

Afra machte eine Bewegung des lebhaftesten Abscheus.

„Ohne jede Veranlassung ist das Gerücht nicht entstanden", fuhr die Baronin fort, „und was ich ge= sprächsweise früher von dem abgebrannten Vorwerk hörte, schließt die Möglichkeit wenigstens nicht aus, daß daselbst vergessene Schätze derer von Gampenstein ruhen könnten. Das Haus war alt, älter als dieses Schloß, und mehr als ein Gampenstein hat zeitweise, als es noch von den Förstern bewohnt wurde, während der Jagd einige Wochen lang seinen Aufenthalt daselbst genommen. Ich selbst sollte ursprünglich bis nach vollendeter Einrichtung meiner Gemächer hier im Schlosse auch dort residiren, und es wäre jedenfalls geschehen, hätte ich mich nicht bei Freunden so lange aufgehalten, bis der Einzug in das alte, schlecht ein= gerichtete Gebäude überflüssig geworden war."

„Ich werde meine Pflicht thun, gnädigste Frau Baronin!" sagte die Zofe. „Morgen weiß ich genau, was über den angeblichen Schatz zu erfahren ist."

„Nicht zu vergessen, mein Kind, wenn der Baron

den Leuten nicht dasselbe Verbot hat zugehen lassen, das Dir von mir zur Pflicht gemacht worden ist. Dem Volksglauben zufolge bringen nur diejenigen Schätze Glück, die man in geheimnißvollster Stille hebt! Dessen sei bei Deinen Nachforschungen als getreue Dienerin wohl eingedenk!"

Afra ward entlassen. Als Cornelie sich wieder allein sah, griff sie rasch nach einer grünseidenen Schnur, die sie von ihrem gewöhnlichen Platze bequem erreichen konnte. Ein leichter Zug daran schob das Portrait des jungen Mädchens, dessen verführerische Reize in so unmodern gewordener Umhüllung steckten, durch das Unschöne der barocken Gewandung aber nur noch mehr zu ihrem Rechte kamen, seitwärts. Durch diese Bewegung ward ein zweites Portrait sichtbar. Es war das Conterfei eines jungen Mannes von schönen, geistig belebten, idealen Zügen. Dunkles Lockenhaar wallte um Stirn und Schläfe. Um die schön geschnittenen Lippen spielten Grazien und Amoretten; die großen, dunkeln Augen glänzten von geheimnißvollem Feuer und unergründlicher Leidenschaft.

Cornelie heftete ihre Blicke einige Sekunden auf diesen merkwürdig anziehenden Männerkopf, legte dann die Hände auf die thränenden Augen und sagte in wimmernd flehendem Tone:

„Vergib mir endlich, was ich gegen Dich gefre=
velt habe! Nimm den Fluch, der mein Leben vergiftet,
der ewig forttönt in meinem Ohr, nimm ihn endlich
von meinem Haupte! Ich bereue, was ich verbrochen
habe, ich bereue es von Herzen und büße dafür schon
lange! Du bist der Glücklichere! Dein Gewissen wird von
keiner schweren Schuld belastet! Hast Du gesündigt,
so geschah es nur aus Liebe oder in aufwallender Lei=
denschaft. Mich aber, mich verfolgt der rächende
Schatten einer unnatürlichen That! Nur die Hoffnung,
es könne doch vielleicht möglich sein, sie dereinst noch
zu sühnen, läßt mich ein Leben ertragen, das mir
nichts bringt als Qual, Kummer und Jammer über
Jammer! Dein letzter Besuch, Ottmar, Dein Fluch
und Dein Raub, sie sind die Furien, deren ich damals
spottete und die nun mein Herz zerfleischen! Dich habe
ich verloren für immer, ich weiß es, und ich habe ver=
dient, von Dir verflucht zu werden. Den Raub nur
gib heraus, denn was er enthält, ist zunächst ja mein
Eigenthum!“

Die bittende Lippe der reuigen Büßerin schloß
sich. Auf dem Corridor ward eine scheltende, zornige
Männerstimme laut.

„Wer von meinen Leuten sich noch ein Wort zu
äußern untersteht, den peitsche ich mit eigener Hand
aus dem Schloßhofe!“ rief der Zornige. Darauf klirr=

ten Sporen auf den granitenen Fliesen und schnelle
Schritte näherten sich.

„Cäsar!" hauchte Cornelie und ließ das Bild
wieder verschwinden. „Wenn er in solcher Stimmung
meiner gedenkt, bedeutet sein Kommen nichts Gutes!
Steht mir bei, ihr himmlischen Fürsprecher, und schützt
mich vor den Ausbrüchen seines Zorns!"

Eilftes Kapitel.

Ein verfängliches Gespräch.

Einem kräftigen Druck von außen wich die Flügelthür und Cäsar trat ein in vollem Reitcostüm, die seine Bibermütze schief auf das krause Haar gedrückt.

Cornelie saß am Tische, anscheinend in Lesen vertieft. Das geräuschvolle Eintreten des Gatten konnte sie aber, ohne halb taub zu sein, nicht ignoriren. Sie sah also von dem vor ihr liegenden Buche auf und zwang ihren Mienen, die sie ziemlich in der Gewalt hatte, ein freundliches Lächeln auf.

„Hat man Dich geärgert, lieber Cäsar?" redete sie den mißtrauisch zu ihr herabblickenden Freiherrn theilnahmvoll an und ging ihm entgegen. „Du schadest Deiner Gesundheit, wenn Du Dich so häufig echauffirst! Man gewinnt nie dabei, lieber Cäsar; ich wenigstens bin längst schon zu dieser Einsicht gekommen."

Freiherr von Gampenstein ging sporenklirrend
durch das Zimmer. Nach den letzten Worten Corne=
liens warf er sich in den niedrigen Lehnsessel, daß das
arme, an zartere Behandlung gewöhnte Möbel einen
fast menschlich klingenden Klageton von sich gab, schlug
die Füße übereinander und verwundete dabei das Auge
des gewirkten Jagdhundes auf dem Fußteppich, der
springend einen Rehbock verfolgte.

„Ich will Dich nicht lange in Deinen geistigen
Genüssen stören", versetzte er, die Gattin durch einen
Wink einladend, sitzend ihm zuzuhören; „der Zweck
meines Dich wahrscheinlich überraschenden Besuchs
läßt sich in zwei Fragen zusammenfassen. Bist Du
geneigt, diese Fragen mir zu beantworten?"

„Zuerst muß ich sie doch wohl hören, lieber Cäsar!"

Der Freiherr fixirte sie mit wahrem Tigerblick.

„Welchen Grund hattest Du", sagte er dann
mit erzwungener Ruhe, „mir geheim zu halten, daß
die jetzige Frau des Boten Moser Dir lange vorher
bekannt war, ehe sie ihren gegenwärtigen Mann kennen
lernte?"

Cornelie schob das Gebetbuch zurück und kreuzte
die Arme über der Brust. Zurückgelehnt und das
Gesicht dem Freiherrn zugekehrt, erwiderte sie:

„Frauen von Stande haben meines Wissens
von jeher das Bedürfniß gefühlt, eine oder ein paar

Dienerinnen um sich zu haben, die ihnen bei ihren
häuslichen Geschäften, beim Ordnen ihrer Habselig=
keiten, bei der Toilette und allerhand sonstigen klei=
nen Angelegenheiten, welche in dem Kopfe nur mit
großen Dingen beschäftigter Männer gar keine Stelle
finden, behülflich sind. Mit solchen Personen pflegen
wir Frauen bald aus Gewohnheit, bald aus Lanne
oder Caprice häufig zu wechseln; wir wechseln wenig=
stens so lange, bis wir ein Geschöpf finden, das
uns persönlich zusagt, das wir gern um uns lei=
den mögen, das auf unsere Eigenheiten eingeht, indem
es unsere Lannen erträgt, unfern mancherlei kleinen
Schwächen schmeichelt, sich uns mit einem Worte ganz
attachirt. Bei Mädchen solchen Schlags übersehen
wir gutmüthig ebenfalls angeborene Fehler der weib=
lichen Natur, ohne uns deshalb von ihnen leiten oder
gar tyrannisiren zu lassen. Für Trene dagegen wie
überhaupt für geleistete Dienste, mögen diese nun
wichtig oder unwichtig sein, sind wir — treten nicht
ganz besondere Umstände ein — erkenntlich. Eine
Person dieser Art war mir Rosa Moser, als sie noch
nicht daran dachte, ihr eigenes Glück von dem eines
Mannes abhängig zu machen. Weil sie mir damals
gefiel, nahm ich sie in Dienst. Du lebtest auf Reisen
— weiß ich, wo, und fragte ich danach? Und Rosa
ging von mir, ehe ich das Glück hatte, zu sehen, daß

eine Trennung vor drei Jahren in keiner Hinsicht irgend eine Aenderung in Dir hervorgebracht. Es lag gewiß nicht in Deiner Absicht, während dreier Jahre meine persönliche Freiheit beschränken und mich durch Dienstboten überwachen zu wollen."

Corneliens Ruhe blieb nicht ohne Wirkung auf Cäsar von Gampenstein. Zunächst brachte er seinen athletischen Körper in eine weniger legere Lage; sein Blick war nicht mehr so flammend wie anfangs.

„Du scheinst Dich durch meine Frage beleidigt zu fühlen", versetzte er. „Beleidigen zu wollen war nicht meine Absicht. Nur Klarheit wünsche ich in Verhältnisse zu bringen, die für uns beide unbequem werden, wenn sie bleiben, wie sie sind."

„Ich vermag den Sinn dieser Andeutungen nicht zu fassen, Cäsar."

„Von Rosa Moser laufen Gerüchte um, die mich verdrießen, weil sie meiner Gemahlin einst nahe stand", sprach der Freiherr scharf. „Sie quacksalbert, bespricht Krankheiten und treibt allerlei Hokuspokus, mit dem Leichtgläubige und Unwissende sich so gern täuschen lassen. Macht ihr dies Vergnügen, so will ich es ihr nicht rauben. Von dem Wurzel= und Kräuterthee, mit dem sie einträglichen Handel treibt, wird Niemand sterben. Man sagt aber dieser jedenfalls nicht ganz harmlosen Person auch noch andere Dinge nach."

11*

„Zum Beispiel?"

„Das Mein und Dein soll ihr nicht heilig sein."

Cornelie zuckte verächtlich die Achseln und warf die Lippen höhnisch auf.

„Weil sie klüger ist als der Troß, dem sie aus dem Wege geht, muß sie durchaus ein schlechtes Subject sein", versetzte sie bitter. „Es ist das so menschlich gemein, daß ich Lust habe, es hundsföttisch zu nennen! Und wie kommt es, daß mein Gemahl auf solch vage Gerüchte plötzlich so großes Gewicht legt?"

„Weil ich die ehemalige Vertraute meiner Gemahlin in dem Verdacht der Fälschung, des Unterschleifs und des gemeinen Diebstahls habe."

Cornelie schnellte von ihrem Sitze empor und preßte beide Hände gegen ihr heiß klopfendes Herz. Gedanken furchtbarster Art stürmten durch ihr Gehirn. Sie hatte Mühe, sich aufrecht zu erhalten und dem Freiherrn gegenüber gefaßt zu erscheinen.

„Du siehst mich erschrocken, aufgeregt", sprach sie nach kurzem Schweigen, indem sie alle Kraft der Seele in dem Blicke concentrirte, den sie auf den Freiherrn richtete. „Die Abscheulichkeiten, der mein eigener Gemahl die mir vor Jahren lieb gewesene Dienerin zeiht, versetzen mich in diese Aufregung. Ich werde mir erlauben, Rosa Moser von den Gerüchten, die über sie umlaufen, in Kenntniß zu setzen."

„Dieser Mühe sollst Du überhoben werden", ent= gegnete mit seinem Lächeln Freiherr von Gampenstein. „Moser hat Auftrag von mir erhalten, seiner Frau Vorsicht anzuempfehlen. Es liegt nicht in meinem Plane, einer Albernheit wegen, die ins Publikum bringt, Untersuchungen aufstellen zu lassen, die vielleicht schließ= lich in einen großen Skandal ausliefen, wobei Per= sonen von Rang und Namen prostituirt würden. Meine Absicht ist, eine Leichtsinnige zu warnen und weitern Verirrungen vorzubeugen. Natürlich kann und darf ich nicht dulden, daß meine Gemahlin mit einer so stark compromittirten Persönlichkeit in irgend welcher Beziehung bleibt."

„Rosa hat sich seit Jahren nicht mehr auf Gam= penstein sehen lassen", versetzte Cornelie kühl.

„Egbert ging aber oft in ihrem Hause aus und ein", bemerkte Cäsar dagegen.

„Verkehrtest Du nicht mit Moser?"

„Wenn ich ihn benutzen konnte. Der Mann ist ein ehrenwerther Charakter."

„Und ihm, nicht Rosa schloß sich unser Sohn an, der uns jetzt leider so schweren Kummer bereitet!"

Cornelie seufzte und Thränen füllten ihre Augen.

„Du bringst mich durch die Erwähnung Egbert's auf meine zweite Frage", fuhr Cäsar von Gampenstein fort. „Der wilde, unbesonnene Mensch ist glücklich über die Grenze entwischt, ich weiß es von Moser, der mich seinetwegen ziemlich beruhigt hat. Die Verwundung des Pedells scheint nicht bedeutend zu sein. Man wird ihm Schmerzensgeld geben und ihm damit Schweigen auferlegen. Was aber soll Egbert jetzt beginnen? Darüber wünschte ich die Meinung seiner Mutter zu hören."

„Ich werde mich Deinen Anordnungen fügen", entgegnete Cornelie. „Gewalt über Egbert habe ich ja doch nie gehabt."

„Man könnte ihn auf Reisen schicken, nach Italien etwa, nach Genua, wo er geboren wurde. Doch ich bemerke in dem Vibriren Deiner Wimpern, daß Du mir nicht beipflichtest. Mag er sich dann, wie schon vor ihm mancher junge Cavalier, die Hörner in dem modernen Babel, in Paris, ein wenig abstoßen, damit er als wohlgeschulter, lebensgewandter Mensch nach Jahr und Tag in die Arme seiner glücklichen Aeltern zurückkehrt. Ich werde mir einen Creditbrief dahin geben lassen. Das Haus Jonathan und Salomo ist mir sehr empfohlen worden. Man rühmt es mir als eins der ersten Banquierhäuser, das während der Stürme der Revolution ein Sammelplatz der geistreichsten Gesellschaft gewesen sein soll. Auch Verwandte Deines Hauses, Mitglieder der gräflichen Linie Valdegg, gingen, wie ich in Erfahrung brachte, daselbst

aus und ein. Das gewährt angenehme Anknüpfungs=
punkte und öffnet einem jungen Manne von dem
scharfen Blicke und dem gesunden Urtheile unseres
Sohnes interessante Perspectiven in Zeiten, wo die
Welt an überraschenden Thaten ebenso reich war wie
an frivolen Zerstreuungen. Solche Einblicke in die
Vergangenheit aber bilden, wenn man sie richtig auf=
faßt und sich nicht durch sie verwirren läßt. Sie sind
gewissermaßen die Wärmemesser der Sündhaftigkeit
eines bereits verschwundenen Zeitalters, mit welchem
unsere Gegenwart und unser eigenes Leben nur noch
mit wenigen dünnen Fasern zusammenhängt. Doch
ich sehe, mein Geplauder beginnt. Dich zu langweilen.
Entschuldige die Störung, überlege reiflich meinen Vor=
schlag und erkläre Dich darüber, sobald Du einen
Entschluß gefaßt hast. Ich will jetzt an Egbert schrei=
ben, ihm tüchtig den Text lesen und ihm ankündigen,
daß er sich bereit halten soll, meinen Weisungen pünkt=
lich zu folgen. Moser will den Brief sicher befördern.
Ich hoffe, daß ich bei unserem nächsten Zusammen=
treffen das Ange meiner Gemahlin weniger verschleiert
finde als heute.“

Cäsar erhob sich langsam von seinem Sitz, über=
flog mit raschem Blick die auf dem Tische angehäuften
Bücher, erfaßte die kalt gewordene Hand Corneliens,
berührte ihre Fingerspitzen mit seinen Lippen und ver=

abschiedete ſich von ihr mit einem Lächeln, das wie
Dolchſtöße ihr bebendes Herz durchfuhr.

Kaum war die Thür hinter dem Freiherrn ins
Schloß gefallen, der, mit ſeiner Reitpeitſche klatſchend,
langſam den Corridor durchſchritt, als Cornelie wie
eine Wahnſinnige mit weit aufgeriſſenen Angen ins
Leere ſtierte und lautlos die Hände rang.

Minuten vergingen, ehe ſie den furchtbaren
Schlag überwand, den Cäſar's wider Erwarten in
faſt ſcherzhaftem Tone ihr gemachte Vorſchläge bei=
gebracht hatten.

„Verrathen!“ lispelte ſie endlich und entſetzte ſich
vor dem leiſen Geräuſch ihrer eigenen Stimme. „Er
iſt unterrichtet, er wird durch ſeine Spione auch mehr
noch ermitteln! Gnädiger, barmherziger Vater im
Himmel, verlaß mich nicht in meiner Noth! Ich
habe ja gebüßt für meinen Frevel, und ich will noch
mehr büßen, wenn Du es von mir forderſt, nur
mache mich nicht ehrlos vor der Welt! Gib mich nicht
dem höhnenden Geſpött der ſchadenfrohen Menge
preis und nicht der Verachtung deſſen, der mir einſt
Liebe ſchwor und vor deſſen Anblick ich mich nun ent=
ſetze! Er ahnt, daß ich ihn hintergangen habe, wie er
es wußte, der von ſeiner Hand die Todeswunde
empfing! O ich Elende! Ich dreimal Verfluchte! Mit
blutigen Wundenmalen ſteigen ſie vor mir auf die

Unglücklichen, die ich meiner Gefallsucht, meiner Lust, meiner Heuchelei opferte, um gegen mich zu zeugen und mich des Mordes zu bezichtigen!"

Sie blieb mitten im Zimmer stehen und preßte beide Hände gegen ihre Schläfe. So stand sie ge= raume Zeit und strengte so ihre Gedanken an, daß sie von Schwindel erfaßt, halb besinnungslos ins Sopha zurücktaumelte.

„Ich muß hinaus", fuhr sie dann fort, geschäf= tig auf ihrem Tische kramend. „Ich darf kein Mittel unversucht lassen, um Egbert's Abreise nach Paris zu verhindern! Moser kann mich nicht bloßstellen, ohne seine Frau — o Gott des Himmels, gib mir Licht und erhalte mir meinen Verstand!"

Sie ergriff die silberne Glocke und schwang sie heftig hin und wieder. Afra trat ein.

„Sahst Du den Baron?" fragte Cornelie die ihr ergebene Dienerin.

„Ich hörte, daß der gnädige Herr Befehl er= theilte, den Rappen wieder zu satteln. Der Architekt mit seinen Leuten erwartet ihn auf dem Vorwerke."

„Erkundige Dich, wie lange der Baron auf dem Vorwerke wohl beschäftigt sein kann?"

Afra entfernte sich wieder und Cornelie fuhr fort, die Bücher zu ordnen, Schreibereien in einen Secretär zu verschließen und einem geheimen Fache desselben ein kleines versiegeltes Paquet zu entnehmen, das sie in ein elegantes Taschenetui legte und zu sich steckte.

Die Zofe kehrte zurück und meldete der Gebieterin, daß der gnädige Herr vor Einbruch der Nacht gewiß nicht in Gampenstein anlangen könne, da er mit dem Pachter Pabst auch die Holzschläge im großen Forst hinter der Lochbuche besichtigen wolle.

„Ew. Gnaden scheinen unwohl zu sein", fügte das kluge Mädchen hinzu. „Gnädige Frau sitzen zu viel. Mehr Bewegung in freier Luft würde Dero Gesund= heit zuträglicher sein."

„Du kannst Recht haben, Afra", erwiderte die Baronin, „und da Niemand leidet, wenn ich mir eine Erholung von einigen Stunden gönne, will ich ein= mal ausfahren. Gib Auftrag, daß man möglichst schnell Alles dazu rüste! Dann sei mir behülflich bei der Toilette. Ich fühle mich zu schwach, um mir selbst helfen zu können."

Auch dieses Auftrags entledigte sich die gewandte Dienerin mit größter Eile. Eine Viertelstunde später stieg Cornelie, von Afra begleitet, in ihre Equipage.

„Wohin befehlen Ew. Gnaden?" fragte der Kutscher, die Zügel des Zweigespanns ergreifend.

„Schlage den Weg nach dem Meisenholze ein", versetzte Cornelie von Gampenstein. „Am Ende des

Teichs werde ich bestimmen, ob ich umkehren will oder einen weitern Ausflug vorziehe."

Der Kutscher schnalzte mit der Zunge, und fort rollte die Equipage in schnellstem Trabe auf der staubigen Straße, die sich zwischen Wiesen und Saatfeldern in weiten Krümmungen hinabzog nach der Windmühle am steinigen Abhange des Teichrandes.

Ende des ersten Bandes.

In unterzeichneter Verlagshandlung erschienen
und sind durch alle Buchhandlungen des In= und
Auslandes zu beziehen:

Joseph Freiherrn von Eichendorff's
sämmtliche Werke.
Zweite Auflage.
Mit des Verfassers Portrait und Facsimile.
Sechs Bände — 244 Bogen Classikerformat.
Preis 5 Thlr. 10 Ngr.

Eichendorff ist durch und durch Romantiker,
aber er ist zugleich einer der edelsten und reinsten
Repräsentanten der Romantik. Was ihr Wahres und
Berechtigtes zu Grunde lag, lebt ungeschwächt in ihm
fort; er allein hat das Wesen der Romantik bis
auf unsere Tage zu retten und ihr durch seine eigene
Erscheinung neue Achtung und neue Freunde zu ge=
winnen gewußt; mit Recht ist von ihm, dem jüng=
sten Romantiker, gerühmt worden, daß Dichtungen
von so seelenvoller Wahrheit, wie die seinigen, die ältere
romantische Schule nicht zu schaffen vermocht. Seine
Schriften sind in der That durchweht von dem Geiste
des Christenthums; es ist, obgleich specifisch christliche
Stoffe fast nirgends ihren Inhalt bilden, doch überall
die christliche Atmosphäre, in der wir athmen. Daher
jenes innige Verhältniß der Natur, jene erhabene,
männliche, religiös begeisterte Betrach=
tung der Welt und menschlicher Dinge,
jene Poesie der Liebe gegen eine Poesie

des Haſſes, wie er ſelbſt es treffend ausgedrückt. Und daneben welche Meiſterſchaft in Form und Sprache! Lied und Rede fließen wie Muſik dahin, deren Zauber unwiderſtehlich wirkt. Und neben dem glänzenden Talent und dem Adel der Geſinnung zugleich die deutſche Eigenthümlichkeit und die hohe Liebe zum Vaterlande, die wie ein rother Faden überall ſich hindurchſchlingen! Eichendorff gehört mit Recht nicht nur zu den Lieblingen der Gebildeten, ſondern zu den populärſten Dichtern Deutſchlands überhaupt; wie viele ſeiner Lieder ſind nicht ſchon Volkslieder geworden, die geſungen werden, ſoweit die deutſche Zunge klingt!

Die neue Auflage der Geſammtausgabe der Werke des gefeierten Dichters, vom Sohne deſſelben redigirt, enthält nicht nur ſämmtliche, bereits bei Leb= zeiten des Verfaſſers erſchienene lyriſche Erzeug= niſſe, Romane, Novellen und Dramen, ſon= dern auch aus dem Nachlaß Eichendorff's eine große Anzahl bisher noch nicht veröffentlichter Lieder, ſowie die Novelle „Eine Meerfahrt" und das Märchen „Libertas und ihr Freier". Ferner umſaßt ſie die poetiſchen Ueberſetzungen Eichendorff's, nämlich den „Graf Lucanor", das älteſte Denkmal caſtilianiſcher Sprache, welches auf uns gekommen — einen fürſtlichen Sittenſpiegel des 14. Jahrhunderts — und zwölf „geiſtliche Schauſpiele" Calderon's (worunter „Der Ehezwiſt" hier zum erſten Mal im Druck er= ſcheint). Die geiſtlichen Schauſpiele ſind nach dem Urtheil bewährter Kenner das Schönſte und Erha= benſte, was Calderon's Muſe und die ſpaniſche Lite= ratur überhaupt hervorgebracht, und die Ueberſetzung ist meisterhaft, wie sie eben nur der Dichter und Geistesverwandte des großen Spaniers in solcher Vollendung uns bieten konnte. Sowohl der „Graf Lucanor" als auch die „geistlichen Schauspiele" sind durch Eichendorff zuerst verdeutscht worden.

Eine von kundiger Feder frisch und mit Liebe geschriebene bibliographische Einleitung sowie das Portrait und Facsimile des Dichters bilden einen werthvollen und interessanten Schmuck der gegenwärtigen zweiten Auflage.

So mögen denn die sämmtlichen Werke Eichendorff's in der neuen vollständigen Ausgabe eine freundliche Aufnahme finden; bilden sie doch die edelste reichste Nahrung für Geist und Herz!

Diese neue Auflage umfaßt:

Erster Band.

Joseph Freiherr von Eichendorff. Sein Leben und seine Schriften. — Sämmtliche Gedichte (hier zum ersten Mal vereinigt).

Zweiter Band.

(Romane.)

Ahnung und Gegenwart. — Dichter und ihre Gesellen.

Dritter Band.

(Novellen und erzählende Gedichte.)

Aus dem Leben eines Taugenichts. — Das Marmorbild. — Viel Lärmen um Nichts. — Eine Meerfahrt. — Das Schloß Dürande. — Die Entführung. — Die Glücksritter. — Libertas und ihr Freier. — Julian. — Robert und Guiscard. — Lucius.

Vierter Band.

(Dramen.)

Krieg den Philistern! (Dramatisches Märchen in fünf Abenteuern.) — Meierbeth's Glück und Ende. (Tragödie mit

Gesang und Tanz.) — Ezelin von Romano. (Trauerspiel in fünf Aufzügen.) — Der letzte Held von Marienburg. (Trauerspiel.) — Die Freier. (Lustspiel in drei Aufzügen.)

Fünfter Band.

(Geistliche Schauspiele von Don Pedro Calderon de la Barca.)

Das große Welttheater. — Gift und Gegengift. — König Ferdinand der Heilige. — Das Schiff des Kaufmanns. — Balthasar's Nachtmahl. — Der göttliche Orpheus. — Der Maler seiner Schande.

Sechster Band.

(Geistliche Schauspiele von Don Pedro Calderon de la Barca.)

Die eherne Schlange. — Amor und Psyche. — Der Waldesbemuth Krone. — Der Sünde Zauberei. — Der Graf Lucanor von Don Juan Manuel.

———

Aus Joseph Freiherr von Eichendorff's „Sämmtlichen Werken" sind nachstehende in Einzelausgaben erschienen:

Aus dem Leben eines Taugenichts. Novelle. Fünfte Auflage. Miniatur=Ausgabe. Elegant gebunden mit Goldschnitt. . . . . Preis 1 Thlr.

Gedichte. Fünfte Auflage. Miniatur=Ausgabe. Elegant gebunden mit Goldschnitt. . . . Preis 2 Thlr.

Julian. Miniatur = Ausgabe. Elegant gebunden mit Goldschnitt. . . . . Preis 25 Ngr.

Robert und Guiscard. Miniatur=Ausgabe. Elegant cartonnirt mit Goldschnitt. . . . Preis 15 Ngr.

Lucius. Miniatur = Ausgabe. Elegant cartonnirt mit Goldschnitt. . . . . Preis 15 Ngr.

Leipzig.   **Ernst Julius Günther.**

Neueste Unterhaltungs=Literatur
aus dem Verlage von **Ernst Julius Günther in Leipzig.**

Ainsworth, W. Harrison, Der Lordmayor von London, oder: **Leben in der City vor hundert Jahren.** Historischer Roman. Aus dem Englischen von A. Kretzschmar. Autorisirte Ausgabe. Drei Bände. 8. Geheftet. . . . . Preis 2 Thlr.

Braddon, M. E., Aurora Floyd. Roman. Aus dem Englischen von F. Seybold. Autorisirte Ausgabe. Vier Bände. 8. Geheftet. Preis 2 Thlr. 20 Ngr.

— **Lady Audley's Geheimniß.** Roman. Aus dem Englischen. Autorisirte Ausgabe. Drei Bände. 8. Geheftet. . . . . Preis 2 Thlr.

— **Eleanor's Sieg.** Roman. Aus dem Englischen von Marie Scott. Autorisirte Ausgabe. Vier Bände. 8. Geheftet. . . . . Preis 2 Thlr. 20 Ngr.

Brooks, Shirley, Ernst Adair, oder: **Des Lebens Silberfaden.** Aus dem Englischen von Marie Scott. Autorisirte Ausgabe. 6 Bde. 8. Ghft. Preis 4 Thlr.

Collins, Wilkie, Die Frau in Weiß. Aus dem Englischen von Marie Scott. Autorisirte Ausgabe. Zweite Aufl. Vier Bände. 8. Geheftet. Preis 3 Thlr.

— **Ein tiefes Geheimniß.** Roman. Aus dem Englischen von A. Kretzschmar. Autorisirte Ausgabe. Drei Bände. 8. Geheftet. . . . . . Preis 2 Thlr.

Doctor Antonio. Aus dem Englischen. Zwei Bände. 8. Geheftet. . . . . . Preis 1 Thlr. 10 Ngr.

Gaskell, Elisabeth C., Sylvia's Freier. Roman. Aus dem Englischen. Autorisirte Ausgabe. Vier Bände. 8. Geheftet. . . Preis 2 Thlr. 20 Ngr.

— **Die That einer Nacht.** Roman. Aus dem Englischen. Autorisirte Ausgabe. 8. Geheftet. Preis 20 Ngr.

John Halifax, Gentleman. Aus dem Englischen von Sophie Verena. Autorisirte Ausgabe. Zwei Bände. 8. Geheftet. . . . . Preis 2 Thlr. 20 Ngr.

Hawthorne, Nathaniel, **Miriam, oder: Graf und Künstlerin.** Nach dem Englischen: „Transformation." Deutsch von Clara Marggraff. Autorisirte Ausgabe. Drei Bände. 8. Geheftet. . Preis 2 Thlr.

Herrin und Dienerin. Eine Erzählung aus dem häuslichen Leben von der Verfasserin von „John Halifax". Aus dem Englischen von Sophie Verena. Autorisirte Ausgabe. Zwei Bände. 8. Geheftet. Preis 1 Thlr. 10 Ngr.

Kingsley, Henry, **Ravenshoe, oder: Der falsche Erbe.** Aus dem Englischen von Marie Scott. Autorisirte Ausgabe. Vier Bände. 8. Geheftet. Preis 2 Thlr. 20 Ngr.

Leben um Leben. Von der Verfasserin von „John Halifax". Aus dem Englischen von Sophie Verena. Autorisirte Ausg. 3 Bde. 8. Ghft. Preis 2 Thlr. 15 Ngr.

Melville, G. J. Whyte, **Der Dolmetscher.** Eine Kriegsgeschichte. Aus dem Englischen von Marie Scott. Drei Bände. 8. Geheftet. . . . Preis 2 Thlr.

— **Cate Coventry.** Roman. Aus dem Englischen von Marie Scott. 8. Geheftet. . . Preis 25 Ngr.

— **Die Marien der Königin.** Ein Roman von Holyrood. Aus dem Engl. 4 Bde. 8. Ghft. Preis 2 Thlr. 20 Ngr.

Norton, Caroline Elisabeth Sarah, **Verloren und Gerettet.** Roman. Aus dem Englischen von F. Seybold. Autorisirte Ausgabe. Vier Bände. 8. Geheftet. . . . . . Preis 2 Thlr. 20 Ngr.

Die Ogilvies, oder: Herzenskämpfe. Roman von der Verfasserin von „John Halifax". Aus dem Englischen von A. Kretzschmar. Drei Bde. 8. Geheftet. Preis 2 Thlr.

Reade, Charles, **Hart Geld**. Roman. Aus dem Englischen von Marie Scott. Autorisirte Ausgabe. Sechs Bände. 8. Geheftet. . . . Preis 4 Thlr.

Trollope, Anthony, **Orley-Farm**. Roman aus dem Englischen von Clara Marggraff. Sechs Bände. 8. Geheftet . . . . Preis 4 Thlr.

Wood, Frau Henry, **Die Channings**. Roman. Aus dem Englischen von A. Kretzschmar. Autorisirte Ausgabe. Vier Bände. 8. Geheftet. Preis 2 Thlr. 20 Ngr.

— **Drangsale einer Frau**, oder: **Die Haliburtons**. Roman. Aus dem Englischen von A. Kretzschmar. Autorisirte Ausgabe. 5 Bde. 8. Ghft. Preis 3 Thlr. 10 Ngr.

— **East Lynne**. Aus dem Englischen von Heinrich von Hammer. Autorisirte Ausgabe. Vier Bände. 8. Geheftet. . . . . . Preis 2 Thlr. 20 Ngr.

— **Der Schatten von Ashlydyat**. Roman. Aus dem Englischen von A. Kretzschmar. Autorisirte Ausgabe. Sechs Bände. 8. Geheftet . . . Preis 4 Thlr.

Im Druck befinden sich:

Christinens Mißgriff. Von der Verfasserin von „John Halifax". Roman. Aus dem Englischen von Sophie Verena. Autorisirte Ausgabe.

Cobb, S., **Maggie Burns, die Heldin von Delaware**. Eine Geschichte aus den amerikanischen Freiheitskämpfen. Aus dem Englischen von Louis Jacobi.

Collins, Wilkie, **Armadale**. Roman. Aus dem Englischen von Marie Scott. Autorisirte Ausgabe.

Jeaffreson, J. C., **Durchs Leben überwunden**. Roman. Aus dem Engl. von Marie Scott. Autor. Ausgabe.

John, Percy, B. St., **Die Erbinnen**. Ein Lebensbild. Aus dem Englischen von A. Kretzschmar.

Album.

Bibliothek deutscher Original-Romane.

Mit Beiträgen

von

Amely Bölte, Julie Bixeau (Frau Pfannenschmidt), Franz Carion, Jacob Corvinus (W. Raabe), Ida von Düringsfeld, Ernst Fritze, Friedrich Gerstäcker, Graf St. Grabowski, Bernd von Guseck, F. W. Hackländer, Edmund Hoefer, Karl von Holtei, Moritz Horn, Siegfried Kapper, A. von L., Alfred Meißner, Louise Mühlbach, Eduard Maria Oettinger, Louise Otto, F. Isidor Proschko, Robert Prutz, Josef Rank, Max Ring, Johannes Scherr, Adolf Schirmer, August Schrader, Levin Schücking, Gustav vom See, Ferdinand Stolle, Ludwig Storch, Ernst Willkomm, A. von Winterfeld, Adolf Zeising u. A.

1865. Zwanzigster Jahrgang. 1865.

Einundzwanzigster Band.

Leipzig,
Ernst-Julius Günther.

Frau von Gampenstein.

Roman

von

Ernst Willkomm.

Zweiter Band.

Leipzig,
Ernst Julius Günther.
1865.

Druck von J. L. Kober in Prag.

Erstes Kapitel.

Augustin von Orna.

Böhmen, das sagenreiche Land pittoresker Berge und unzähliger, auf steilen Felsenstirnen thronender Burgen und Schloßruinen, zeichnet sich vor andern Ländern unseres Vaterlandes auch durch die ungewöhnlich große Anzahl von Kapellen aus, die mit ihrem weißen Gemäuer von hundert und aber hundert Höhen in die bewohnten Thäler hinabsehen und oft schon in weiter Entfernung sichtbar werden. Groß ist auch die Menge der sogenannten Gnadenbilder. Diese bestehen meistentheils nur aus einem aufgerichteten Crucifix, neben welchem in betender Stellung die Madonna kniet. Heiligenscheine aus dünnem Messingblech umspannen den Kopf des Gekreuzigten wie den der Gottesmutter. Es gibt kaum einen Kreuzweg oder einen schattigen Ruheplatz an viel betretener Straße, wo man nicht eines solchen Bildes ansichtig wird. Der gläubige Katholik lüftet, hat er Eile, im Vorübergehen wenigstens den Hut, schlägt ein Kreuz und beugt das Knie vor der Gebenedeiten und dem Welterlöser. Wen kein Geschäft drängt, der rastet knieend eine Zeit lang im Gebete vertieft vor dem Gnadenbilde und setzt dann getrosten Muthes seinen Stab weiter.

Hügel und bergige Höhen in der Nähe belebter Städte und größerer Ortschaften tragen Kapellen und Gnadenbilder, zu denen oft ein geebneter Weg geleitet, welchen zu beiden Seiten Stationen begrenzen, die beim Ersteigen den Wanderer zum Gebet einladen. Solche Höhen nennt man Calvarienberge. Sie stellen eine Nachahmung Golgathas vor mit Bezeichnung der bedeutungsvollen Punkte auf dem Leidenswege des Welt= heilands zur Schädelstätte.

In Böhmen wurden solche Calvarienberge in den ersten Jahrzehnten unseres Jahrhunderts stark vom Volke besucht. Einzelne wie ganze Gesellschaften unter= nahmen zu besonders berühmten Calvarienbergen Wall= fahrten, namentlich an hohen Festtagen und um die Fastenzeit. In größern Kapellen ward dann wohl auch Messe gelesen.

Ein solcher Wallfahrtsort, der beim Volke hoch in Ehren gehalten wurde, lag auch nahe bei Gablona. Die Kapelle auf der Spitze konnte schon für ein Kirch= lein gelten; die daneben aufgerichteten Kreuze waren von beträchtlicher Höhe und mit etwas mehr Kunst gearbeitet, als in der Regel an ihnen zu entdecken ist. In der Kapelle ward ein wunderthätiges Marienbild aufbewahrt, das sich aber nicht täglich zum Wunderthun herbeiließ. An dem Tage, wo man die Kraft des Bildes, dem sieben Schwerter die Brust durchbohrten, zuerst entdeckt hatte, wurde in der Kapelle von frühem Morgen bis tief in die Nacht hinein Messe gelesen und das Bild den Wallfahrern gezeigt. Es hieß, die schmerzensreiche Mutter Gottes von Gablona bringe Gemüthskranken Heilung und gebe solchen, die sich in ihrem Gewissen beladen fühlten, die Ruhe wieder, wenn sie als büßende Wallfahrer gläubig zu ihr beteten.

Dieser Tag, der achte September, war wiedergekehrt und von nah und fern zogen andächtige Wallfahrer nach Gablona. Der Besuch versprach um Vieles bedeutender zu werden als in den letzten Jahren, wo er eigentlich etwas in Verfall gekommen war. Die Kapelle auf dem Calvarienberge stand unter der Geistlichkeit der Stadtkirche zum heiligen Nepomuk in Gablona, an der jetzt der Domherr Augustin von Orna als erster Pfarrer angestellt war. Diesem Manne ging ein großer Ruf voran, noch ehe er seinen ihm angewiesenen Sprengel mit einem Fuße betrat. Er war Missionsprediger in Belgien und im nördlichen Frankreich gewesen, hatte dann eine Sendung nach Irland übernommen und zuletzt an verschiedenen Orten Deutsch-

lands seinem Berufe obgelegen. Als Oberpfarrer in
Gablona wirkte Orna erst seit einigen Monaten. Schon
diese kurze Zeit genügte aber, ihm weit und breit einen
Namen zu machen. Man pries des jungen Domherrn
Milde im Umgange mit denen, die seinen geistlichen
Zuspruch begehrten, seine zwingende, alle Zuhörer hin=
reißende Beredtsamkeit und seine hohe Würde am Al=
tare. Jeder gab willig zu, daß, wer den jungen Dom=
herrn ein Hochamt habe celebriren sehen, die Ueberzeugung
mit sich nach Hause nehme, vor dem Angesicht eines
wirklichen hohen Priesters gestanden zu haben.

Es war am Vorabend des erwähnten Festtags.
Die Sonne verglühte hinter dem waldigen Gebirgs=
zuge, der in weitem Bogen Gablona umfaßte, und
tauchte Wiesen, Feld und Wald in hellviolette Licht=
schatten, die ihren dämmernden Reflex bis in das
Studirzimmer des Domherrn warfen, der im schwarzen
Chorrock mit Schreiben beschäftigt an einem breiten
und tiefen Arbeitstische saß. An den Wänden des ge=
räumigen, mehr langen als breiten Zimmers standen
mit Büchern angefüllte Repositorien, die grüne Gar=
dinen den Blicken Neugieriger entzogen. Auf dem
Arbeitstische des geistlichen Herrn lagen nur wenige
Quartanten und Folianten, deren Einband schon an=
deutete, daß sie ein hohes Alter erreicht haben mußten.
Aus einem dieser Bücher machte sich der Domherr

Auszüge, die er wahrscheinlich in einem seiner nächsten
Vorträge benutzen wollte. Auffallend in dem ganzen
Zimmer des Geistlichen war nur das Crucifix auf
dessen Arbeitstische. Dieses Crucifix fiel nicht blos
durch seine Größe auf, die sich besser für einen Altar ge=
eignet haben würde, auch der Stoff, aus dem es be=
stand, mußte Jeden, welcher das Zimmer des geistlichen
Herrn betrat, veranlassen, es zu betrachten. Es war
nämlich sehr künstlich aus Baumrinden zusammen=
gefügt, sodaß der Stamm des Kreuzes einem natür=
lichen Baume mit Aststümpfen, narbigen Einschnitten
und leichtem Moosanfluge vollkommen glich. Der
Stamm ruhte in granitenem Sockel, dessen scharfe
Ecken aus Elfenbein geschnitzte Schädel bildeten.

Geräuschlos trat die Haushälterin des Domherrn
ein und legte, ohne den Schreibenden anzureden, einen
Brief auf den Rand des Tisches. Orna bemerkte es,
ließ sich aber nicht stören. Erst als die überhand neh=
mende Dunkelheit ihn zwang, die Arbeit einzustellen,
ergriff er den Brief und betrachtete zunächst die Adresse.
Die Handschrift war ihm unbekannt, und was ihm
auffiel, sein Name Orna war falsch, nämlich mit dop=
peltem r geschrieben. Daraus schloß der Domherr, daß
er in den: Verfasser des Briefes einen Fremden vor
sich habe. Er befahl, Licht zu bringen, indem er ein=
fach die Thür öffnete und seiner schräg gegenüber

wohnenden Haushälterin zurief. Als die höchst bescheidene Lampe auf dem Schreibtische stand, erbrach Orna das Siegel und las die Zuschrift. Diese lautete seltsam genug und gab dem Domherrn viel zu denken. Der Fremde, welcher vorgezogen hatte, seinen Namen zu verschweigen, schrieb:

„Hochwürdigster Herr!

Sollte am Findungsfeste der schmerzensreichen Mutter Gottes von Gablona unter den Wallfahrern zur Kapelle eine Dame sich einfinden, gekleidet in dunkle grobe Wolle und begleitet von einem ähnlich gekleideten jungen Mädchen, so würden Hochwürden ein Werk christlicher Barmherzigkeit thun, wollten Sie dieses Wallfahrerpaar von einer zuverlässigen Persönlichkeit unbemerkt überwachen lassen. Die Dame ist, ohne wirklich krank zu sein, doch nicht ganz zurechnungsfähig und trägt sich mit den sonderbarsten Gedanken, die jedoch häufig in ihr wechseln. Augenblicklich meint die Leidende, der man keinerlei Zwang anthun will, nur eine Wallfahrt könne ihr helfen. Aus diesem Grunde läßt die Familie sie gewähren. Dem hochwürdigen Herrn Domherrn glaubte dieselbe aber andeuten zu müssen, daß der Zustand der Leidenden augenblicklich ein zu bedenklicher ist, um sie zur Beichte zulassen zu können.“

Zwei-, dreimal las der Domherr diese räthselhafte Zuschrift, die er sich auf keine Weise zu deuten wußte. Verstellt schien die Handschrift nicht zu sein, aber sie war ihm unbekannt; aus dem Petschaft, dessen der Schreiber sich bedient hatte, ließ sich ebenfalls kein Schluß ziehen, ja nicht einmal eine Vermuthung hatte Orna, da er als ganz Fremder noch gar keine Kenntniß der Orts- und Personenverhältnisse während der kurzen Zeit seiner Amtsthätigkeit sich hatte verschaffen können.

Die Haushälterin, eine schon bejahrte, stille Person, die von seinem Vorgänger auf den Domherrn als Ordnerin des geistlichen Hauswesens übergegangen war, berichtete, der Brief sei von einem Manne bäuerlichen Aussehens ohne jede Bemerkung abgegeben worden.

Es war der erste Fall im Amte, welcher den Domherrn dessen Verantwortlichkeit tief empfinden ließ. Das Buch, in dem er bis dahin aufmerksam gelesen hatte, wollte ihn nicht mehr fesseln. Die Legenden der Heiligen, die es enthielt, traten zurück vor der nackten Wirklichkeit, deren kalte Eisenhand ihm so plötzlich und so erbarmungslos hart ans Herz faßte. Er fand keine Ruhe mehr im Sitze vor dem Arbeitstische, er mußte sich Bewegung machen. Das lange Zimmer auf und nieder schreitend fällt die Figur des Domherrn wiederholt in das bescheidene Spiegelglas, das an vorspringendem Pfeiler zwischen den Bücherrepositorien angebracht ist.

Domherr Orna ist von hohem, regelmäßigem Wuchs, schwarzhaarig und dunkeläugig. Der bis auf die Füße herabfallende lange Chorrock von seinem schwarzen Tuch steht ihm vortrefflich. Sein intelligentes Gesicht zeigt sanfte, weiche Züge, die auf Milde des Herzens deuten. Der Teint des scharf geschnittenen Antlitzes ist kränklich bleich, vielleicht von zu vielem Studiren. Von der Tonsur kann man nichts sehen, da der geistliche Herr das Haupt mit einem kleinen Käppchen von schwarzer Seide bedeckt, das die hochgewölbte Stirn vollkommen frei läßt.

Nach mehreren Gängen durchs Zimmer nahm der Domherr den Brief wieder auf, um dessen Inhalt nochmals zu überfliegen und ihn seinem Gedächtniß einzuprägen.

„Hinter diesen Schriftzügen verbirgt sich ein Geheimniß, das wahrscheinlich nicht gelüftet werden soll“, sprach Orna nachdenklich zu sich selbst. „Ein Frauenherz, das von einer Wallfahrt Linderung seiner Schmerzen, seiner Bekümmernisse hofft, ist jedenfalls auf dem rechten Wege zur Erhebung. Man soll es gewähren lassen und ihm nicht hinderlich sein. Ich wünschte wohl diese Unbekannte kennen zu lernen, wenn es ohne Aufsehen geschehen könnte. Der vorsichtige Schreiber, welcher mir die geheimnißvolle Dame so förmlich anmeldet, hat vielleicht ein Interesse an der

Geheimhaltung ihrer innersten Gedanken. Es scheint, er fürchtet den Beichtstuhl, welchen die Dame suchen dürfte. Ist's ein Bruder oder sonst ein Verwandter der Unbekannten oder vielleicht der eigene Gatte? Das auszumitteln, ohne der Zeit vorzugreifen, würde für mich Pflicht sein, falls die Dame bei mir Hülfe suchte. Und ich vermuthe, daß etwas Derartiges von ihr beabsichtigt wird. Nun, der morgende Tag läßt wohl einiges Licht in dieses Dunkel fallen. Vorläufig mag dies Papier zu meinen übrigen Reliquien wandern."

Der Domherr streckte die Hand nach dem Crucifixe aus, hob das obere Ende über dem Querholze ab und ließ den zusammengerollten Brief in die Oeffnung des, wie sich jetzt zeigte, hohlen Stamms gleiten. Als das abgehobene Holzende wieder an seinem Platze sich befand, konnte auch das schärfste Auge nicht bemerken, daß der rissige, mit falbem Moosgeflecht umsponnene Kreuzesschaft aus verschiedenen, leicht lösbaren Theilen zusammengesetzt und inwendig hohl sei.

Das Haupt gesenkt und die Hände auf den Rücken gelegt, ging Orna noch einigemal durch das Zimmer und trat dann an das einzige große Fenster, durch das es Licht erhielt. Die sorgliche Haushälterin hatte, als sie dem geistlichen Herrn die Lampe brachte, die dunkelstoffigen Gardinen zugezogen, sodaß kein neugieriges Auge in die geistige Werkstatt des Domherrn blicken konnte.

Diese Gardinen schlug Orna jetzt zurück, um auf den weiten Marktplatz hinauszusehen, auf dem es geräuschvolle Bewegung gab. Die Fensterreihen fast aller Häuser waren erleuchtet, denn der morgende Festtag hatte dem Städtchen Fremde in Menge zugeführt, die bei den gastfreien Bewohnern desselben Aufnahme fanden und, so gut es eben gehen wollte, untergebracht wurden. Die drei am Ringe gelegenen Gasthäuser waren überfüllt. Trotzdem begehrten noch immer neue Ankömmlinge Einlaß, und dies Begehr, das von Manchem ungestüm geäußert ward, gab Anlaß zu gleicher Erwiderung und zu lautem Wortwechsel.

Ein stiller, warmer Herbstabend war herabgesunken auf das weite Thal von Gablona, das eine muschelartig geformte Einsenkung in das Gebirge bildete. Der Himmel war durchsichtig klar, mit Sternen besäet. Am weißlich schimmernden Horizont gegen Norden hoben sich die kühn geschwungenen Linien des Gebirgs scharf ab. Der Domherr konnte von seinem Fenster aus jede einzelne Kuppe deutlich unterscheiden. Selbst die breite Verkehrsstraße, die in mannichfachen Krümmungen aus der Thalmulde die weit vorgeschobenen Hügel zum Engpaß hinaufstieg, glaubte er zu erkennen. Er war desselben Weges einmal gekommen, als er aus dem deutschen Norden zurückkehrte nach Frankreich. Damals war ihm seine Reiseroute vorge= schrieben, und diese führte ihn quer durch Böhmen.

Domherr Orna hatte damals nicht daran gedacht, daß er eines Tages als Oberhirte in einer Gegend leben werde, die ihrer landschaftlichen Reize wegen ihn mächtig anzog. Er sah darin eine Fügung der Vor= sehung, die ihn annehmen ließ, es möge sich gerade in dieser ihm unbekannten Welt ein Wirkungskreis er= schließen, der als befruchtender Segen zahllose Seelen beglücken könne.

Lebhafter denn je ergriff ihn gerade jetzt dieser Gedanke, als er auf das Treiben des Volkes dicht vor seiner Wohnung hinabsah. Das ganze Städtchen wim= melte von Wallfahrern, die morgen der Madonna auf dem Calvarienberge ihre Wünsche vortragen wollten. Dem lärmenden Gezänk folgte heiteres Lachen. Es gab nirgends mehr Raum, weder in Gast= noch in Privathäusern, mithin blieb für die noch immer wach= sende Ueberzahl nur ein Nachtlager im Freien übrig. Zu diesem trafen jetzt eine Menge rühriger Hände An= stalt. Man schleppte Tische, Bänke, Schemel herbei, schob sie mitten auf dem ungepflasterten Marktplatze zusammen und richtete solchergestalt eine gemeinsame Tafel her, an der sich männiglich gütlich that. Unter den gewölbten Vorbauen der Häuser, den sogenannten

Lauben, trafen inzwischen die Einwohner selbst Vor-
kehrungen für die Nacht, indem sie jeden Raum zu
Lagerstätten einrichteten, deren zuletzt sogar noch mehr
vorhanden waren, als man bedurfte.

Der Pfarrerwohnung schräg gegenüber, die Haupt-
fronte dem Markte oder Ringe zugelehrt, erhob sich die
Stadtkirche. Es war dieselbe ein umfangreiches Gebäude
von bedeutendem Alter. Eine gewaltige Kuppel, die in
ziemlicher Entfernung auf allen vom Gebirge herab-
führenden Wegen zu erkennen war, wölbte sich über
dem Schiff. Zu dieser Kirche hinüber schweiften jetzt
die Blicke des Domherrn; denn auch in der Nähe des
Kirchenportals lagerten Fremde, die ohne Zweifel die
Absicht hatten, die Nacht in dieser geschützten Ecke zuzubringen.

Die Thüren der Kirche waren bei Sonnenuntergang wie immer geschlossen worden. Das wußte
Domherr Orna. Um so mehr erstaunte er, als über
die Köpfe der am Boden hockenden Wallfahrer hinweg
sein Blick das Innere der ganzen Kirche in voller
Deutlichkeit überschaute. Er sah den Hochaltar mit dem
stillen Licht der ewigen Lampe; das vergoldete Schnitz-
werk und das mit Edelsteinen besetzte Kreuz am Ta-
bernakel standen vor seines Geistes Augen, als dürfe
er nur die Hand ausstrecken, um es zu öffnen. Was
ihm aber am meisten auffiel und ihn mit Schauern

der Furcht überrieſelte, war der zwiſchen zwei Sei=
tenaltären befindliche Beichtſtuhl. Vor dieſem ſah er
eine Frauengeſtalt in dunkler, ſeiner Gewandung
knieen. Ihr Haar bedeckte ein ſchwarzer Schleier,
der ſich auf der rechten Seite des Hauptes verſchoben
hatte, ſodaß faſt das ganze Profil des blaſſen Ant=
litzes. ſichtbar ward. Orna wäre eine Wette einge=
gangen, daß die Geſtalt ſich bewege, daß ſie jetzt die
gefalteten Hände erhebe, nun plötzlich emporſpringe,
im nächſten Augenblicke aber mit einem herzzerreißenden
Weheſchrei zu Boden ſinke!

Mit dieſem Aufſchrei verſchwand die ſonderbare
Viſion vor dem Ange des Domherrn, denn ein Phan=
taſiegebilde, das dem. erregten Gehirn des Geiſtlichen
entſtieg, hatte Orna offenbar getäuſcht. Er ſelbſt hielt
es dafür und legte kein Gewicht darauf, da ihm Aehn=
liches auch ſchon in ſeiner Jugend und im Seminar
begegnet war. Der laute, nur langſam verhallende
Schrei allein war keine Sinnentäuſchung. Es hatte
ihn wohl die Mehrzahl aller Fremden gehört, die
unter freiem Himmel tafelten und ſich lebhaft dabei
unterhielten, denn es trat plötzlich eine peinliche
Stille ein. Die zunächſt der Kirche Lagernden ſprangen
auf, einige von Angſt erfaßt, andere blos neugierig
um ſich ſchauend und aufhorchend. Die Beherzteſten
legten das Ohr an die verſchloſſene Kirchenpforte und

lauschten, ob der unerklärliche Jammerlaut, der sich einer geängsteten Frauenbrust entrungen zu haben schien, sich auch wiederholen werde.

Es blieb indessen still, so still, daß man jedes andere Geräusch nah und fern vernehmen und verfolgen konnte. Das dumpfe Rollen eines über holpriges Pflaster polternden Wagens machte sich zunächst bemerkbar und kam schnell näher. Nach einigen Sekunden schon war der Hufschlag der Pferde zu unterscheiden. Dann mußte der Wagen eine Wendung um eine Straßenecke machen, denn der Schall nahm eine veränderte Klangfarbe an. Nach abermals einigen Sekunden schlugen die Hufe der scharf trabenden Rosse auf klingendes Basaltpflaster, und gleich darauf rollte aus der Hauptstraße des Städtchens eine dicht verschlossene Kutsche, von zwei schönen Grauschimmeln gezogen, an den Tafelnden vorüber mitten über den Marktplatz, bog an der Kirche seitwärts ab in die nächste Gasse, die nach dem Schloßgarten führte, welcher hinter der Kirche ein kleines Herrenhaus umgab, das nur von einem die feinere Blumen- und Obstzucht verstehenden Gärtner bewohnt ward, welchen der Graf Serbelloni besoldete, zu dessen Besitzungen ein Theil Gablonas sowie jenes malerisch gelegene Schloß gehörte, dessen wir früher schon gedachten. Auf dem sandigen Seitenwege hinter der Kirche verlor sich das Geräusch des

fortrollenden Wagens schon nach wenigen Augen=
blicken.

Domherr Orna trat zurück vom Fenster und zog
die Gardinen wieder zu. Am Arbeitstische angekommen,
haftete sein Blick einige Zeit auf dem hohlen Crucifix,
das seine Reliquien barg, dann ließ er sich nieder
in seinen Arbeitsstuhl, griff wieder zur Feder und
zog die Geschichte der Heiligenlegenden heran.

„Sollten dem körperlichen Auge Ereignisse in
Bildern sichtbar werden, die erst die Zukunft zur Reife
bringt?" fragte er sich selbst, die unterbrochene Arbeit
wieder aufnehmend. „Ist dies der Fall, so ist das,
was wir Ahnung nennen und was unser Verstand in
das Gebiet des Aberglaubens verweisen möchte, kein
bloßer Wahn! Die Gestalt der knieenden Dame am
Beichtstuhle wird meiner Erinnerung stets eingeprägt
bleiben, und ich würde, träte sie dereinst in Wirk=
lichkeit vor mich hin, sie aus Tausenden heraus er=
kennen!"

Orna vertiefte sich mit Eifer in seine Arbeit.
Seine Feder glitt noch geräuschlos über das Papier,
als schon längst auch der letzte müde Wallfahrer auf
dem weiten Ringe sein schnell improvisirtes Nachtlager
aufgesucht hatte.

Zweites Kapitel.

Ein Gespräch Egbert's mit Rona.

Junker Egbert war heimisch geworden in der Skalhütte. Berthold Rona hatte ihn schon am Tage nach seiner Ankunft persönlich in die Glashütte, in die Lagerhäuser und Glasschleifereien geführt und überall belehrende Worte zu ihm gesprochen. Leider verstand Egbert nicht Alles, was der sehr unterrichtete Rona ihm mittheilte und durch Erklärungen deutlich zu machen suchte. Die meisten Gegenstände, um die es sich handelte, waren ihm völlig neu und er kam sich dem gewesenen Rabbi gegenüber recht klein, ja in einzelnen Momenten sogar recht erbärmlich vor.

Rona ließ sich nicht merken, daß die Unkenntniß seines jungen Gastes ihm kein Geheimniß sei. Er kannte die Menschen zu gut, um nicht zu wissen, daß sich Niemand gern auslachen läßt und daß auch der Wißbegierige schwerer zu belehren ist, wenn man ihm offen zu erkennen gibt, daß man ihn für einen Ignoranten

hält. Der Lebenszweck des Herrn der Skalhütte
war ein durchaus edler, wenn auch die Mittel, deren
er sich bediente, nicht die Billigung des wahren Philan=
thropen finden konnten.

In den Glasschleifereien fühlte sich Egbert dauernd
gefesselt. Er konnte sich nicht satt sehen an den
schimmernden Gemälden und Landschaften, welche der
schleifende Künstler aus freier Hand, als gäbe er
sich nur einem erheiternden Spiele mit Behagen hin,
dem durchsichtigen Krystall mittels des Schleifsteins
einprägte. Rona bemerkte dies und knüpfte daran seine
Bemerkungen.

„Diese Leute flößen mir einen großen Respect
ein", sprach er, den geflüchteten Studenten weiter
führend. „Es ist nicht eigentlich eine Kunst von hoher
Bedeutung, die sie ausüben, aber sie treiben, was sie
treiben, mit Eifer, mit Lust, mit ganzer Seele und —
ich darf es wohl sagen — auch mit ganzem Gemüthe.
Und darin liegt der Werth, den sie für mich sowohl
als Arbeiter wie als Menschen haben. Nur was der
Mensch ganz, mit Lust und Liebe ist, das ist er auch
wirklich, und das verleiht ihm das Recht, im Reiche
der Schöpfung seinen Platz nützlich auszufüllen. Lei=
der sind im Allgemeinen noch sehr wenige Menschen
zu dieser Erkenntniß ihrer Weltbestimmung gekommen,
obwohl kein einziger geboren wird, ohne den Keim

dieſer Beſtimmung zu empfangen. Das Leben iſt
ihm nur gegeben, damit er ihn entwickle, bilde, ver=
vollkommne, in höchſter Potenz, wenn er eben ſeine
Aufgabe ganz begreift und ſich von ihr begeiſtern läßt,
vollende. Der eigentliche Arbeiter mag dieſe Spitze
des Vollkommenwerdens in ſich ſelbſt und in der ihm
gewordenen irdiſchen Beſtimmung wohl häuſiger er=
klimmen, als Andere, die größere Zwecke verfolgen.
Niedriger geſtellt wird er meiner Anſicht nach da=
durch nicht. Die richtige Würdigung der Kräfte muß
deren Gebrauch vorangehen. Es iſt aber wieder Men=
ſchenart und Menſchenleichtſinn, ſich gern ſelbſt zu
überſchätzen und immer recht hoch hinaus zu wollen.
Das gibt dann nichts als Halbheiten, als verkommene
Subjecte, als infame Wühler und Unterwühler des
großen, herrlichen Tempelbaus, den wir Welt nennen!
Da ſehen Sie zum Beiſpiel unſere Gelehrten an! Wie
viele unter ihnen wiſſen denn, was ſie wollen. Und
wie wenige von denen, die überhaupt etwas wollen,
können auch etwas! Wohin man blickt, überall ſtößt
man auf Halbheiten. Die Halbheit aber iſt aller
Laſter, aller geiſtigen Verwilderung, aller moraliſchen
Vernichtung Anfang!"

Egbert hörte mit offenen Ohren. Rona's Aus=
laſſungen regten ihn an und gaben ſeinen Gedanken
Nahrung, die er nicht gekannt hatte, nur das Wohl=

thuende der Ueberzeugung blieb ihm fremd. Faſt alle Behauptungen Rona's boten angreifbare Punkte, wenn Egbert auch nicht der Mann war, dieſen Angriff zuerſt und allein zu unternehmen. Es waren Axiome, die er aufſtellte, Probleme, deren Löſung ſeinem eigenen Verſtande vielleicht einleuchtete, an denen ſich aber hundert Andere vergeblich müde arbeiten mochten.

„Wozu würden Sie greifen", fuhr er fort, als ſie aus den Schleifereien wieder ins Freie traten, „falls Sie einige Monate bei uns bleiben ſollten? Sie haben freilich auch ſtudirt, wie ich höre, und dünken ſich eben deshalb wahrſcheinlich erhaben über den gewöhnlichen arbeitenden Menſchentroß. Auf mich jedoch, Herr Egbert, macht dergleichen keinen Eindruck. Der Hochmuth, das Sichbeſſerdünken iſt nur ein über= tünchtes Barbarenthum, eine in Sammet und Seide gekleidete Beſtie, die zu ihrer eigenen niederträchtigen Beluſtigung Fratzen vor einem Spiegel ſchneidet, hinter welchem der Teufel Netze ſtrickt, um Seelen zu fan= gen! Müßiggänger dulde ich immer nur einige Tage, das heißt ſo lange, bis ſie ſich bei mir eingerichtet haben und ſo heimiſch geworden ſind, daß ſie eine Wahl treffen können. Dabei iſt bei mir Wechſel in der erwählten Beſchäftigung unbedingt geſtattet. Gerade die Klügſten vergreifen ſich am leichteſten,

während die weniger Begabten immer durch instincti=
ven Drang von Anfang an das Richtige treffen."

„Würden Sie mir vielleicht zunächst einen Theil
Ihrer Correspondenz anvertrauen?" erlaubte sich Egbert
zu fragen. „Ich schreibe eine leserliche Hand, weiß
mich schriftlich leicht und verständlich auszudrücken und
würde auf diese Weise wohl am ehesten mich Ihnen
nützlich machen können."

Das rothe Gesicht Rona's zuckte höhnisch lächelnd;
seine gewaltige Adlernase schien noch krummer und
länger zu werden.

„Da haben wir die sammtbürstige Tigerkatze,
genannt Hochmuth, die sich auf die Hinterpranken setzt
und sich wohlgefällig schmunzelnd die Vorderpfoten
leckt! Wissen Sie, Herr Egbert, wie Sie mir vor=
kommen?"

Der Junker fühlte sich durch Rona's schonungs=
lose Derbheit wirklich verletzt, ließ es sich aber nicht
merken.

„Ihre Gedanken zu errathen dürfte Wenigen ver=
gönnt sein", erwiderte er, „mir aber würde es zur
Belehrung dienen, wenn Sie in mir immer einen dank=
baren Schüler erblicken wollten."

„Sie kommen mir vor wie junges Mädchenvolk,
dem nichts über den Ausdruck ‚schönes Geschlecht‘
geht. Schönes Geschlecht! Lieber Gott, vergib ihnen

daß sie es wagen, nur ihre Angen zu Dir aufzu=
schlagen!"

„Noch verstehe ich Sie nicht," entgegnete Egbert.
„Was soll ich mit jungen Mädchen gemein haben?"

„Die Eitelkeit, sich selbst zu gefallen", versetzte
mit Schärfe der Herr der Skalhütte. „Bei unsern
Mädchen von heute geht diese Eitelkeit, besonders wenn
sie wohlhabende Aeltern haben, bis zum Extrem, ja —
wie ich nun einmal die Weltbestimmung des mit Ver=
nunft begabten Menschen auffasse — bis zur aus=
gesprochensten Sündhaftigkeit! Ist solch ein junges
Ding leidlich gut gewachsen, hat es ein zierliches Füß=
chen und ein schmales, weißes Händchen, drückte ihm
Gott ein Paar Augen, klar und durchsichtig wie Berg=
thau im ersten Strahl der Morgensonne, in die Stirn
und hüllte das ganze Gebilde in glatte, weiche Körper=
fülle, so meint es, die ganze Welt sei nur seinetwegen
geschaffen worden. Ich habe solche wie Göttinnen
bewunderte Mädchen in Menge kennen gelernt, die
mir in all ihrer körperlichen Schönheit Grauen er=
regten, weil sie eine fürchterliche Parodie auf die
Gottähnlichkeit des Menschen und auf dessen Welt=
bestimmung waren! Wozu hat der allgütige Schöpfer
den Menschen am Schluß seines Tagewerkes aus
Erde geformt und ihm Odem und eine lebendige
Seele eingehaucht? Doch wohl dazu, daß er — ein

Jünger des Weltenschöpfers — den Gedanken des
Schöpfers weiter denke und daß er Gott bei seinem
ewigen, also immer aufs neue wieder beginnenden
Tagewerke als treuer, sinniger Gehilfe, nicht blos als
gedankenloser Handlanger beistehe! Und nun sehen
Sie sich doch gefälligst diese modernen Huldinnen an!
Was sind sie, was stellen sie vor? Zu welchem
Zweck kamen sie in die Welt? Welche Ansicht haben
sie von ihrer eigenen Existenz, von ihrer Bestimmung?
Ich will es Ihnen sagen! Sie meinen, sich kör=
perlich pflegen, sich schön putzen, sich die Haare sein
striegeln und dann von dem starken Geschlecht mit
möglichst vieler Abwechselung feine und plumpe Schmei=
cheleien sich sagen und ohne Aufhören Huldigungen
darbringen zu lassen, zieme sich am meisten für sie und
entspräche ihrem Organismus. Leben heißt für diese
ungerathene Brut der modernen Civilisation essen,
trinken, schlafen, tanzen, lachen, mit einem Worte sich
vergnügen! Und doch hat der Schöpfer sie nur
ins Leben gerufen, daß sie treue Gefährtinnen seien
der Männer, denen Gott die Maurerkelle zum Weiter=
bau seiner unendlichen Geisterwohnung anvertraute!
Nun, Herr Egbert, ich bin ein Mann, der für schöne
Worte keinen Kreuzer Schein ausgibt. Wem ich
mit meiner ungeschminkten Wahrheitsliebe nicht gefalle,
der halte sich seitab von meinem Wege. Menschen

ohne wirklichen Lebenszweck, Menschen, die sich ihrer
Bestimmung aus purem Hochmuth und geistiger Träg=
heit gar nicht bewußt werden wollen, obwohl ihnen
Gott dazu Verstand in das Gewebe ihres Gehirns
eingenestelt hat, solche Menschen stehen für mich niedri=
ger unter den erschaffenen Wesen als der Wurm im
Fleisch eines Apfels! Hüten Sie sich, Herr Egbert,
daß sie nicht auch dieser Erbsünde der eitlen, gefall=
süchtigen, hochmüthigen, dem großen Zwecke Gottes
sich immer mehr abwendenden Kinder des Zeitlichen
anheimfallen! Es gibt nur ein Schutzmittel da=
gegen: ernste, an jedem Tage sich erneuernde Einkehr
in sich selbst und strenge Zucht des widerspenstigen,
voll unheiliger Gelüste sitzenden Herzens!"

Rona war bei dieser Darlegung seines eigensten
Gedankenlebens warm geworden, und Egbert fühlte
sich abermals kleiner werden. Es leuchtete ihm ein,
daß ein Manu mit solchen Ansichten von Welt und
Menschenbestimmung, mit solchen Ansprüchen an jedes
einzelne Individuum nicht leicht zufrieden zu stellen
sei, und ein Bangen ging zagend durch seine Seele.
Die höchsten Forderungen an den gottähnlichen Men=
schen machen, mag groß und erhaben sein, nur darf
alsdann die Milde und Liebe der Strenge nicht fehlen.
Es trat in Rona's Worten eine Härte und Lieblosig=
keit des auf die geistlose Strenge des Gesetzes basirten

Judaismus zu Tage, die Egbert nicht gefiel. Der
Feind aller Gesetzesvorschriften, die er mit Füßen zu
treten für Recht und Pflicht hielt, hatte den unergründ=
lichen Humanismus des Christenthums noch nicht in
sich aufgenommen. Der Rabbi war in Rona nicht
todt; er hatte sich nur den Bart abgeschoren und war
darüber eingeschlafen.

Diese Gedanken fuhren Egbert durch den Kopf,
während er seinem Gastfreunde zuhörte. Er war dabei
so unschlüssig geworden, daß er augenblicklich nicht
einmal einen Vorschlag zu machen hatte.

„Verfügen Sie über mich, Herr Rona", sagte er
gedrückt; „ich werde jedenfalls den Versuch machen, in
irgend einer bestimmten Thätigkeit es zur Meisterschaft
zu bringen."

„Das ist ein löblicher Vorsatz, der schon etwas
verspricht", erwiderte Rona. „Aller Anfang ist schwer,
sagt schon ein altes Sprichwort; indeß wer nur erst
anfängt, der macht ja bereits die erste Bewegung
zum Fortschritt. Ich will Ihnen gern behülflich sein,
aber beginnen Sie mit etwas Realem! Wie wäre
es, wenn Sie sich die Fertigkeit zu verschaffen suchten,
eben erkaltetes Glas zu prüfen? Für mein Geschäft
ist diese Kunst, die gar manche interessante Seite hat,
von Wichtigkeit, und Sie selbst würden schätzenswerthe
Kenntnisse dabei sammeln und dem Geiste der Natur

so tief in die geheimnißvollen Augen schauen, daß Sie ihn für Ihr ganzes Leben lieb gewännen. Im Kühlhause waren Sie noch nicht?"

Egbert verneinte ... Rona sah nach der Uhr.

„Wir haben gerade noch eine Stunde Zeit übrig", fuhr er fort, „die wir kaum besser anwenden können. Die neue Scudung, die mir gestern gemeldet wurde, kann noch kaum die Grenze erreicht haben, und während die Mauthner ihrer Pflicht vorschriftsmäßig obliegen, sind wir frei. Kommen Sie also mit in das Kühlhaus!"

Es war dies ein langes, niedriges Gebäude mit sehr großen, eigenthümlich construirten Heizungsapparaten, das unmittelbar an die Glashütte stieß und mit dieser durch einen kurzen, bedeckten Gang zusammenhing. Hierher führte Rona den jungen Edelmann. Schon beim Eintritt erstaunte Egbert über die ungeheuern Vorräthe von weißem und farbigem Glas und über die Mannichfaltigkeit der Formen, denen sein Blick begegnete.

Rona führte seinen Gast die Kühlvorrichtungen entlang, berührte da und dort mit einem stählernen Instrumente irgend ein Stück Glas und machte dabei seine Bemerkungen.

„Wie Sie bei der Prüfung zu verfahren haben, welche Regeln dabei zu beobachten sind, darüber gibt Ihnen ein von mir selbst entworfener Wegweiser ge-

nügende Anweisung", belehrte Rona den Erben von
Gampenstein. „Alles Uebrige thut Uebung und eigenes
Nachdenken. Die tüchtigsten Meister in allen Bran=
chen gewerblicher Thätigkeit, in Künsten und Wissen=
schaften waren immer Autodidakten. Der Mensch wird
nur vollkommen aus und durch sich selbst!" —

„Der Manu strotzt von Paradoxen", dachte Egbert,
mußte aber doch über das Gehörte nachdenken und
ward dabei immer eifriger in Betrachtung der ver=
schiedenen Glasarten, deren Eigenschaften und beson=
dere Vorzüge Rona ihm mit wenigen Worten zu
schildern versuchte.

„Wenn mein Vorschlag Sie anspricht, können
Sie gleich morgen Ihre Thätigkeit beginnen", erklärte
Rona nach Durchschreitung des langen Gebäudes.
„Meine Tochter versteht etwas davon, da sie mir oft
zur Hand ging. Sie mag heute den Wegweiser mit
Ihnen durchgehen und kann meinetwegen, hat sie sonst
keine wichtigen häuslichen Abhaltungen, was ich nicht
glaube, in den ersten Tagen Ihr Mentor sein.
Lena's Ohr ist so fein, daß sie die Schätzung der
Reinheit des Glases, dessen Haltbarkeit und Werth
trotz einem geschulten Kenner bei dem leisesten Tönen
zu beurtheilen weiß."

Dieses unerwartete Anerbieten Rona's nahm
Egbert schon jetzt für die neue Beschäftigung ein, die

er sich zu eigen machen und in welcher er als nützli=
ches Glied der menschlichen Gesellschaft sich — um
prosaisch zu sprechen — sein Brod verdienen sollte.
Die Paradoxen des sonderbar gearteten Herrn der
Skalhütte, die ihn momentan ängstigten, verloren
durch die Aussicht, mit Lena in engern Verkehr tre=
ten zu können, an Gewicht. Er dankte seinem Gast=
freunde recht vom Herzen, daß er ihm neue Wege
zeige, die er ohne Gefahr, sich zu verirren, wandeln
könne.

„Es wird Ihr Schade nicht sein, wenn Sie mich
anhören und später ruhig über das Gehörte nachden=
ken", sprach Rona, den warm empfundenen Händedruck
des jungen Edelmanns herzlich erwidernd. „Ich habe
triftige Gründe, mich etwas rar zu machen mit meiner
Person wie mit meinen Gedanken. Was ich ge=
worden bin, verdanke ich den zahllosen Beichten, die
ich mir selbst ablegte; was ich sage und von Andern
fordere, dictirt mir die Erfahrung. Menschen, die
viel erfahren, können von Herzen sehr edel und gut
sein, liebenswürdig wird man sie selten finden! Ich
selbst bin sehr unliebenswürdig, das weiß ich, ändern
jedoch kann ich mich nicht, weder äußerlich noch inner=
lich. Ich würde, zwänge ich mich dazu, nur ein
Heuchler werden vor mir selbst, vor den Menschen und
vor Gott. Und das sei ferne! Daß ich so bin,

wie Sie mich sehen, das hat mein unglücklicher Bruder zu verantworten!"

„Derselbe, dessen Portrait neben dem Ihrigen hängt?"

„Derselbe!"

Egbert mußte unwillkürlich tief Athem holen, wobei er einen leichten Seufzer nicht unterdrücken konnte.

„Wir kommen auf diesen unglücklichen Menschen, der gerade das Gegentheil von mir, das heißt geschmeidig, von angenehmem Aeußern und noch angenehmeren Ma= nieren, reich an großen Talenten und in hohem Grade liebenswürdig war, wohl noch einmal zurück", fuhr Rona fort, vor den Lagerhäusern stehen bleibend, an denen wieder ein paar Wagen vorfuhren. „Es wird das ganz von Ihrem Geschick und dem Eifer abhängen, den Sie in Ihrer neuen Thätigkeit an den Tag legen werden. Wer gerecht sein will, muß jeden Einzelnen so belohnen, wie er es verdient! Gäste lassen sich bekanntlich nicht bezahlen; man unterhält sie gut, wenn man ihre Verdienste in das rechte Licht stellen will. Unterhaltung für Geist und Herz ist für Gäste, die man schätzt und auszeichnen will, höchste Belohnung. Ihre Belohnung soll darin bestehen, daß ich Ihnen eine Geschichte aus dem Leben der Ronas erzählen werde. Adieu! Bei Tische sehen wir uns wieder.

Gehen Sie jetzt in die Küche und spalten Sie Holz!
Das Mädchen hat sich die rechte Hand verstaucht und
Lena kann, wie ich am Schall höre, nicht recht mit
dem Beile umgehen. Einem jungen, kräftigen Manne
steht das besser an."

Rona trat zu den Wagen, deren Führer, aus
kurzen Pfeifen Tabak rauchend, neben ihren Pferden
standen; Egbert ging in die Küche und spaltete mit
flinken Beilschlägen Holz für Lena.

Drittes Kapitel.

Im Kühlhause.

In der dritten Woche seines Aufenthalts bei Rona erhielt Egbert Nachricht von seinem Vater. Der Brief gelangte durch Moser's Vermittelung in die Hände des Junkers, obwohl der allbekannte Bote sich nicht persönlich in der Skalhütte sehen ließ.

Das Schreiben des Freiherrn von Gampenstein versetzte Egbert in große Aufregung. Rona überbrachte es ihm selbst, als er eben im Kühlhause mit Prüfung und Sichtung farblosen, hellklingenden Krystallglases beschäftigt war, während Lena das Aufzeichnen der von ihrem Gefährten erprobten und als tadellos bezeichneten Stücke besorgte.

„Sie haben keine guten Nachrichten erhalten", redete Lena den Junker an, als sie ihn träumerisch vor sich hinblicken sah und der Brief unbemerkt seinen Händen entglitt. „Steht die Sache, um derentwillen man Sie verfolgt, schlecht, oder hat man Ihren Versteck ermittelt und beabsichtigt, Sie aufzuheben?"

„Weiß ich's doch selber nicht!" versetzte Egbert, den Brief aufnehmend und auf einen der seitwärts über= einander geschichteten honiggelben Glaskuchen legend, die später in Tafelgeschirre umgebildet werden sollten. „Der Vater kanzelt mich, wie ich das nicht anders er= warten konnte, tüchtig ab, und ich mag eine derar= tige Zurechtweisung wohl verdient haben. Zu Herzen indeß nehme ich mir sie nicht. Jugend hat einmal nicht Tugend, und wer niemals einen dummen Streich machte, der wird's in großen Thaten auch nicht sehr weit bringen. Mich beunruhigt der Plan oder der Gedanke des Vaters und die Stimmung der Mutter, die nach den Andeutungen in diesem Schreiben eine verzweifelte sein muß. Denken Sie sich, beste Lena, meine Mutter hat sogar den Wunsch fallen lassen, sich vom Vater zu trennen und ihrer Sünden wegen in ein Kloster zu gehen!"

„Um Gott!" rief Lena und blickte den jungen Mann mit seelenvollem Ange theilnehmend an. „Eine Mutter — Ihre Mutter — ins Kloster gehen! Wie könnten Ihre Mutter Sünden drücken!"

„Gutes, liebes Kind!" erwiderte Egbert, die Hand des schönen Mädchens erfassend und heftig an seine Brust drückend. Dann ließ er sie schnell wieder los

und strich sich über Stirn und Augen. „Darüber,
gute Lena, habe ich keine Meinung und will auch gar
keine haben. Nicht einmal ernstlich über die Lage der
Mutter nachdenken mag ich, weil mir das von jeher
sehr peinlich war. Glücklich, zufrieden ist die Mutter
nicht. Das leuchtete mir schon ein, als ich noch Knabe
war und mir wohl erlaubte, sie manchmal nach
Knabenart etwas ungestüm zu liebkosen. Heiter, fröh=
lich, zu Scherzen aufgelegt, wie ich mir die Mutter
eigentlich wünschte, habe ich sie nie gesehen. Entwe=
der war sie stillbewegt und sanft, oder recht traurig.
Dann weinte sie gewöhnlich und vertiefte sich eifrig
in ihre Bücher, deren sie eine große Menge besitzt.
Was aber die Mutter so traurig, so verstimmt, so un=
ruhig in ihrem Herzen gemacht hat, konnte ich natür=
lich nicht in Erfahrung bringen. Ehedem muß sie
ganz anders gewesen sein; denn auf dem Bilde, das
sie als junges Mädchen darstellt, ist sie reizend, fast
so reizend, wie Sie, liebe Lena!"

Rona's Tochter senkte erröthend die langen, dun=
keln Wimpern.

„Wahrscheinlich hat Ihre gute Mutter einen recht
großen Verlust gehabt, den sie nie ganz verschmerzen
kann", wandte sie schüchtern ein, um doch etwas zu
sagen, „oder Sorgen und Bekümmernisse machen ihr
das Herz schwer."

„Wo sollten die herkommen, Herzenskind! Ge=
wöhnliche Sorgen können der Baronin von Gampen=
stein unmöglich die Freuden des Lebens trüben."

„Von Gampenstein!" wiederholte Lena und trat,
die Farbe wechselnd, ein paar Schritte von Egbert zu=
rück. Dieser erschrak ebenfalls, da er sich selbst so
unvorsichtig verrathen hatte.

„Verzeihen Sie meine unschickliche Dreistigkeit,
Herr Baron!" stotterte Lena, und ihre leuchten=
den, frommen Kinderaugen füllten sich mit Thränen.
„Ich konnte nicht wissen — O wie schmerzt und zuckt
es hier!"

Sie preßte ihre kleinen Hände gegen die linke
Brust und gleich schimmernden Perlen fielen einzelne
große Thränen von ihren Wimpern.

„Um Gottes willen, Lena, begehen Sie keine Thorheit
und machen Sie mich nicht unglücklich!" rief Egbert schnell
gefaßt und legte seinen Arm um die schlanke Taille des
jungen Mädchens. „Ihnen gegenüber bin ich Egbert, der
flüchtig gewordene Student, der keinen Ort hat, wo
er ruhig sein Haupt niederlegen kann, falls Ihr groß=
sinniger Vater mir die Gastfreundschaft aufkündigt!
Was hat der Baron von Gampenstein mit Ihnen und
der herzlichen Freundschaft zu thun, die Sie dem hei=
matlos gewordenen Egbert aus freiem Antriebe schenk=
ten? Bin ich ein Anderer, ein schlechterer Mensch

geworden, weil ich mit meinem vollen Namen Egbert
von Gampenstein heiße und vielleicht dereinst für
einen reichen Grundbesitzer gelten kann, dessen Wälder
und Jagdgründe einige tausend Morgen Land be=
decken?"

Lena hörte nur mit halbem Ohre. Die Ent=
deckung, daß Egbert von Geburt einem alten, bekann=
ten Freiherrengeschlecht angehöre, hatte sie zu sehr
überrascht, als daß sie sich sogleich in die neue Stel=
lung hätte hineindenken können, die ihr durch diese Kennt=
nißnahme angewiesen ward. Bisher hatte sie Egbert wie
ihresgleichen, wie einen lieben Bekannten, dem sie
volles Vertrauen schenkte, behandelt. Das mußte —
so glaubte Lena — jetzt aufhören. Einem Baroue
gegenüber mußte sie kühler, zurückhaltender, devoter auf=
treten. Was hätte es später für ein Gerede unter den
Leuten geben können, wenn es bekannt wurde, daß sie
Tag für Tag sich von dem Herrn von Gampenstein habe
spazieren führen lassen, ja daß sie mit ihm wie mit einem
ganz untergeordneten, im Dienste ihres Vaters stehen=
den Menschen gearbeitet, Glas ausgesucht und geprüft
hatte! Es war ihr schmerzlich, den vornehmen Herrn
vor sich stehen zu sehen in gewöhnlicher Arbeitstracht,
eine grobe Schürze um die Hüften gebunden.

„Im Kühlhause — unter diesen Glastafelstößen
dürfen Sie nicht wiederer scheinen, Herr Baron!" sprach

das eingeschüchterte Mädchen, bald roth, bald wieder
blaß werdend. „Der Vater muß etwas ausfindig machen, das sich beſſer für Sie ſchickt, oder Sie dürfen
nur ſpazieren gehen, ein wenig leſen oder auch muſi=
ciren. Mit dem Oberförſter des Grafen Serbelloni
auf die Jagd gehen, wäre vielleicht noch die angemeſ=
ſenſte Beſchäftigung für den Herrn Baron von Gam=
penſtein.“

Egbert mußte über Lena's naive Vorſchläge lä=
cheln, die ihr, wie er wohl bemerken konnte, nicht recht
aus dem Herzen kamen.

„Ueberlaſſen wir Alles dem lieben Gott oder
meinethalben auch dem Zufall, der es oft beſſer mit
uns vorhat, als wir wiſſen, ahnen und glauben“, er=
widerte Egbert. „Sie, gutes Mädchen, haben bisher
Antheil an mir genommen und mir als muſterhafte
Tochter Ihres trefflichen Vaters Freundlichkeiten er=
wieſen, für die ich Ihnen nicht genug danken kann.
Wünſchen Sie nun, daß es auch in Zukunft mir bei
Ihnen gefallen ſoll, ſo vergeſſen Sie mein übereiltes,
ohne jede Abſicht mir entfallenes Wort! Ja, gute
Lena, ich bin der einzige Sohn des Freiherrn von
Gampenſtein, das einzige Kind einer Mutter, deren
unheilbares Herzweh der einzige Kummer iſt, der
bisweilen einen dunkeln Nebel durch meine Seele
jagt! Ihnen aber, Lena, darf ich immer nur Egbert

bleiben, oder Sie laden die Schuld eines Unglücks auf sich, das Ihnen später Gewissensbisse verur= sachen könnte! Wollen Sie mich glücklich, zufrieden, heiter, harmlos wie bisher sehen?"

Lena schlug die großen, noch immer thränenfeuch= ten Augen zu dem Edelmanne auf und streckte ihm die Hand entgegen.

„Ich kann Ihnen nicht zuwider sein", lispelte leise die zuckende Lippe. „Gegen den Vater werde ich schweigen."

Egbert drückte schnell ein paar Küsse auf die Hand des schönen Mädchens.

„Und ich will vor Ihnen keine Geheimnisse mehr haben", sprach er in edelmüthiger Aufwallung, indem er Lena den Brief seines Vaters reichte.

Das Mädchen schüttelte den Kopf, daß die gläuzen= den dunkeln Locken ihre sanft gerötheten Wangen küßten.

„Es wäre indiscret", sagte sie. „Gerade dieser Brief ist gewiß nur für Sie allein geschrieben!"

„Ich will aber, daß Sie ihn lesen! Weigern Sie sich, so zeige ich meinem Vater an, wo ich weile, und dann —"

Lena hatte das Schreiben schon aufgenommen. Sie las es langsam durch und ward sichtlich da= von ergriffen. Zitternd, mit schwimmenden Augen, gab sie es an Egbert zurück.

„Was halten Sie davon?" fragte dieser. „Mein Vater scheint fest entschlossen gewesen zu sein, mich nach Paris zu schicken; nur die Einsprache der Mutter, die sich bis zu der ernsten Drohung steigerte, Schloß Gampenstein sogleich zu verlassen, hat ihn auch gegen mich etwas milder gestimmt. Ich soll bleiben, wo ich bin, wenn es mir da gefällt, heißt es weiter in seinem Briefe; für meine Bedürfnisse wird Moser immer sorgen, bis ich ungefährdet wieder in die Welt treten kann. Für diese Nachsicht bin ich dem Vater doppelt dankbar. Aber die Mutter, die Mutter! Was soll denn das heißen mit der Wallfahrt?"

Er sah abermals in das Schreiben und durchlas den betreffenden Passus.

„Richtig!" fuhr er fort; „da steht's mit kalten, klaren Worten! In Büßertracht, um von Niemand erkannt zu werden, will die leidende, ich fürchte, halb geisteskranke Mutter eine Wallfahrt zur schmerzens= reichen Madonna machen!"

„Zur schmerzensreichen Madonna?"

„So steht's geschrieben! Kennen Sie vielleicht diese mir völlig unbekannte Größe unter den trost= bringenden Marienbildern?"

Der rosige Schimmer, welcher bei dieser Frage Lena's anmuthige Züge überglänzte, vergeistigte ihr ganzes Antlitz und ließ es wie in einer Glorie erglühen.

„Es kann nur die schmerzensreiche Madonna in Gablona gemeint sein", sagte sie unter stärkerem Herz= klopfen. „Das Findungsfest derselben fällt in die ersten Tage des September. Dann wallfahrten viele fromme Leute nach dem schön gelegenen Städtchen, dessen Cal= varienberg am Abend des Festes reich - mit Lichtern und Fackeln illuminirt ist. In diesem Jahre wird die Wallfahrt von weit her besucht werden. Der junge Domherr. hat sich schnell viele Freunde erwor= ben. Und wer Bedenken trägt, sich der Wallfahrt zum Calvarienberge anzuschließen, der findet auch in Gablona selbst unterhaltende Zerstreuung. Unter der Stadtkirche befinden sich höchst interessante Grabgewölbe mit vielen, vielen Mumien —"

„Mit Mumien?"

„Mit Todten, wenn Sie wollen, die noch nicht in Staub und Asche zerfallen sind."

„Und diese pflegt man der Unterhaltung wegen am Feste der Madonna zu besuchen?"

„Ein Priester liest dann Messe in der unterirdi= schen Kapelle."

„Wohnten Sie einer solchen Messe schon bei?"

„Noch nicht, aber ich möchte es wohl."

Egbert stand auf, trat an das am äußersten Ende des Kühlhauses befindliche Fenster und blickte sinnend in die Gegend hinaus. Sein scharfes Auge entdeckte

alsbald zwischen den röthlich gefärbten Kronen zweier
alten Rothbuchen die Kuppelkirche von Gablona.

Nach einer Weile kehrte er zu Lena zurück, die
still ihren Gedanken nachhing und dabei unwillkürlich
manche Thräne vergoß.

„Wenn ich bestimmt voraussetzen könnte, daß mein
Herr Vater nicht plötzlich wieder einen andern Entschluß
faßte und die arme Mutter im Moment der Abreise
gewaltsam festhielte auf Schloß Gampenstein, würde ich
an diesem Muttergottesfeste Gablona ebenfalls besuchen",
sprach er in ungewöhnlich ernstem Tone. „Natürlich
würde ich in einer Verkleidung mich unter das Volk
mischen, die mich unkenntlich machte. Ich will beob=
achten, nicht beobachtet werden. Allein diesem Vorsatze
steht Mancherlei entgegen."

Egbert's Angen waren so feurig und herausfor=
dernd auf Lena gerichtet, daß diese die ihrigen wieder
scheu zu Boden senkte.

„Meine kleine Schutzheilige von der Skalhütte
müßte mir Gesellschaft leisten, und Herr Rona dürfte
als Dritter im Bunde nicht fehlen."

„Dann werden wir dem Feste schwerlich bei=
wohnen", sprach Lena, die sich immer aufs neue von
Egbert zurückzog, dem sie sich nicht mehr ebenbürtig
hielt. „Der Vater hat, solange ich denken kann, noch
nie eine Kirche betreten und hält alle Marienfeste für

überflüssig. Ich halte es für unmöglich, daß er sich bewegen läßt, Theil zu nehmen an einer Wallfahrt."

„Wer möchte Ihrem Vater so etwas zumuthen!" erwiderte Egbert. „Ich meines Theils wünsche das nicht einmal. Es ist aber doch etwas Anderes, in der Nähe einer Wallfahrt sich einige Stunden aufzuhalten, als sich persönlich daran zu betheiligen. Kirchliche Feste brauchen Andächtige, die ausschließlich der Anbetung wegen kommen, und Zuschauer, denen es mehr um eine nicht alltägliche Unterhaltung zu thun ist. Sollte Herr Rona nicht vielleicht in oder um Gablona irgend eine geschäftliche Angelegenheit zu regeln haben?"

„Das wäre möglich!" sagte Lena, den Erben von Gampenstein hoffnungsvoll anblickend. „Er steht seit kurzem in von ihm sehr geheim gehaltenen Unterhandlungen mit dem Grafen Serbelloni. Von einem persönlichen Verkehr mit diesem Herrn verspricht er sich, wie ich ihn unlängst äußern hörte, einen glücklichen Abschluß des eingeleiteten Geschäfts. Man müßte versuchen — ich meine nicht direct. Aber mir geht alles Talent für Winkelzüge ab. Und dann ist doch jede Täuschung auch Unrecht! Ich müßte mich vor mir selbst schämen und mich unedler Handlungen anklagen."

„Schuldlose, kindlich reine Seele!" rief Egbert und ergriff trotz allen Widerstrebens die Hand Lena's, um sie mit heißen Küssen zu bedecken. „Nein, auf diese

klare Engelstirn soll kein Tropfen irdischen Mehlthaus
fallen! Was Ihnen das Herz verbietet, dem jagen
Sie nicht nach! Ich würde mit Ihnen schelten,
wenn Sie es thäten! Herr Rona wird sich, hoffe
ich, zu einer Antwort herbeilassen, wenn ich Fragen an
ihn richte, aus denen er abnehmen kann, daß ich mich
für das Geschäft interessire. Die prachtvollen Kron=
leuchter aus geschliffenem Krystallglas, die er mir neu=
lich zeigte, werden mir dazu Veranlassung geben."

"Verbergen Sie den verrätherischen Brief!" unter=
brach ihn Lena ängstlich. "Ich höre den Vater auf
der andern Seite des Gebäudes. Mir dürfen Sie
vertrauen; ich werde verschwiegen sein und mich gegen
Niemand verrathen! Dankbar aber würde ich Ihnen
sein, solange ich lebe, wenn ich in Ihrer Begleitung
dem Feste in Gablona beiwohnen könnte. Es wäre
die erste Wallfahrt, die ich sähe, die ich auf Herz und
Geist wirken ließe. Und ich glaube, ein solcher An=
blick, die persönliche Theilnahme an einem solchen ge=
meinsamen Bittgange zu Gott würden mich besser machen."

"Lena!" rief die Stimme Rona's.

"Ich komme", antwortete die gehorsame Tochter,
einen Blick heimlichen Einverständnisses Egbert im Fort=
gehen zuwerfend.

"Ich will Bramane werden, wenn je kindliche
Unschuld und weibliche Anmuth in schönerer Vereinigung

auf Erden wandelten", murmelte er und zerknit=
terte das Schreiben seines Vaters, es in die enge
Tasche seines Arbeitskittels steckend. „Wäre die Welt
voll solcher Geschöpfe, dann würde sie früh genug von
einer sündenlosen Gemeinde verklärter Heiliger bevölkert
sein! Aber Kutten und Wallfahrtsfeste zu gemalten
Heiligenbildern sorgen schon dafür, daß die Geschichte
vom Sündenfalle immer wieder neu aufgelegt wird,
damit es Gott im Himmel nicht zu wohl und seinem
satanischen Widerpart in der Hölle nicht zu langweilig
werde!"

Viertes Kapitel.

Ein Blick in Rona's Seele.

Berthold Rona fand an seinem Gaste von Tage zu Tage mehr Gefallen. Die Thätigkeit Egbert's hatte seinen ganzen Beifall; die geistige Frische des jungen Mannes, die nicht selten in übermüthigen Humor umschlug, erheiterte ihn, und da Egbert, wenn auch nur bruchstückweise, sich eine Menge verschiedenartiger Kenntnisse gesammelt hatte, dabei rasche Fassungskraft und scharfes Urtheil besaß, so war eine Unterhaltung mit ihm für Rona Genuß.

Einige Tage nach dem Empfang des freiherrlichen Briefes, nach dessen Inhalt der Besitzer der Skalhütte sich mit keinem Worte erkundigte, lud Rona den Jüngling ein, das kleinste der Lagerhäuser mit ihm zu betreten. Bisher war dasselbe stets verschlossen gewesen.

„Ich will Ihnen meine Geheimniederlage zeigen", sagte er mit verschmitztem Lächeln, dem eine gute

Dosis Schadenfreude beigemischt war. „Da wir hof=
fentlich noch einige Monate mit einander leben werden,
haben Sie ein Recht, von mir zu verlangen, daß ich
mich Ihnen ganz so zeige, wie ich bin. Sie wissen
bereits, daß es meinem Charakter wie meiner Ueber=
zeugung zuwider ist, das große Horn, in das alle
Welt stößt, mit zu blasen. Was die Menge thut,
mag dem Zeitgeiste genehm sein, das geb' ich zu; daß
aber edel, nachahmenswerth und dem Besten der Mensch=
heit förderlich sei, was dieser Hanswurst Zeitgeist for=
dert, das bestreite ich. Meine Huldigungen lege ich
ihm daher nicht zu Füßen; zugleich aber hüte ich mich
auch, mit ihm einen Faust= oder Ringkampf einzugehen.
Man könnte sich dabei eine Hüfte verrenken, wie
Jakob, als er träumend mit dem Engel des Herrn
rang. Dergleichen muß man zu vermeiden suchen,
sintemal klarer Verstand und gesunde Gliedmaßen die
besten Waffen sind gegen die Peitschenschläge, mit
denen der Zeitgeist immer freigebig zu sein pflegt.“

Rona öffnete die schwere, eisenbeschlagene Thür
des zweistöckigen Hauses, dessen Fenster mit einfachen
Schindeljalousien geschlossen waren, und führte Egbert
in einen fast ganz dunkeln Raum, in welchem ein
eleganter Wiener Wagen neuester Façon stand, der
vor nicht langer Zeit erst ganz neu gemalt und lackirt
worden sein mußte, denn der ganze Raum war von

frischem Farbengeruch erfüllt. Um mehr Licht einzulassen, öffnete Rona eine der Jalousien zur Hälfte.

„Dieser Raum", fuhr er mit wahrhaft spitzbübischem Lächeln fort, „ist mein Raritätenkabinet, mein Museum, wenn Sie wollen, obwohl die Musen nicht das Geringste damit zu schaffen haben. Es enthält lauter geschmuggelte Waaren."

Egbert machte ein bedenkliches Gesicht, was Rona zu recht herzlichem Lachen brachte.

„Nun, entsetzen Sie sich nur nicht, junger, unerfahrener Freund", nahm er abermals das Wort. „Schmuggeln hat nichts gemein mit Stehlen. Wer schmuggelt, schlägt nur dem Gesetz ein Schnippchen; und wer dies thut bei Gesetzen, deren Unmoralität sich nachweisen läßt, verdiente eine Prämie oder einen Orden, obgleich beide Auszeichnungen für Gesetzesübertretungen niemals verliehen werden, ausgenommen, es findet sich dafür eine Form, welche den Gesetzgebern gefällt, die unter Umständen alle Gesetze auf die gewissenloseste Weise selbst brechen."

Rona öffnete den Deckel einer schmalen Kiste, die mit äußerst feinem Gewebe bis an den Rand angefüllt war.

„Das sind Spitzen aus dem Erzgebirge", sagte er, ein Stück herausnehmend und es gegen das Licht haltend, „das Product kraftloser Mädchen- und Frauen-

hände, die bei trüb brennendem Talglicht sich die Ruhe
der Nacht nicht gönnen, um so kunstvolle Arbeiten
herzustellen. Die armen, bedauernswerthen Unglück=
lichen hungern, während die abgemagerten, fast durch=
sichtigen Finger rastlos die Klöppel links und rechts
um die hundert und aber hundert Nadelköpfe werfen
und der ebenfalls darbende Gatte und Vater im Schooß
der Erde nach Gold und Silber schürft und dabei
dem grimmen Erdgeiste so lange in die metallkalten
Augen sicht, bis das Gehirn ihm unter der Bergkappe
gefriert oder ein schlagendes Wetter ihn lähmt, blen=
det, zerreißt! Diese Thränen= und Jammerarbeit
lockt Thränen der Freude in die entzückten Augen ge=
rade solcher Damen und Jüngferchen, wie ich sie Ihnen
neulich gesprächsweise vorführte. Sie lechzen nach
dem Besitz dieser Kostbarkeiten und opfern wohl den
Juwel der eigenen reinen Seele für deren Erwerb.
Jetzt gehört dieser Schatz mir. Ich habe das dop=
pelte Arbeitslohn dafür bezahlt, die Steuer aber,
welche der Staat von eingeführten Spitzen erhebt,
zahlte ich nicht. Durch meine Vertrauten ließ ich
sie frei durch die Mauth gehen, versteht sich nicht offen,
sondern heimlich. Solche Geschäfte machen mir Ver=
gnügen und erquicken mein Herz. Ich werde jetzt
diese Spitzen vielleicht für den doppelten Preis unter
der Hand verkaufen, wodurch sie dem Abnehmer nicht

höher zu stehen kommen, als wenn ich die Steuer des
Staates darauf schlüge. Für diesen zweiten Verdienst schaffe ich den fleißigen Spitzenklöpplerinnen im
Gebirge frische Luft, neuen Lebensmuth, gesunde Nahrung und kürze ihnen die Arbeitszeit ab, damit sie
sich auch einmal eine Erholung unter Gottes freiem
Himmel gönnen können. Das, mein' ich, ist auch
Gottesdienst und gefällt dem Schöpfer und Erhalter
der Welt am Ende besser als die Feier der langen
Nacht und schön eingerichtete Wallfahrten zu Bildern,
von Menschenhänden gemacht! Lena sagte mir, Sie
seien Katholik; haben Sie als solcher auch schon gewallfahrtet?"

Egbert verneinte. Zu weiterer Erwiderung gebrach
es ihm an Sammlung, denn die Gestalt Berthold
Rona's von Skal erschien ihm von einem verklärenden
Licht umflossen, das sich freilich durch die gebrochenen
Sonnenstrahlen, welche durch die Spalten der Jalousien zitterten und Milliarden Staubatome vergoldeten,
ganz natürlich erklärte.

„Es bietet sich dazu demnächst Gelegenheit", fuhr
Rona fort und führte seinen Gast zu dem eleganten
Wiener Wagen. „Meine Tochter quält mich schon
lange, sie doch eine Festlichkeit mit anschauen und mit
durchgenießen zu lassen, nach welcher insbesondere junge
glaubensbedürftige Mädchen Verlangen tragen. Noch

habe ich dem lieben, frommen Kinde keine bindende
Zusage gegeben, weil ich in religiösen Angelegenheiten
nicht im voraus Herr meiner oft wechselnden Stim=
mungen bin, es ist jedoch wahrscheinlich, daß ich
ihr diesmal den Willen thue. In diesem Falle würde
ich Sie einladen, uns Gesellschaft zu leisten. Ich
selbst würde nicht immer um Lena sein können,
denn ich würde diesen Ausflug zur Abmachung eines
lucrativen Geschäfts benutzen. Sie kennen ja das
Wort des klugen Shylock: ,Gewinn ist Segen, wenn
man ihn nicht stiehlt!' Und ein Tropfen Shylock'schen
Blutes pulsirt in den Adern auch der frömmsten Nach=
kommen Abraham's, selbst wenn das Wasser der hei=
ligen Taufe ihren Scheitel benetzt hat. Der alte
Adam der Gewinnsucht ist keinem von jüdischen Aeltern
geborenen Sterblichen ganz auszutreiben."

. Ein unheimliches Zucken lief über das unschöne
Gesicht Rona's. Egbert konnte sich keine Rechenschaft
darüber ablegen, ob der schwer zu ergründende Mann,
der ihm vor wenigen Minuten den Eindruck eines
bewundernswerthen Charakters gemacht hatte, sich selbst
nur verspotten oder ob er eine bittere Wahrheit aus=
sprechen wolle, die ihn an die Unvollkommenheit alles
Irdischen mahne.

„Sie könnten mir keine größere Freude machen",
sagte Egbert, da er gewahrte, daß Rona auf eine

Antwort warte. „Ihre Tochter hat mir so viel erzählt von dem neuen Pfarrer.“

„Von dem Wundermanne!“ unterbrach ihn der Herr der Skalhütte. „Ich hätt’ es mir denken kön=nen! Das Weibervolk, hör’ ich, ist ganz vernarrt in den schönen Mann mit dem Apostelkopfe und den schwärmerischen Prophetenaugen, sage ich, in den seltenen Priester, behauptet die Welt, die gern allen Dingen ein zierliches Mäntelchen umhängt. Nun, mein lieber, junger Freund, über solche kleine Schwächen verliere ich kein Wort. Sie müssen den Menschen anhaften, sonst würden sie seelenlosen Ma=schinen gleichen. Die Schwäche macht das Indivi=duum bildungsfähig, weil sie die Wünschelruthe ist, die ihm zeigt, wo der Schatz seiner Stärke verborgen liegt. Ueber Ihre Zeit sollen Sie ganz nach Belieben zu verfügen haben, wenn Sie mir nur versprechen wollen, meiner Tochter, die jedenfalls sehr vertieft in Gebete sein wird, denn sie ist von Herzen fromm und frommgläubig, aus Ueberzeugung, ein treuer Ritter zu sein.“

„Darauf dürfen Sie sich verlassen, Herr Rona!“

„Ich glaube es und bin deshalb ohne Sorgen. Doch um wieder auf das geschäftliche Thema zu kom=men, das mir persönlich ungleich mehr am Herzen liegt als das alte Madonnenbild und die Wallfahrt zu ihm, so gibt mir dasselbe vielleicht Gelegenheit, ebenfalls die Bekanntschaft des vielgepriesenen Pfarrers zu machen."

„Das wäre ja vortrefflich!"

„Wer weiß! Ich habe selten Glück mit neuen Bekanntschaften. Doch das sind Nebensachen, auf die ich bei meinen Plänen kein Gewicht legen darf. Die Frau Gräfin ist bigott, aber eitel; man nennt sie eine Schönheit. Das sonnige Spanien soll ihre Heimat sein. Es ist die zweite Frau des Grafen, den das Alter bequem gemacht hat, ohne die Quelle der Lebenslust in ihm zu verstopfen. Aus Liebe zu seiner jungen, schönen Gemahlin sieht er in seinem Schlosse, wo er den Winter zubringen will, häufig Gesellschaft. Da soll es nun nicht blos lustig, sondern auch glänzend zugehen. Die bigotte, eitle Gräfin, gewöhnt an die zaubervollen Märchennächte Granadas, wo ihre Wiege stand, will offenbar brilliren. Bei Kerzenlicht kleidet südlich blasse Schönheiten mit schwarzem Haar nichts verführerischer als Spitzen und Diamanten. An letztern ist die Gräfin reich, erstere soll ich ihr schaffen. Ich besitze jetzt, was die schöne Dame entzücken wird, und um sicher zu gehen, habe ich den ganzen Reichthum, den mir der alte Graf theuer bezahlen soll, in den Polstern dieses meines Wagens untergebracht."

Egbert konnte nicht umhin, seine Hand tastend über die weichen Kissen gleiten zu lassen.

„Es kann Niemand errathen, auf welch theuern Polstern wir uns schaukeln", fuhr Rona pfiffig lächelnd fort. „Die Welt will betrogen, sinnlose, unmoralische Gesetze wollen übertreten sein. Ich erlaube mir Beides mit freudigem Herzen, um mit dem Vortheil, den ich davon habe, meine zahlreichen Armen, an welche die leichtfertige Welt nicht denkt, zu erhalten. Wahrscheinlich bleiben wir über Nacht in Gablona. In diesem Falle werden wir uns nicht langweilen. Des Grafen Serbelloni Haushofmeister erwartet mich in der Eremitage, einem kleinen Gartenpalais, zunächst der Stadtkirche gelegen. Der Mann ist weltklug, umgänglich und — im geschäftlichen Sinne — tractabel. Sie werden verstehen, was ich damit sagen will, Herr Egbert! Dort werden wir übernachten, und während wir uns bei gutem Brod und Wein, wie ich vermuthe, zugleich mit dem hochwürdigen Herrn Pfarrer gütlich thun, besorgen die Leute des Grafen die Ausleerung der Wagenkissen und deren Füllung mit andern, weniger kostbaren Stoffen. Geht Alles nach Wunsch, so mache ich ein gutes Geschäft, wie ich es gern habe. Ich trete das Gesetz jubelnd mit Füßen und träufle Gottesfrieden in hundert wunde Herzen. Fehle ich dabei, so wird Gott die Schwäche,

aus der ich fehle, in seiner Gnade mir wohl als Stärke an=
rechnen und nicht allzu streng mit mir ins Gericht gehen."

Rona wandte sich zum Gehen. Egbert mußte
abermals mit scheuer Bewunderung den Mann be=
trachten, der auf so ganz eigenthümliche Weise die
Welt verachtete, die Menschen und ihr Treiben schonungs=
los kritisirte, sich selbst für ein höchst unvollkom=
menes Wesen hielt und dabei doch, soweit seine Mittel
reichten, ohne alle Ostentation die Vorsehung spielte.

Vor dem Lagerhause, dessen Thür Rona wieder
fest verschloß, drückte er Egbert freundlich die Hand.

„Sie haben Zeit, meinen Vorschlag in reifliche
Erwägung zu ziehen", sprach er, sich von seinem Gaste
verabschiedend. „Das erwähnte Fest fällt in die ersten
Tage des September. Um die Vergünstigung aber bitte
ich, daß Sie mir einige Tage vorher Anzeige machen,
was Sie beschlossen haben; denn ich finde es schicklich,
uns in der Eremitage anzumelden. Man kann
nicht wissen, ob die frommgläubige Gräfin nicht
einige Zimmer auch für sich und ihre Begleitung in
Anspruch nimmt, falls sie der Wallfahrt beizuwohnen
gesonnen sein sollte."

Freundlicher denn je nickte Rona dem jungen
Edelmanne zu. Egbert klopfte das Herz voll Erwar=
tung, als er zurückging ins Kühlhaus, um hier seine
Beschäftigung wieder aufzunehmen.

Fünftes Kapitel.

Auf dem Calvarienberge.

Tiefes Dunkel lag noch auf Wald und Flur, als Rona mit seiner Tochter und Egbert von Gampenstein den mit so kostbarem Futter gepolsterten Wagen bestieg. Egbert hatte die Tracht eines Gebirgsbauers angelegt, um nicht erkannt zu werden. Er gestand Rona diesen Grund seiner Verkleidung ohne Umschweife, und dieser spendete ihm Beifall. Lena war ungewöhnlich erregt, fühlte sich aber überirdisch glücklich. Von den besondern Absichten ihres Vaters wußte sie nichts.

Der Wagen fuhr bergan durch den Wald auf der Seitenstraße, die am obersten Kamm des Gebirges von der Chaussee abzweigte und die Egbert schon am ersten Tage seines Aufenthalts in der Skalhütte bemerkt hatte.

Die obere Luft war hell, in durchsichtiger Klarheit schimmerten die Sterne am wolkenlosen Himmel. In den tiefer gelegenen Schluchten und Gründen lag weißer, dampfender Nebel, den an manchen Stellen der scharf über das Gebirge streifende Nordwind zerriß. Beim Austritt aus dem schützenden Walde zeigten sich die der Luft am meisten ausgesetzten Bergränder mit funkelndem Reif bestreut.

Es war noch sehr still, als Rona's Wagen die Mauth passirte, von wo aus die Straße in vielfachen Windungen, zwischen prächtigen Waldhügeln und Hopfengärten, in die Ebene von Gablona hinabstieg. Rona, der eine alte Pelzkappe halb über sein Gesicht gestülpt hatte, lachte den Mauthbeamten aus, der mit der Frage; ob die Herrschaft steuerbare Sachen bei sich habe, an den Wagenschlag trat. „Heute nicht, Herr Klepper", lautete die Antwort Rona's, indem er grüßend die Mütze zog und dem Beamten sein wohlbekanntes Gesicht zeigte. Dieser wünschte glückliche Reise und trat dankend zurück.

Ein Pachter der Mauth konnte ja unmöglich diese umgehen wollen.

„Den Hänsen Nasen drehen, weil sie vor lauter Klugheit dumm, vor lauter Scharfsicht staarblind sind, ist ein Hauptvergnügen für mich!" sprach Rona, sich die Hände reibend. „Ich hoffe mir dasselbe noch recht oft verschaffen zu können, wenn ich am Leben bleibe. Wär' es möglich, so wünschte ich, Sie, Herr Egbert, würden einst mein Nachfolger und setzten das Geschäft fort. Anlage dazu haben Sie, wenn Sie auch noch nicht genügend ausgebildet ist."

Das noch immer herrschende Dunkel ließ Rona die Röthe nicht erkennen, die bei diesen Worten auf dem Antlitze des Junkers flammte. Lena zog den Schleier dichter um die Wangen und hustete.

Die Luft ward unangenehm kühl, je mehr der schnell rollende Wagen sich der Thalebene näherte, denn die Reisenden mußten eine breite, feuchte Wolkenschicht passiren, die gleich einem Riesenmantel von den Schultern der Berge herab in das Thal hing. Erst am Fuße der Berge zerflatterte die kalte Dunsthülle und mildere Lüfte durchfluteten die reich angebaute Gegend.

Der Morgen dämmerte und tauchte die höchsten Kuppen des Gebirges in fließendes Gold. Leichtfüßig, überall hin Licht und Leben verbreitend, stieg der junge Tag von Berg zu Thal und löste die Traumbinde von der schlummernden Creatur. Ehe die Reisenden es ahnten, summte schon das Geräusch des Tages auf jedem Bauernhofe, an dem sie vorüberfuhren. Aber auch der Festtag, der gefeiert werden sollte, machte sich alsbald bemerkbar. Geputzte Menschen schritten die Straße entlang, sammelten sich in Gruppen und vereinigten sich mit andern Zuzügen aus seitwärts gelegenen Ortschaften, die durch Wiesen und Felder der Chaussee zuschritten. Fast ausnahmslos grüßten die Fußgänger die Insassen des eleganten Wagens, der nicht weniger Aufsehen machte als die stattlich aufgeschirrten beiden Füchse, die ihn zogen.

„Wir kommen zu früh", meinte Rona, als jetzt die kleine offene Landschaft, überragt von dem imposanten Bau der Kuppelkirche, im vollen Licht der Morgensonne vor ihnen lag. „Das Fest wird eben erst eingeläutet. Dann gibt es zunächst, wenn ich nicht irre, Hochamt in der Kirche, worauf die Procession sich ordnet. Ehe diese aber die Kapelle auf dem Calvarienberge erreicht, kommt die zehnte Stunde des Vormittags heran. Um so besser! Wir brauchen uns nicht zu übereilen; Euch beiden würde ich rathen, vorauszugehen, um unmittelbar am Eingange zur Kapelle die Procession ankommen und die Geistlichkeit eintreten zu sehen. Ihr könnt dann gleich den Wundermann ins Auge fassen, vielleicht auch einen flüchtigen Blick in sein priesterliches Herz thun. Ich werde inzwischen auf weltliche Weise für das Himmelreich sorgen. Nach Beendigung des Festgottesdienstes erwarte ich Euch in der Eremitage. Der naturgemäße, gesunde Appetit der Creatur, den weder Gebet noch Weihrauch zu stillen pflegen, wird Euch der Welt alsdann wohl vollkommen wiedergegeben haben. Ich bin neugierig, von Euch zu erfahren, welchen Eindruck Ihr von dieser ersten Wallfahrt mit nach Hause nehmen werdet."

Lena schmerzten diese Aeußerungen ihres Vaters,
obwohl Rona nichts ironisch Verletzendes in seinen
Ton legte. Sie heftete mit Andacht ihre Blicke auf
die Kuppel der Kirche und wendete sie von dieser unter
bangem Herzklopfen dem Calvarienberge zu, dessen weiße,
von der Sonne beschienene Stationen kurz vor der
Einfahrt in die Stadt den Reisenden zu Gesicht kamen.
Der Aufstieg zum Berge war mit zahlreichen Menschen=
gruppen besetzt, indeß blieb, wie es von fern den An=
schein hatte, noch Platz für viele Hunderte, vielleicht
sogar für Tausende, wenn Wallfahrer und Zuschauer
sich nicht zu sehr auf einem einzelnen Punkte zusammen=
drängten.

Auf dem Ringe des Städtchens wogte eine bunt
bewegte Menschenmenge durcheinander. Der Kutscher
war genöthigt, Schritt zu fahren, um Niemand zu schä=
digen. Die Pforten zur Kirche standen weit offen. Ein
flüchtiger Blick, den Lena in das Heiligthum warf,
enthüllte ihr den Hochaltar, auf welchem ein Kirchen=
diener eben die Kerzen anzündete. Vor dem Altare,
mehr gegen die Mitte der Kirche, lagen bäuerisch ge=
kleidete Frauen und Männer auf den Knieen.

Nicht weniger aufmerksam auf die ihm neue Um=
gebung war Egbert, obwohl ihn ganz andere Gedanken
beschäftigten. Er suchte mit ängstlichen Blicken in der
herüber und hinüber flutenden Menschenwoge seine Mutter.

Was er beginnen sollte, falls er sie entdeckte, das wußte Egbert nicht. Ihm mußte der Zufall zu Hülfe kommen, damit er ihn abhalte, etwas Unzweckmäßiges, Aufsehen Erregendes zu thun.

Der Wagen bog um die Kirche und lenkte in den Sandweg ein, welcher zu dem kleinen Gartenpalais des Grafen Serbelloni führte. Als er vor dem eisernen Gitterthore hielt, dessen pfeilartig geformte Spitzen vergoldet waren, begann das Geläut der Glocken von neuem. Es war das Zeichen, daß die Vorfeier des Festes in der Kirche des heiligen Nepomuk ihren Anfang nehme.

In der Eremitage gewahrte man noch kein Leben. Die grünen Jalousien vor den Fenstern waren geschlossen, der fahlgraue, breite Sandweg, der nach dem aufgetreppten Eingange geleitete, vor dem ein paar übel gerathene Sandsteinfiguren Wache hielten, welche Ceres und Pomona vorstellen sollten, zeigte nicht den leisesten Abdruck einer Fußspur. Er mußte entweder gestern spät abends oder erst vor kurzem frisch geharkt worden sein.

„Wartet!" sprach Berthold Rona und öffnete den Wagenschlag. „Der Graf und sein Haushofmeister sind mehr heidnisch als christlich gesinnt; beiden verursacht das heutige Fest kein Herzklopfen. Der Obergärtner aber, ein Mann von Verstand, hält's mit der

Natur, deren Wunder ihn mehr entzücken und erheben als eine Wallfahrt dort hinauf zur Kapelle. Ich will revidiren, ehe ich in Gesellschaft anklopfe."

Lena schlug, während ihr Vater der Eremitage zuschritt, den Schleier zurück und sah mit ihren großen, sanften Augen den ihr gegenüber sitzenden Junker fragend an.

„Wie kommen Sie sich vor in dieser Umgebung?" sprach sie. „Ist nicht Alles ganz sonderbar und höchst feierlich? Mir erscheint Alles wie geweiht und mein Herz klopft immer lauter."

„Das macht die Erwartung", erwiderte Egbert, der Lena's Gefühle nicht theilte. Ihm klopfte allerdings auch das Herz, aber nur vor Angst, seine unglückliche Mutter möge plötzlich vor ihm stehen. Eine solche Begegnung fürchtete er, obwohl sein Herz danach verlangte und er eigentlich Gablona nur in der Hoffnung besuchte, die Mutter zu finden.

Rona wollte eben die breite Flügelthür der Eremitage öffnen, als eine kleine, sehr wohl beleibte, dabei aber merkwürdig bewegliche Frau ihm entgegen trat und ihn mit ungezählten Knixen begrüßte. Es war Libby, die Frau des Obergärtners, bekannt als ausgezeichnete Köchin und stolz auf ihre culinarischen Kenntnisse und den Ruf, dessen sie sich erfreute.

„Ach, Herr Rona von Slal!" sagte Libby mit

ihrem submiffesten Lächeln, die hellbraunen Locken, die
in reicher Fülle ihr rundes Gesicht umtanzten, wie eine
Mähne schüttelnd. „Sehr obligirt! Wir haben Sie
schon gestern erwartet. Bitte, haben Sie die Gewogen=
heit, näher zu treten! Es ist Alles vorbereitet, das
Frühstück aufgetragen. Müssen freilich mit Fastenspeise
vorlieb nehmen, Herr Rona von Slal, aber ich bin
so glücklich, mit vortrefflicher Fastenspeise aufwarten zu
können. Delicate Forellen, Rahmstrudel mit Limonen=
crême, zum Schluß frische Tallen mit echtem Parmesan=
käse — ein Geschenk seiner Excellenz des Herrn
Grafen.“

Während dieser Rede Liddy’s, die das glücklichste
Funkeln ihrer blauen, stark vorstehenden Augen würzte,
machte sie einen Knix über den andern, den Rona
allemal mit einem schlecht gelungenen Complimente er=
widerte, durch Blick und Handbewegung andeutend, daß
er ihr zu folgen bereit sei.

„Nein, Herr von Slal, nicht um ein Fürsten=
thum!“ fuhr die hartnäckig höfliche, runde Dame fort.
„Ich verstehe mich auf Anstand und seine Sitte. Nach
Ihnen, Herr von Slal, nach Ihnen! Man verkehrt
nicht umsonst zwanzig Jahre lang mit Grafen und
Fürsten, man hat sein Gutes davon! Ich bin so glück=
lich gewesen, Marquis, Herzogen und sogar einem
Kardinal mit feuerrothen Strümpfen und einem sehr

hübſchen — ich kann ſagen — einem ſchmackhaften
Munde zu höchſter Zufriedenheit·aufwarten zu dürfen.‟

Rona mußte der Unwiderſtehlichen nachgeben und
zuerſt in das einfach, aber geſchmackvoll decorirte
Empfangszimmer treten, das eine Anzahl Gypsbüſten
ſchmückten, die auf Conſolen zwiſchen den Fenſterbogen
angebracht waren.

„Erwarten Sie viel Beſuch, Madame, oder iſt der
erwartete ſchon eingetroffen?‟

„Geweſen, Herr·von Skal, und wieder auf und
davon! Noch·vor Sonnenaufgang und ohne Frühſtück!
Können Sie’s faſſen, ohne Frühſtück! Und noch
dazu eine ſehr, ſehr zarte Dame! Mir durchaus
nicht capabel! Aber ich habe meine eigenen Gedanken! Angeſauſt wie ein Sturmwind, verſchwunden
wie eine Erſcheinung! Von Ausſehen unheimlich, ge-
ſpenſtiſch! Dergleichen muß man kennen! Ich habe
Erfahrungen gemacht, auf Ehre, Herr von Skal,
furchtbare Erfahrungen! Hier ſitzt etwas, das hell
brennen muß, wie die ewige Lampe, ſonſt gibt es Unglück und Elend die Fülle!‟

Libby deutete auf die Stirn, lächelte ſehr fein und
machte ſchon wieder einen Knix.

Rona erkundigte ſich nach dem Befinden des Obergärtners und fragte dann, ob der Haushofmeiſter des
Grafen zu ſprechen ſei, wenn er ſich melden laſſe.

„Nach genommenem Frühstück, Herr von Skal",
verſetzte Libby. „Erſt den Körper pflegen, dann die
Seele arbeiten laſſen! Das iſt mein Princip, Herr von
Skal, das ich mir nicht nehmen laſſe. Mit hungrigem
Magen macht auch der Klügſte keine guten Geſchäfte!
Aber ich vergeſſe ganz, daß Sie in Geſellſchaft kommen.
Sie erlauben —"

„Nicht um ein Königreich!" unterbrach Rona die
bewegliche, geſprächige Dame. „Sie haben ſchon mehr
als Ihre Pflicht gethan; geſtatten Sie jetzt, daß auch
ich der meinigen nachkomme. Ich führe Ihnen außer
meiner Tochter noch einen andern Gaſt zu, einen jungen
Waldbauer von recht guten Manieren. Wenn er ſich
ſchickt, ſoll er bei mir ins Geſchäft treten!"

„Sehr erfreut, Herr von Skal", lächelte Libby;
„je mehr Gäſte, deſto mehr Segen! Hente Abend ſind
Sie doch mit von der Partie?"

„Von welcher Partie?"

„Ach, Sie wiſſen ja nicht! Bitte ſubmiſſeſt um
Vergebung! Eine Ueberraſchung, Herr von Skal. Man
wird davon ſprechen, ſobald es Zeit iſt."

Sie machte Rona, der zurück an den Wagen
eilte, noch drei Knixe, ehe ſie die Thür des Frühſtücks=
zimmers öffnete, um zu ſehen, ob auch für ſplendide
Bewirthung der Gäſte Alles bereit ſei. Als ſie ſich
davon überzeugt hatte, ſtellte ſie ſich wieder auf die

Schwelle des Empfangssalons, damit sie auch die Be=
gleiter Rona's gebührend begrüßen könne.

„Noch sind wir allein und ungestört", sagte Rona
zu den ihm bereits Entgegenkommenden. „Man empfängt
uns mit offenen Armen und ich hoffe, die Zeit wird
uns allen nicht lang werden. Sie, Herr Egbert
müssen bleiben, was Sie scheinen. Ich muthe Ihnen
damit nicht mehr zu, als was im Grunde jede Stunde
von jedem Einzelnen verlangt, ein wenig Consequenz,
um sich in Respect zu setzen. Nur seien Sie nicht
blöde und lassen den Speisen unserer kugelrunden
kleinen Wirthin ihr Recht widerfahren. Wer tapfer
bei ihr zulangt, der steigt in ihrer Achtung. Madame
Liddy beurtheilt die Menschen nach dem Appetit, mit
welchem sie die von ihr zubereiteten Gerichte ver=
schlingen."

Egbert's angeborene Heiterkeit wußte sich vortreff=
lich mit Liddy's Wesen abzufinden. Den Junker amü=
sirte die Geschwätzigkeit der lebhaften Frau, die zu den
seltenen Menschenexemplaren zu gehören schien, die sich
mit himmlischem Behagen in dem abgestandenen Wasser
ihrer eigenen Selbstzufriedenheit baden. Er aß von ihrem
Fisch, lobte ihren Strudel und erkundigte sich nach dem
Recept ihrer Tallen, die er göttlich nannte. Liddy
dictirte ihm dasselbe aus dem Kopf in die Feder,
wickelte dabei ein paar Stücke des wohlschmeckenden

Hefengebäcks in fauberes Papier und steckte es Egbert
mit wichtigem Augenwink in die Tasche.

„Junge Menschen von Eurem Alter müssen fein
gehorsam sein", sprach sie, als der Junker Einwen=
dungen machte. „Haben Sie je gewallfahrtet? Nein?
Nun, dann belasten Sie sich in Gottes und aller Hei=
ligen Namen ja mit diesen Brosamen der Rechtgläu=
bigkeit. Das schwarz angelaufene Marienbild auf dem
Calvarienberge hilft Ihnen deshalb doch, wenn Sie
irgend ein Gebreste haben. Wallfahrten, junger Freund,
macht hungrig, und nichts ist der Gesundheit schädlicher
und beeinträchtigt mehr die wahre Frömmigkeit, als
wenn einem rechtschaffenen Christenmenschen vor Hunger
der Magen knurrt! Junges Blut muß immer Appetit
haben, sonst ist's von schlechter Zuthat. Die Zuthat
aber scheint bei Ihnen ausnehmend gut gerathen zu
sein."

Auf Lena machte die geschwätzige Frau einen fast
widerlichen Eindruck. Sie mußte sich Gewalt anthun,
um die übergroße Freundlichkeit Liddy's zu erwidern
und sie nicht zu beleidigen. Den Speisen, welche die
gastfreie Dame ununterbrochen um den Tisch laufen
ließ, sprach sie nur zu, weil ein fester Blick des Vaters
ihr Selbstüberwindung zur Pflicht machte. Sie ath=
mete aber erst wieder frei auf, als das Frühstück be=
endigt war und Liddy die Aeußerung fallen ließ, daß

die Procession nun wohl bald die Kirche verlassen
werde.

„Geben Sie ja genau Acht auf den hochwürdigen
Domherrn, Fräulein Rona!" sprach Libby, ihr beim
Aufsetzen des Hutes helfend. „Es ist ein Mann zum
Närrischwerden, von einer himmlischen Beredtsamkeit
und einer Stimme wie ein Engel! Wenn er das
Gloria singt, ist der Mensch weg, rein weg! Man weiß
nichts mehr von der Erde, man fühlt nur noch para=
diesisch. Nehmen Sie sich in Acht, Fräulein! Priester
sind mitunter gar wunderliche Geschöpfe!"

„Wie kann man nur so schwatzen!" raunte Lena
Egbert leise ins Ohr. „Daß der Vater nicht unge=
duldig dabei wird, kann ich kaum begreifen."

„Es steht ein großes Geschäft auf dem Spiele",
antwortete ebenso leise der Junker. „Sie wissen doch,
wie Ihr Herr Vater denkt und was er von den Men=
schen hält."

„Ich weiß es. Daß er uns übrigens nicht zur
Kapelle begleitet, ist mir lieb. Ich hätte keine An=
dacht, wenn ich an die Glossen denken müßte, die
er doch machen würde, nähme er Theil an dem Feste."

Rona hatte inzwischen den Haushofmeister des
Grafen begrüßt, der wie ein großer Herr ruhig auf
seinem Zimmer geblieben war. Zurückkommend mahnte
er jetzt zur Eile.

„Erbaut und unterhaltet Euch gut", rief er den Davoneilenden nach. „Madame Libby will mit dem Mittagessen bis nach sechs Uhr warten. Die Haupt= action ist dann jedenfalls vorüber. Also auf Wiedersehen!"

Rona kehrte zurück zu dem seiner harrenden Haus= hofmeister. Egbert ließ sich den nächsten Weg nach dem Calvarienberge zeigen und gewann durch Betretung desselben der Procession, an welche die Wallfahrer in Masse sich anschlossen, einen Vorsprung ab. Lena's Arm fest in den seinigen gelegt, stand der als Wald= bauer verkleidete Junker schon unter der vordersten Reihe der Harrenden unmittelbar an der mit Blumen und Guirlanden reich geschmückten Kapelle, als die Procession mit ihren zahlreichen Fahnen am Fuße des Calvarienbergs erschien.

Es verging geraume Zeit, ehe der mit Menschen bedeckte Berg von der Procession erstiegen wurde, da man an jeder Station rastete, betete und das Rauch= faß schwang. Gerade dies langsame Herannahen der neun Geistlichen, welche die Spitze bildeten, gab Egbert Gelegenheit, nicht nur die Schaar der Priester, sondern auch seine ganze nächste Umgebung mit scharfem Auge zu mustern. An Mädchen und Frauen verschieden= sten Alters war kein Mangel; auch vornehme Damen fehlten nicht, obwohl sie unter der großen Menge ver= schwanden. Wie forschend aber auch Egbert's Blicke von einer Gruppe zur andern glitten, was er suchte und zu entdecken wieder fürchtete, fand er nicht. Unter all den gläubig Knieenden, den stumpffinnig ins Blaue hinein Starrenden und den blos neugierig um sich Schauenden war seine Mutter nicht. Sein Herz sagte ihm, daß er sie auch in der unkleidsamsten Hülle, im Gewande einer armseligen Bettlerin erkannt haben würde.

Kenntlich schon durch seine Tracht, zog Domherr von Orna die Blicke aller auf sich. Die Würde, mit welcher er das priesterliche Gewand trug, der heilige Stiru thronte, die Macht und Milde seines großen, schwärmerischen Auges waren wohl geeignet, diesen Mann Gottes der Menge in einem nicht gewöhnlichen Lichte erscheinen zu lassen. Egbert mußte sich gestehen, daß Orna der erste Priester sei, der Eindruck auf ihn mache, vor dem sich in ihm etwas wie Ehrfurcht rege. Lena, von lebhaftern Gefühlen und zu reli= giöser Schwärmerei hinneigend, entzog dem Junker beim Herannahen der Priester ihren Arm und kniete nieder. Mit segnend erhobener Hand, die Lippen in leisem Gebet bewegend, schritt Orna vorüber. Sein Gewand streifte das knieende Mädchen, duftende Weih= rauchwolken kräuselten sich über ihrem Haupte.

Egbert's Auge hatte im Vorübergehen das des Domherrn berührt und diese gegenseitige Berührung

war auf beide nicht ohne Einwirkung geblieben. Der
ernst fragende Blick des Junkers fiel bedeutungs=
schwer in die Seele des Priesters, der neben Ausübung
seiner priesterlichen Functionen auch noch der verlan=
genden Stimme des Menschen, der nur seinesgleichen
um sich sieht, Gehör gab.

„Das ist ein Mann, der sich nicht glücklich fühlen
kann unter dem Gewande, das seine Brust bedeckt und
das ihn scheidet von dem gemeinen Troß der Menschen",
sprach eine Stimme in Egbert's Innerem. „Dieser
merkwürdig fragende Blick deutet auf verborgene Leiden,
auf schwer überwundene Schmerzen. Wer kann wissen,
welche Schicksale der Mann zu durchleben hatte, ehe
er äußerlich den Frieden fand, den aus dem Herzen
heraus sein beredter Mund der Welt verkündigen soll!"

Die Kraft des menschlichen Auges grenzt an das
Wunderbare. Ein einziger Blick des Domherrn hatte
Egbert in eine Stimmung versetzt, die sich wenig von
der religiösen Hingabe Lena's an den Pomp der hei=
ligen Ceremonien unterschied, mit denen die katholische
Kirche so sinnvoll Herzen berückt und Seelen bändigt.
Es kam über den Erben von Gampenstein eine Macht,
der er sich nicht entringen konnte. Er mußte ihr den
Tribut der gewöhnlichen menschlichen Schwachheit ent=
richten, die ohne geistige Hülfe von oben kraftlos in
sich selbst zusammenbricht.

Von den Zaubern gebannt, die von der Kapelle
her fesselnde Banden um Herz und Seele legten, wohnte
er dem feierlichen Hochamte bei und beugte willig das
Knie vor dem Marienbilde, das unter weihevollem Gesange der Priester am Schlusse der Feierlichkeit Domherr von Orna dem Volke zeigte.

Dann ward von denen, die eine besondere Bitte
dem Gnadenbilde vorzutragen hatten, vor dem Altar
in der Kapelle geopfert. Das Bild der Schmerzensreichen
stand dabei verhüllt auf dem Altare; zu beiden Seiten
desselben schwangen Priester fortwährend das Rauch-
faß. Unten in der Stadt läuteten die Glocken in der
Kirche zum heiligen Nepomuk.

Zu dieser Opferung drängten sich Hunderte.
Gläubige Herzen sind immer heilungsbedürftig, denn
jeder Tag ritzt sie blutig. Und die Schmerzensreiche,
deren Findungsfest nie in so erhebender Weise began-
gen worden war, besaß ja die Kraft zu lindern, zu
beruhigen, zu erquicken!

Weder Lena noch Egbert hatten der Madonna
einen bestimmten Wunsch vorzutragen. Sie standen
schweigend von fern und beobachteten das Gewühl der
Menge, die Kopf an Kopf gedrängt, den Eingang zur
Kapelle umringte. Es war nicht möglich, in diesem
Gewühl Persönlichkeiten zu suchen; gesetzt aber, es
wäre möglich gewesen, so würde dem Blicke Egbert's

die forschende Schärfe und das prüfende Urtheil eines
unbefangenen Auges jetzt gefehlt haben. Er war
berauscht von dem, was er gesehen, empfunden hatte,
und über sein körperliches Auge lag ebenso wie über
sein geistiges ein Schleier gebreitet, welcher physiogno-
mischen Studien nicht günstig war. Der Gedanke
an seine Mutter, die er suchte und die er doch wieder
nicht zu finden wünschte, hatte ihn zwar noch nicht
verlassen, aber er beherrschte ihn auch nicht mehr.
Das Bild des Domherrn stand lebhafter vor seiner
Seele als das Bild der Mutter, die als Büßende zur
Madonna wallfahrten wollte.

Und wie kam es, daß Junker Egbert so nachdenklich, so ernst geworden war? Hätte Lena, welcher
die Verwandlung ihres jungen Begleiters nicht entging, gefragt, so würde dieser wahrscheinlich ausweichend
geantwortet haben; er wußte sich selbst nicht genau
Rechenschaft abzulegen über die seltsame Stimmung, die
ihn gleichsam gefangen genommen hatte. War es
ein Traumbild, das Orna's fragender Blick aus der
Tiefe seiner Seele wieder hatte emporsteigen lassen?
Oder hatte ein Antlitz, ähnlich dem des Domherrn, sich in frühester Jugend schon über ihn gebeugt?

Diese Fragen beschäftigten den Junker, als Lena's
Anrede ihn aus seinen Gedanken weckte.

„Die Procession hat den Calvarienberg bereits

verlaſſen", ſprach das junge Mädchen, „die erhebenden
Ceremonien ſind vorüber. Laſſen Sie uns aufbrechen,
damit wir die Stadt erreichen, ehe die zurückkehrende
Menge der Wallfahrer uns beläſtigt. Ich ſehe, die
Feierlichkeit hat Sie traurig gemacht! Sie fanden nicht,
was Sie ſuchten, was Sie erwarteten?"

„Doch, doch!" verſetzte Egbert zerſtreut. „Ich fand
mehr und weniger! Es iſt eine eigene Sache um das
Wallfahrtengehen. Aber Sie haben Recht, mich an den
Rückweg zu erinnern. Verzeihen Sie meine Zerſtreuung!
Ich bin ein ſchlechter Cavalier; wenn Sie mich, wie
ich es wohl verdient hätte, bei Ihrem Vater verklagen,
muß ich ſeine Vorwürfe ruhig hinnehmen."

Er bot Lena wieder den Arm, den dieſe ohne
Bedenken annahm, um ſich durch die noch immer dicht
gedrängte Volksmenge nach einem Fußſteige führen zu
laſſen, der ſich hinter den Stationen an der Berglehne
hinabſchlängelte. Aus dem ſtillen Thale von Gablona
klang harmoniſches Glockengeläute; in der Kapelle der
ſchmerzensreichen Madonna flimmerte ein Lichtmeer
brennender Kerzen, während Diener der Kirche auch
das Dach der Kapelle, das Frontiſpiz und die einzelnen Stationen mit Lampen behingen.

Sechstes Kapitel.

Nach der Procession.

Ein stiller, milder Abend lagerte sich über die Gegend. Als die Sonne hinter den Waldbergen unterging, flatterten wieder weiße Nebelgestalten aus Busch und Wiesengeländen und überwölbten als flimmerndes Zelt die ganze weite Thalmulde.

Berthold Rona hatte seine Zeit vortheilhaft für sich und seine Zwecke ausgenutzt. Die Unterhandlungen mit dem Haushofmeister des Grafen Serbelloni kamen noch schneller, als Rona zu hoffen gewagt hatte, zu gewünschtem Abschlusse. Der Gewinn des Herrn der Skalhütte war bedeutend; er durfte jetzt seine Menschenbeglückungstheorie auf breiterer Basis durchführen. Ein so glückliches Resultat würde nicht erreicht worden sein, hätte nicht Rona dem Grundsatze: Leben und leben lassen! gehuldigt. Weil er den habgierigen Haushofmeister ebenfalls verdienen ließ, war dieser ein leicht tractabler Mann.

Die Glocken auf der nahen Kirche des heiligen Nepomuk läuteten eben das Ende der Festprocession ein, als beide Männer sich die Hände reichten.

„Vermelden Sie dem Herrn Grafen und seiner Gemahlin meinen Respect", sagte Rona; „die Kronleuchter stehen zu seiner Verfügung, sobald er zwei nach meiner Vorschrift eingerichtete Wagen und sichere Leute nach der Skalhütte schickt. Je eher dies geschieht, desto besser; später im Jahre, wenn die Herbstregen die Wege aufweichen, ist bei dem Transport so zerbrechlicher Sachen Gefahr, und für möglichen Schaden komme ich nicht auf. Die Spitzen für die Frau Gräfin können Sie zu jeder Stunde in Empfang nehmen. Sie bleiben doch über Nacht in Gablona?"

„Bedaure sehr, Herr von Skal", versetzte der katzenfreundliche hagere Mann mit dem lauernden Fuchsgesicht. „Excellenz hat mir Eile zur Pflicht gemacht, und die Frau Gräfin würde die ganze Nacht vor Aufregung keine Ruhe finden, wenn ich ihr die für so hohen Preis erworbenen Kostbarkeiten nicht noch heute einhändigen könnte."

„Das thut mir aufrichtig leid", sagte Rona. „Unsere aufmerksame Frau Wirthin hatte mir Hoffnung auf einen unterhaltenden Abend gemacht. Meine Tochter, die ich jeden Augenblick zurückerwarte, besitzt einiges musikalisches Talent. Der große schöne Flügel im

Saale der Eremitage hat gewiß einen vortrefflichen Ton. Schade, daß die Frau Gräfin dem Feste nicht ebenfalls beiwohnte! Bei ihrem tiefen religiösen Sinn —"

Die Physiognomie des Haushofmeisters verzog sich zu faunischem Lächeln.

„Ihre Gnaden, die Frau Gräfin, sind sehr exclusiv", erwiderte er. „Wo die Menge anbetet, da hat meine Gebieterin keine Andacht. Aristokraten von reinstem Wasser lieben in allen Dingen, auch in religiösen, das Exceptionelle. Man müßte, um sie ganz zufrieden zu stellen, für sie besonders und ganz allein eigene Kirchenfeste und eigene wunderthätige Marienbilder erfinden! Mich wundert's manchmal, daß ihnen der liebe Gott einen so kleinen Gefallen nicht thut."

Rona blickte sehr finster, fast dämonisch aus seinen großen Augen. „Verkehrt der neue Pfarrer oft im Schlosse?" fragte er nach einer Weile.

„Seine Hochwürden sind schwer zugänglich", entgegnete der Haushofmeister. „Die Frau Gräfin hat das schon ermittelt und darum —"

„Hält sie sich fern von dem Domherrn und fern von dem heutigen Feste", fiel Rona ein. „Nun, das läßt sich begreifen. Aber die gnädige Frau würde mit Seiner Hochwürden zusammengekommen sein, hätte sie heute ihre Residenz hierher verlegt. Man hat mir wenigstens Hoffnung gemacht, den Domherrn hier kennen zu lernen.‟

„Dann werden . Sie einen intereſſanten Abend verleben, Herr von Skal. Ich beneide Sie um dieſes Glück, ohne es theilen zu können. Wehe dem Manne, der von Mächtigeren abhängig iſt! Ihre Aufträge werde ich Seiner Excellenz überbringen! Leben Sie wohl, Herr von Skal, und erhalten Sie mir Ihr ge= ſchätztes Wohlwollen! Die Proceſſion muß ſchon herein ſein, denn das Läuten hat aufgehört.‟

Kaum hatte der Haushofmeiſter die Eremitage verlaſſen, als Egbert mit Lena den wohlgepflegten Garten, der ſie umgab, wieder betrat. Die tauſend und aber tauſend Lampen des Calvarienberges leuchteten weit hinein ins Land. Eine große Menge Wallfahrer lagerte ſich um die Kapelle und unter die Kreuze, die hinter derſelben zur vollendeten Nachahmung Golgathas aufgepflanzt waren.

Rona ging den Heimkehrenden ſehr heiter ent= gegen. Er war begierig, Egbert’s Urtheil über ein Feſt zu hören, deſſen Vorhandenſein er ſich wohl erklären konnte, deſſen alljährliche Wiederkehr ihm aber ſchon deshalb mißfiel, weil auch die würdigſte Feier nicht alle Mißbräuche ausſchloß.

„Sie ſind weder erbaut noch befriedigt‟, ſagte er zu Egbert, als er dieſem offen ins Geſicht ſah.

„Doch, Herr Rona", erwiderte der junge Edel=
mann; „ich bin sogar mehr als befriedigt, ich bin
überrascht. Den Domherrn muß ich unbedingt kennen
lernen, ehe ich Gablona verlasse. Das ist ein Phä=
nomen!"

Rona lächelte ironisch.

„Und wie lautet das Urtheil meiner Tochter?"
fragte er, sich zu Lena wendend.

„Wenn das Herz überfließt von Bewunderung,
Vater, und der Geist in Entzücken schwelgt, hat man
kein Urtheil", lautete die Antwort des jungen Mäd=
chens.

„Das ist ein kluges und verständiges Wort, das
Dir da so rund und voll über die Lippen springt, mein
Kind", sagte Rona in scherzendem Tone. „Ich werde
es mir als Vater hinter die Ohren schreiben und Dich
nicht allzu häufig wallfahrten lassen. Wenn dem Men=
schen das Urtheil abhanden kommt, gleichviel durch
welche Veranlassung, kann er leicht in Gefahr gerathen.
Vor Gefahren aber müssen sich junge Mädchen hüten
wie Kinder vor feuerfangendem Spielwerk."

Sie schritten der Eremitage zu, in deren Zimmern
die Lichter angezündet wurden.

Frau Libby war schon wieder bei Tafel beschäftigt,
die sie ganz artig mit Serviettenschiffchen und duften=
den Blumensträußen in zierlichen Vasen aufgeputzt

hatte. Dazwischen standen schwere Armleuchter mit dicken Kerzen von weißestem Jungfernwachs.

Marbold, der Obergärtner, erschien jetzt auch endlich, um seine Gäste zu begrüßen. Er war den ganzen Tag bald in der großen Stadtkirche, bald auf dem Calvarienberge beschäftigt gewesen, denn die Geistlichkeit bedurfte zur Erhöhung des Festes vieler Blumen und Kränze, deren geschmackvolle Verwendung Niemand besser verstand, als der gereiste und erfahrene Obergärtner des Grafen Serbelloni.

Marbold war ein einfacher, in seiner Art gebildeter Mann, hochblond, dem Anscheine nach hektisch, im Umgange freundlich, aber still. Was Frau Libby an Lebhaftigkeit zu viel erhalten hatte, besaß Marbold zu wenig. Er sprach gewiß nicht, wenn er nicht besonders dazu aufgefordert wurde. Auch heute bestand die Begrüßung seiner Gäste nur in einigen Händedrücken. Erst als Libby gegen ihn heranfuhr, die falschen Locken schüttelte und heftig mit den Händen gestikulirte, ließ er sich zu einer kurzen Antwort herbei.

„Die Fasane werden ja hart!" sagte sie mit wichtiger Miene. „Präcis um sechs habe ich das Mahl Seiner Hochwürden ansagen lassen, und es geht schon auf acht Uhr! Bei solcher Verzögerung können die Mundköche von Kaiser und Papst keine Ehre mit ihrer Kunst einlegen. Du fiehft alfo ein, Männeken, es muß schlechterdings etwas gefchehen."

„Dann fchicke hinüber und laffe Seine Hochwür=den höflichft erfuchen. Die Suppe würde kalt."

„Und die Fafane hart! Das ift viel fchlimmer. Seine Hochwürden führen wie alle Herren Pfarrer von Gefchmack und Verftand eine gute Küche. Ich kenne das, Männeken."

„Er muß doch erft wieder zu Athem kommen, Libby!"

„Ach was zu Athem kommen! Seine Hochwür=den ift an Beten und Singen und Meffelefen fo ge=wöhnt, wie ich ans Schelten mit meinem Küchen=perfonal. Davon bekommt kein Menfch einen Leibes=fchaden, es macht nur hungrig."

Die lebhafte Frau wollte eben zur Thür hinaus=eilen, als die Glocke gezogen ward.

„Ach, Seine Hochwürden kommen!" fprach fie mit glänzenden Augen und machte, den Lockenbufch fchüt=telnd, vor ihrem eigenen Schatten einen Knix. Leider aber trat ftatt des Domherrn ein Kirchendiener ein, welcher die fehr niederfchlagende Nachricht überbrachte, daß Seine Hochwürden dringender Amtsgefchäfte wegen bedauerten, der erhaltenen gütigen Einladung nicht Folge leiften zu können.

Der Schreck über diefe Kunde war fo groß, daß

Frau Libby das Sprechen vergaß und daß ihr buch=
stäblich der Mund offen stehen blieb. Der Diener ent=
fernte sich, ohne eine Antwort erhalten zu haben.

Zu ihren Gästen zurückkehrend, ergriff sie ent=
schlossen den Arm Rona's, lächelte Egbert freundlich,
Lena vertraulich zu und sprach, auf die einladend an=
gerichtete Tafel zeigend:

„Wenn's denn gefällig ist, meine Herrschaften, so
wollen wir einen Mund voll genießen. Hochwürden
sind abgehalten! Es ist das an einem Tage, wie der
heutige, Herr von Skal, für mich keine Entschuldigung,
und ich werde das Hochwürden auch nicht verschweigen.
Was kann man aber thun? Mit der Geistlichkeit
Streit anfangen, bringt weder Ruhm noch Vortheil.
Und dabei kann man sich noch dazu leicht versündigen,
sodaß man schließlich als Belohnung für zu großen
Diensteifer mit störenden Pönitenzen belegt wird. Thut
mir aufrichtig leid, insbesondere des guten Domherrn
wegen. Er würde gefunden haben, daß das tägliche
Brod aus Libby Marbold's Küche wirklich eine Gabe
Gottes ist, für die man ein aufrichtiges Dankgebet
sprechen kann. Nnu, meine wohlgeschätzten Gäste, wir
wollen uns deswegen den Appetit nicht verderben
lassen. Bitte, langen Sie allerseits zu und tapfer!
Männeken, ich glaube, es kann nicht schaden, wenn Du
eine Flasche von unserem ausgezeichneten Johannis=

beerwein springen läßt. Ein Fläschchen davon wird
Fräulein Rona munden und vortrefflich bekommen. Ich
sage Ihnen, Herr von Skal, rother Champagner ist
mir nicht so lieb, wie dieser selbstbereitete Wein!"

Dem schweigsamen Marbold blieb nichts übrig,
als die Weisung seiner Frau zu befolgen. Die ver=
langte Flasche ward heraufgeholt, entkorkt, probirt und
pflichtschuldigst belobt. Berthold Rona genoß aber nur
ein Glas von dem unvergleichlichen Getränk aus dem
Privatkeller der Frau Libby. Dann wandte er sich
unter dem Vorgeben, er könne süße Weine nicht gut
vertragen, dem goldgelb funkelnden Würzburger von
der Domdechantei zu, auf den auch Marbold ein Auge
hatte und bei dessen Genuß er nach und nach gesprä=
chiger ward.

Siebentes Kapitel.

Der geheimnißvolle Besuch.

Während die Procession, von dem Domherrn ge=
führt, unter Glockengeläute der Stadt wieder zuzog,
verließ auch ein großer Theil der Volksmenge den Cal=
varienberg, um noch vor den Geistlichen das Innere
der Kirche zum heiligen Nepomuk zu erreichen. Dies=
mal war es nicht der Messedienst vor den Altären, auf
denen Blumen und Kerzen in reicher Fülle prangten,
welcher die Menge anzog; die Mehrzahl wollte in die
Krypte hinabsteigen, die unter der Kirche fortlief und
in welcher noch zu Anfang des achtzehnten Jahrhun=
derts Leichen beigesetzt worden waren.

Der Ursprung dieser Grabgewölbe reichte wahr=
scheinlich in das Mittelalter zurück. Sie bildeten
mehrere Abtheilungen, welche durch schmale Gäuge,
unter denen sich auch verschließbare befanden, unter=
einander verbunden waren. Die verschiedenartige Struc=
tur der Wölbung zeigte an, daß sie erst nach und nach

die gegenwärtige Ausdehnung erhalten hatten. Diese
war beträchtlich, lief nach verschiedenen Richtungen unter
den Häusern der Stadt fort und noch über diese hin=
aus und ließ sich wegen der vielen Abzweigungen der
bald hohen, bald niedrigen Gewölbe wohl mit einem
Labyrinth vergleichen.

Es war herkömmlich, am Findungsfeste der schmer=
zensreichen Madonna diese Gewölbe, welche, wie drei
sehr alte, verfallene Altäre verriethen, vor Jahrhun=
derten ebenfalls als Kirche benutzt worden sein muß=
ten, zu öffnen und Jedermann unentgeltlich den Zutritt
in dieselben zu gestatten. In dem größten Gewölbe
ward dann von Sonnenuntergang bis Mitternacht an
einem neu errichteten Altare Messe gelesen; die Ge=
wölbe selbst waren ihrer ganzen Ausdehnung nach,
soweit man sie zur Zeit kannte, mit Lampen erleuchtet,
die man der Bequemlichkeit wegen schon am Tage vor
dem Feste darin anbrachte.

Die ungewöhnlich große Anzahl der Wallfahrer
ließ einen ebenfalls starken Besuch der Krypte erwar=
ten. Der Andrang konnte so groß werden, daß möglicher=
weise, um Unglück zu vermeiden, viele abgewiesen
werden mußten. Sicher war der Eintritt in die Ge=
wölbe also nur denen, die rechtzeitig Posto in un=
mittelbarer Nähe der Eingangstreppe faßten. Diese
befand sich rechts vom Hochaltare hinter einem Vorbau,

welcher den Zweck hatte, immer nur eine Person auf die schmale und steile Treppe gelangen zu laſſen.

Die Kirche war mit Menſchen ſchon ganz ange=füllt, als der Domherr den Hochaltar erreichte, knieend ein Dankgebet ſprach und der Gemeinde zum Abſchied den Segen ertheilte. Das Einfallen der Orgel gab das Zeichen zur Oeffnung der Krypte, in welche zuerſt ein Kaplan mit einigen Chorknaben hinabſtieg, um den Gottesdienſt unter der Erde beginnen zu laſſen. Kir=chendiener mit Windlichtern folgten, um dem nach=drängenden Volle als Führer durch das Labyrinth der Gewölbe zu dienen.

Geiſtig und körperlich angegriffen, betrat Dom=herr Auguſtin von Orna ſeine Amtswohnung. Er wünſchte eine Zeit lang allein zu bleiben, um ſich zu ſammeln und geſchickt zu machen für die geſellige Un=terhaltung, die ſeiner in der Eremitage wartete. Er hatte zugeſagt, weil er nicht unfreundlich erſcheinen wollte, obwohl er ſich nach den Anſtrengungen und Aufregun=gen des heutigen Tages zu lebhafter Unterhaltung mit Fremden wenig aufgelegt fühlte.

Ein Glas friſchen Waſſers ſtand, wie gewöhnlich, auf ſeinem Arbeitstiſche. Orna pflegte ſich, kam er aus der Kirche, regelmäßig daran zu erquicken. Er trank niemals Wein, ſo oft er auch dazu Gelegenheit hatte. Alles Bitten und Zureden Befreundeter brachte ihn

6*

von dieser seiner Gewohnheit nicht ab, die er sich zur
Regel gemacht, weil er sich auch nach dem mäßigsten
Weingenusse geistig nie ganz frei fühlte. Noch während
Orna sich an dem kühlen, reinen Trunk erquickte,
meldete die Haushälterin, daß Besuch dagewesen sei
und daß derselbe jeden Augenblick wiederkommen
könne

„Besuch?" fragte der Domherr. „Von aus=
wärts etwa?"

Die Antwort der Haushälterin schnitt ein deut=
lich wahrnehmbares Klopfen ab, dem schnell das fast
unbewußt gesprochene Herein! des Domherrn folgte.
Durch die langsam zurückweichende Thür trat geräusch=
los eine mittelgroße Gestalt, von Kopf zu Fuß in
Trauertracht gehüllt. Eine stumme Verbeugung vor
dem Domherrn war die einzige Begrüßung. Orna
ahnte sofort, wer vor ihm stehen möge. In dieser
dunklen Hülle aus grobem Stoffe konnte sich nur die
Fremde verbergen, von welcher der anonyme Brief
sprach, den er am Tage vorher fast um dieselbe Stunde
erhalten hatte.

„Wünschen Sie mich allein zu sprechen?" fragte
der Domherr, da die Fremde keinen Laut von sich gab.

Die Vermummte neigte bejahend das dicht ver=
schleierte Haupt.

„Bringen Sie Licht, Motte!" befahl Orna,

deutete auf einen Sessel und nahm selbst Platz in dem Polsterstuhle vor seinem Arbeitstische.

„Was ich Hochwürden zu sagen habe", nahm jetzt die Fremde mit gedämpfter, schwach zitternder Stimme das Wort, „kann ich auch im Dunkeln mit= theilen. Ich wünsche unerkannt zu bleiben, und wenn ich den Blick Ew. Hochwürden nicht zu fest auf mich gerichtet sehe, werde ich unbefangener sein."

Der Domherr bedeutete seine Haushälterin, daß sie sich entfernen möge.

„Wir sind jetzt allein, Madame", hob Orua an, indem er sein Brevier an den Fuß des großen Cruci= fixes lehnte, das in grau schimmerndem Lichterscheine stand, welcher von dem mit sehr wenigen, trübe brennen= den Laternen matt erleuchteten Ringe hereinfiel. Von der Kirche her schallten die vollen ernsten Töne der Orgel, die mit nur minutenlangen Unterbrechungen bis zur Mitternachtsstunde gespielt wurde. Man hatte diese Anordnung infolge eines Unglücksfalls ge= troffen, der sich vor längern Jahren in der Krypte am Findungsfeste der schmerzensreichen Madonna zu= getragen.

„Ich bitte um Ihre Hand, Hochwürden", sprach die Fremde, immer in gedämpftem Toue und mit einer Stimme, welche dem Domherrn verstellt vorkam.

Orna erfüllte ihre Bitte.

„Geloben Sie mir, meine Fragen mit der Aufrichtig=
keit eines Priesters zu beantworten, Hochwürden", fuhr
die Unbekannte fort. „Von Ihrer Offenheit hängt die
Zukunft meines Lebens ab."

„Mein Amt schon verlangt von mir Wahrheit,"
versetzte der Domherr. „Die Pflicht, welche die Kirche
mir auferlegt, macht Ihre Bitte überflüssig, Madame.
Ueber die Offenheit meiner Antworten sollen Sie sich nicht
zu beklagen haben; dagegen wäre es möglich, daß deren
Inhalt Ihuen nicht gefiele."

Die Fremde schwieg eine Weile und kehrte ihr
dicht verschleiertes Antlitz dem Crucifixe zu. Orna
glaubte zu bemerken, daß sie sich bekreuzige.

„Hat die Kirche die Macht, alle Sünden zu ver=
geben, Hochwürden?" stammelte die Fremde mit be=
bender Lippe.

„Diese Macht ist ihr verliehen, wenn der Sünder
von Herzen bußfertig ist, wahrhaft bereut und mit
ernstem Willen Anstrengungen zu seiner Besserung
macht."

„Was hat ein tief gefallener Mensch zu thun, um
Vergebung zu erlangen, wenn äußere Verhältnisse ihn
verhindern, so zu büßen, wie es dem gefolterten Her=
zen Bedürfniß wäre?"

„Für ein gefoltertes Herz, das nach Frieden und
darum zunächst nach Vergebung seiner Vergehungen

lechzt, gibt es kein Hinderniß, das sich nicht beseitigen
ließe. Aeußere Verhältniſſe ſind, wenn der friedens=
bedürftige Menſch nur ernſtlich will, immer entweder
ganz zu entfernen oder zu umgehen. Ein Umweg zum
Throne der Gnade iſt kein Vergehen."

„Wenn es nun aber doch Verhältniſſe gibt, Hoch=
würden, welche der bußfertige Menſch berückſichtigen
muß, um die Laſt ſeiner Schuld nicht noch mehr zu
vergrößern, iſt es ihm dann nicht geſtattet, dieſe zu
achten?"

„Gott läßt ſich nicht täuſchen, nicht hintergehen,
Madame! Und die Kirche ſoll auf Erden durch den
Mund ihrer Prieſter über Sünder Recht ſprechen."

„Dann bin und bleibe ich verworfen!" ächzte die
Unbekannte und ſchlang krampfhaft die Hände in ein=
ander. „Ich hoffte, die Kirche werde milder ſein.
O ich Unglückliche! Ich Elende!"

Sie legte das verſchleierte Haupt auf den Rand
des Arbeitstiſches und ſchluchzte leiſe. In der Kirche
intonirte der Organiſt nach einer längern Pauſe die
Melodie eines bekannten Kirchenliedes, das von der
Gemeinde häufig geſungen wurde.

Orna betrachtete die trauernde Dame im Halb=
dunkel mit theilnehmenden Blicken. Er zweifelte nicht,
daß es die Unbekannte ſei, die ihm am vergangenen
Tage in ſo origineller Weiſe angemeldet wurde. Daß

fie den höhern Ständen angehören müffe, fchien ihm wahrfcheinlich. Als fie fich wieder aus ihrer gebückten Stellung erhob und gefaßter um fich blickte, nahm der Domherr das Wort.

„Ohne Vertrauen in mich zu fetzen, Madame, würden Sie nicht zu mir gekommen fein", fprach er. „Diefes Vertrauen weiß ich zu würdigen. Ich bin aber zunächft Priefter, das bedenken Sie wohl! Rath Hülfefuchenden in weltlichen Dingen zu ertheilen, ift nicht meines Amtes! Für folche Rathertheilung gibt es Rechtsgelehrte, die in weltlichen Angelegenheiten klüger und gewandter find als wir unerfahrenen Diener der Kirche. Wollen Sie dagegen Ihr Herz erleichtern, fo prüfen Sie fich zuerft felbft; leuchten Sie tief hinein in die Falten Ihrer Seele mit der Fackel der Selbfterkenntniß und verheimlichen Sie fich nicht den geringften Fehler, deffen Sie fich zeihen können, nicht die kleinfte Schwäche, die Sie in und an fich entdecken! So vorbereitet ift der Bußfertige ein gern gefehener Gaft im Beichtftuhle."

Die Fremde legte beide Hände über ihre Augen.

„Im Beichtftuhle!" wiederholte fie, und mit fich felbft fprechend fuhr fie fort: „Ich hätte diefe Antwort erwarten können. Mir ift nicht zu helfen auf Erden, wenn ich mein Eigenthum nicht wieder erlange! Und ohne diefes Eigenthum, ohne diefe lauten Zeugen meiner Schuld, wie soll ich deren Größe ermessen, welcher Vergehen soll ich mich anklagen?"

Orna horchte gespannt auf. Das unwillkürliche Bekenntniß der Fremden zeigte seinem Scharfsinne deren Lage in einem ganz veränderten Lichte. Von einer Hintergangenen konnte er nicht volle Wahrheit, nicht ein rücksichtsloses Erschließen ihres Herzens verlangen.

„Sind Sie beraubt worden, Madame?" fragte er, sich sanft zu ihr niederbückend.

„Des Liebsten, das ich besaß!" lallte kaum hörbar die Verschleierte.

„Und Sie kennen den Frevler nicht, der sich so frech an Ihrem Eigenthume vergriff?"

„Doch, doch, ich kenne ihn, Hochwürden!"

„Was hält Sie ab, ihn zu verfolgen?"

„Der Unglückliche lebt nicht mehr!"

„Aber er hat doch wohl Verwandte? Der Ort, wo er seinen Raub verbarg, muß doch gewiß, wenn Sie nur keine Mühe sparen, wenn Sie Opfer bringen, zu ermitteln sein?"

„Ich weiß es nicht, Hochwürden!" klagte die Unbekannte. „Vor längerer Zeit hoffte ich es; ich ließ ganz insgeheim, durch dritte Personen, Nachforschungen anstellen, ich brachte auch Opfer, aber ich konnte nichts Bestimmtes in Erfahrung bringen. Da hat sich

vor kurzem ein neues Unglück zugetragen, das mich
grenzenlos elend macht, ja das mich zum Wahnsinn
treiben wird, wenn es nicht gelingt, den letzten Streich
von meinem sündigen Haupte abzulenken!"

„Und dieses Unglück, dürfen Sie es dem Manne,
von dem Sie doch Rath und Trost zu hören wünschen,
nicht mittheilen?"

Die Fremde kämpfte offenbar einen schweren
Kampf mit Herz und Gewissen. Sie stand auf und
athmete wiederholt tief und schwer. Auch der Domherr
erhob sich. Er ließ sein Auge lange forschend auf der
mit bangen Zweifeln ringenden, vor ihm stehenden
Dame ruhen.

„Wenn es mir nun vielleicht vergönnt wäre,
Ihnen auf halbem Wege entgegenzukommen", nahm
Orna von neuem das Wort; „wenn ich zu ahnen
vermöchte, aus welcher Quelle Ihr Unglück entspringt,
würde dann das Band Ihrer Zunge sich von selbst
lösen? Geweihten Priestern ist, wenn sie von ganzem
Herzen wahrhaftige Diener des Herrn sind, die Gabe
verliehen, die Herzen der Menschen leichter zu durch-
schauen als Andere. Sie werden heimlich verfolgt,
Madame! Spione umlauern Sie und überwachen
jeden Ihrer Schritte! Ihr eigener Gatte mißtraut
Ihnen, hält Sie für so überspannt, daß er fürchtet,

der Drang Ihrer Seele nach Ruhe könne mäch=
tiger werden als die Furcht vor dem Urtheil der
Welt —"

„Halten Sie ein, Hochwürden", unterbrach die
Fremde zitternd den ahnungsvollen Priester. „Ich bin
erschüttert, entkräftet, ich bedarf der Sammlung. Mein
Gemahl —"

Der Domherr streckte den Arm nach dem Ernei=
fir aus, in dessen Höhlung er abends vorher das ano=
nyme Schreiben niedergelegt hatte.

„Ihr Gemahl, ich ahne es, wußte um
Ihren Plan, mich aufzusuchen. Er hatte die Ab=
sicht —"

„Sie kennen mich, Hochwürden?" stammelte die
Verschleierte und faßte krampfhaft die Hand des Dom=
herrn. Orna wollte statt einer Antwort, die er nicht
geben konnte, der Unbekannten das bewußte Billet
zeigen, den Inhalt desselben ihr mittheilen: da wieder=
hallte die Luft von mehrstimmigem, jammerndem
Klagelaut, der wie Geisterruf aus den Tiefen der
Erde heraufklang! Die Hand des Domherrn sank matt
herab an dem Stamme des Kreuzes; sein Blick wen=
dete sich dem Fenster zu. Nach wenigen Secunden
wiederholte sich der unheimliche Klageruf noch lauter,
noch erschütternder.

Orna war ans Fenster getreten, um es zu öffnen.

Noch immer strömten Menschen nach der Kirche. Die zuletzt Eingetretenen taumelten erschrocken zurück. Der Weheruf ward zum dritten Male vernehmbar. Der Domherr schloß das Fenster und trat zurück ins Zimmer. Als er sich umsah, war die verschleierte, in Büßertracht gehüllte Dame verschwunden.

Achtes Kapitel.

Bei Tafel und in der Krypte.

Unsere Freunde in der Eremitage waren inzwischen über Tafel heiter geworden. Der vortreffliche Wein aus dem Keller des Grafen Serbelloni, den Marbold seinen Gästen vorsetzte, that seine Schuldigkeit. Die Männer wurden gesprächig und wogen den Werth ihrer Worte nicht mehr ängstlich ab. Wie es häufig geschieht, daß stille, zurückhaltende, scheue Naturen nach genossenem Wein lebhaft, mittheilsam und anschließend werden, so ging es auch Marbold. Freilich reichte seine Gesprächigkeit noch lange nicht an die seiner ehrbaren Ehehälfte, welche die göttliche Blume ihres Johannis=beerweins so oft probirte, daß sie zuletzt das Ge=ständniß ablegte, ihre Zunge habe die Fähigkeit des Schmeckens verloren; allein Marbold zeigte sich ge=neigt zu Mittheilungen, die Rona sehr zu interessiren begannen, weshalb er den Obergärtner mehrmals zum Trinken aufforderte.

Das Gespräch war in höchst ungezwungener Weise auf den Grafen Serbelloni gekommen, mit dessen Haushofmeister Berthold Rona ein so vortheil= haftes Geschäft abgeschlossen hatte. Des Grafen Wunder= lichkeiten waren bekannt; man sprach oft davon und machte sich wohl auch darüber lustig. Bekanntlich stammte er aus einer alten lombardischen Familie, war alter Gewohnheit nach zeitig auf Reisen gegangen und hatte mit Gleichgesinnten in den letzten Jahren vor Ausbruch der französischen Revolution in Paris lustig gelebt. Die ersten Blutscenen, deren Zeuge er noch war, vertrieben ihn. Er lehrte nach Italien zurück, veräußerte dort die Mehrzahl seiner Besitzungen und kaufte sich in Mähren und Böhmen an. In diese Zeit fiel seine Vermählung mit einer bedeutend ältern Dame ungarischer Abkunft, die ihm ein großes Ver= mögen nebst Gütern im Banat zubrachte.

Ob die Ehe des Grafen mit dieser Dame glück= lich gewesen war, wußte Marbold nicht. Es war nicht seine Art, sich um andere Leute zu bekümmern. Weit mehr interessirte ihn das Leben, welches der Graf nach dem Tode seiner ersten Gemahlin führte, mit der er nur zwölf Jahre vermählt blieb. Marbold war da= mals noch jung, der Graf schätzte seine Kenntnisse als denkender Kunstgärtner und nahm ihn deshalb wieder= holt auf größere Reisen mit, die er ins Ausland machte.

So kam der ſtille Marbold nach Belgien, nach
Frankreich, endlich nach Spanien. Der erſten Bekannt=
ſchaft mit der jetzigen Gräfin hatte er beigewohnt. Sie
war bei Gelegenheit eines Stiergefechts im Circus
von Sevilla angeknüpft worden. Der Eindruck, welchen
die ſchöne Spanierin auf den Grafen machte, war ſo
tief und bleibend geweſen, daß er ſogleich nach Gra=
nada abreiſte, wo die ſchöne Señora ein reizend gele=
genes Landgut bewohnte.

„Von jener Reiſe ſchreibt ſich auch die erſte Be=
kanntſchaft Seiner Excellenz mit dem Domherrn her,“
ſagte Marbold, mit Junker Egbert und dem Herru
der Skalhütte munter anſtoßend. „Es war ein ſchau=
riges Zuſammentreffen, werd’ es im ganzen Leben
nicht vergeſſen!“

„Irren Sie ſich nicht in der Perſon?“ bemerkte
Rona, mit Behagen den perlenden Wein aus Kryſtall=
gläſern ſeiner eigenen Hütte ſchlürfend. „Die Zeit trifft
ja nicht zu.“

„Die Zeit trifft wohl zu“, verſetzte Marbold,
„und ich habe ein gutes Gedächtniß. Es ſind freilich
zehn oder elf Jahre her, aber bei alledem iſt es mir
gegenwärtig wie heute. Es war in Lüttich, vor dem
Eingange zum Jeſuitenſeminar. Die Herren Patres
beglückwünſchten den jungen Scholaren oder was er

vorstellte, und nannten ihn den von Gott geschenkten
Findling."

„Warum Findling?"

„Nun weil der hochwürdige Herr den gelehrten
Vätern aus einem Findelhause zur weitern Ausbildung
übergeben worden war."

„Und das verhandelte man auf offener Straße,
vor dem Seminar?"

„Das eben nicht, Herr Rona. Der Graf kannte
einen der Herren Präceptoren — ich glaube, man
nannte ihn Rector — mit diesem unterhielt er sich
über die Bildungsanstalt und ihre Schüler und schüttelte auch dem jungen Seminaristen die Hand. Ich
stand nahe dabei und sah zu. Das Gesicht des Seminaristen machte bleibenden Eindruck auf mich. Ich habe
seitdem dessen Züge nicht wieder vergessen. ,Der junge
Mann ist ein Findelkind,' sagte der Graf zu mir,
als wir weiter gingen, ,kein Mensch kennt seine
Aeltern; man vermuthet aber aus gewissen Dingen,
daß er von hoher, vielleicht von fürstlicher Abkunft ist.'"

„Domherr von Orna ein Findling!" sprach Junker
Egbert, der seine Aufmerksamkeit, die er bisher zwischen
Lena und Libby getheilt hatte, jetzt ganz der Erzählung
Marbold's zuwandte. „Das macht den geistlichen Herrn
ja zu einer überaus interessanten Persönlichkeit! Ich habe

eine Art leidenschaftlicher Anhänglichkeit an Menschen, deren Leben von einer geheimnißvollen Atmosphäre umgeben ist."

Marbold legte den Worten des jungen Waldbauers wenig Gewicht bei. Er selbst war weit entfernt, den etwaigen Schicksalen des Domherrn nachzuspüren, denn er fand, die Vorsehung und seine geistlichen Lehrer hatten es sehr gut mit ihm gemeint, da sie ihrem Schützlinge schon in verhältnißmäßig jungen Jahren eine so einträgliche Pfründe verschafften.

Auch Berthold Rona blieb die Person, um die es sich handelte, ziemlich gleichgültig; ihm waren die Beziehungen des Grafen zu dem ihm noch ganz unbekannten Domherrn von ungleich größerer Bedeutung, und zwar namentlich deshalb, weil der geistliche Herr ein Findling sein sollte. Es war das ein Fall, welchen Rona sofort aufgriff, weil er ihm Gelegenheit bieten konnte, die Jämmerlichkeiten der Gesetzgebung von einer neuen Seite kennen zu lernen. Auch setzte die Vergangenheit eines Findlings Handlungen voraus, welche der Moral schnurstracks entgegenlaufen, wenn nicht mußten, doch konnten. Da war Verführung, Entführung, heimlicher Verrath, Raub, kurz alles Mögliche denkbar, und wem es gelang, die dunkle Vergangenheit des Domherrn aufzuhellen, der konnte — wie Rona die Welt und die Bestimmung des Men-

schen in derselben nun einmal auffaßte — viel Gutes
stiften.

„Sollte der Graf vielleicht mit Seiner Hochwür=
den entfernt verwandt sein?" fragte er Marbold,
seine Tochter durch einen Wink zum Verlassen der
Tafel nöthigend. Libby folgte Lena's Beispiel, nahm
das junge Mädchen in Beschlag und führte es durch
Küche und Vorrathskammern, um ihm zu zeigen, wie
ein wohleingerichtetes Hauswesen aussehe, wenn es
musterhaft gehalten werde.

„Nein", entgegnete der Obergärtner sehr bestimmt.
„Verwandtschaftliche Bande knüpfen die Herren nicht
an einander; ich habe eine andere Vermuthung."

„Die Sie für sich behalten müssen?"

„Ich wüßte nicht, weshalb. Sie, Herr von Skal,
werden ja keinen Gebrauch davon machen, und dieser
Ihr junger Freund hier ——"

„Meinetwegen können Sie ganz unbesorgt sein,
Herr Marbold", fiel Egbert ein. „Ich habe den Dom=
herrn sehr lieb gewonnen, obwohl ich ihn nur sah,
nicht sprach. Ich halte ihn für einen nicht gewöhnli=
chen Menschen."

„Sie werden unsern werthen Gastfreund ver=
gessen machen, was er uns mittheilen wollte", bemerkte
mit einiger Ungeduld Rona. „Wohin zielt Ihre Ver=
muthung, Herr Marbold?"

„Ich denke mir, Seine Excellenz hat die Aeltern des Domherrn gekannt", sagte der Obergärtner schlau lächelnd. „Reiche Cavaliere machen in der Jugend oft tolle Streiche. Ist nichts mehr daran zu bessern, so muß Gold den angerichteten Schaden decken helfen. Gold ist das beste Mittel, sich Verschwiegenheit zu erlaufen, Kluge unwissend, der Rede Mächtige stumm zu machen. Mit Gold läßt sich auch eine Betrogene beruhigen und eine verloren gegangene Unschuld wieder repariren. Excellenz denken wenigstens so, und in seinen wilden Jahren hat der Graf gewiß nach solchen Principien gelebt und gehandelt. Einer seiner vertrautern Freunde wird um die Herkunft Seiner Hoch= würden wohl ganz gut Bescheid wissen."

„Wäre dieser unritterliche Cavalier nicht aus= findig zu machen?" versetzte Rona, dessen Interesse an der Person des Domherrn von Minute zu Mi= nute stieg.

„Das würde ein mühseliges Stück Arbeit sein."

„Aber vielleicht lohnend, vielleicht segenbringend! Wenn zum Beispiel damit schweres Unrecht wieder gut gemacht, ein in Heimlichkeit begangenes Verbrechen ans Tageslicht gebracht und vor Gott und Welt ge= sühnt würde?"

„Ich möchte meine Hand dabei nicht im Spiele haben", sprach abweisend Marbold, der seine Aeuße=

7*

rungen zu bereuen begann, da er den Herru der Skal=
hütte so lebhaft werden sah.

„Man müßte es nur klug anfangen", verseßte
Rona lächelnd. „Ueberstürzung führt nie zum Ziele,
wenn es gilt, veraltete Schäden der Gesellschaft zu
heilen. Man muß vorsichtig zu Werke gehen und sich
Zeit lassen. Was meinen Sie, Herr Egbert, wollen
wir dem Domherrn selbander einen Besuch machen?"

„Ich bin dabei! Dann habe ich gleich Gelegenheit,
ihm meinen Dank für die wirklich weihevolle Feier
des heutigen Festtages auszusprechen. Fräulein Lena
wird sich aber tief betrüben, wenn sie uns nicht be=
gleiten darf."

Marbold machte ein bedenkliches Gesicht.

„Zu einem solchen Schritte würde ich nicht
rathen, Herr von Skal", sagte er einlenkend. „Seine
Hochwürden sind, das weiß ich, an Festtagen
für Fremde nur bei ganz besonders wichtigen Angele=
genheiten zugänglich. Eine derartige Abhaltung muß
auch heute vorliegen, sonst hätte er nicht absagen
lassen. Dennoch können Sie den würdigen Herru viel=
leicht sehen, wenn Sie sich meiner Führung anver=
trauen wollen. Ich hatte mir vorgenommen, Ihnen
eine Ueberraschung zu bereiten. Noch ist es Zeit, wenn
wir aufbrechen."

„Wohin?" fragte Egbert.

„Nach der Kirche des heiligen Nepomuk. Sie wohnten wahrscheinlich noch keinem Gottesdienste unter der Erde zwischen Reihen offener Särge bei, in denen längst Entschlafene noch in der vertrockneten Hülle ihres sterblichen Leibes ruhen. In diesen Grabgewölben, hoffe ich, werden wir dem Domherrn begegnen."

Rona allein wäre auf diesen Vorschlag schwerlich eingegangen. Für ihn hatte schon Kirchenluft wenig Anziehendes, ein Spaziergang durch Grabgewölbe, umgeben von Särgen, umstarrt von Schädeln, konnte ihn nur abschrecken. Aber freilich, die Krypte von Gablona stand in hohem Ansehen beim Volke, und wollte er nicht Anstoß geben, so blieb ihm kein Ausweg, als Marbold's Einladung anzunehmen. Egbert's offen kund gegebene Freude, daß er die berühmte Gräberstätte betreten solle, würde auch ohne das bittende Wort Lena's, die eben von ihrer Wanderung durch die Eremitage zurückkam, ihn vermocht haben, sein eigenes Wünschen dem Anderer unterzuordnen. Er sagte zu und nach wenigen Augenblicken verließ die kleine Gesellschaft mit alleiniger Ausnahme Liddy's, die noch unglaublich viel zu thun hatte, die Eremitage.

Berthold Rona stieg eben mit seiner Tochter die schmale Stiege hinab, welche in die Grabgewölbe führte, als aus denselben ein dumpfer, wenig vernehm-

barer Klageruf herauftönte. Der Herr der Skalhütte
blieb stehen und wandte sich zu Egbert, der hinter
ihm schritt. Marbold war vorangegangen und bereits
unter dem dunkeln Schwibbogen des ausmündenden
Ganges verschwunden.

„Was kann das sein?" sprach er aufhorchend...

„Die Stimmen brechen sich an den Gewölben",
antwortete Egbert. „Zögern wir nicht, Herr Rona,
damit wir unsern Geleitsmann nicht verlieren.".

Man schritt weiter. Dumpfe, warme und dabei
doch trockene Luft strömte den neuen Ankömmlingen
entgegen, denen sich andere schon angeschlossen hatten.
Von den dicken Pfeilern, welche die Gewölbe trugen,
leuchteten trübe brennende Lampen auf die drängende
Menge herab, die in unheimliche Bewegung gerathen
war. Im finstern, entfernten Innern der Grabgewölbe
hörte man ein beängstigendes Geräusch, dann einen
lang aushallenden Klageruf, worauf plötzlich tiefe Stille
eintrat.

„Zurück!" sagte Rona, drückte Lena fest an sich
und wehrte dem vorwärts strebenden Marbold. „Es ist
jedenfalls ein Unglück geschehen. Was haben wir unter
Asche und Moder zu suchen!"

„Die Thür schließen!" befahl an der Stiege ein
Kirchendiener, und sogleich hörte man das Ein=
schnappen eines Schlosses und das Knarren eines Riegels.

„Verdammt!" murmelte Rona erbittert, jetzt mit aller Kraft vorwärts drängend, weil hinter dem näch= sten Pfeiler ein weiter Raum sichtbar ward, in dem man sich freier bewegen konnte. Tiefer im Hinter= grunde blinkten die Wachskerzen auf dem Altare, an welchem der Priester Messe las. In diesem Augenblicke wiederholten viele Stimmen einen wahrhaft entsetzlichen Weheruf.

„Wir können von Glück sagen, wenn wir diese Ruhestatt vor Jahrzehnten und Jahrhunderten beer= digter Todten lebendig wieder verlassen", sprach Rona, in der Nähe eines schräg laufenden Ganges, der sich von dem größern Gewölbe abzweigte, das die Freunde glücklich erreicht hatten, Schutz an einem breit vorsprin= genden Pfeiler suchend. Ihm so nahe, daß er mit der Hand ihn erreichen konnte, stand ein offener Sarg, in welchem ein Mädchen mit auf der Brust gekreuzten Händen lag, die ein mit Rubinen reich besetztes Cruci= fix hielten. Die Rubinen leuchteten wie Blutstropfen im schimmernden Lampenlicht. Die blitzende Flitter= krone auf dem Haupte der Todten und der verwelkte, zum Theil vermoderte Myrtenkranz, der sich um die gelbbraune Stirn schlang, zeigten an, daß hier eine Braut in der Blüte ihrer Jugend zur ewigen Ruhe bestattet worden sei. Ihr nächster Nachbar war ein Mönch im Ordenskleide der Franciscaner. Die Hand mit dem Brevier ragte vertrocknet aus der groben Kutte hervor, war aber noch vollkommen wohl er- halten.

Lena's Arm zitterte in dem ihres Vaters; sie wagte kaum zu athmen, viel weniger zu sprechen. So nahe Tod und Verwesung, wenn auch umgeben von Lebenden, ward ihr das Herz schwer und ihre Augen füllten sich mit Thränen.

„Ich weiß dies Jammern und Stöhnen mir nicht zu deuten", sagte Marbold, der vergebens einige Wall- fahrer, welche zurückgedrängt wurden, nach der Ver- anlassung des beängstigenden Kreischens und Klagens fragte. „Die Gewölbe sind fest, sie stürzen nicht ein, und an diesen Säulen aus festen Sandsteinquadern möchte selbst die Kraft eines Simson ermatten. Ich denke mir, es sind ein paar schwache Frauenzimmer unwohl geworden oder irgend Jemand ist von Kräm- pfen befallen worden."

„Diese trockne Moderluft ist schauderhaft!" sprach Rona. „Mag geschehen, was will, ich kehre um. Oeff- net man uns die Thür nicht gutwillig, so brauche ich Gewalt! Es hat sicherlich Niemand Lust, in diesem Dunst zu ersticken. Gott bewahre mich vor allen Todtengewölben! Es ist Frevel, aus blanker Neugierde Verstorbene in ihren Gräbern zu besuchen!"

„Platz! Platz!" riefen da einzelne Stimmen in

der Ferne, denen andere die Bitte, ruhig zu bleiben, beifügten.

Rona hob sich trotz seines Aergers doch auch mit auf die Fußspitzen, um zu sehen, was weiter hinten vorgehe.

Das Räthsel löste sich bald. Mehrere Wallfahrer, begleitet von Kirchendienern, welche mit Windlichtern vorleuchteten, trugen zwei Mädchen in Bauerntracht, die tiefe Ohnmacht umnachtete. Es ward alsbald bekannt, daß sie von ihren Gefährten schon während der Nacht vermißt worden waren, und daß, wie sich später ergab, unzeitiger Vorwitz sie am Vorabend des Festes den Kirchendienern in die Krypte folgen ließ, wo sie in dem halbdunkeln Labyrinth der Gänge sich verirrten, in ihrer Angst zwar herzzerreißend um Hülfe riefen, dann aber, von Entsetzen erfaßt, rundum von Leichen und dem Graus des Todes umgeben, auf einem morschen Sarge ohnmächtig zusammenbrachen.

Rona und seine Begleiter schlossen sich unmittelbar dem traurigen Gefolge an. Die Krypte ward von den meisten Besuchern verlassen, denn Angst und Furcht bemächtigten sich bei dem erschütternden Anblick, welchen die ohnmächtigen oder scheintodten Mädchen darboten, aller Gemüther. Die Grabgewölbe, vor kurzem noch das heißersehnte Ziel so vieler Gläubigen und ein

ergreifender Ort der Andacht, verwandelte sich in eine
Gruft des Schreckens, der in möglichster Eile zu entfliehen Pflicht der Selbsterhaltung war.

Unter den Ersten, welche die Stiege zum Aus-
gange glücklich wieder erreichten, befanden sich auch unsere
Freunde. Der Weihrauchduft, welcher die Kirche noch
erfüllte, war erquickende Lebensluft für die Geängstig-
ten, von denen Lena sich zunächst gedrängt fühlte, durch
andächtiges Gebet Gott zu danken. Sie kniete, während die Orgel wieder zu tönen begann, an dem nächsten Altare nieder und sprach still und aufrichtigen
Herzens ein Gebet.

Inzwischen hatte man die Bewußtlosen in die
Sakristei geschafft, um sie hier womöglich ins Leben
zurückzurufen. Dahin wollten die kecksten Wallfahrer,
die ihrer Neugierde keine Zügel anzulegen vermochten,
folgen, und die Kirchendiener, denen es oblag, jeden
Unberufenen zurückzuweisen, waren beinahe genöthigt,
Gewalt zu brauchen. Da sagte eine sonore, das Ge-
summe der Menge und den Klang der Orgel übertönende
Stimme:

„Man gebe Raum, und wer die Stätte ehrt, die
Gott sich zur Wohnung bereitet hat, der entweihe und
mißbrauche sie nicht zu einem Orte müßiger Neugierde!"

„Der Domherr!" lief es flüsternd von Mund zu
Mund; die Menge wich zurück, und mitten durch sie

schritt hochaufgerichtet Augustin von Orna im langen schwarzen Chorrocke. Hinter ihm schloß sich die Thür der Sakristei.

Beim Vorübergehen hatte der Domherr den zur Seite tretenden Rona fast gestreift, sein Blick war nicht auf den ihm unbekannten Mann gefallen. Wahrscheinlich hätte der Geistliche den Fremden auch gar nicht gesehen, denn sein Auge war nach innen gerichtet. Vor ihm schwebte noch das Bild der verschleierten Dame, die wie eine Erscheinung vor ihm aufgetaucht und wieder verschwunden war. Er meinte die schattenhafte Gestalt am Beichtstuhl knieen zu sehen und den Ruf zu hören, der abends vorher sein Herz erbeben machte und der sich jetzt durch Auffindung der beiden bewußtlosen Mädchen zu seiner eigenen Beruhigung so natürlich erklärte.

Rona erfaßte nur flüchtig das Profil des Domherrn, in sein Auge zu blicken war ihm nicht vergönnt. Aber auch ihm ging es, wie den Meisten, die mit dem Domherrn in Berührung kamen, es regte sich in ihm ein lebhaftes Interesse für den Mann, dessen ganzes Wesen etwas so eigenthümlich Anziehendes und Bestechendes hatte.

Bei Rona mochte allerdings die Erzählung Marbold's nicht ohne Einwirkung geblieben sein, da ihn entschieden mehr der Mensch, den unnatürliche, egoisti=

sche, vielleicht verbrecherische Aeltern wahrscheinlich schon unmittelbar nach der Geburt erbarmungslos dem Zufall preisgaben, mehr interessirte als der Priester, der ihm zu Urtheilen Anlaß gab, die sich von denen anderer Laien wesentlich unterschieden.

„Wir müssen uns der Weisung des hochwürdigen Herrn doch wohl fügen", sagte er, den Arm seiner Tochter wieder ergreifend. „Ich finde, sein Verlangen ist gerecht und den Umständen angepaßt. Der Mann gefällt mir. Ich werde jedenfalls seine Bekanntschaft zu machen suchen, sobald es sich mit Schicklichkeit thun läßt. Erinnere mich daran, Lena; vielleicht erfülle ich Dir alsdann auch Wünsche, die Du zu äußern Bedenken trägst."

Lena schlug die schönen Augen dankend zum Vater auf und drückte ihre lebenswarmen Lippen wiederholt auf seine Hand. Als sie aus dem Portal der Kirche traten, leuchteten die Sterne in stiller Pracht am wolkenlosen Himmel, und durch alle Straßen wogten Gruppen heimkehrender Wallfahrer. Das Rollen eines Wagens, der ebenfalls die Stadt verließ, verhallte langsam in der Ferne.

Neuntes Kapitel.

Elias Moser und seine Frau.

Es war Spätherbst geworden, der Winter aber hatte sich, wie so oft in gebirgigen Gegenden, schon mit ganzer Strenge eingestellt. Die Paßwege durchs Gebirge waren verschneit und fast ungangbar. Auch in den Thälern war viel Schnee gefallen, sodaß sich bald eine gute Schlittenbahn bildete, welche die Unbequemlichkeit eines so früh sich einstellenden Winters wieder einigermaßen vergessen ließ.

Unter Schneewehen fast vergraben lag Elias Moser's verstecktes Häuschen. Die Mühle am Lärchenbusch klapperte nicht mehr; der vorsichtige Moser hatte sie abgenommen, damit Schnee und Frost ihm den künstlichen Bau nicht schädigten. Im Uebrigen brachte das böse Wetter in der Lebensweise des abgehärteten Mannes keine Aenderung hervor. Seine Botengänge wurden von ihm nach wie vor mit gleicher Pünktlichkeit besorgt; nur trug er jetzt zum Schutz gegen Frost und

Schneestürme eine Pelzmütze mit Ohrenklappen, juch=
tene derbe Wasserstiefeln über die Lederbeinkleider und
einen alten, von langer Benutzung bräunlich roth ge=
wordenen Radmantel, der ihm Brust und Rücken
schützte. Seine Maserpfeife ließ Moser bei der starken
Kälte auf seinen Pflichtwanderungen niemals ausgehen.

War sonach Tagebuch=Moser im Ganzen derselbe
geblieben, wie wir ihn zuerst kennen lernten, so zeigte er
doch im Hause ein etwas verändertes Wesen. Zwischen
Rosa und ihrem Manne herrschte seit kurzem nicht
mehr das beste Einverständniß. Fremde gewahrten da=
von allerdings nichts, denn Rosa sowohl wie Moser
wußten sich zu beherrschen. Elfrieden aber konnte die
Disharmonie zwischen Vater und Mutter nicht ganz
verborgen bleiben, und darunter litt das junge Mäd=
chen. Was eigentlich den ersten Anlaß zu dem Un=
frieden gegeben hatte, der sich wenigstens der Tochter
gegenüber mehr durch mürrisches Schweigen als durch
Wortstreit kund gab, blieb Elfrieden verborgen. Nur die
Zeit war ihr erinnerlich, von der an die Disharmonie
zwischen den Aeltern datirte.

Diese fiel zusammen mit einem Besuche, den
Elfriede eigentlich mit Augen nicht gesehen hatte,
denn auf Geheiß ihrer Mutter mußte sie das Haus in
geschäftlichen Aufträgen verlassen, noch ehe diese den
Besuch unter ihrem Dache empfing. Beim Hinabstei=

gen aber hatte sie hinter den Brombeerhecken eine ver=
schloffene Kutsche gewahrt, die langsam der Stadt zu=
fuhr, und auf dem Schlage dieser Kutsche war ein
Wappen angebracht gewesen. Dies genügte dem mit
natürlichem Verstande begabten Mädchen, zu errathen,
wer wohl die Mutter allein zu sprechen wünsche. Es
konnte kaum eine andere Person als die Baronin von
Gampenstein sein.

Was die vornehme Edeldame mit ihrer Mutter
heimlich zu verhandeln gehabt hatte, erfuhr Elfriede
natürlich nicht, und im Grunde lag ihr auch wenig
daran. Erst als sie die Veränderung gewahrte, die
nach und nach in der Stimmung ihrer Aeltern und
zwar höchst wahrscheinlich infolge des vornehmen
Besuchs, der nicht wiederholt ward, eintrat, dachte
Elfriede mehr darüber nach und ihre kindliche Unbe=
fangenheit verlor sich, ohne daß sie selbst es ahnte.

Elfriedens Vermuthungen waren richtig. Die
Mittheilungen, welche die Baronin ihrer ehemaligen
vertrauten Dienerin machte, legten den Keim eines
Mißtrauens in Moser's Seele, den alles Zureden und
Betheuern Rosa's nicht mehr auszurotten vermochte.
Wir müssen jetzt auf jene Unterredung zurückkommen,
weil sie in engstem Zusammenhange mit den spätern
Ereignissen steht, die wir demnächst werden kennen
lernen.

Moſer war an jenem Tage von ſeinen Boten=
wegen ſpät zurückgekommen. Er fand Roſa ungewöhn=
lich nachdenklich und noch ohne Licht, obwohl es ſchon
völlig dunkel geworden. Sogar das Feuer auf dem
Küchenherde war erloſchen und Elfriede hatte die
Mutter zu Bett geſchickt. Roſa konnte die raſchen
Fragen ihres Mannes mit Stillſchweigen oder leeren
Ausreden nicht beantworten, ſie mußte wahr ſein, wenn
nicht ſchwere Verwickelungen eintreten ſollten, die viel=
leicht für immer ihr eigenes Glück untergruben. Sie
erzählte daher ohne alle Bemäntelung, was ſie von der
Baronin erfahren hatte.

„Ich wiederhole", ſchloß die berechnende Frau
ihre Mittheilung, „es beruht Alles auf Vermuthun=
gen, erwieſen iſt gar nichts. Die Angſt des böſen
Gewiſſens ganz allein hat die Gnädige in ſo furchtbare
Aufregung verſetzt."

Moſer ließ ſich von dieſer erſten Mittheilung
nicht beunruhigen; er hielt ſie nicht einmal für
wichtig.

„Der Freiherr iſt ärgerlich, und kein verſtändiger
Menſch kann ihm das verdenken", ſagte er, als Roſa
ſchwieg. „Der Wiederaufbau des abgebrannten Vor=
werks koſtet ihm eine gewaltige Hand voll Gold;
der alte Kaſten, in dem doch allerhand Koſtbarkeiten
verſteckt geweſen ſein mögen, war nicht verſichert; und

Papst ist ein armer Mann, wenn der gnädige Herr nicht Nachsicht mit ihm hat. Dem armen Teufel ist so ziemlich Alles verbrannt. Das wurmt den Frei= herrn, der in gewissen Dingen jetzt geizig wird. Dazu kommt nun die Geschichte mit dem Sohne, die Aus= dauer und Klugheit verlangt, soll sie ganz und gar unterdrückt und vergessen werden. Beide Eigenschaften besitzt der Freiherr leider nicht; er wird weit lieber giftig und schlägt Alles kurz und klein. Ist mir sehr einleuchtend, daß ihm bei solchen Widerwärtigkei= ten und in solcher Stimmung die Galle überläuft, wenn er die Gnädige immer nur die Nase ins Gebetbuch stecken sieht. Wäre, mein Seel', für mich auch nichts, Rose, obwohl ich ein Kerl bin, der manchen harten Puff vertragen kann! Aber gib mir was zu beißen und zu brechen, sonst kann ich keinen vernünftigen Gedanken fassen, und denken hilft doch allein, wenn der Gnädigen geholfen werden soll."

Rosa trug auf, was Küche und Keller vermochten, und Moser genoß die vorgesetzten Speisen mit dem gesundesten Appetit.

„Die Gnädige hat mir einen Eid abverlangt", sagte Rosa mit einiger Verlegenheit.

„Einen Eid? Worüber denn?"

„Daß ich die Briefe niemals weggegeben habe."

„Kannst Du das beschwören?"

„Weggegeben habe ich sie nicht."

„Aber verloren! Es ist fatal, wenn man an=
vertrautes Gut verliert, fast ebenso schlimm, als wenn
man ein Geheimniß für Geld sich abkaufen läßt."

Rosa blickte ihren Mann unheimlich kalt an, in=
dem sie sagte: „Im Verlieren habe ich weniger Unglück wie
Du; daß ich müde und schläfrig werde, wie andere Leute
auch, ist Menschennatur. Und wenn man schläft, sieht
und hört man nicht."

„Richtig!" versetzte Moser, Messer und Gabel
geräuschvoll weglegend. „Und derweilen schleicht irgend
ein schuftiger Cujon durch eine angelehnte Thür, öffnet
einen Schrank oder einen Kasten, der zufällig nicht
verschlossen war, und wutsch! fort fliegen Papiere,
Schriften und Andenken!"

„Dergleichen kann geschehen, wie Du selbst zugibst,"
erwiderte Rosa, „und ist es geschehen, so hat man so Ver=
lorengegangenes weder weggegeben, noch verloren, noch
verschenkt."

„Nein, man hat es sich nur nehmen lassen!
Ist das der Fall mit den Papieren der Baronin?"

Rosa nickte mit dem Kopfe.

„Und heute hat sie verlangt, Du sollst sie ihr
wieder zurückgeben?"

„Das nicht, sie wollte nur wissen, wo sie verbor=
gen seien."

„Was haſt Du darauf geantwortet?"

„Ich wüßte es nicht genau."

„Und doch weißt Du es!"

„Nein! Ich weiß weder, wo jene Papiere hinge=
kommen ſind, noch kenne ich den, welcher ſie an ſich
nahm. Er trug eine Maske und gab keinen Laut von
ſich. Du mußt Dich erinnern, daß ich ſchon einmal
mit Dir über dieſe Angelegenheit ſprach. Es war vor
unſerer Verlobung."

Moſer ſtand auf und ging gebückten Hauptes,
um die Querbalken des niedrigen Zimmers, auf wel=
chen die Breterdecke lag, nicht zu berühren, einige
Male rund um den Tiſch. Dann blieb er Roſa gegen=
über ſtehen, ſtützte beide Hände auf den Tiſch, klam=
merte ſeine grauen Augen wie Krallen an die Frau
und ſprach:

„Es wäre grundſchlecht von Dir, wenn Du um
ein lumpiges Stück Gold das Geheimniß einer Frau
verkauft hätteſt, die unbedingtes Vertrauen in Dich
ſetzte und von welcher Du Wohlthaten, jahrelang
Wohlthaten genoſſeſt! Hätte ich Dir eine ſolche Nieder=
trächtigkeit zugetraut, würde ich Dich niemals ange=
ſprochen haben."

Roſa hielt den forſchenden Blick ihres Mannes
ruhig aus.

„Es iſt nichts geſchehen", verſetzte ſie gleichgültig,

8*

„doch besitze ich die Papiere nicht mehr, wie ich schon
sagte, und kann ebenso wenig angeben, wo sie geblie=
ben sind. Uebrigens will ich zu Deiner Beruhigung
Dir mittheilen, daß sie nichts enthalten, was die Ba=
ronin direct compromittiren könnte. Es ist nur von
Liebe, von Schwärmerei, von Herzen und Schmerzen,
ich glaube auch von Todtschießen darin die Rede, nicht
aber von Heimlichkeiten, welche dem Rufe eines jungen
Mädchens schaden. Die Baronin hat mir die Zettel
des vor Liebe fast tollen jungen und freilich auch sehr
schönen Mannes so oft vorgelesen, daß ich sie fast
auswendig wußte. Ich hätte sie aus dem Gedächtniß
niederschreiben sollen, das wäre klug und für mich
sehr vortheilhaft gewesen. Leider habe ich daran nicht
gedacht! Die Namen, welche der Freiherr genannt hat,
sind aber die richtigen. Der schwärmerische Verehrer
der Gnädigen unterschrieb sich nie anders. Es war
eine Grille von ihm, die mir lächerlich vorkam.“

„Mit solchen Versicherungen allein wirst Du die
Baronin nicht beruhigen“, sagte Moser. „Man muß
etwas Anderes ausfindig machen, etwas, das sie
auf andere Gedanken bringt.“

„Deine Unvorsichtigkeit fällt weit schwerer ins
Gewicht!“ entgegnete Rosa, mit ihrem erstarrenden
Eisesblicke den Mann fixirend. „Die verschwundenen
Briefschaften enthielten nur hingekritzelte Phantasien,

in Deinem Paquet lagen Beweise! Wären sie noch in
unsern Händen, dann brauchten wir um die Zukunft
nicht bange zu sein. Der Inhalt jenes Paquets sicherte
Elfrieden eine gräfliche Aussteuer. Man hätte unter der
Hand sich nach einem Rittergute für sie umsehen können."

„Wenn der Mensch Unglück haben soll, bricht er
den Fuß schlafend im Bett", entgegnete Moser. „Ich
hatte Unglück an dem Malefiztage, wo es Feuer
vom Himmel regnete wie vor dem Untergange von
Sodom und Gomorrha; einer Schuld oder auch bloßer
Fahrlässigkeit kann ich mich nicht zeihen. Die Wege
waren schlüpfrig und glatt geworden von dem heftigen
Regen; ich glitt aus, fiel und wäre ersoffen im Teiche,
wenn ich mich nicht festklammern konnte an dem
Stäuder. Dabei fiel mir das glatte Paquet aus der
Tasche, und ehe ich zugreifen konnte, hatte es der gur=
gelnde Strudel des einströmenden Wassers verschlun=
gen. Es ist das ein Unglück, ich geb' es zu, aber ich
habe Hoffnung, daß es noch reparirt werden kann.
Der Abfluß hat es noch nicht wieder ausgespien, und
bei dem Fischen und Schlemmen des großen Wassers
werde ich wissen, wo mein Platz ist."

„Geht es verloren oder zerstört es das Wasser,
so bleiben alle Nachfragen ohne Erfolg", fiel Rosa
ein. „Oder findest Du auch Schlechtigkeit in meiner
Zurückhaltung?"

„Diese lobe ich vielmehr, Rose. Man kann klug
sein und doch redlich durch und durch. Damals hast
Du der Gnädigen einen Dienst geleistet mit dem
Verschwindenlassen, der Dir theuer zu stehen kommen
konnte. Jetzt möchte sie Geschehenes ungeschehen machen
und sollte sie ihr halbes Vermögen zum Opfer brin=
gen. Wer ihr dazu behülflich ist, verdient nicht blos
einen Gotteslohn, er darf auch Anspruch auf klingendes
Verdienst, auf materiellen Nutzen erheben. Den Willen
dazu haben wir —"

„Sage lieber: hatten wir, Elias! Deine Unvor=
sichtigkeit bringt uns um ein Rittergut und wird die
Gnädige um ihren Ver —"

„Dummes Zeug!" fiel Moser ein. „Solange
der Mensch die Hoffnung nicht aufgibt, bleibt er auch
bei Sinnen! Mit Hoffnung füttere ich aber die Ba=
ronin noch lange. Inzwischen grüble ich aus —"

„Wo die Briefe geblieben sind?"

„Vielleicht auch das; zunächst werde ich aber
doch mich zu sichern suchen. Ich kenne den Wind=
müller Fabian so gut, daß ich ein vertrauliches Wort
mit ihm reden kann. Er ist ein Schwachkopf, thut
aber gern wichtig. Sein Nachbar, ein unternehmender
Kerl, hat den Teichwärterdienst erhalten. Hinter den
muß man sich stecken. Das Paquet war gut in Wachs=
leinwand eingenäht. Schlamm und Nässe durchdringen

es so leicht nicht. Und Du meinst ja, es sei wirklich möglich, daß kein Verbrechen verübt wurde."

„Es ist möglich, es ist sogar wahrscheinlich! Verlasse Dich auf mein Wort, Elias! Verlangt wurde das Schreckliche von mir, aber meine Hand blieb rein. Die klugen, hellen Augen des Knaben, die wie Himmelsleuchten mich anblickten, machten mich weichherzig. Da schloß ich die Augen und trug den armen Wurm weit, weit fort. Tags darauf wollte der fürchterliche Mensch mich in seiner Wuth erdrosseln. Seinem Freunde verdanke ich's, daß ich am Leben blieb, daß ich entfliehen konnte. Die arme Herrin sah ich erst in ihrer schweren Krankheit wieder."

Moser ward bei diesen Mittheilungen bald kalt, bald heiß. Er blies zuletzt die Lampe aus, um von außen nicht beobachtet zu werden, obwohl zu so später Nachtstunde so leicht kein Fremder das versteckt gelegene Haus umschlich.

„Rosa, Rosa", rief er dann und griff sich mit beiden Händen in sein dünnes graues Haar, „wärst Du ehrlicher gewesen, als wir uns kennen lernten, ich brauchte dann nicht mit der Heuchelei schön zu thun, wie ich es jetzt muß, um mein angetrautes Weib nicht um alle Reputation zu bringen! Du hast Dich vergangen, schrecklich vergangen, Rosa, gegen Gott und Menschen und gegen ein armes wimmerndes Kind!

Aber ich will und werde es niemals Wort haben vor der scheelsüchtigen Welt, und darum will ich Dich wieder unschuldig machen, wie Du es gewesen sein mußt vor dem schrecklichen Tage! Konnte das hülf= lose Geschöpf leicht gefunden werden?"

„Es mußte gefunden werden und es ist auch sicher gefunden worden, Elias!"

„Wer gibt Dir darüber Gewißheit?"

„Mein Herz! Ich habe eine Ahnung, die mir noch immer über jede schwere Stunde hinweggeholfen hat. Der Knabe ist am Leben geblieben, glaub es mir, Elias! Eine Mörderin können sie weder aus mir, noch aus der Gnädigen machen. Aber die Baronin mag immer noch eine Zeit lang büßen für ihre Jugend= sünden. Sie trieb es auch gar zu arg! Und dann hat sie doch den Vater — es war ein unvergleichlicher Mann — in den Tod gejagt!"

Moser vergrub seine Hände abermals in den Haaren.

„Es ist ein verzweifelter Handel, den ich da aus purer toller Gutmüthigkeit Deinetwegen, unseliges Weib, in die Hand genommen habe! Nun muß ich ihn zu Ende führen, es mag gehen, wie's will! Schlimmsten Falls kann die Welt von mir doch nur sagen: Der alte ruhelose Kerl war ein Narr! Unser Kind bleibt wenigstens makellos, und das ist die Haupt= sache! Ein Glück, daß ich von Zeit zu Zeit den krumm=

näſigen Sonderling drüben an der Paßhalbe ſehe und
gar ſehen muß, ſeit er die Hand ſchirmend über dem
Haupte des Junkers hält! Dieſer Sohn ſoll ſeiner
Mutter wenigſtens nicht verloren gehen! Für ihn bürgt
mir der Alte, der Rath weiß für alle Noth, und quölle
ſie auch aus dem tiefſten Herzen! Das aber ſag ich
Dir, Roſa, hintergehe mich nicht, ſonſt thue ich,
was mich rent, und bleibe doch ein ehrlicher Narr, der
Thränen vergießt, wenn ein Singvogel, den ich's Pfei=
ſen lehrte, den Pips kriegt!"

Es war dies die einzige ausführliche Unterredung
Moſer's mit ſeiner Frau über eine dunkle Angelegen=
heit, die immer nur oberflächlich von Roſa berührt
worden war. Papiere, die ſie in Händen hatte oder
zu beſitzen behauptete, würden eines Tages Alles auf=
decken, erklärte ſie ihrem Manne, wenn dieſer auf
Drängen der Baronin von Gampenſtein genöthigt war,
Roſa mehr und mehr in die Enge zu treiben.

Der Verluſt der ihm von Roſa nach wiederholten
Bitten übergebenen Papiere, deren Inhalt Moſer in
ſofern unbekannt blieb, als er ſie ſelbſt nicht einſehen
kounte, verſchlimmerte die Lage aller Betheiligten. Moſer
mußte ſich zunächſt nur durch eine Nothlüge zu helfen,
indem er der Baronin vorſpiegelte, ſeine Frau ſei
ſchwierig, und das Geheimniß ſelbſt bedürfe noch ſehr
der Aufklärung. Roſa dagegen klagte er ſein Leid noch

in der Nacht, während über der Brandstätte des vom
Blitze getroffenen Vorwerks die letzten schmuzig rothen
Rauchwolken verdunsteten.

Moser hatte das ihm anvertraute Papier wirklich
verloren. Er wollte es der Baronin überlassen, wenn
sie sich zuvor verpflichte, bei ihren weitern Nachfor=
schungen den Namen seiner Frau ganz aus dem Spiele
zu lassen, und ihm zugleich die Auszahlung einer Geld=
summe sichere, die ihn in den Stand setze, eigenen
Grundbesitz zu erwerben, damit seine einzige Tochter sich
dereinst mit einem gebildeten, thätigen Landsmanne
verheirathen könne.

Alle diese Anschläge und Pläne schienen sich nicht
verwirklichen zu wollen. Moser's Verlust blieb uner=
setzlich und an Wiederauffindung des Paquets war nicht
zu denken, da die Ablassung des Teichs, auf welche
Moser seine Hoffnung setzte, von Woche zu Woche ver=
schoben ward. Es hing dieselbe in der ersten Reihe
von dem Freiherrn ab. Dieser aber war seit dem Brande
noch immer zerstreut, in seinen Entschlüssen wandelbar
und den Vorschlägen anderer weniger zugänglich als
früher.

Moser's Wort galt noch am meisten bei dem auf=
brausenden Manne, der jetzt häufig in einen Eigensinn
verfiel, welcher an Starrsinn grenzte. So gelang dem
schlichten Landmanne, eine Versöhnung zwischen Vater

und Sohn wenigstens anzubahnen, wodurch auch die
Baronin einigermaßen beruhigt wurde. Es drückten sie
nur noch die Bekümmernisse, die in Gestalt drohender
und zürnender Rachegeister aus dem Grabe der Ver=
gangenheit aufstiegen. Um das nächste Schicksal Eg=
bert's war sie nicht mehr besorgt. Sie traute Moser's
Versicherung: dem Junker gehe nichts ab, mit der auch
der Freiherr sich beruhigte.

Nach Corneliens Rückkehr von ihrer Wallfahrt,
auf welcher nur Afra sie begleitete und die Cäsar von
Gampenstein zugeben mußte, erhielt Rosa wiederholt
Aufforderungen, die Baronin zu besuchen. Moser, der
in hergebrachter Weise auf dem Schlosse aus und
ein ging und dabei auf Alles hörte und sah, was ihm
wichtig zu sein schien, überbrachte diese Einladungen
seiner Frau mündlich und schriftlich. Rosa jedoch blieb
taub. Weder Bitten noch Befehle machten die Harther=
zige andern Sinnes.

Moser war diese Halsstarrigkeit verhaßt und er
sagte dies in seiner ehrlichen Geradheit der versteckten
Frau ins Gesicht.

„Es kann Dir schlecht bekommen, wenn Du so
trotzig bleibst", schloß er seine Warnungsrede.

„Kümmere Dich um Deine eigenen Angelegenhei=
ten", entgegnete Rosa kalt abweisend. „Der Charakter
der Baronin ist mir bekannter wie Dir. Kommt sie

erst zu der Einsicht, daß ich mich zu nichts beschwatzen lassen will, so zieht sie andere Saiten auf. Im Schlosse Gampenstein will ich nicht verkehren des Freiherrn wegen!"

„Ich bin nicht eifersüchtig", lachte Moser.

„Danach würde ich wenig fragen", versetzte Rosa brüsk. „Ich weiß, daß der Freiherr mich haßt, und diesem Hasse will ich keine Nahrung geben. Wünscht die Gnädige ernstlich meine Hülfe, so weiß sie, wo ich wohne. Einen Besuch werde ich jederzeit höflich empfangen."

An Rosa's Blicke konnte Moser bemerken, daß seiner Frau ein solcher Besuch, welcher dem Freiherrn allerdings verheimlicht werden mußte, erwünscht sein werde. Er traf danach seine Einrichtungen, richtete die Unterredungen, die er wöchentlich mindestens einmal mit Cornelia von Gampenstein hatte, ebenfalls danach ein und kam so auf Umwegen dem Ziele einen Schritt näher. Die Baronin faßte den Entschluß, die gewesene Dienerin ein zweites Mal unter ihrem eigenen Dache aufzusuchen. Sie hatte sich diesmal sorgfältig auf eine Unterredung mit Rosa vorbereitet und kam ausgerüstet mit Anträgen, von denen sie glaubte, die gewinnsüchtige Frau werde sie nicht kurz und für immer zurückweisen.

Mutter und Tochter waren beide fleißig mit Spinnen beschäftigt, als Schellengeklingel näher und näher kam und quer über die verwehten Wege ein Schlitten heransauste und vor dem Hause anhielt.

„Baronin von Gampenstein, so wahr ich lebe!" sagte Rosa, das Spinnrad zur Seite stellend. „Geh' fort, Kind, und putze Dich hübsch heraus! Heute muß ich Dich der Gnädigen vorstellen! Sie war von jeher für alles Adrette und Hübsche eingenommen, und wenn sie auch jetzt meistentheils den Kopf hängen läßt, wie eine kranke Henne, so steckt ihr der alte Hochmuth und die Welteitelkeit doch immer noch im verdorbenen Her= zen! Ich kenne die vornehmen Weiber. Sind sie die alten Sünden los geworden, denken sie nur daran, wie sie sich neue wieder aufbürden! Nur Amusement muß dabei sein. Dein frisches Schelmengesicht wird der Gnä= digen schon gefallen. Also nimm Dich zusammen, Friede, sei kein Gänschen und zeige Dich anstellig! Wer's zu was bringen will in der Welt, muß bei Zeiten die Flügel regen."

Zehntes Kapitel.

Ein würdiges Paar.

Cornelie von Gampenstein hatte mit Hülfe ihrer gewandten Zofe den Schlitten verlassen, ertheilte dem Kutscher einige Befehle und schritt dann, Asra voraus schickend, damit sie in deren Fußstapfen treten konnte, dem Hanse zu, während der Schlitten umkehrte und fortfuhr.

„Der Besuch wird lange dauern", dachte Rosa, strich den Flachsstaub von ihrer Schürze und nahm die freundlichste Maske vor, über die sie durch Willenskraft verfügen konnte.

Cornelie war reich und vornehm in schwere Seidenrobe und kostbaren Zobelpelz gekleidet. Wie sie hinter der wohlbeleibten Zofe, die Robe hebend, durch den Schnee auf das Haus zuschritt, enthüllte sie einen kleinen, tadellos geformten Fuß, den sie selbst noch manchmal mit Wohlgefallen betrachtete.

Rosa Moser lächelte.

„Sie bleibt doch die Alte troß Gebetbuch, troß
Herzensangst und Seelenpein!" murmelte sie leise vor
sich hin. „Man ist ihrer nur so lange gewiß, als man
Gewalt über sie hat! Freigegeben ahmt sie der ge-
zähmten Tigerkaße nach, die nach gezwungenem Fasten
möglichst schnell ein neues Opfer für Befriedigung
ihrer wilden Gelüste sich aussucht. Bemühe Dich
nicht, vornehme Sünderin, Du bleibst abhängig von
mir, bis ich Dich und den Freiherrn nicht mehr zu
fürchten habe!"

Die Faust unter der Schürze ballend, ging Rosa
der Baronin mehrere Schritte entgegen, entschuldigte
sich, daß sie nicht gleich an den Schlitten gekommen
sei, was indeß ganz unthunlich gewesen, und führte
den vornehmen Besuch, höchst beglückt um sich
schauend, ins Haus. Afra ward ohne Umstände sogleich in die Kochstube gewiesen, um Elfrieden zu
unterhalten und ihren Anzug einer Musterung zu unter-
werfen.

Cornelie sah heute fast jugendlich frisch aus. Die
scharfe Luft hatte ihre Wangen mit zartem Pfirsich-
roth überhaucht, sodaß sie jeder für eine junge Frau
von einigen zwanzig Jahren halten konnte. Dies vortreffliche Aussehen der Baronin benutzte die kluge Rosa
sogleich zu ihrem eigenen Vortheil.

„Frisch und rosig, wie die ewige Jugend!" rief

sie aus, der Edeldame den Pelzrock abnehmend und ihn bewundernd über einen Stuhl hängend. „Ich habe es ja immer gesagt, daß meiner gnädigen Frau die Jahre nichts anhaben können!"

„Ich bin nicht mehr Deine gnädige Frau, Schmeichlerin!"

„Das wäre ja traurig! War ich unartig? Bitte, bitte, beste, himmlische Frau Baronin, strafen Sie mich dann recht derb; strafen Sie mich mit wollüstiger Grausamkeit!"

Sie legte so viel Seelenwärme in ihren kalten Blick, als sie mit aller Verstellung aufbringen konnte, kniete vor Cornelie nieder, rieb mit einem Tuch den Schnee von deren Stiefelchen und drückte in ihrer Dienstbeflissenheit sogar einen Kuß darauf.

„Ein Füßchen zum Entzücken!" rief sie aufspringend. „Nun, man kennt das und weiß, welch unermeßlichen Werth solch ein wunderbares Naturgeschenk hat!"

„Sprich leiser, Röschen!" ermahnte sie die Baronin, ihr vertraulich zulächelnd. „Deine Tochter ist noch ein unschuldiges Kind, und ich wünschte, daß ihr diese Himmelsgabe erhalten bliebe, bis sie in einem braven Manne eine Stütze gefunden hat. Uns ist es nicht so gut geworden, liebes Röschen! Hast Du vergessen?"

Rosa legte schnell ihre Hand auf den Mund der Frau von Gampenstein.

„Nichts habe ich vergessen, meine Gnädige", fiel sie ein, „ich mag aber auch an nichts erinnert werden. Das thut Ihnen ebenfalls nicht gut! Sie werden dann still, nachdenklich, unruhig. Immer mit dem Tage fortleben, nur das Sonnenlicht einschlürfen, das unser Augenlid berührt, das nenne ich ein vernünftiges Leben führen."

„Dennoch läßt sich Deine Vorschrift nicht immer befolgen", sagte Cornelie, den Stuhl einnehmend, welchen Rosa ihr brachte. Sie streifte die Handschuhe von den schönen, kleinen Händen, zupfte die vom Pelz etwas gedrückten Spitzenmanschetten zurecht und rückte sich in recht bequeme Lage, die kühl gewordenen Füße auf den Wärmstein setzend, den Rosa ihr unterlegte. „Wenn man in der Zukunft glücklich oder doch zufrieden sein will, muß man doch bisweilen in die Vergangenheit zurückblicken. Warst Du immer zufrieden, liebes Röschen? Ich glaube es nicht. Die Falten da auf Stirn und Wangen klagen Dich laut großer Unzufriedenheit an und haben Dir auch wohl manche Thorheit oder Unüberlegtheit zu vergeben."

„Wenn die gnädige Frau es meinen und mir nur wohl gewogen zu bleiben versprechen, geht die Sonne des Glücks mir niemals unter!"

„Du heuchelſt, Röschen!" ſagte Cornelia und hob
drohend den Finger. „Ganz gewiß, Du heuchelſt!
Stürbe ich über Nacht plötzlich eines natürlichen oder
gewaltſamen Todes, dann würdeſt Du innerlich froh=
locken, denn Du könnteſt dann wirklich ungeſtört Dich
Deines Lebens freuen. Jetzt iſt das nicht möglich,
denn ich bin Dein Quälgeiſt, der Dich Tag und Nacht
verfolgt, der nicht von Dir weichen wird, bis Du
ihn durch Oeffnung Deines böſen, feſt verſchloſſenen
Herzens abgekauft haſt."

Roſa blickte recht betrübt zu Cornelien auf, vor
der ſie wieder auf den Knieen lag. Sie ſchüttelte das
Haupt und eine Thräne ſchimmerte in ihrem Auge.

„Sie verkennen mich, Sie verkennen mich gänz=
lich, meine gute, beſte, gnädige Frau! Was hätte aus
uns werden ſollen, wenn der Schlüſſel zu dem Geheim=
ſchrein meines Herzens nicht ſo hoch hing, daß ich ihn
ſelbſt nicht zu jeder Stunde erreichen kann! Gleitet er
eines Tages herab in meine Hand, ſo werde ich es
wie eine Gnade des Himmels betrachten, und Sie
ſollen ihn von mir ausgeliefert erhalten."

„Ja, was wäre aus uns geworden!" ſeufzte die
Baronin, und die feine Röthe auf ihren Wangen ver=
ſlog allgemach. „Du haſt Recht, mich daran zu er=
innern. Vergib, daß ich ſo rückſichtslos ſprach! Ich
will mich gern von Dir belehren laſſen, nur mußt Du

auch mir entgegenkommen und nicht immer Dich ab=
weisend verhalten. Mir scheint, Du spielst manchmal
die Beleidigte, und doch erinnere ich mich nicht, Dich
je beleidigt zu haben. Oder hätte ich es doch gethan,
ohne es zu ahnen?"

Rosa bewegte abermals verneinend den Kopf.

„Meine gnädige Frau kann mich nie beleidigen",
sprach sie ernst und fest, „aber sie muß auch glauben,
daß ich es gut mit ihr meine. Eigentlich sollte die
gute, liebe Frau Baronin das längst schon wissen."

„Ich weiß es auch", entgegnete Cornelie mit sei=
nem Lächeln um die noch immer vollen Lippen, „nur
Dein merkwürdiges Versinken in Dich selbst, wenn
eine meiner Fragen Dir nicht gefällt, läßt mich zeit=
weilig an Deiner Aufrichtigkeit zweifeln. Das betrübt
mich dann und kann mich wohl auch vorübergehend
ungerecht gegen Dich machen. Und ich habe es doch
so gut vor mit Dir, Röschen! Lebten wir nicht früher,
als wir beide noch jung und sehr, sehr leichtsinnig
waren, vertraut zusammen, wie Schwestern?"

Rosa blickte die Baronin schlau von der Seite an
und lächelte.

„Ich gab mich Dir mehr hin, als klug war, ohne
daß es von mir verlangt werden konnte. Meine Stel=
lung hielt mich eigentlich fern von Dir!"

„Sie waren stets gütig und herablassend, gnädige

Frau, dafür diente ich Ihnen treu und that immer, was Sie wünschten."

„Immer? Röschen, besinne Dich! Du hast einmal schnurstracks gegen meine Befehle gehandelt und mich dadurch in große Trübsal gestürzt!"

Rosa verneinte schon wieder und diesmal recht eigensinnig.

„Diese Behauptung gehört zu den fixen Ideen meiner guten, gnädigen Frau, die ich stets energisch bekämpft habe. Mein sogenannter Ungehorsam hob Sie zuerst auf die Sonnenhöhe leuchtenden, Ihre ganze Seele erfüllenden Glücks! Wären Sie nicht wankelmüthig gewesen —"

„Keine Vorwürfe, Rosa!" unterbrach sie Cornelie und machte Miene aufzustehen. „Diese Art des Widerspruchs vertrage ich nicht. Mein Verhängniß riß mich fort! Aber ich komme nicht, um Dir Vorwürfe zu machen, ich wünsche vielmehr einen Vergleich mit Dir zu schließen. Du hast noch Papiere in Händen."

„Nicht mehr, gnädige Frau!"

„Dein Leugnen hilft Dir nichts, wenn ich es auch begreiflich finde. Wir wollen und müssen uns verständigen. Was meinst Du zu diesen Anerbietungen?"

Cornelie zog eine zusammengefaltete Schrift aus den Falten ihres Kleides und reichte sie der gealterten Dienerin. Rosa las sie aufmerksam durch, ohne eine

Miene zu verziehen. Der Baronin das Papier wieder zurückgebend, sprach sie:

„Es ist viel, sehr viel, aber ich kann auch uneigennützig sein, wenn ich vorher weiß, daß ich eine an mich gestellte Forderung zu gewähren nicht im Stande bin. Auf mein Wort, gnädige Frau, jene Papiere, die Sie in Ihrer Seelenangst mir übergaben, sind nicht mehr in meinem Besitz.“

„Du lügst, Rosa!“

„Nein, ich spreche die Wahrheit.“

„Wo sind sie?“

„Wahrscheinlich verbrannt.“

„Auf dem Vorwerke?“

Rosa antwortete nur durch Kopfnicken. Cornelie stand auf und rang, ihre großen Augen starr auf die ehemalige Dienerin heftend, ohne einen Laut von sich zu geben, die Hände. Nach einer Weile legte sie die Rechte auf Rosa's Haupt und sagte:

„Möglich wäre, was Du behauptest, doch entschuldige meine Ungläubigkeit, wenn ich es unwahrscheinlich finde. Der Mann, dessen Hand ich Deiner Tochter verschaffen werde, sobald unter uns ein befriedigendes Abkommen getroffen ist, hat mir erzählt, daß bei dem unglücklichen Feuer gar keine Papiere verbrannt sind.“

„Was kann ein Pachter davon wissen!“ fiel Rosa

ein. „Wenn ein Blitzstrahl ihm seine Scheuern und Ställe anzündet, deukt er gewiß eher an sein Vieh und sein ganzes übriges Eigenthum, als an Papiere, die ihn persönlich nichts angehen."

„Das läßt sich annehmen, allerdings, und dennoch kann der Zufall wollen, daß es ganz anders kommt, als die berechnende Klugheit meint. Lagen die Papiere, von denen ich rede, auf dem Vorwerke, so sind sie nicht verbrannt. In diesem Falle hat diese Schrift auch keine Gültigkeit, denn sie würde sich niemals verwirklichen lassen. Mein Geheimniß ist dann verrathen, und ich bin dem Zorne, der Rache des Freiherrn dann rettungs= los preisgegeben!"

Cornelie hatte ohne Leidenschaft, völlig resignirt und tief traurig gesprochen. Sie wußte, daß unter dem Zorne ihres Gemahls, wenn er aus dieser ihm stets geheim gehaltenen Quelle Nahrung sog, auch das Lebensglück ihrer ehemaligen vertrauten Dienerin zu= sammenbrechen müsse. Einem solchen vernichtenden Ungewitter konnte Rosa nicht kaltblütig die freche Stirn entgegenwerfen. Schon das Weib in ihr mußte vor solcher Zukunft sich entsetzen und dieses Entsetzen sich in Blick und Haltung, wenn auch nur auf Momente, verrathen. Rosa aber nahm die Mittheilung ihrer frühern Gebieterin mit völliger Gleichgültigkeit hin. Sie hatte nur ein Achselzucken dafür. Cornelie wußte jetzt,

daß Rosa sie täuschen wolle, und obwohl diese absicht=
liche Täuschung, die einen tiefern Grund haben mußte,
sie kränkte, schöpfte sie aus dieser Erkenntniß doch wieder
Hoffnung. Ihr Geheimniß, diese Schuld, die so schwer
auf ihrem Gewissen lastete, war dem Freiherrn noch
nicht bekannt und konnte ihm auch nicht bekannt wer=
den, solange Rosa schwieg und es für gut hielt, die
Papiere mit ihrem schwer wiegenden Inhalt nicht an
das Licht des Tages gelangen zu lassen.

„Hast Du mir gar nichts mitzutheilen?" hob die
Baronin mit dem tief traurigen Tone, in den sie ge=
fallen war, noch einmal an. „Mein Sohn Egbert ist
mir von Deinem Manne aus Vorsicht entführt wor=
den; Du weißt darum. Darf die Mutter auch nicht er=
fahren, wo sie ihr Kind zu suchen hat?"

„Moser hat mir Schweigen zur Pflicht gemacht,
gnädige Frau", entgegnete Rosa. „Hartherzig ist Elias
nicht, nur vorsichtig; wenn er aber sagt, Vorsicht
sei nöthig, so ist Grund vorhanden, ihm dankbar
zu sein."

„Das bin ich Deinem Manne noch immer ge=
wesen, nur bangt mir vor den nächsten Monaten,
wenn ich immer allein und ohne Nachricht von meinem
Sohne meinen trüben Gedanken auf Gampenstein nach=
hängen soll."

„Ich werde mit Moser sprechen, gnädige Frau."

„Denke dabei auch an Dich selbst und an Deine Tochter! Ich werde nicht ruhen, nicht rasten, bis ich Gewißheit über das Verbleiben der Papiere erhalten habe. Eine Person gibt es noch außer Dir, an die ich mich wenden könnte."

Rosa Moser lächelte verschmitzt, zog die Augenbrauen eng zusammen und sagte, sich ceremoniös verneigend:

„Dann bedürfen ja die gnädige Frau Baronin Ihrer eigensinnigen Dienerin nicht mehr. Aber freilich, wenn zwei Personen um das Geheimniß einer dritten wissen, bleibt es schwerlich lange verborgen! Ich werde mich also wohl in mein Unglück finden müssen. Befehlen die gnädige Frau, daß ich Elfriede Ihnen vorstelle?"

„Ich würde Dich darum gebeten haben, wenn Du zugänglicher wärst und Dich nicht über Alles liebtest", entgegnete Cornelie. „Meine Pläne mit Deiner Tochter, die ich mir so artig ausgedacht hatte, muß ich nun aufgeben. Ich will mir Bedenkzeit nehmen bis nach Weihnachten, wo ich Dir freier hoffe ins Auge blicken zu können. Mache Dich darauf gefaßt, vorsichtiges Röschen, daß ich Dir dann eine sehr ernste Strafpredigt halte! Da höre ich den Schlitten kommen! Rufe Afra, damit sie mir den Pelz umhängt. Es versteht das Niemand so gut wie diese geschickte und immer gefällige Person. Dafür ist Afra aber auch fromm, während ich Dich immer nur gottlos gekannt habe."

„Die liebe, gnädige Frau diente mir in allen Din= gen als Muster und Vorbild", sagte Rosa und öffnete das Nebenzimmer, um die Zofe der Baronin zu rufen.

Cornelie biß sich auf die Lippen, verabschiedete sich aber mit derselben Herzlichkeit von Rosa, mit der sie die eigensinnig verschwiegene Frau begrüßt hatte.

Eilftes Kapitel.

Gespräche in der Skalhütte.

Um dieselbe Zeit ungefähr erhielt Junker Egbert
ein zweites Schreiben von seinem Vater, in welchem
dieser dem seinen Augen und seinem directen Einflusse
entrückten Sohne mittheilte, daß er seiner dummen
Streiche wegen noch immer viel Verdruß habe. An
Rückkehr auf die Hochschule sei nicht mehr zu denken,
da eine zeitweilige Consilirung nicht umgangen werden
könne. Darüber aber komme Egbert schon in die Jahre,
möge später schwerlich wieder unter eben inscribirten
Füchsen mit der Mappe herumlaufen, und deshalb
decretire er, daß das Studium ganz an den Nagel
gehangen werde. Ohne eine Zeit lang auf Reisen zu
gehen, reise nun einmal kein Gampenstein zum Manne
heran. Er möge sich daher auf schleunige Abreise
gefaßt machen, sobald der Spruch des Gerichts erfolge.
Die Wahl seines Reiseziels überlasse er dem Sohne
großmüthig; er wolle sehen, ob, wer zu Dummheiten

das Zeug habe, auch einen gescheidten Entschluß fassen
köune. Ganz zuletzt hatte der Freiherr recht wie im
Aerger mit pfeilspitzer Schrift hinzugefügt:

„Deine Mutter ist ebenso unklug von ihrer
Pilgerfahrt zurückgekehrt, wie sie dieselbe antrat. Ich
halte mich fern von ihr, bis sie auf vernünftigere
Gedanken kommen und vernünftigen Worten wieder
Gehör geben wird. Fühle doch Moser auf den Zahn,
ob er nicht anbeißt. Ich habe ihn seit kurzem stark
in Verdacht, daß er sich Dinge erlaubt, die ihm nicht
zukommen. Seiner Frau steht eine Untersuchung bevor
wegen ihrer verbotenen Quacksalbereien.“

Der Ueberbringer dieses Schreibens war Moser
selbst. Egbert freute sich, den schlichten Mann wieder
zu sehen, dem er sich zu großem Dank verpflichtet
fühlte. Die Skalhütte war, seit er unter unablässig
thätigen Menschen selbst geschäftig die Hände rührte,
ein angenehmer Aufenthaltsort für ihn geworden, den
er demnächst gar nicht zu verlassen wünschte. Mit
Berthold Rona stand er auf gutem Fuße, wenn er
ihn auch immer mit einiger Scheu betrachtete, die
einen vertraulichen Umgang nicht aufkommen ließ. Es
lag in Rona's Charakter so viel Verstecktes oder mit
Absicht geheim Gehaltenes, daß Egbert nie recht wußte,
wie er mit dem merkwürdig gearteten Manne daran
war. Es gab, soweit Egbert sich ein Urtheil über den

Herrn der Skalhütte erlauben durfte, nichts unter der Sonne, woran Rona nicht gelegentlich etwas auszusetzen hatte. Diese Eigenheit, Alles zu bemäkeln, ging so weit, daß er die Natur und ihre Hervorbringungen tadelte, daß er spöttisch den Mund verzog, wenn Jemand von Gottes Gerechtigkeit und Weisheit sprach, und daß er selbst Worte der Lästerung über seine Lippen gleiten ließ, die sein eigenes Thun Lügen strafte. Vor solchem Manne war es wohl geboten, vorsichtig zu sein und sich zu keiner unzeitigen Offenheit fortreißen zu lassen.

Angenehmer war der Umgang mit Lena, die bei aller Aehnlichkeit mit ihrem Vater doch eine diesem völlig entgegengesetzte Natur war. Die jungen Leute sprachen sich oft, freilich immer nur flüchtig; denn Lena hatte ebenso viel zu thun wie alle andern in der Skalhütte beschäftigten Leute, da ihr vom Vater schon über Jahr und Tag die Führung des Hausstandes übertragen worden war.

Nur des Abends fand sich bisweilen ein Stündchen Zeit zu traulichem Geplauder, falls Rona ein solches aufkommen ließ, ohne mit seinen erkältenden, ja oft geradezu vernichtenden Bemerkungen dazwischen zu fahren. Manchmal setzte sich Lena auch an den Flügel und entlockte dem trefflichen Instrumente Töne, die sich schmeichelnd um Egbert's für alles Zarte und

Schöne leicht empfängliche Seele legten. Er machte
dabei die ihn sehr überraschende Entdeckung, daß auch
Rona musikalisch sei und daß die Tochter ihre Fertig=
keit im Pianospiel einzig und allein dem Unterricht des
Vaters zu verdanken habe.

Moser hatte mit dem Herrn der Skalhütte eine
längere Unterredung, die beide Männer ernst machte.
Egbert entging das nicht, und da er über sein Schick=
sal ungeachtet der Andeutungen seines Vaters doch
noch immer sehr im Unklaren war, besorgte er, die
Unterhaltung Moser's mit Rona möge sich auf ihn
bezogen haben. Ueberhaupt fand er den zu helfen
immer bereiten Mann stiller als sonst und gar nicht
mehr aufgelegt zu Scherzen, die ihm früher so lustig
über die Lippen sprudelten.

„Du verheimlichst mir etwas, Moser", redete
Egbert ihn vertraulich an, als er sich kurz vor dem
Abendessen allein mit ihm in dem großen Wohnzimmer
Rona's befand. „Mein Vater ist verstimmt, meine
Mutter leidet aller Wahrscheinlichkeit nach geistig jetzt
noch mehr, als sie schon früher litt, und Dir scheinen
die Winterstürme allen Humor verweht zu haben.
Sei offen gegen mich, Moser, denn mich ängstigt dies
düstere Wesen, das ich an Dir gar nicht kenne. Ist
die hübsche Hummel, die schreckhafte Elfriede, unwohl
oder kostet sie Dich zu viel seidene Tücher? Ich sage

Dir, Moser, auf das allerliebste Mädchen kannst Du Dir was Rechtes einbilden. Sie setzt noch halbe Dörfer in Brand mit ihren lustigen Schelmenaugen!"

Moser stand, wie er immer zu thun pflegte, mit leicht vorgebeugtem Haupte vor den Familienportraits, welche dem Junker gleich am ersten Tage seines Aufenthalts in der Skalhütte der Betrachtung würdig erschienen waren. Ohne dessen Frage zu beantworten, hob er die Hand und zeigte auf das Brustbild, welches den Bruder Rona's darstellte.

„Ist's nicht ein sonderbares Spiel der Natur," sprach er, „daß Kinder oft weit mehr ihren nächsten Verwandten ähnlich sehen als den eigenen Aeltern? Die Lena zum Beispiel wird jeden Monat dem da, der ein schlechter Charakter gewesen sein soll, im Aeußern ähnlicher. Wie kommt das? Wissen Sie dafür eine Erklärung?"

Egbert setzte Moser's Frage, die er nicht zu beantworten wußte, in Verlegenheit, weshalb er sich mit bloßem Achselzucken half; er sand aber, daß der schlichte Botenmann Recht hatte. Die Aehnlichkeit Rona's mit ihrem Onkel war unleugbar; nur ein Zug um die Augen, der auffallend stark bei ernsten Gesprächen hervortrat, erinnerte an den Vater.

„Solche Aehnlichkeiten können einen manchmal auf

ganz niederträchtige Gedanken bringen", fuhr Moſer fort, den Bildern den Rücken wendend.

„Wie das?"

„Weil ſie einem ſo oft in die Hände laufen. Ich habe mir ſchon vorgenommen, den Leuten gar nicht mehr in die Augen zu ſehen."

„Mir auch nicht, Moſer?"

„Bei Ihnen hab ich's nicht mehr nöthig, weil ich Ihre Augen kenne. Sie dürfen ſich aber bei Leibe nicht einbilden, daß Sie Blick und Ausdruck allein von Ihren Aeltern haben!"

„Von wem denn ſonſt?"

„Da fragen Sie klügere Leute, wie ich bin, meinet= wegen Herrn Rona oder auch deſſen Tochter! Sie haben Ihnen wohl beide ſchon tief genug hineinge= blickt, um zu wiſſen, was auf der ſichtbaren Oberfläche zu leſen iſt und wie die Geheimſchrift in der ver= ſchleierten Tiefe lautet."

„Du biſt und bleibſt ein Schalk", erwiderte Egbert mit einiger Verlegenheit. „Wer ſich mit Dir nicht einläßt, thut am Ende klüger; Du kannſt ihm dann wenigſtens nichts aufbinden."

„Als Sie nach Gablona wallfahrten gingen, waren Sie wohl ehrlich gegen ſich und Andere?" gab Moſer zurück und trat ans Fenſter, aus dem man weit= hin die beſchneite Gebirgslandſchaft überſehen konnte.

„Ich an Ihrer Stelle, junger Herr, hätte das sein
bleiben laſſen.“

„Herr Rona wünſchte meine Begleitung.“

„Und Sie ſuchten ſie, Junker!“ raunte ihm Moſer
ganz leiſe zu. „Wenn Sie nun Ihrer Mutter begegnet
wären? Hätte das nicht ein Unglück geben können?
Ich weiß Alles aus der gnädigen Frau eigenem Munde.
Sie hat auch den Domherrn geſprochen.“

„Meine Mutter?“

„Keine Uebereilung, Herr Egbert! Rona kommt.
Von ihm erfuhr ich den Aufſehen erregenden Vorfall
in den Grabgewölben. Im Tagebuche war die Geſchichte
wie ein Wunder behandelt. Ich, der ich alles Ueber=
natürliche für blanken Unſinn halte, freue mich, daß
ich der Frau Baronin darüber jetzt vollen Aufſchluß
geben kann. Nur Aufklärung erheitert die Seele, be=
ruhigt das Gewiſſen, alles Andere iſt dummes Zeug!
Was halten Sie von dem Domherrn? Hat der Mann
Sie auch durch ſein Weſen zum Sklaven ſeines Willens
gemacht?“

„Intereſſirt Dich dieſer geiſtliche Herr, den Du
gar nicht kennſt?“

„Seit die Frau Baronin dem Domherrn ihr Herze=
leid geklagt hat, iſt er mir nicht mehr gleichgültig.
Sie ſelbſt ſprachen ihn ebenſo wenig wie Herr Rona?“

„Wir fanden leider keine Gelegenheit dazu. Die
Aufhebung der Ohnmächtigen —“

Rona's Eintritt ließ Egbert nicht endigen. Um doch etwas zu sagen, sprach er zu Moser:

„Du solltest länger bleiben; wir hätten uns dann recht gemüthlich über verschiedene Angelegenheiten aussprechen können.“

„Ich traue dem Wetter nicht“, entgegnete Moser. „Der Frost hat es zum Anfange gar zu gut gemeint. Solche Witterung hat keinen Bestand. Tritt aber Thauwetter ein und die im Gebirge gefallenen großen Schneemassen schmelzen, so gibt's ein Wasser, das alle Straßen überflutet. Dem darf ich mich nicht aussetzen.“

„Moser erfüllt meine Bitte“, fiel Rona ein. „Er bleibt bei uns bis übermorgen. Bis dahin kann ich ihm meine Aufträge geben, obwohl ich morgen einen häßlichen Tag habe. Nun, mit einiger Geduld kommt man ja über Alles hinweg! Wenn übrigens milderes Wetter eintreten sollte, werde ich wahrscheinlich noch vor Weihnachten ein paar Tage auf Eurer Seite zu thun haben. Ein Schreiben, das ich gestern erhielt, nöthigt mich, nach einer Person Erkundigungen einzuziehen, die mir Aufschluß geben könnte über etwas, das mich seit langen Jahren schon quält. Ich mache Euch dann vielleicht einen Gegenbesuch, Moser.“

„Würde mich von solcher Aufmerksamkeit sehr geehrt fühlen, Herr Rona“, sagte dieser mit steifer

Höflichkeit. „Wein führe ich aber nicht in meinem Keller; ich bin fürs Einfache und halte mich daher an unser klares Bergwasser."

„Daran thut Ihr ganz recht", erwiderte Rona heiter; „indeß verachtet Ihr hoffentlich nicht andere Gaben Gottes, wenn Ihr sie neben gemeinem Wasser auf dem Tische eines Freundes vorfindet. Ich habe Lust, heute Abend Wein zu trinken, weil mich morgen ein Gelübde daran verhindert."

„Haben Sie ein Gelübde gethan?" fragte erstaunt Egbert. „Das ist wohl erst neuerdings geschehen?"

„Im Gegentheil, es ist schon ziemlich lange her, aber es ist auch das einzige, das ich halte und zwar streng halte aus innigster Ueberzeugung. Auch Ihret= wegen, Herr Egbert, betrachte ich unseres wackern Freundes Ankunft als einen glücklichen Zufall. Sie werden nun morgen keine Langeweile haben. Lena pflegt nämlich über die Marotte, wie sie in ihrer kin= dischen Art zu denken mein Gelübde nennt, mißver= gnügt zu sein und läßt, da ich nicht nachgebe, ihren Thränen freien Lauf."

Weder Egbert noch Moser mochten unbescheidene Fragen an den Herrn der Skalhütte richten, der, wie ja beide längst schon wußten, voller Sonderbarkeiten steckte. Vorerst war dem Manne nichts von Trübselig-

keit oder finsterem Ernst anzumerken. Er war bei Tische
gesprächig, unterhaltend und in seiner eigenthümlichen
Weise liebenswürdig, sodaß die Zeit schnell verging
und Egbert es bedauerte, als Rona dictatorisch sagte,
es solle nun Jeder ohne Säumen zur Ruhe gehen.

Lena hatte sich einige Minuten früher entfernt;
auf der Treppe, die zu Egbert's Schlafzimmer führte,
kam sie diesem mit einer Lampe entgegen. Sie reichte
ihm die Hand und sprach, das „Gute Nacht!" des Jun=
kers leise erwidernd:

„Ich wollte, morgen wäre vorüber. Es ist ein
schrecklicher Tag!" Damit glitt sie an Egbert vorbei
und war im nächsten Augenblicke verschwunden.

An Schlaflosigkeit litt der Erbe von Gampenstein
noch nicht, selbst Träume besuchten ihn nur selten. Er
hatte aber einen leisen Schlaf, der von ungewöhnlichen
Geräuschen leicht gestört wurde. Ein solches Geräusch
weckte ihn am andern Morgen in früher Stunde;
denn noch lag tiefe Nacht auf der Erde, als die Töne
einer ernsten Musik sein Ohr berührten.

Egbert richtete sich auf und horchte. Die Musik
scholl von unten herauf und war offenbar im Hause.
Der Flügel im Wohnzimmer ward gespielt; von wem?
das blieb dem Junker kaum eine Minute lang ver=
borgen. Der frühe Spieler konnte nur Rona sein.

Egbert hörte mit Genuß zu, denn wi gering

seine musikalischen Kenntnisse auch waren, so viel hatte
er bei den häufigen Uebungen Lena's doch schon pro=
fitirt, daß er gute und schlechte Musik zu unterscheiden
wußte. Und Rona spielte nach dem Urtheile unseres
jungen Freundes mehr als gut, er spielte meisterhaft.
Es war strenge, aber tief ergreifende Kirchenmusik,
welche Egbert an. diesem Morgen zu hören bekam.
Der Anfang des Tages, dem Lena sogar das Epithe=
ton „schrecklich" gegeben hatte, erschien ihm nach dieser
musikalischen Morgenunterhaltung gar nicht so ascher=
mittwochsfarben, wie er zu fürchten Grund gehabt.
Er hätte gern noch länger zugehört, wenn der erste
graue Schimmer des Tages der Musik Rona's nicht
ein Ende gemacht hätte.

„Das mag wohl mit zu dem Gelübde dieses
Räthselmannes gehören", dachte er, stand auf und
kleidete sich an, um nicht der Letzte beim Frühstücks=
tische zu sein, wo Rona fast ausnahmlos Jedem einen
freundlichen Morgengruß bot.

Auffallenderweise rührte sich kein Mensch im
Hause; außer dem trockenen Husten Moser's, der an
·der andern Seite des schmalen Vorplatzes schlief,
welcher zwischen den Zimmern hinlief, drang kein wei=
terer Laut des Lebens an sein Ohr. Auch auf .dem
Hofe, um die Lagerhäuser und in der Glashütte blieb
es ruhig. Die Leute mußten allesammt von Rona

strengen Befehl haben, so früh am Tage, wo er ein Gelübde zu erfüllen hatte, kein Geräusch zu machen.

Groß ward Egbert's Staunen, als er das Wohnzimmer leer, den Spiegel und das Portrait von Lena's Onkel mit schwarzem Krepp verhangen fand. Auf dem wie immer gedeckten Tische stand zwischen zwei geschliffenen Rubingläsern eine Flasche mit reinstem Quellwasser, Roggenbrod bester Qualität lag auf einem weißen Porzellanteller; Butter dagegen fehlte, nur Salz war vorhanden.

Moser traf den erstaunten Junker in schweigender Betrachtung dieser Herrlichkeiten, die seine Neugierde ebenfalls reizten.

„Es scheint, wir sollen fasten, Junker", sagte er, sein zerwettertes, braunes Gesicht zu sarkastischem Lächeln verziehend. „Mir thut man damit keinen Possen, da ich Essen und Trinken nur für nothwendige Uebel halte, die man nicht abschaffen kann, ohne sich selbstmörderischer Gelüste schuldig zu machen. Ich habe schon oft mit schlechterer Kost meinen Hunger gestillt. Langen wir also ungescheut zu, Junker, vielleicht bekommen wir inzwischen noch Gesellschaft. Rona's rehfüßige Tochter sieht mir gar nicht so aus, als ob sie alle Tage lieber im Gebetbuche schnüffelte als in Küche und Speisegewölbe. Weiß Gott, das Wasser ist

koſtbar! Geſchmacklos wie ein Bethaus der Herrnhuter
und eiskalt wie der Blick meiner Frau, wenn man ihr
Geheimniſſe abfragen will!"

Egbert folgte ſeinem Beiſpiele, die ungewohnte
Koſt wollte ihm aber doch nicht recht munden, nicht
ſowohl, weil ſie ihm überhaupt nicht behagte, als weil
ihm die anregende Morgengeſellſchaft fehlte. Rona
ließ ſich nicht ſehen und die Tochter des Hauſes blieb
verſchwunden.

Nach genoſſenem Brod holte Moſer ſeine Maſer-
pfeiſe aus der Taſche und füllte ſie mit Tabak, während ſein ſcharfes Adlerauge alle Gegenſtände im
Zimmer, obwohl er ſie oft ſchon geſehen hatte, aufmerkſam muſterte.

„Jetzt wollen wir forſch rauchen", ſagte er ſchmun-
zelnd. „Beißt ihnen der Rauch die Augen, werden ſie
ſchon munter werden und Beine kriegen."

„Haſt Du denn keine Ahnung, Moſer, was
dieſes ſonderbare Erſterben alles Lebens bedeuten
kann?"

„Eine Ahnung? Ja, aber auch nicht mehr. Ich
glaube, Herr Rona begeht eine Todtenfeier."

„Das verſtehe ich nicht."

Moſer deutete mit der Spitze ſeiner Pfeife auf
die Familienportraits an der Wand.

„Sie wiſſen doch ſicher von ihm ſelbſt, welchem

Volke der Mann ursprünglich angehört", fuhr er fort;
"er hält damit nicht hinter dem Berge, und thäte er's,
so sähe es ihm Jeder an bei der ersten Begegnung.
Es ist ihm aber nicht ganz leicht geworden, die Bande
des Gesetzes abzustreifen, die ihm schier die Seele
wund rieben, und es hat lange und harte Kämpfe
gekostet, ehe aus dem schriftgelehrten Rabbi ein indu=
strieller Weltverbesserer nach christlichem Zuschnitt
wurde. Manchmal überkommt aber den Mann noch
eine Stunde der Schwäche, wo er gern den schützen=
den Mantel des Gesetzes wieder um seine Schultern
knüpfte, und dann wird er traurig. Ich halte dafür,
der heutige Tag ist für unsern schwer zu ergründenden
Freund ein Buß- und Bettag, wo er vor dem ver=
lassenen alten Gott auf den Knieen liegt. Ich habe
auch von andern Leuten schon gehört, daß Uebergetre=
tene, mögen es Juden oder Christen sein, an solchem
Hühneraugenschmerz im Gehirn leiden, wenn Gott der
Herr ihre Schädel von allen Seiten genau unter=
sucht."

Moser hatte kaum geendet, als eine Glocke im
Hanse geläutet ward, worauf Thüren gingen und leichte
Schritte hörbar wurden.

"Das ist Lena", sagte Egbert und nippte von dem
Wasser.

"Soll wohl sein", meinte Moser, gewaltige Rauch=

ringe in die Luft blasend. „Dem Mädchen wäre ein
wackerer Mann zu wünschen, der sie auf den Händen
trüge. Wer Lena's Herz erobert, besitzt einen Schatz,
den weder Motten noch Rost fressen. Sie ist eine
Seele, Sie können's mir glauben! Ihre Mutter war
ebenso. Wäre ich der Papst, so hätte ich sie gleich
nach dem Tode heilig gesprochen. Das lange Warten
ist ohnehin widervernünftig, mit Verlaub des Man=
nes in Rom; denn dadurch, daß ein guter Mensch
ein paar hundert Jahre in der Erde gelegen hat, um
in nichts zu verschwinden, wird er nichts besser. Rechte
Heilige sprechen sich immer selbst heilig durch ihr gott=
gefälliges Leben."

Wieder hörte man leise Schritte, dann ging die
Thür auf und Lena, ganz schwarz gekleidet, über das
Gesicht ein feines Florgewebe gezogen, trat ein. Sie
bot beiden mit halblauter Stimme guten Morgen
und wandte sich dann zu Egbert, indem sie sprach:

„Mein Vater läßt Sie bitten, Herr Egbert, ihn
heute auf seinem Zimmer zu besuchen. Er hat noth=
wendig mit Ihnen zu reden."

„Und was fange ich an, wenn Niemand bei mir
bleibt?" fiel Moser mit komischem Zucken der Augen=
brauen ein. „Am Ende muß ich Schnee schaufeln, um
nicht muthlos zu werden."

„Es würde dem Vater lieb sein, wenn Ihr die

Defen in der Glashütte, die heute feiert, infpicirtet,“ entgegnete Lena mit erzwungenem Lächeln. „Ihr ver= fteht Euch darauf und der Vater möchte es keinem Andern anvertrauen.“

„Herr Rona ift ein großer Mann“, fagte Mofer; „wenn er kein großer Prophet wird, fo liegt's nur an der Luft, die folchem Geiftesmachsthum hier in der halben Wildniß nicht günftig ift. Herrn Rona's Wunfch wird mir Befehl. Adieu, Jun — Herr Egbert! Auf vergnügtes Wiederfehen, fchöne Rofe von Jericho!“

Zwölftes Kapitel.

Wie Roña ein Gelübde hält.

Erwartungsvoll, aber nicht ohne ein bängliches Gefühl betrat Egbert das Zimmer der Skalhütte. Er fand Roña vor einem altmodischen Schreibtische sitzend, auf welchem eine Menge Papiere zerstreut lagen. Das bleifarbene Licht des trüben Wintertags schien sich auf Roña's Gesicht abzuspiegeln, denn er sah fahl, übernächtig, ermüdet aus. Nur seine Augen glänzten wie Firsterne und verliehen seinen gramdurchfurchten Zügen einen wehmüthigen Ernst, der eher etwas Anziehendes als Abstoßendes hatte.

Er winkte Egbert, ihm gegenüber Platz zu nehmen, trank Wasser aus dem vor ihm stehenden Glase und sah den jungen Edelmann geraume Zeit unverwandt an.

„Gestern Abend, als ich von Ihnen ging", begann er dann, „war ich willens, mich heute gar nicht sehen zu lassen. So habe ich es eine lange Reihe von

Jahren gehalten. Nnn ist mir aber ein anderer und,
wie ich glaube, ein besserer Gedanke gekommen. Sie
dürfen nicht von mir gehen, ohne mich im Innersten
erkannt zu haben. Ich bin Ihnen das aus verschie=
denen Gründen schuldig. Meine Schale ist rauh und ab=
stoßend, mein Wesen gefällt Wenigen; was mein Herz
birgt und was ich in meiner Gedankenwerkstatt aus=
arbeite, kann ich dem Hohn= und Spott der Welt nicht
preisgeben. Man nennt mich einen halbverrückten Son=
derling, einen Heiden, dem das Judenthum verhaßt
und das Christenthum eine Lächerlichkeit ist; ja es gibt
vielleicht eine nicht geringe Anzahl sogenannter tugend=
hafter Menschen, die in mir einen Verbrecher erblicken,
dem gar nicht zu viel geschähe, wenn man ihm eine
Freistelle am Galgenholze anwiese. Was Sie selbst von
mir halten, Herr Egbert, kann ich nicht wissen; was
ich aber wirklich bin und was ich der Welt gern sein
möchte, das können Sie erfahren, wenn Sie es der
Mühe werth finden, mich eine Stunde anzuhören. Ich
will Ihnen erzählen, was mir passirt ist. Haben Sie
Lust mir zuzuhören?"

Egbert drückte dem Herrn der Skalhütte dankend
die Hand und dieser fuhr fort:

„Ehe ich mich in dieser Wildniß, die erst durch
meine Thätigkeit ihr gegenwärtiges Aussehen erhielt, nie=
derließ, lebte ich in einer berühmten Stadt des südlichen

Deutschland unter lauter civilisirten Menschen. Jene
Stadt war mein Geburtsort und ich hatte vor Milli-
onen Sterblichen den Vorzug voraus, reich zu sein. Die
Noth des Lebens, die Angst der Sorge um das tägliche Brod, der Schmerz der Seele, die nur darum
gering geachtet wird, weil das Gehäuse, in welchem sie
den Regulator des Lebens abgeben soll, nicht von der
Natur mit Gold und Edelsteinen ausgelegt ward, habe
ich niemals kennen lernen aus eigener Erfahrung. Die
lebenden Bilder aber, aus denen das Leben mit seinem ewig alten Elend so furchtbar wahr und laut zu
uns spricht, sah ich in unabsehbarer Reihe an mir vor-
übergleiten. Ich ward durch sie nachdenklich, oft auch
trüb gestimmt, aber mir fehlte noch die wahre Erleuch-
tung der Seele, um ganz zu verstehen, was ich sah,
und es richtig zu beurtheilen.

So näherte ich mich der Grenze des Mannes-
alters, das mich als Rabbiner einer zahlreichen Gemeinde sah. Ich war beliebt und galt für sehr gelehrt.
Tausende rühmten meine Kenntnisse, und es kann sein,
daß ich Manchem einen Tropfen Vernunft eingeträu-
selt habe. Glücklich machte mein Wissen mich jedoch
nicht, sondern nur unruhig, unzufrieden, zuletzt elend.

Ein jüngerer Bruder von mir — zwei später
geborene Schwestern starben in sehr jungen Jahren
— galt für eine Schönheit. Sie haben vielleicht, wenn

Sie häufiger mit Juden zu verkehren Gelegenheit
hatten, bemerkt, daß nächst dem Besitze edler Metalle
dieses eigen geartete Volk nichts höher schätzt als ein
schönes Gesicht. Bei Juden echten Schlags sind
die Kinder immer schön, insbesondere die Mädchen, und
die erste Frage, die man einer jungen Mutter vorlegt,
lautet immer: Ist's schön, das Kind? Natürlich wird
die Frage fast immer bejaht, und der Engel ist fertig.
Steckt man ihn später in Goldbrokat, in Sammt und
Seide und weiß man die Haare schön zu balsamiren,
so bewundert das gehätschelte Geschöpf alle Welt, selbst
wenn es nebenbei arm an Gehirn ist! Ich, Herr
Egbert, konnte für eine Schönheit nicht ausgegeben
werden; eine so freche Lüge hätte sich selbst der schlech=
teste Spiegel nicht in sein wahrheitliebendes Gesicht
schleudern lassen. Bei meinem Bruder dagegen war
Lob erlaubt, vielleicht auch gerechtfertigt; man legte
dem Glücklichen in reichem Maße zu, was mir nicht
zu geben war. Allein der vergötterte Adonis hatte auch
seine Fehler. Er war ein schönes Menschenbild von
Gestalt, in dem ein leichtlebiger, flatterhafter Geist
wohnte, der in allen Dingen den Genuß, in keinem die
Tiefe liebte. Künstlerisch begabt, benutzte er die Kunst,
um zu brilliren, Aufsehen zu machen, bewundert und
geliebt zu werden. Er erreichte Alles, erreichte es zu
leicht, um seine Erfolge ihrem wahren Werthe nach

würdigen zu können, und verlor dabei die Bescheiden=
heit, deren Reinheit der menschlichen Seele erst den
Abglanz der Gottähnlichkeit gewährt.

Es würde thöricht gewesen sein, hätten meine
Aeltern den begabten Bruder, der in Musik und Ge=
sang Außergewöhnliches leistete, in engen Verhältnissen
festhalten wollen. Ich selbst gab den ersten Anstoß,
daß er auf Reisen gehen durfte, um sich einen Namen
als Künstler zu erwerben und womöglich auch Kapital
aus seinem Talent zu machen. Wo lebte der Jude,
der nicht in seligem Verzückungstaumel, Grimassen
schneidend, momentan mit um das goldene Kalb ge=
sprungen wäre?

So ging denn mein Bruder auf Reisen, besuchte
Italien und wendete sich später nach Paris, wo da=
mals die Kunst, das Leben zu genießen, den höchsten
Gipfelpunkt erreicht hatte. Was Wunder, daß der
junge, sinnlich frische, lebenslustige Mensch entzückt
ward von dem diabolischen Glanz jener Stadt, unter
der längst schon die Gluten der Hölle wogten? Er
schrieb, dort leben und sterben zu wollen, und wir alle,
die wir still daheim saßen, im Ghetto, wir stimmten
ein in den Hymnus des Berauschten und eröffneten
ihm offenen Credit bei dem Hanse Jonathan Sa=
lomo."

Bei Nennung dieses Namens horchte Egbert ge=

spannter auf. Es war dieselbe Firma, welche im
Briefe seines Vaters genannt wurde.

„Das Haus existirt, glaub' ich, noch heute",
warf er ein, „wenigstens habe ich es einigemal
nennen hören.".

„Die Mehrzahl begüterter Ausländer pflegt bei
demselben accreditirt zu sein", nahm Rona den Faden
seiner Erzählung wieder auf. „Die Personen aber,
welche dem großen Geldgeschäft vorstehen, sind nicht
mehr dieselben. Die Katastrophe, die mit dem Beginn
der Revolution über ganz Frankreich hereinbrach, ging
auch an dem genannten Hanse nicht spurlos vorüber.
Der Chef desselben endete gleich unzähligen Andern
während der Schreckensherrschaft auf dem Schaffot!
Doch lassen Sie mich zurückkehren zu meinem Bruder,
dessen Schicksale sich so eng mit dem Hanse Jonathan
Salomo verknüpften.

Gleich in den ersten Monaten seines Aufenthalts in der französischen Hauptstadt lernte der Bruder ein junges Mädchen in den Salons des reichen
Banquierhauses kennen, das ihn beim ersten Blick
schon fesselte. Ich nenne keinen Namen, um nicht indiscret zu sein, auch ist der Name für Sie selbst be-
deutungslos. Das Mädchen nahm unter den Schönheiten der üppigen Residenz eine hervorragende Stellung ein. Es glänzte durch Witz, durch Grazie, durch

Reichthum, durch hohen Rang und war für Alles,
was Kunst hieß, schwärmerisch eingenommen. Es
konnte nicht fehlen, daß die vornehm erzogene, in den
ersten Cirkeln gefeierte Schönheit mit meinem Bruder
häufig zusammenkam. Beide gefielen einander, und
nach dem damals geltenden guten Ton in gesellschaft=
lichem Verkehr, der leider ein überaus sittenloser war,
würde mein Bruder sich nur lächerlich gemacht haben,
hätte er sich von der Stimme seines Gewissens, von
dem Gebot der Ehre abhalten lassen, dem Beispiele
der seinen Welt zu folgen, das ihm täglich vorleuch=
tete. Ich zweifle nicht, daß mein Bruder wahr und
innig liebte, als er die Ueberzeugung gewonnen hatte,
seine Neigung werde mit größter Leidenschaft erwidert.
Seine Briefe sagten uns das, wie sie uns auch nur
zu deutlich verriethen, daß er in einem Taumel rau=
schenden, aber rasch verfliegenden Glücks hinlebe, aus
welchem das Erwachen dereinst entsetzlich, ja vernichtend
für ihn selbst werden könne.

Mich beunruhigte die Situation des armen
Bruders mehr noch als die Aeltern, welche der Glanz
blendete, in dem ihr gefeierter Sohn lebte. Um sein
Herz zu erforschen und Einsicht in die Pläne zu er=
langen, die der Ueberglückliche für die Zukunft etwa
entwerfen möge, legte ich ihm einige Fragen vor, bei
deren Beantwortung die goldenen Wolken, die ihn

trugen, zerflattern mußten. Nicht unglücklich machen
wollte ich den auf schwindelnder Höhe Wandelnden,
aber das Bild der Erde, das seinen entzückten Blicken
schon ganz entschwunden zu sein schien, mußte ich ihm
doch zeigen, damit es ihm nicht für immer ver=
loren gehe.

Leider wurden diese Fragen zu Boten des Un=
glücks, das nach kaum zwei Jahren den Bruder er=
eilte! Joseph's Geliebte — so muß ich jene unselige
Dame nennen — stammte aus einer sehr alten katholi=
schen Adelsfamilie, und wir waren Juden, und zwar
orthodoxe Juden! Solche Gegensätze lassen sich nicht
aufheben, nicht ausgleichen, ohne Herzen zu brechen und
die Fackel der Zwietracht, des Hasses in viele Fami=
lien zu schleudern. Ich versuchte den Bruder zur Ver=
nunft zu bringen, indem ich an seine eigene Vernunft
appellirte; ich zeigte auf das Gesetz und pries die Noth=
wendigkeit, die Heiligkeit des Gesetzes, vergaß aber nicht
des Fluches zu gedenken, welcher das Haupt dessen
trifft, der mit Willen das Gesetz verachtet und es bricht.
Ich that damit nur die Pflicht des Rabbiners einer
orthodoxen jüdischen Gemeinde.

Antwort auf meine Ermahnungen habe ich nie
erhalten. Joseph brach die Correspondenz mit mir ganz
ab und unterhielt nur mit der Mutter noch einen dürf=
tigen Briefwechsel, der jedoch mit keiner Silbe der

unseligen Leidenschaft gedachte, die ihn verzehrte. Die bald darauf eintretenden politischen Ereignisse, welche die furchtbarste aller Umwälzungen gebar, die uns die Geschichte überliefert hat, ließen auch diesen schnell verstummen.

Joseph war und blieb für uns verschollen. Nach Jahren erst, am Ende jener Tage, welche ganz Frankreich mit Strömen Blutes überfluteten, gelangte durch einen Agenten des Hauses Jonathan und Salomo die Nachricht an uns, daß mein Bruder seine gefeierte Geliebte entführt und sich heimlich mit ihr vermählt habe. Die damaligen Zustände Frankreichs machten einen solchen Schritt möglich. Es gab ja keine Kirche, keine Religion mehr; Gott war abgeschafft und statt seiner betete die verwilderte Gesellschaft die Vernunft an in der fleischlichen Hülle eines schönen Weibes! Um zwei Menschen verschiedenen Geschlechts in diesem neu organisirten irdischen Paradiese glücklich zu machen, bedurfte es nur einer starken und dauernden sinnlichen Neigung. Den Glauben hatte die frei gewordene Menschheit mit der Entweihung aller Altäre begraben. Der herrliche Tag der Weltbeglückung, an welchem das neue Heidenthum unter der Aegide der Göttin Vernunft seinen Triumphzug durch das entsittlichte Europa halten sollte, stand nahe bevor und ward von Tausenden sehnlichst herbeigewünscht.

Aber der Mensch verspottet nie ungestraft die göttliche Natur in sich. Es kann ihm gelingen, sie eine Zeit lang niederzuhalten, sie mit Füßen zu treten; plötzlich und gewöhnlich gerade dann, wenn er sich Sieger glaubt, übermannt sie ihn wieder, und wehe dem, der, schou überwunden, sich noch gegen sie wehrt!

Die verletzte göttliche Natur rächte sich auch an meinem verirrten Bruder. Die Liebe des gefallsüchtigen, schönen Mädchens, das groß genug dachte oder genug liebenswürdigen Leichtsinn besaß, um den Juden über den begabten, leidenschaftlichen Menschen zu vergessen, hielt nicht Stand; sie war nicht treu in ihren Neigungen, nicht wahr in ihren Gefühlen. Sie verrieth den Erwählten ihres unreinen Herzens, als größerer Glanz der gesättigten Seele neue Reize verhieß. Wie das unselige Verhältniß oder, wenn Sie wollen, ein Ehebündniß, das ohne alle höhere Weihe geblieben war, endigte, ist mir nie bekannt geworden. Das verrätherische Weib entsloh mit ihrem Buhlen, mein Bruder warf sich der Revolution in die Arme, schloß sich den Girondisten an und büßte die Vergehen seines leidenschaftlichen Herzens mit seinem Blute! Man sagt, auch er sei für die Freiheit, für das noch immer nicht aufgefundene Heil der Menschheit gestorben! Die fernern Schicksale der Frau, die er liebte, gegen die er nichts verbrach, von der er in wahnsinnigem Schmerz sich getrennt haben soll, weil Pflicht und Ehre es geboten, sind bis auf diesen Tag in undurchdringliches Dunkel gehüllt geblieben."

Berthold Rona schwieg und wühlte in den auf seinem Schreibtische umherliegenden Papieren.

„Es war meine Absicht", nahm er nach kurzer Pause wieder das Wort, „Ihnen den einzigen Brief zu zeigen, der mir von jener leidenschaftlich flatterhaften Frau je zu Gesicht gekommen ist. Er lag einem Schreiben Joseph's beigeschlossen und sein Inhalt sollte die Neigung rechtfertigen, deren Sklave er bereits geworden war. Leider kann ich das interessante Document nicht finden, aus dem wenigstens ersichtlich wird, daß der unglückliche Bruder sein Lebensglück einer geistig ihm Ebenbürtigen zum Opfer gebracht hat."

Er legte die Papiere zusammen und barg sie in einem geheimen Fache des alten Schreibtisches.

„Daß diese trüben Ereignisse mich tief erschüttern mußten, werden Sie begreifen", fuhr Rona fort. „Ich sah die Welt seitdem mit ganz andern Augen an; ich verglich die alte mit der neuen Zeit, wog den Bildungsgehalt eines Jahrhunderts gegen den des andern ab und kam bei meinen Forschungen zu dem niederschlagenden Resultate, das Paulus in die Worte zusammenfaßt: Unser Wissen ist Stückwerk. Der Untergang meines Bruders lehrte mich diesen Paulus kennen, der sich selbst den unwürdigsten Diener des Herrn nennt, und Paulus ward für mich der Messias, der mich erlöste aus den Banden des todten Gesetzes! Dem Apostel der Liebe und des Glaubens opferte ich das Gesetz Mosis, und so bin ich geworden, wie Sie mich kennen. Allein vollkommen werde ich ebenso wenig werden, wie es nach seinem eigenen Geständniß Paulus geworden ist. Damit ich aber der Vollkommenheit mich nähere, that ich ein Gelübde, das sich nur langsam erfüllen läßt."

Er schwieg abermals, seine ausdrucksvollen Augen auf Egbert heftend, dem Rona's Wesen, seine seltsam klingenden Behauptungen und seine schwer begreifliche Weltanschauung durch das Vernommene allerdings verständlicher zu werden begannen.

„Ich möchte dieses Gelübde wohl kennen lernen," sagte er, durch das mild leuchtende Auge Rona's ermuthigt. „Ihre Tochter vergoß gestern Abend Thränen darüber. Eine sonderbare Erscheinung!"

Ueber Rona's Gesicht flog ein ironisches Lächeln.

„Meine Tochter weint, weil jeder Geburtstag ihres Vaters für sie ein Tag der Trauer, der Bekümmerniß, der Entbehrung ist", sagte er mit weichem Klang der Stimme, der aus tief bewegtem Herzen kam.

Egbert stand auf und streckte dem Herrn der Skalhütte in herzlicher Offenheit die Hand entgegen.

„Sie feiern Ihren Geburtstag?" sprach er er=
staunt. „In solcher Einsamkeit, so zurückgezogen, bei
Wasser und Brod, wie ein Gefangener, wie ein zum
Tode Verurtheilter? Ist's erlaubt, Ihnen in so düste=
rer Umgebung, die jede Freudenregung ausschließt, zu
gratuliren?"

Rona erwiderte den Händedruck seines jungen
Freundes, lehnte aber die Gratulation ab.

„Sie entschuldigen, Herr Egbert, daß ich mir er=
laube, auch über Geburtstage meine besondere, von der
landläufigen abweichende Absicht zu haben. Geboren
wird der Mensch nur, um die göttlichen Gaben, die
ihm der Schöpfer verliehen hat, zu gebrauchen. Die
Vernunft ist unter diesen Gaben die glänzendste, ver=
nünftiges Nachdenken also der edelste Gebrauch, der
davon gemacht werden kann. Denken Sie nun ver=
nünftig nach über das Geborenwerden eines Menschen
und die Consequenzen, die sich an jedes Menschen
Geburt knüpfen, so werden Sie finden, daß nur äußerst
Wenige, ich meinestheils glaube Niemand, Ursache
haben, über ihre Geburt zu frohlocken. Der erste
Augenaufschlag des neugeborenen Menschen läßt den
bewußtlosen Säugling in ein Chaos voll Elend blicken.
Was dieses Chaos, genannt Welt, zu bedeuten hat,
lehrt ihn erst später der Kampf in und mit demselben,
das Leben, kennen. Diesen Kampf kann man inter=

essant, belehrend, erhaben finden; er kann uns Freu=
den bringen und mit Ehren überhäufen, voll Mühe,
Angst, Noth und immer neu sich gebärender Schmer=
zen wird er aber doch auch für die Allerglücklichsten stets
bleiben! Ich weiß, daß ich mit dieser persönlichen An=
sicht, die keine bloße Schrulle, sondern das Ergebniß
vorurtheilsfreien Denkens ist, Niemand bekehren werde;
es ist so bequem, gedankenlos in den Tag hinein zu
leben und Alles an sich kommen zu laffen. Denken
greift an, macht alt und rückt die meisten Dinge in
eine Beleuchtung, die nicht gefällt. Mit der Geburts=
tagsfeier ist ebenso! Es gibt kaum etwas Verkehr=
teres, als das Jubeln, Beglückwünschen, das Schwel=
gen in materiellen Genüssen an solchen Tagen ist!
Will der Mensch von Herz und Kopf seinen Geburts=
tag würdig begehen, so geschehe es in der Stille des
Hauses bei verschlossenen Thüren! Er laffe die Arbeit
ruhen, suche sich Rechenschaft zu geben über sein bisheri=
ges Wirken, frage sich gewissenhaft, wo er gefehlt habe,
wo er zaghaft gewesen sei, wo ungerecht oder lieblos
gegen Andere! Ein Bußtag vor dem Altar, den jeder
Mensch in seinem Herzen dem lieben Gott erbaut, sei
der Geburtstag des Vernünftigen, der sich von den
Bocksprüngen der großen, gedankenlosem Genuffe nach=
jagenden Menge nicht bethören läßt! Dann wird die=
ses Fest aller Feste, die das Individuum überhaupt

begehen kann, ein Ruhetag in dem Sinne, wie die
Bibel ihn faßt, wenn sie von dem Ruhetage Gottes
nach beendigter Schöpfungsarbeit spricht. Ist man
denn traurig, wenn man nachdenkend geistig genießt?
Ist man glücklich, wenn man heiter erscheint und die
große Narrenmaskerade mitmacht, um der Welt Sand
in die Augen zu streuen? Ich kann und will mich
solchem Brauche nicht fügen, weil mir die Wahrheit
höher steht und heiliger ist als das falsche Beifalls=
lächeln der Welt, nach welchem nur Thoren lechzen!
Wie ein zum Tode Verurtheilter, sagten Sie, feiere
ich den Tag, an dem mich Gott das Licht der Welt
zum ersten Male erblicken ließ. Es ist das ein Wort,
dessen Tiefe Sie sich wahrscheinlich selbst nicht klar
gemacht haben. Sind wir Menschen denn nicht alle
zum Tode Verurtheilte? Wir werden nur ins Leben
gerufen, damit wir das Sterben lernen sollen! Be=
reiten wir uns also würdig vor auf den Tag, wo der
Tod den Stab über uns bricht, um uns vor den
Richterstuhl Gottes zu senden. Zu dieser Vorbereitung
fordert uns immer von neuem die Wiederkehr unseres
Geburtstages auf. Wollen Sie mir in diesem Sinne
zu dem meinigen Glück wünschen, so nehme ich Ihren
Glückwunsch an, jeden andern muß ich als thöricht
ablehnen."

Egbert reichte dem ungewöhnlichen Manne, der

ihm gestattet hatte, einen Blick in sein Seelenleben zu
thun, nur dankend die Hand; jede Erwiderung in
Worten würde in diesem Augenblicke einer Entweihung
gleichgekommen sein.

„Von sechs Uhr an beginne ich wieder mit der
Welt auf gewöhnlichem Fuße zu leben", sagte Rona,
Egbert mit einem Winke entlassend. „Vertreiben Sie
sich von jetzt an die Zeit, so gut Sie können, und
sollten Sie meine Tochter noch traurig finden, so erzählen Sie ihr die Lebensgeschichte ihres Vaters, der
selbst nicht mit ihr darüber sprechen kann, in der Form
eines Märchens. Dem weiblichen Gemüthe wird alsdann das Herbe, das darin liegen mag, vielleicht ge-
nießbarer! Grüßen Sie Moser und nehmen Sie die
Ueberzeugung mit sich, daß ich die Erde zu einem
Himmel für alle umwandelte, wenn ich die rechte Hand
des Schöpfers wäre!"

Dreizehntes Kapitel.

Ein Fund.

Kurz vor Weihnachten trat starkes Thauwetter ein. Die Schneemassen im ebenen Lande wie im Gebirge schmolzen, durch warme Südwinde und heftige Regenniederschläge aufgelöst, ungewöhnlich schnell, und die Furcht vor zerstörenden Ueberschwemmungen war an mehr als einem Orte durch sachliche und territoriale Verhältnisse gerechtfertigt.

Windmüller Fabian, immer klug, wenn es galt, den eigenen Vortheil zu wahren, merkte es dem Stoßen des Windes an, der ihn besorgt um das ganze Mühlgebäude machte, das nicht mehr auf den jüngsten Füßen stand, daß recht böses Wetter dem frühen Winter folgen werde. Er steckte jede Stunde den Kopf mit der langgezipfelten Mütze aus dem Guckloche und blickte hinüber nach dem Gebirge, hinter welchem sich die Wolken in bleigrauen Schichten wallartig übereinander thürmten. Schon schmolz der Schnee und

gelbes, trübes Wasser sammelte sich auf allen zugefro=
renen Bachrinnen. Als die ersten schweren Regentropfen
fielen, legte er mit einem seiner Burschen selbst Hand
an, zerschlug die Eisdecke des vorüberbrausenden Wald=
bachs an mehreren Stellen und beruhigte sich erst,
als er sich überzeugt hatte, daß nunmehr durch Eis=
stauungen seine eigenen Länder nicht leiden würden.

Der praktische Mann hatte wirklich klug gehandelt
und verdiente das Lob, das er sich erst im Stillen,
später laut vor allen Leuten selbst spendete. Der Bach
war ein sehr schlimmer Nachbar, wenn er aus dem
Gebirge zu reichen Zufluß erhielt. Er wüthete dann
ärger als mancher große Fluß, der immer gelassen
langsam seines Weges zieht. Dieser sprudelnden Hitze
hatte es der Bach zu danken, daß er auf Befehl hab=
gieriger Menschen nicht Knechtesdienste verrichten mußte.
Die Wassermühle, die ein Vorfahr des Freiherrn von
Gampenstein vor drei Menschenaltern anzulegen sich
entschloß, war längst schon wieder verschwunden. Das
unbändige, wilde Wasser, das sich durch keine künst=
liche Vorrichtung zügeln ließ, hatte mehr verdorben
als genützt, und so ließ der ärgerlich gewordene Er=
bauer die Mühle wieder eingehen. Jetzt zeigten nur
einige Mauerreste die Stelle, wo sie einst gestanden
hatte.

Beim Aufeisen des Baches begegnete Fabian dem

Teichwärter, der Spitzhaue und Axt trug und vom Teichrande herkam.

„Die Arbeit da danke ich Euch nicht, Nachbar", sprach der stämmige Mann. „Gibt's anhaltenden Regen, so spült mir das anschwellende Wasser das ganze Eis mit in den Teich, und das kann uns viel zu schaffen machen."

„Mir nicht", versetzte der Windmüller. „Ich kehre zuerst vor meiner Thür, das bin ich mir schuldig; auch hat der Teich Raum genug für das Bischen Eis."

„Das bildet Ihr Euch ein, ich kenne die Verhältnisse besser. Viel Wasser hebt die noch schwache Eisdecke auf dem Teiche und der Strom des Baches schmeißt Alles gegen den Ständerrand. Wenn der nicht hält, gibt's ein Unglück, und Ihr habt dann mit Schuld daran!"

„Ist mir ganz einerlei", entgegnete Fabian; „warum hat der gnädige Herr Anfang Herbst den Teich nicht schlemmen lassen! Um die Hälfte meines schönen Schilfes bin ich durch den freiherrlichen Eigensinn auch gekommen, und ich konnte ein so schönes Stück Geld verdienen! Gibt ihm der Bach jetzt einen Klapps, so hat er ihn reichlich verdient! Es ist immer Gottes Hand, die ihn schlägt, wie im vorigen Sommer, als der Blitz das Vorwerk anzündete. Herr du mein

Gott, was hat der hochfahrende Mensch für Scheunen dort hinstellen lassen! 's ist purer Unverstand, purer, niederträchtiger Hochmuth! Scheunen mit Ziegeldächern und obenauf lange Staugen mit goldenen Spitzen! Die sollen die Blitze aus den Wolken fangen! Ha, ha, ha, ha! Ich belache die ganze freiherrliche Weisheit und lobe mir Scheunen mit Stroh oder Schilfsdächern! Was habt Ihr denn oben am Teiche gemacht? Doch nicht etwa gar einen Seitengraben aufgeworfen, der mir einen Theil des überflüssigen Wassers ins Holz führen müßte? Seht Euch vor, Nachbar, oder ich werfe Euch einen Proceß an den Hals, der nicht von Stroh sein soll!"

Der Teichwärter war ein Mann, der sich nicht leicht aus der Ruhe bringen ließ; auch kannte er den Müller, der immer mehr versprach, als er hielt.

„Ich habe nur Luft gemacht am und im Ständer", sagte er gelassen. „Das Wasser hat jetzt, denk' ich, genug Raum, um abfließen zu können, heißt das, wenn das Eis sich nicht staut."

Fabian schob seine Mütze nach hinten und sah den Teichwärter höchst pfiffig an.

„So!" sprach er. „Also Luft habt Ihr gemacht? Es ist die Möglichkeit!"

„Habt Ihr was dagegen?"

„Behüte Gott! Luft im Ständer!"

„Das alte Ding ist morsch und verstopft war er schon lange."

„Verstopft! Hm, hm!"

„Jetzt quirlt das Wasser wieder ganz flink hinein."

„Thut's das? Es ist die Möglichkeit! Wer kann den Ständer wohl verstopft haben?"

„Wer? Fragt lieber, was? Schilf, Teichkolben, Froschlaich, abgestandene Fische, Schlamm! Um das zu begreifen, Windmüller, braucht man doch wirklich blos von eins bis vier zählen zu können!"

„Meint Ihr?" sagte Fabian und brachte die Mütze wieder in die rechte Lage. „Es freut mich, daß Ihr so klug seid, Nachbar; ich rathe Euch aber noch= mals, seht Euch vor, daß Ihr nicht Streit mit mir bekommt! Ich bin ein seelenguter Mann, ohne mich selbst loben zu wollen; wenn ich aber Streit kriege, lache ich dem Teufel ins Gefräß, daß er sich vor Aerger die Zunge abbeißt."

Der Teichwärter ging lachend fürbaß, Fabian wandte sich dem Meisenholze zu, um auf gewöhnlichem Wege an den Teichrand zu kommen. Er hatte die Absicht, sich den Ständer, der ihm schon vom Sommer her verdächtig vorkam, etwas genauer zu besehen. Jenes Geräusch, das am Brandabende des Vorwerks ihm zuerst aufgefallen war, hatte sich seitdem mehrmals wiederholt.

Schnee und Eis vereitelten jedoch den Plan Fabian's. Der Fußpfad durch das jetzt fast ganz niedergebrochene Schilf war ohne Gefahr nicht zu betreten, da überall schon aus dem brüchig gewordenen Eise strudelndes Wasser flutete. Die Befürchtungen des Teichwärters konnten sich — das leuchtete dem Müller ein — bei anhaltenden Regengüssen leicht verwirklichen. Niedergeschlagener, als er gegangen war, schlich er zurück in seine sicher gelegene Mühle.

Inzwischen war zwei Tage nach der Schneeschmelze Rona von der Skalhütte aufgebrochen, um in der Stadt auf der Nordseite des Gebirges Erkundigungen einzuziehen nach dem Manne, in dessen Begleitung vor Jahren der jetzige Domherr in Gablona den Sprengel seiner gegenwärtigen Thätigkeit betreten hatte. Eine Nachricht des Obergärtners Marbold veranlaßte ihn dazu. Augustin von Orna war für Berthold Rona eine fragwürdige Persönlichkeit geworden, seit er in dem gefeierten Priester einen Findling sah. Es lag in seiner Lebensvergangenheit wie in seinem Charakter, Geheimnissen nachzuspüren, und es war dieser Hang bei dem Herrn der Skalhütte um so gerechtfertigter, als ihm ja noch immer authentische Nachrichten über das Ende seines unglücklichen Bruders Joseph fehlten. Die Anwesenheit des Grafen Serbelloni in Paris fiel in die Zeit, wo sein Bruder

in der Gesellschaft Furore gemacht hatte; es war des=
halb mit ziemlicher Gewißheit anzunehmen, daß beide
Männer in den fashionablen Cirkeln der damaligen
pariser Gesellschaft sich begegnet sein mußten. Mar=
bold's gelegentliche Fragen an den Haushofmeister des
Grafen wurden von diesem dahin beantwortet, die
Excellenz habe mit der Familie der Marquis von Saint
Hilaire in Verbindung gestanden, ein späterer Freund
dieser Marquis, von denen zwei während der Revo=
lution umgekommen, sei der jetzige Besitzer der großen
Herrschaft Gampenstein. Mit dem Freiherrn von
Gampenstein wollte nun Berthold Rona bei einem
Dritten in der lebhaften Handelsstadt anscheinend ganz
zufällig zusammentreffen.

Seiner Gewohnheit gemäß — wenn man will,
aus Aberglauben — hielt Rona den Zweck und das
Ziel seiner nur auf drei oder vier Tage berechneten
Reise vor Jedermann geheim. Er meinte, im voraus
mit Andern besprochene Pläne kämen entweder gar
nicht oder doch nicht in gewünschter Weise zur Aus=
führung. Aus diesem Grunde blieb das Vorhaben
Rona's sowohl dessen Tochter wie Egbert verborgen.

Ungefährdet langte der Herr der Skalhütte an
dem Orte des verabredeten Stelldicheins an, von
welchem der Freiherr keine Ahnung hatte. Allein der
Zufall wollte, daß Cäsar von Gampenstein nicht ein=

traf. Geduldig wartete Rona bis zum andern Tage, wo er den Grund des Ausbleibens erfuhr, ohne direct danach fragen zu müssen. Bäche und Flüsse waren in= folge des heftigen Thauwetters ausgetreten, und was größere Bedenken und selbst unter den Bürgern der Stadt einige Bestürzung erregte, man fürchtete allge= mein, der große und tiefe Teich, dessen Dämme an der Südseite von Sachverständigen nicht für ausrei= chend fest gehalten wurden, könnten brechen und da= durch unberechenbares Unglück entstehen.

Die Gefahr konnte in der That keine blos ein= gebildete sein, denn es machten sich viele angesehene Geschäftsleute schon früh auf den Weg, um an Ort und Stelle sich von der Lage der Sache zu verge= wissern. Auch Arbeiter mit den erforderlichen Geräth= schaften zogen dem Teiche zu, an dessen höher gele= genem Raube sich bald eine bedeutende Zuschauer= menge sammelte.

Nicht die Gefahr, auf dem Wege zur Stadt bei Ueberschreitung des hochangeschwollenen Flusses, der die Straße überschritt, zu verunglücken, hatte den Freiherrn abgehalten, dahin zu reiten oder zu fahren, ihn hielt allein die Botschaft fest, der Teich werde, ja müsse den Damm durchbrechen, wenn der Zufluß aus den Gebirgen nicht bald aufhöre. Es würde lieblos ausgesehen haben und vom Volke auch so aufgefaßt worden sein, wäre Cäsar auf die Wünsche, die man an ihn richtete, nicht eingegangen. Fabian ward in seiner Angst sogar familiär zudringlich, der Teichwärter blieb gleichgültig, meinte aber doch, es werde schlimm hergehen, wenn der Damm bräche.

Cäsar von Gampenstein, dem der Pachter Pabst, der brummige Schloßschmied und die meisten Dienstleute, welche entbehrt werden konnten, sich anschlossen, bestieg seinen Rappen und ritt nach dem Schauplatze des bevorstehenden Unglücks. Man machte dem gnädigen Herru, der sehr finster drein sah und dessen Narbe auf der Stiru in unheimlichen Farbennüancen spielte, Platz, damit ihm das zunächst bedrohte Terrain leichter zugänglich werde. Der Teichwärter diente ihm als Führer, Fabian, der Müller, der sehr viel sprach und sich wie der erfahrenste Wasserbaudirector geberdete, folgte mit einigen Andern. in respectvoller Entfernung.

Wenn der Freiherr wollte, fehlte es ihm nicht an praktischem Verstande; er war in der Regel nur zu bequem, sich um Dinge zu kümmern, denen er kein Interesse abgewinnen kounte. In vorliegendem Falle aber lag die Sache anders. Brach der schützende Damm, so litt er Einbuße an seinem Eigenthume, und wenn die Mitbeschädigten Schadenansprüche an ihn erhoben, weil er nicht rechtzeitig für bessern

Schutz der Teichwehr gesorgt hatte, kounte ein Proceß, dem er entgegenging, ihm noch große Kosten ver= ursachen.

Cäsar von Gampenstein ließ sich nur erzählen und die bedrohtesten Stellen zeigen, er selbst sprach lange kein Wort. Unferu des Ständers stieg er vom Pferde, um zu Fuß den schmalen Damm entlang zu gehen, den das noch immer steigende Wasser schon zu überriefeln drohte. Der Ständer selbst war zu eng für die ungeheuere Wassermasse, die ununterbrochen in das gewaltige Becken des Teichs stürzte.

Eine Zeit lang beobachtete der Freiherr das Strudeln und Gurgeln des Wassers, das in dem ihm gelaffenen engen Raume nicht genügenden Platz zum Abfließen fand. Der Stäuder mündete in einen ge= wölbten Kanal, der möglicherweise verstopft sein konnte, da seit langen Jahren deffen Spülung der Natur allein überlaffen worden war.

Cäsar von Gampenstein sah ein, daß mit Auf= opferung einer verhältnißmäßig geringfügigen Summe viele hundert Morgen fruchtbarsten Landes vor einer schrecklichen Katastrophe bewahrt werden könnten.

„Die Waffer müßten schnell sinken, wenn man den zu engen Ständer entfernte“, sagte er zu dem Teichwärter. „Sollte sich das nicht thun laffen?“

„Ich stehe dann nicht für den Kanal, gnädigster

Herr", antwortete dieser. „Die mit Gewalt heraus=
stürzende Flut wird Alles mit sich fortschwemmen."

„Dafür kann der Damm erhalten werden!"

„Höchst wahrscheinlich, Ew. Gnaden."

„Deine Art!" befahl der Freiherr und winkte
den Nächsten, die mit Beilen, Spitzhauen, Schau=
feln und mancherlei anderem Geräth zugegen waren.

„In fünf Minuten muß dieser störende Stäuder
entfernt, müssen die Quadern zu beiden Seiten def=
selben so weit ausgebrochen sein, daß die übergroße
Wassermasse freien Durchzug erhält!" sprach er, mit
nerviger Faust die Art schwingend und einen mäch=
tigen Hieb gegen das Eichenholz führend.—„Wer tüchtig
zugreift, hat am Sylvesterabend im Gesindehause auf
Gampenstein freies Bier!"

Es bedurfte keiner zweiten Aufforderung, um
mehr Hände in Bewegung zu setzen, als nöthig waren.
Der Stäuder brach unter den Arthieben zusammen,
die nachstürzenden Wogen, prasselnde Eisschollen wäl=
zend, spülten ihn fort, daß er den Blicken der Zu=
schauer entschwand. Die umstehende Menge erhob ein
Jubelgeschrei, schwenkte die Mützen und brachte in der
ersten freudigen Aufregung dem Freiherrn ein Lebe=
hoch. Es leuchtete auch dem Kurzsichtigsten ein, daß
die Handlungsweise des Herrn von Gampenstein unter
bewandten Umständen die allein richtige gewesen sei.

Dem Bruche des Damms oder der Ueberspülung desselben war durch dieselbe vorgebeugt worden, eine verheerende Ueberschwemmung der umliegenden Ländereien nicht mehr zu besorgen. Die Wasser des Teichs sanken sichtlich, und es war vorauszusehen, daß dieselben innerhalb weniger Stunden bis auf das Niveau des Schleußengrundes abgelaufen sein würden. Wenn alsdann auch neuer Schneefall eintrat oder wenn der Regen mit gleicher Heftigkeit noch tagelang anhielt, die Gewässer des Teichs konnten nicht wieder zu bedrohlicher Höhe sich aufstauen.

Berthold Rona hatte nach einigem Zaudern seinen leichten Gebirgswagen wieder bestiegen und schlug die Straße nach Schloß Gampenstein ein, welche in geringer Entfernung an dem Teichrande vorüberzog. Ehe dieser erreicht wurde, mußte an der Mündung des Teichabflusses in den wasserreichen Fluß, welcher die vielen Bleichen in der Nähe der Handelsstadt hatte entstehen lassen, eine Holzbrücke passirt werden. Die Passage an dieser Brücke fand Rona für seinen Wagen kaum noch zugänglich. Eisschollen in großen Massen lagen an beiden Flußufern hoch aufgeschichtet übereinander, unter der zitternden Brücke aber, deren Joche manchen Stoß und Zusammenprall treibender Schollen auszuhalten hatten, schoß der wilde Strom der trüben Flut in strudelnder Eile fort. Jenseits der Brücke, an der Einmündung des Teichabflusses, an welcher Dornengesträuch üppig wucherte, hatte sich zwischen Eis und fortgeschwemmtem Schilfe auch noch allerhand Abfall, wie der Kanal ihn geborgen haben mochte, festgesetzt; Vieles davon war an dem theil= weise überfluteten Dornengezweig hängen geblieben.

Um nicht Unglück mit seinem leicht scheuenden Thiere zu haben, ließ Rona wenige Schritte von der Brücke halten und stieg aus. Er sah jenseits der Brücke auf freiem Plan die um die Teichränder wo= gende Volksmenge; mehr links seitwärts von der Windmühle am Meisenholze, deren Flügel sich munter drehten, ragte der Thurm von Gampenstein. Von der Brücke aus war das alte Baronenschloß in einer Stunde zu erreichen.

„Erwarte meine Rückkehr in der Stadt", sagte er zu seinem Kutscher. „Ich werde zu Fuß nach Gampen= stein gehen; mit dem Wagen könnten wir Unglück haben."

Er nahm seinen Stock, grüßte den Kutscher und schritt über die stöhnende und zitternde Brücke.

Das Wasser war bereits im Fallen begriffen, obwohl die Wellen noch immer hoch hingen und stellenweise sogar die Straße bespülten. Rona blickte auf das strudelnde Wasser, dabei fiel sein Blick auf die Dornen und das viele Schilf, welches daran hän= gen geblieben war. Ein grünlich schimmernder fester

Körper schaukelte an der Fangschlinge einer losen Schnur an einem Gabelzweige im Winde über der gelben Flut.

Rona hätte wohl kaum darauf geachtet, wäre die Farbe ihm nicht aufgefallen, die im matten Strahl der durch fliegendes Regengewölk blickenden Wintersonne metallisch glänzte. Er blieb stehen und näherte sich dem Wasserrande, bis er das Gesträuch erreichen kounte. Es war ein dünnes Röllchen, fest verpackt, wie es schien, das in der Hecke hängen geblieben war. Mit der Hand kounte Rona das Röllchen nicht erreichen, der Stock aber langte noch über die Dornen hinaus. Er kehrte ihn um, schob den Hakengriff vorsichtig zwischen Rölle und Schnur und hob den Fund glücklich ab. Die Schnur war fest, sodaß das Röllchen unversehrt in Rona's Hand gelangte.

Von Gewicht war das Röllchen leicht. Rona fiel nur die ausgezeichnet schöne, völlig wasserdichte Umhüllung, mehr aber noch eine Buchstabenstickerei von weißer Seide auf, die um die Rolle lief und deren Entzifferung sich der Herr der Skalhütte schon deshalb angelegen sein ließ, weil es ihm fern lag, fremdes Eigenthum sich aneignen zu wollen. Nach mehrmaligem Drehen und Wenden des gemachten Fundes, während er die langsam sich hebende Straße rasch hinanschritt, buchstabirte Rona die Worte heraus: „An Frau von Gampenstein."

„Sieh da!" sprach er lächelnd zu sich selbst.
„Der Zufall ist doch häufig unser bester Freund und
ein schützender Deus ex machina! Mit diesem feuchten
Bündel in der Hand, das die Frau Baronin oder
eine ihrer Dienerinnen offenbar verloren hat, kann
ich ja unangemeldet auf Schloß Gampenstein erschei=
nen. Es ist ein Passepartout, der mir alle Thüren
öffnen wird; und da mir der sonderbare Fund zugleich
das Recht gibt, der Frau Baronin mich vorstellen zu
laffen, werde ich diese günstige Gelegenheit benutzen
und der vornehmen Dame zuerst meine Aufwartung
machen. Frauen pflegen für geleistete Dienste dankbar
zu sein, wenigstens momentan, und wenn ich das
Glück haben sollte, der gnädigen Frau als Ueberbringer
eines Andenkens, dessen Verlust sie vielleicht schwer
empfinden würde, zu gefallen, so kann man nicht
wissen! Das Boudoir der Frau Baronin führt jeden=
falls in das Kabinet des Freiherrn."

Rona ging frohen Muthes weiter. Ein Mann,
der ihm entgegenkam, zeigte dem Fragenden einen
Fußweg durch die Felder, der ihm die Biegung um den
Teich ersparte. Auf diesem Wege berührte er auch nicht
die Windmühle am Meisenholze.

Schon nach halbstündiger Wanderung sah Rona
das alte finstere Schloß mit allen Nebengebäuden vor
sich liegen. Die Pforte zum Schloßhofe stand offen,

der Hof selbst war still. Nur das laute Gekläff des
Kettenhundes vor der Wohnung des Inspectors ver=
kündigte den nicht sichtbar werdenden Schloßbewohnern
den Eintritt eines Fremden. Trotz des wachsamen
Hundes aber, der an seiner Kette auf und nieder lief
und immer lauter bellte, begegnete Rona doch erst
einem Bedienten, als er das Schloß selbst betrat.

Seine Frage, ob die gnädige Frau Baronin zu
Hause und für einen Fremden in einer wichtigen
Angelegenheit zu sprechen sei, ward bejahend be=
antwortet.

Rona nannte seinen Namen, ließ sich melden und
ward angenommen.

Dreizehntes Kapitel.

Rona auf Gampenstein.

Um die Zeit ungefähr, wo der Besitzer der Skal=
hütte von Afra der Baronin von Gampenstein zuge=
führt wurde, traf Moser am Teichrande ein. Er war
früh aufgebrochen von seinem Hause und schon einige
Stunden unterwegs. Als er von fern des Zusammen=
laufs am Teichrande ansichtig wurde, beschleunigte er
seine Schritte und lies, um rascher vorwärts zu
kommen, die Pfeife ausgehen. Er gedachte seines Ver=
lustes, und in bangen Sorgen begann sein Herz zu
schlagen. Als er nun das schäumende Wasser gewahrte,
der hoch ragende Ständer aber verschwunden war, ver=
ließen den starken Mann die Kräfte und er wäre bei=
nahe zusammengebrochen.

Auf seinen zähen Dornenstock sich stützend, blieb
er kurze Zeit stehen und ging still mit sich zu Rathe,
was jetzt wohl zu thun sei. Er war bald mit sich im
Klaren. Die Maserpfeife wieder hervorholend und in

Brand setzend, ging er auf den dichtesten Menschen=
knäuel zu. Der Freiherr hatte den Teich eben verlassen
und ritt langsam, mit den ihn umgebenden Leuten sich
leutselig unterhaltend, der Mühle zu. Dort stieg er
ab und begleitete den Müller in dessen Haus.

Moser suchte den Teichwärter, dessen Gestalt
durch ihre Größe von weitem schon kenntlich war.
Der Zustand des Abzugkanals sagte ihm, daß alles
Nachsuchen an dieser Stelle und nach so gründlicher
Zerstörung erfolglos bleiben müsse. Aber er wunderte
sich, daß eine so bedeutende Zerstörung stattgefunden
hatte, da er anderthalb Tage früher noch Alles in
bester Ordnung gefunden.

„Natur oder Kunst? Menschen= oder Gotteswerk?"
redete er den Teichwärter an, seinen Stock auf die
Schulter des Mannes legend und dann auf die breite
Kluft des Teichabflusses deutend.

Der Gefragte zuckte die Achseln und versetzte:

„Thut mir leid, Moser, aber ich konnte es wahr=
haftig nicht verhindern! Der gnädige Herr selbst gab
den Befehl und führte den ersten Hieb gegen den
Stäuder! Und zum Spaßen war die Sache mein
Seel' nicht! Ihr wißt, Noth kennt kein Gebot!
Hättet Euch auch besser in Acht nehmen können!"

„Und Ihr habt nichts gesehen, nichts ge=
funden?"

„Nichts! Wäre auch ganz unmöglich gewesen bei solchem Schwall!"

Moser nickte, sah unter sich in den zerrissenen Erdspalt, durch welchen die Wasser gurgelten, und blickte dann nach dem Mühlhause. Einer der Knappen hatte den Rappen des Freiherrn in den Stall geführt.

„Wenn ich mich spute, kann ich die Gnädige ungestört sprechen", dachte er, „und das wird nunmehr doch nöthig sein. Der unwiederbringliche Verlust wird das unglückliche Weib auf andere Gedanken bringen. Wie arg sie mich ausschilt, soll mich nicht rühren! Man kann immer nur so lange ehrlich bleiben, als es Gottes Wille ist."

Ohne sich weiter um den Teich und die abfließenden Wasser zu kümmern, wandte sich Moser dem Meisenholze zu, umging, um von dem Freiherrn nicht bemerkt zu werden, die Mühle und kam stark erhitzt im Schloßhofe an. Der ihm wohl bekannte Diener winkte Elias zu sich in sein Zimmer und nöthigte ihn zum Niedersitzen.

„Macht's Euch nur bequem, Moser", sprach der wohlwollende Mensch, „und stellt diesmal Euern Ranzen hier in den Winkel! Ihr müßt warten, wenn Ihr zur Gnädigen wollt. Es ist Besuch bei ihr, ein fremder Herr! Hab' ihn früher noch nie mit Augen ge-

sehen. Werdet hungrig sein, nicht wahr? Sehr natür=
lich, Moser, und sehr gesund! Sollt gleich ein tüchtiges
Stück Schinken und einen erquickenden Trunk dazu
haben! Man vergißt alles Herzeleid, wenn man guten
Appetit und immer was Ordentliches zu brechen und
zu beißen hat!"

Er verließ das Zimmer und kam sehr bald mit
einem guten Imbiß zurück.

„Weiß der Teufel", sagte er flüsternd, „ich glaube,
die Gnädige heult, daß sie der Bock stößt! Am Ende
ist's ein alter Galan, der, ehe er abfährt, ihr noch
einmal in die sündhaften Augen sehen und ins Ge=
wissen reden will! Laut Heulen ist sonst nicht ihre
Manier. Sie hält darauf, daß äußerlich Alles sein
anständig und nobel zugeht."

Moser war nicht in der Stimmung, auf die Be=
merkungen eines Bedienten, dessen Schwatzhaftigkeit er
kannte, großes Gewicht zu legen. Das Unglück der
Baronin ging ihm schon lange zu Herzen und er
machte sich oft bittere Vorwürfe, daß er sich immer
von neuem durch das Zureden seiner Frau hatte be=
stimmen lassen, die geängstete Dame mit leeren Re=
densarten hinzuhalten. Heute wollte er ein Ende
machen, offen sagen, was er wußte, zugleich aber auch
der leidenden, fortwährend zwischen Furcht und Hoff=
nung schwebenden Frau rund heraus erklären, daß die

von ihr gewünschten Documente unwiederbringlich ver=
loren seien. Um zu der schweren Unterredung, die ihm
bevorstand, sich zu stärken, sprach er dem Weine, mit
welchem der schmunzelnde Bediente ihn auf Kosten des
freiherrlichen Kellers regalirte, mehr zu, als er gewohnt
war, und erhielt dadurch eine geistige Spannkraft, die
im gewöhnlichen Leben ihm nicht eigen war. Er
arbeitete im Kopfe eine ganze Rede aus, die er der
Baronin halten wollte, und vergaß darüber die Wirk=
lichkeit. Moser hörte weder auf das Geschwätz des
Bedienten, noch auf die sporenklirrenden Tritte, mit
denen der heimkehrende Freiherr die Treppe hinauf=
polterte.

Blicken wir jetzt in das Boudoir der Frau von
Gampenstein.

Cornelie lehnte im Sopha, mit beiden Händen
das Röllchen umklammernd, welches Rona gefunden
hatte. Die gestickten Worte machten sie verstummen,
denn sie erkannte die kunstreiche Nadel, die oft und
lange für sie gearbeitet. Ohne dem unbekannten Brin=
ger, dessen Namen sie kaum gehört, für Einhändigung
des Röllchens Dank zu sagen, drückte sie es unter
Thränen ans Herz und bedeckte es mit leidenschaftli=
chen Küssen. Sie konnte nicht zweifeln, daß sie end=
lich besitze, was ihr Ruhe bringen, was ihr Aufklä=
rung geben werde über die dunkelste Stunde ihres

vergangenen Lebens. Es konnte nicht anders sein, denn das Röllchen umschlang ja dieselbe Schnur, die sie in jenem verhängnißvollen Augenblick erfaßte und die Rosa ihr gewaltsam entriß, um die Unzurechnungs= fähige vor dem Verbrechen des Selbstmordes zu retten.

Eine Zeit lang betrachtete Rona schweigend die leidenschaftlich aufgeregte Frau. Der zufällig von ihm gemachte Fund mußte unberechenbaren Werth für die Edeldame haben, sagte er sich, sonst hätte sie ihn doch nicht so ganz ignoriren können. Aber es war ihm interessant, eine leidenschaftliche Frau in bevor= zugter gesellschaftlicher Stellung ihr Herz enthüllen zu sehen, wenn auch nur in Blicken und Geberden, nicht in Worten.

„Es freut mich, gnädige Frau", brach Rona end= lich das Schweigen, nachdem er mit forschendem Auge das Gemach gemustert und seinen Blick wiederholt dem Jugendportrait Corneliens zugewendet hatte, dessen schelmisch übermüthige Züge in den vorüberirrenden Sonnenstrahlen, die es manchmal trafen, reizend zu lächeln schienen, „es freut mich, Ihnen einen kleinen Dienst geleistet zu haben. Der Inhalt der kleinen Rolle hat, wie ich zu bemerken glaube, einigen Werth für Sie. Dürfte ich Ihnen wohl eine Bitte vor= tragen?"

Das Paquet entglitt Corneliens Hand. Sie sah

den Besitzer der Skalhütte mit irrem Auge an, ergriff dann abermals die Rolle und versetzte zerstreut:

„Eine Bitte! Ach ja, Sie haben Recht! Nennen Sie nur Ihre Forderung, lieber Herr!"

Sie stand auf, legte die Rolle auf den Tisch und ging nach dem im Zimmer befindlichen Secretär.

Rona lächelte. Die Annahme der Baronin, er wünsche für seine Ehrlichkeit belohnt zu werden, beleidigte ihn nicht, da er ja sah, daß die heftig erregte Dame kaum wußte, was sie that.

„Nicht doch, gnädige Frau", fiel er ein und dräugte sie sanft zurück an ihren Sitz. „Sie mißverstehen mich vollkommen und verkennen ganz und gar meinen Charakter. Auch ohne den glücklichen Zufall, der mir die Ehre verschaffte, Ihnen, gnädige Frau, meine Aufwartung machen zu dürfen, wäre ich vielleicht nach Schloß Gampenstein gekommen. Ich habe mit dem Herrn Baron in einer Angelegenheit von Wichtigkeit zu sprechen, mir, falls er mich desselben würdig erachten sollte, einen Rath von ihm zu erbitten."

„Mein Herr", entgegnete mit steigender Verwirrung Cornelie, „ich begreife Sie nicht! Sie wollen meinen Gemahl sprechen in dieser Angelegenheit? Gott im Himmel, mein Gemahl darf nicht wissen. O ich Unglückselige, was soll ich beginnen! Haben Sie Erbarmen, Herr, Erbarmen mit einer Elenden!"

Sie warf sich Rona zu Füßen und rang schluch=
zend die Hände. Dies Schluchzen hatte der Bediente
gehört, als er zur Sättigung des ermüdeten Moser
Speise und Trank über den Corridor trug.

„Fassen Sie sich, gnädige Frau!" sagte Rona,
der sich der Ansicht zuzuneigen begann, er habe es mit
einer geistig Kranken zu thun. Schon das Aussehen
Corneliens, ihr ängstlich forschendes, gläsernes Auge,
in dem nur momentan glühendes Funkeln aufsprühte,
waren ihm gleich beim Eintritt ins Zimmer aufge=
fallen. „Fassen Sie sich und begehen Sie keine Un=
vorsichtigkeit! Ich bin weit entfernt —"

„Hat Elias Moser Sie geschickt? Ist der Mann
krank oder schämt er sich? Seine Frau hat gewiß mit
ihm gezankt. Man muß sehr vorsichtig sein, wenn
sie zornig wird —"

Der Name Moser ließ Rona schärfer aufhorchen.

„Meinen die gnädige Frau Baronin den Mann,
welcher als Bote Tagebuch=Moser heißt?" fragte er
zögernd.

„Sie kennen ihn auch?" fiel in immer gleicher
Aufregung Cornelie ein, die sehnlichst den Augenblick
herbeiwünschte, der ihr gestatten würde, die so lange
entbehrte, so zahllose Male erflehte Rolle zu öffnen.
„Was hat er Ihnen aufgetragen? Soll ich zu ihm
kommen? Will er seine Tochter verheirathen?"

Nona vernahm auf der Treppe den sporen=
klirrenden Tritt des Freiherrn, den zu sprechen er
sein abgelegenes Friedensasyl im Gebirge verlassen
hatte.

„Der Bote Moser pflegt seine Angelegenheiten
immer selbst zu besorgen", erwiderte er; „mit seinen
häuslichen Verhältnissen bin ich nicht vertraut. Sollte
aber, was Ew. Gnaden Andeutungen mich vermuthen
lassen, dem vorsichtigen Manne jenes Paquet bei einem
kühnen Sprunge über treibendes Eis verloren gegan=
gen sein, so wird er sich früh genug einstellen, um
seine Schuld freimüthig zu bekennen. Moser ist ehr=
lich, duldet nicht, daß irgend Jemand Unrecht ge=
schieht, und läßt sich selbst zu keinem Unrecht miß=
brauchen."

Diese Worte schienen beruhigend auf Cornelie zu
wirken. Sie hob langsam die großen, von Thränen
verschleierten Augen zu dem wildfremden Manne em=
por, dessen Namen sie vollständig vergessen hatte, und
blickte ihn schmerzlich lächelnd an.

„Ich werde zu ihm schicken, ich werde ihn trö=
sten!" sprach sie, ergriff wieder die Rolle und küßte
sie. Auf dem Corridor ließ sich abermals Sporenklir=
ren hören. Cornelie zuckte zusammen, daß ihre Hände
flogen.

„Der Freiherr!" lallte sie, die weit offenen Augen

stier auf die Thür richtend, welche dem Drucke von außen schon nachgab.

Rasch und lebhaft, wie es seine Art war, trat Cäsar von Gampenstein ein, blickte etwas betroffen den ihm fremden Rona an, dessen Aeußeres weder den reichen Industriellen, noch den Mann von Bildung errathen ließ, und sagte dann, den Blick mißtrauisch seiner Gattin zuwendend und die Verbeugung Rona's ganz unbeachtet lassend:

„Was will der Mensch? Heimlichkeiten mit fremdem Volk von verdächtigem Aussehen ziemen sich nicht für die Gemahlin des Freiherrn von Gampenstein."

Berthold Rona zuckte bei diesen mit brüskem Hochmuthe und in wegwerfendem Tone gesprochenen Worten zusammen und nahm dem Freiherrn gegenüber, auf dessen Stirn unter kraus herabfallenden Haarbüscheln die breite Hiebwunde wie ein Feuermal leuchtete, eine sehr energische Haltung an. Der auffallende Zornesblick des Fremden mochte Cornelie nicht weniger ängstigen als der ungestüme Charakter ihres mißtrauischen Gemahls. Daß sie Cäsar's Frage zu beantworten völlig außer Stande war, erhöhte noch ihre Bestürzung. Sie stand, an das Sopha gelehnt, die von Rona erhaltene Rolle mit beiden Händen an die Brust pressend, stumm und zagend vor dem Gatten.

Der Freiherr schritt auf sie zu und streckte seine Hand nach dem Röllchen aus. Cornelie wich zurück und schrie laut nach Hülfe. Diesen Ruf der Baronin vernahm Moser, der, Böses ahnend, sogleich den ihm wohlbekannten Corridor hinablief und in dem Augenblicke das Boudoir betrat, wo der Freiherr den Fund Rona's ergreifen und ihn den Händen seiner Frau entreißen wollte.

Cornelie wiederholte den Hülferuf, schleuderte das Paquet Rona zu und griff, um Cäsar's Hand zu entschlüpfen, nach einem Halt, der ihr Schutz gewähren könne. In der Angst erfaßte sie die hinter der Gardine verborgene Schnur; ein Zug daran ließ das Portrait des jungen Mädchens ihr gegenüber an der Tapetenwand verschwinden und enthüllte das Brustbild des jungen Mannes, das wir bereits kennen. Ein voller Strahl der Sonne fiel aber darauf und zeigte es in fast zu heller Beleuchtung. Der Freiherr, Rona und Moser gewahrten es zu gleicher Zeit, und die beiden letztern brachen ebenfalls gleichzeitig in einen Ruf der Ueberraschung aus.

„Mein Bruder!" sprach Rona und taumelte, die Rolle erhebend, zurück.

„Der schöne Mann im Wohnhause bei der Skalhütte!" stotterte Moser.

Cornelie stand wie eine Statue. Alles Blut war aus ihren Wangen gewichen. Die heißen Augen Cäsar's hatten sich von ihr auf das Bild gewandt, das sie durchbohrend betrachteten.

„Heißen Sie Aaron?" stammelte die entsetzte, ihrer Sinne kaum noch mächtige Frau und klammerte sich mit beiden Händen fest an die Sophalehne.

„Als Rabbi hieß ich Berthold Aaron", erwiderte der Herr der Skalhütte stolz; „seit ich Christ wurde und Industrieller, nenne ich mich Rona."

Er trat näher an die Wand, um die Züge des Portraits bequemer betrachten zu können. Cornelie glitt leise röchelnd in die Kissen des Sopha.

Der Freiherr hatte dieser Scene schweigend beigewohnt, jetzt läutete er die silberne Schelle, deren sich die Baronin bediente, wenn Afra zu ihr kommen sollte. Die hübsche Zofe erschien sogleich.

„Leiste Deiner Herrin Beistand", befahl er, „sie ist unwohl und bedarf der Pflege."

Dann trat er zu Moser, klopfte diesem auf die Achsel und sprach, sich zum Fortgehen anschickend:

„Du wirst dafür sorgen, daß dieser fremde Herr hier, den ich näher kennen zu lernen wünsche, sich auf Gampenstein nicht langweilt! Bei meinem Zorne stehst Du mir für ihn ein!"

Einen Blick tiefster Verachtung Rona zuschleu=
dernd, verließ er das Zimmer. Die Rolle, der noch un=
entweihte Fund, den zu retten Cornelie wider Willen
ihr heiligstes Geheimniß drei Männern zugleich ver=
rathen hatte, lag unversehrt in der Hand des jüdischen
Apostaten.

Ende des zweiten Bandes.

...andzwanzigster Band.

Leipzig,
Ernst Julius Günther.

42

Album.

Bibliothek deutscher Original-Romane.

von

Amely Bölte, Julie Burow (	sch)	Franz Carion,
Jacob Corvinus (W. Raab		Ernst Fritze,
Friedri		von Guseck,
F. W.	r	Moritz Horn,
Si		se Muhlbach,
Ed		Proschko, Robert
Pruz, Josef Ran	err,	Adolf Schirmer,
August Schrader,	vom See,	Ferdinand
Stolle, Ludwig Stö	mm,	A. von Winterfeld,
	er A.	

1865. **Zwanzigster Jahrgang.** **1865.**

Zweiundzwanzigster Band.

Leipzig,
Ernst Julius Günther.

Frau von Gampenstein.

Roman

von

Ernst Willkomm.

Dritter Band.

Leipzig,
Ernst Julius Günther.
1865.

Das Recht der Uebersetzung in fremde Sprachen bleibt
vorbehalten.

Druck von J. L. Kober in Prag.

Erstes Kapitel.

Cäsar von Gampenstein und Rona.

Ostern war vorüber. Feld, Wald und Wiese
legten ihre smaragdgrünen Lenzgewänder an und die aus
dem fernen sonnigen Süden zurückgekehrten Singvögel
gaben in der neu sich verjüngenden Schöpfung ihre
ersten Morgenconcerte. Auch die Menschen schüttelten
den letzten Trägheitsrest des langen Winterschlafs
vollends ab und wurden wieder munter und regsam.
Knaben und Mädchen streiften durch Flur und Busch,
um Schlüsselblumen — im Volksmunde Himmel-
schlüssel genannt — und andere frühe, duftende Wald-
blumen zu pflücken und Sträuße daraus zu binden.
Alle nur irgend erreichbaren jungen Weidenbäume aber
wurden von der musikliebenden Jugend trotz der sum-
menden Bienen, die Honig sammelnd um die goldgelb
schimmernden Blütendolden der aufgesprungenen Knos-
pen schwärmten, arg geplündert; denn wie könnte

die fröhliche Jugend, welche den Frühling recht be=
haglich genießen will, ohne aus saftigen Weidenruthen
geschnitzte Flöten und Querpfeifen ein vergnügtes
Leben führen!

Auf den Kämmen des Gebirgs, in tiefen, schat=
tigen Berghalden und bewaldeten Felsschluchten lag
noch tiefer Schnee, der auch auf den höchsten Kuppen
der Berge nicht ganz geschmolzen war und manches
am hellen Tage weiß glänzende Haupt früh am Mor=
gen und abends im Kuß der Sonne rosig-erglühen
ließ. Der Kampf aber zwischen Winter und Frühling
war zu Ende, der „alte Winter in seiner Schwäche"
hatte dem muskelkräftigen Frühlinge als Sieger be=
schämt das Feld räumen müssen.

Wärmere Lüfte noch wehten in westlicher gele=
genen Gegenden. Am Rheine und jenseits dieses
prächtigen Stroms standen die Bäume bereits in
voller Blüte, und wer innerhalb enger Straßen gro=
ßer Städte von gewerblichen Geschäften nicht fest=
gehalten war oder einer unabhängigen Stellung im
Leben sich erfreute, der traf Anstalten, für die nächsten
Monate aufs Land zu ziehen. Die idyllischen Um=
gebungen der französischen Hauptstadt erhielten dadurch
großentheils eine ganz neue Bevölkerung. Ein anderer,
feinerer Ton, leichtere, gefälligere, vielleicht aber weniger
gute Sitten zogen mit den Ankömmlingen aus Paris

in die gelüfteten und neu decorirten Landhäuser ein,
und es begann jenes genießende Müßiggehen, auf
welches die vornehme, die geldreiche Welt und jene
dritte, die Beides nicht ist, wohl aber das glückliche
Talent besitzt, mit dem Schaumgold berückenden Scheins
und dem angeborenen Takt, Gutes wie Schlechtes
meisterhaft nachzuahmen, Andere zu täuschen, so großen
Werth legen.

Alle Wege, die nach den beliebtesten Orten führen,
an die sich für die Kinder der großen Nation auch
berühmte Namen und große Erinnerungen knüpfen,
wimmelten von Equipagen, Reitern, Gesellschaftswagen
und Cabriolets. Fußgänger, die mehr das Bedürfniß,
frische Luft zu athmen und Vogelgesang zu hören, aus
der tosenden Hauptstadt ins Freie lockte, ergingen sich
in den Champs Elysées oder schlugen auch den Weg
nach dem Boulogner Gehölz ein, wo Jeder sich nach
Belieben ein Plätzchen zum Ausruhen suchen oder in
anderer Weise sich des schönen Frühlingstages erfreuen
konnte.

Fuhrwerke sah man auf dem Wege nach diesem
Gehölz nicht in großer Anzahl; die wappengeschmückten
Wagen des hohen Adels aus alten Legitimistenfamilien,
die gegenwärtig wieder die erste Rolle in Paris spielten,
fehlten gänzlich. Das Bois de Boulogne war das Eldo-
rado des Kleinbürgers, des Epiciers, das Asyl für die

1*

Bewohner des Quartier latin, der reizend gelegene
Vogelherd, wo graziöse Grisetten mit Geschick und
Glück ihre Netze stellten. Auch Abenteurer fanden sich
daselbst ein, diese, um über das verlorene Glück sich
zu trösten in grünem Waldesdämmer, jene, um Anhaltepunkte für neue Unternehmungen zu suchen und
zu finden.

Ein char-à-banc von großer Einfachheit, auf dem
zwei Männer und eine Frau saßen, hielt am Eingange
zu dem Gehölz. Die Insassen des Wagens stiegen aus
und der Führer desselben ward bedeutet, er möge warten..

„Nun müssen Sie unser Cicerone sein", sagte
der älteste der Männer, sich an die Frau wendend,
die sich mit scheuen Blicken umsah, als suche sie einen
ihr bekannten Gegenstand. „Man hat mir die Versicherung gegeben, daß in diesem Holze nicht große
Veränderungen vorgenommen worden seien. Die alten
Häuschen sollen sogar noch alle stehen. Sind wir
also nicht hintergangen worden, so muß sich hier für
unsere Pläne ein Anhaltepunkt finden."

Die Frau, an welche diese Worte gerichtet wurden,
schwieg und ließ forschend ihre kalten Augen von Baum
zu Baum schweifen, während der andere sehr hagere
Mann mit seinem durchaus nicht eleganten Stocke,
den ein ganz simpler Lederriemen ihm fester in die
Hand drückte, die Kräuter und Gräser auseinander

bog, als suche er nach etwas Verlorenem. Ihrer
Kleidung nach mußte jeder Pariser diese drei Personen
für Landleute oder für Bürger aus einer kleinen Pro-
vinzialstadt halten. Nur wer sie sprechen hörte, erkannte in ihnen die Ausländer. Alle drei sprachen
deutsch, der Aeltere, welcher die Frau anredete, mit
leicht kenntlichem süddeutschen Accent.

„Ich werde mich bekennen, wenn wir weiter gehen
und uns links halten", erwiderte jetzt die Frau. „Das
Häuschen lag zwischen einer schönen Baumgruppe so
versteckt, daß nur an einer Stelle der Straße sein
Giebel sichtbar ward. Man gelangte auf einem Um-
wege, der zwischen üppigem Gesträuch fortlief, an die
Gartenpforte. Die Gnädige hat manche halbe Nacht
an dieser Pforte zuerst jubelnd vor Glück, später unter
Seufzen, Thränen und Händeringen zngebracht."

Es war Rosa Moser, die sich in solcher Weise
gegen ihre Begleiter ausließ, in denen wir den dienst-
bereiten Boten und Berthold Rona, den Besitzer der
Skalhütte, wiedererkennen.

Seit einigen Tagen erst verweilten diese drei in
Bezug auf Charakter, Lebensgang und Bildung so verschiedenen Personen in Paris, und wir werden nun
zunächst zu untersuchen haben, welche Veranlassung
dieselben in Gemeinschaft dahin führte. Um dies zu
ermitteln, müssen wir uns zurückversetzen nach Schloß

Gampenstein, wo wir Moser und Rona im Boudoir der Baronin verließen.

Die drohenden Worte, welche der zürnende Freiherr Elias Moser zurief, hatte Rona, welchen zunächst nur das auf so unerwartete Weise sichtbar gewordene Oelgemälde seines verschollenen Bruders beschäftigte, überhört. An Selbstbeherrschung gewöhnt, nicht schreckhaft von Natur und mit großer Schwungkraft des Geistes begabt, die auch der schwerste Schlag nur vorübergehend niederhalten konnte, fürchtete er weder den Freiherrn noch die Folgen der gemachten Entdeckung, die ebenso wenig der Baron wie er selbst ignoriren durfte. Cornelie von Gampenstein ruhte, von Ohnmacht umnachtet, im Sopha, wo Afra sich liebevoll mit ihr beschäftigte. Eine Bewußtlose, vielleicht auch nahezu Unzurechnungsfähige konnte man nicht mit Fragen bestürmen. Hier galt es abzuwarten und die Neugierde nicht Herr werden zu lassen über den Verstand.

Lächelnd steckte Rona das Röllchen, dessen Auffindung epochemachend in sein Leben greifen zu wollen schien, zu sich, da es ihm die Baronin ja gewissermaßen in Verwahrung gegeben hatte. Dann trat er hart an die Wand, musterte noch einmal mit wehmüthigem Blick die Züge des Portraits, drückte darauf das zurückgewichene Bild des schönen, jungen Mädchens wieder an seine Stelle und zog Moser mit sich aus dem Zimmer der leidenden Edeldame, wo ihre Gegenwart augenblicklich nur stören konnte.

„Die Gastfreiheit des Herrn von Gampenstein kann uns Zahn- und Kopfweh und Gott weiß was sonst noch für Schmerzen eintragen", sprach er zu seinem völlig stumm gewordenen Begleiter, „falls wir uns nicht zu rechter Zeit in Respect zu setzen wissen. Es tröstet mich, daß ich den Angriffen des heftigen Freiherrn nicht ganz allein ausgesetzt bin; ich rechne sehr auf Eure Unterstützung."

„Wie kommen Sie zu dem Dinge da, das Sie noch bei sich tragen, Herr Rona?"

„Durch die Vorsehung, Moser, obwohl der Bote, dessen sie sich bediente, um mich aufzusuchen, meines Bedünkens ein gar unzuverlässiger Gesell war. Hat die gnädige Frau nicht phantasirt, so seid Ihr auch nicht immer zuverlässig! Boten dürfen unterwegs nichts verlieren!"

Moser zog seine buschigen Augenbrauen finster zusammen.

„Ich muß allein mit Ihnen sprechen, ganz allein!" sagte er gepreßt.

„Man läßt uns dazu wohl Zeit, wenn wir nicht säumig sind. Ihr kennt das Schloß, muß ich annehmen, sorgt also für ein stilles Plätzchen."

„Ich werde bei dem Inspector anfragen lassen; er ist der Einzige auf Gampenstein, der mit Nutzen das Tagebuch liest. Doch muß der Freiherr wissen, wo er uns zu suchen hat, wenn er nach uns fragt. Es wird ein hartes Stück Arbeit werden."

„Nicht so hart, wie Ihr meint. Dieser Talisman hier ist unser Schutzgeist! Ich werde mich seiner zu Allem bedienen, was ich für erlaubt halte."

Der gesprächige Bediente, bei welchem Moser gefrühstückt hatte, wunderte sich, den allbekannten Boten so vertraut mit dem Fremden verkehren zu sehen, kam aber Moser's Verlangen, sie bei dem Inspector zu melden, sogleich nach. In der Behausung desselben ward beiden Männern bereitwillig ein Zimmer zu ungestörter Besprechung eingeräumt.

„Erzählt!" sprach Rona, einen der alten niedergesessenen Lederstühle ans Fenster rückend, von dem aus man das Schloßportal beobachten konnte. „Ihr wißt mehr von dem Dinge, das ich durch Zufall fand, als ich Glossen darüber machen kann. Nachher werde ich Euch meine Gedanken mittheilen."

Moser erzählte, was wir bereits wissen; er verschwieg auch nicht, in welch enger Verbindung seine Frau vor langen, langen Jahren mit der Baronin gestanden habe. „Als sechzehnjähriges Mädchen begleitete sie das Fräulein mit ihrer Mutter, die eine sehr vornehme und reiche Dame gewesen ist, nach Paris. Rosa hat immer behauptet, die Herrschaft sei unter die Welschen gereist, um dort einen Grafen oder gar einen Herzog zu heirathen."

„Oder einen Marquis?" setzte Rona hinzu.

„Ist auch möglich, Herr Rona! In Titulaturen bin ich nicht recht zu Hause; der Kopf meiner Frau aber steckt voll von den verdrehtesten Namen, die ich nicht einmal aussprechen kann."

Rona entging keine Silbe. Je länger Moser sprach, desto mehr verfinsterte sich der so selten wolkenlos sich zeigende Himmel seines eigenen Lebens.

„Ihr sprecht, wenn ich nicht irre, von zweierlei Papieren, über deren Verlust die Frau Baronin besorgt ist", entgegnete der Herr der Skalhütte, als Moser seine Erzählung endigte. „Wie habe ich das zu verstehen?".

„Nach der Behauptung meiner Frau enthält die allein wichtigen Documente jene Rolle, die ich im Sommer verlor", sprach Moser. „Der Teichständer schluckte sie ein und hat sie bei sich behalten bis auf diesen Tag. Es hat wohl so sein sollen. Gott will nicht, daß schwere Vergehen unbestraft bleiben. Die andern Papiere — es waren Briefe — können vielleicht verbrannt sein. Rosa nimmt das an, die Baronin dagegen behauptet das Gegentheil."

„War die Frau Baronin wirklich mit jenem Manne, den sie in Paris kannte, verheirathet?"

„Ich weiß es nicht; Rosa ist über diesen Punkt sehr verschwiegen. Zwei Jahre, vielleicht etwas länger, dauerte das Verhältniß, dann trat der reiche, vornehme Herr aus altem Adel dazwischen. Ihm sollte das Uebrige Geheimniß bleiben."

Rona zog den Fund wieder hervor und betrachtete ihn mit sonderbaren Blicken.

„Es liegt ein ganzes Schicksal in dieser Rolle verborgen!" sprach er nach einer Weile. „Daß ich es, dem es zuerst die Vorsehung, dann die Baronin selbst in größter Seelenangst zuschleuderte, nicht mehr leichtsinnig weggebe, scheint mir Pflicht zu sein. Richter und Rächer will ich nicht sein, ich könnte dabei als kurzsichtiger Mensch gar leicht ein Uebelthäter werden, zum Mittler aber fühle ich mich berufen. Weß ist das Bild, unter dem sich das Portrait meines Bruders befindet?"

„Die gnädige Frau selber hat mir mit selbstgefälligem Lächeln gesagt, daß sie als Braut in Wirklichkeit wohl noch schöner gewesen sei."

„In diesem Falle gehört der Inhalt dieser Rolle mir mit demselben Rechte wie der Baronin von Gampenstein", sagte Rona aufflammenden Auges. „Mein armer Bruder war ihr erster Gemahl, den die Un-

glückliche verrieth, den sie ins Elend jagte; und —
o Himmel, laß es mich nicht ausdenken! — dem sie
sein Kind entwendete, wo nicht gar tödtete."

„Sie erlauben, Herr Rona, daß ich die gnädige
Frau eines solchen Verbrechens, überhaupt einer über=
legten Schlechtigkeit nicht fähig halte", entgegnete
Moser mit so treuherziger Ueberzeugung, daß den
Herrn der Skalhütte sein rasches Wort gereute.

„Ihr habt Recht, mich an die eigene menschliche
Schwäche zu erinnern", entgegnete er. „Nicht an=
klagen, nicht verdammen will ich, Frieden zu stiften
ist mein würdigeres Amt."

„Der Freiherr!" rief Moser und blickte finster
auf den Schloßhof, über welchen Cäsar von Gampen=
stein rasch gegen die Wohnung des Inspectors heran=
schritt. „Machen wir uns auf eine stürmische Stunde
gefaßt!"

Berthold Rona heftete sein Auge unverwandt
auf die athletische Gestalt des Freiherrn, der gleich
darauf in seiner ungestümen Weise die Zimmerthür
aufriß, Moser fortzugehen befahl und dann sich Rona
so gegenüber stellte, daß dieser seinen Platz am Fenster
nicht verlassen konnte.

Tagebuch=Moser gehorchte zwar, ging aber, um
auf alle Fälle bei der Hand zu sein, Wache haltend
vor dem Hause auf und nieder.

„Frau von Gampenstein hat sich von ihrem Un-
wohlsein erholt" und ist bei voller Besinnung", begann
der Freiherr ruhig und gefaßt die Unterhaltung mit
dem ihm bisher völlig fremd gebliebenen Herrn der
Skalhütte. „Ich komme von ihr und habe aus ihrem
eigenen Munde erfahren, daß Sie nach Gampenstein
kamen, um einen Gegenstand, welcher der Frau Baronin gehörte, persönlich derselben einzuhändigen. Das
ändert die Sache, mein Herr, und legt mir die Pflicht
auf, Ihnen eine Erklärung zu geben. Ich möchte
wünschen, daß Sie mein etwas rücksichtsloses Auftreten vergessen könnten. Wenn man fortwährend
Verdruß hat und häusliches Leid, wird man leicht
ungerecht gegen Andere. Haben Sie Kinder?"

„Eine einzige Tochter, Herr Baron."

„Danken Sie Gott, daß Sie sich nicht über
einen ungerathenen Sohn halb zu Tode ärgern
müssen!" fuhr der Freiherr, schon wieder heftiger werdend, fort. „Kommt solch ein Bursche in die Jahre,
wo er sich zur Noth selbst ein Pferd satteln kann, wo
er mit einigem Geschick den Degen, die Ehrenwaffe
des Mannes von Geburt, handhabt und auf der
Jagd keine groben Verstöße gegen die Gesetze der
Waidmannskunst macht, so glaubt er sich über aller
Welt erhaben, verlacht die Mutter, hintergeht den
Vater, macht sich lustig über alles Ehrwürdige, hält

sich für weiser als Solon, für einen bessern Staats=
mann als Aristides oder Cäsar und nimmt keinen
Anstand, im heiligen Drange, die Welt zu ver=
bessern, hochverrätherische Pläne in seinem unreifen
Knabengehirn auszuhecken, die dem Vater Unsummen
kosten und den dummen Jungen von Sohn mit
Schimpf und Schande aus dem Lande jagen. Ein so
beklagenswerther Vater steht vor Ihnen. Ich habe
einen Sohn, den ich verloren geben muß, und die
Mutter dieses Sohnes — haben Sie früher schon
von der Mutter dieses ungerathenen Sohnes gehört?"

Rona empfand Mitleid mit dem Freiherrn, der
wenigstens in diesem Augenblicke schwer unter den
Keulenschlägen des Schicksals litt. Die ungewisse Zu=
kunft eines leichtsinnigen Sohnes schien ihn wirklich
zu bekümmern, und daß die Mutter dieses Sohnes
keine Heilige sei, hatte er aus den offenen Mitthei=
lungen Moser's über die Vergangenheit der Baronin
zu seinem eigenen Entsetzen erfahren.

„Mir wurde heute zum ersten Male die Ehre zu
Theil, Frau von Gampenstein kennen zu lernen", ent=
gegnete er mit möglichster Gelassenheit. „Der Zufall—"

„Ja, der Zufall!" unterbrach ihn heftig Cäsar
von Gampenstein und die Narbe auf seiner Stirn er=
glühte in blutigem Roth. „Der Zufall ist ein bos=
hafter Gesell, der, aus Lastern zusammengesetzt, an

allem Schlechten seine innigste Freude hat und darum
jegliche Schändlichkeit fördern hilft! Ohne diesen bösen
Buben Zufall, den man täglich auspeitschen sollte,
wäre ich vielleicht ein glücklicher Mann und hätte
nicht das Unglück, die Schwächen einer noch unglück=
lichern Frau aus Commiseration und des Anstan=
des halber geduldig ertragen zu müssen."

Er kreuzte die Arme über der breiten Brust und
reckte sich, als wolle er die in ihm ruhende Kraft und
deren Ausdauer erproben.

"Zuweilen, Herr Baron, dünkt mich, haben wir
doch auch Ursache, dem so oft und so arg geschmähten
Zufall dankbar zu sein", entgegnete Rona, der aus
der etwas mildern Stimmung des Freiherrn Nutzen
zu ziehen hoffte. "Ich wenigstens mag ihn nicht
schelten, selbst dann nicht, wenn die Geschenke, mit
denen er uns zuweilen überrascht, mit scharfen, schmerz=
lich verwundenden Dornen umhüllt sind."

Der Freiherr war in dem nicht sehr geräumigen
Zimmer ein paarmal auf und ab geschritten, wodurch
Rona Raum erhielt, auch seinen Platz zu ändern.
Jetzt pflanzte er sich vor den Herrn der Skal=
hütte hin und sah ihn mit unheimlich funkelnden
Augen an.

"Sie dürfen so sprechen", sagte er, "und wenn
man nur Selbstüberwindung genug besitzt, um sich

nicht von Kleinigkeiten aus der Fassung bringen zu
lassen, mag volle Erkenntniß allerdings halbem Wissen
immer vorzuziehen sein. Frau von Gampenstein war,
ehe ich von ihr ging, offener denn je gegen mich.
Dafür möchte ich ebenfalls erkenntlich sein, und wenn
Sie vielleicht mit Hülfe jenes Mannes, den ich nicht
zum Zeugen unseres Gesprächs machen wollte, der
Frau von Gampenstein eine Gefälligkeit erweisen
könnten, bin ich zu jeder Auskunft bereit."

„Wir müssen uns verständigen, Herr Baron,
ehe wir handeln", erwiderte Rona, den dies unerwar=
tete Entgegenkommen überraschte, weil es ihm nicht
recht verständlich war. Der Charakter des Freiherrn
schloß nach Rona's Dafürhalten eine gewisse Versteck=
heit ebenso wenig aus wie erkünstelte Offenheit. Um
sich nicht selbst zu schaden, mußte er vorsichtig zu
Werke gehen.

Cäsar von Gampenstein streckte sich wieder und
kreuzte dann abermals die Arme über der Brust. Im
Zimmer auf und nieder gehend sagte er nach einer
kleinen Weile:

„Sie heißen Aaron?"

„So hieß ich früher."

„Eben deshalb, mein Herr! Und Sie hatten
einen Bruder, welcher in Paris lebte?"

Rona bejahte diese Frage ohne Nebenbemerkung.

„Ist dem so, dann werden Sie mir gewiß auch den Vornamen Ihres Bruders nicht verschweigen.".

„Es würde das keinen Sinn haben, Herr Baron. Jener unglückliche Mann, den ich seit fünfundzwanzig Jahren als todt beweine, hieß Joseph."

„Also nicht. Jonathan, nicht Salomo?".

„Das Haus, in dem er den Grundstein zu seinem nachmaligen Unglücke legte, führte die Firma Jonathan und Salomo nach seinen ersten Begründern und führt dieselbe noch heutigen Tages."

„So ward ich schändlich hintergangen!" murmelte Cäsar von Gampenstein und stampfte den Boden so heftig, daß die Fensterscheiben klirrten. „Doch, wozu sich echauffiren! Es hieße Unmögliches verlangen, wollte ich jetzt Ansprüche machen, zu denen ich schon damals nicht berechtigt war und die ich früher sogar lächerlich gefunden haben würde."

Er trat abermals zu Rona und fixirte ihn scharf mit den Angen.

„Die Frau Baronin von Gampenstein", hob er wieder an, „hat eine Rolle in Ihren Händen gelassen, die Sie unterwegs zu finden das Glück gehabt. Nach gütiger und — wie ich voraussetze — wahrheitgemäßer Beantwortung meiner vorigen Frage darf ich gewiß die Bitte an Sie richten, jene Rolle mir auszuantworten. Dieselbe enthält werthvolles Eigenthum der Baronin."

Rona's Lippen krümmten sich zu ironischem Lächeln.

„Vor einigen Stunden betrat ich Schloß Gampenstein mit dem festen Entschlusse, jenen Fund, den der Zufall, welchen Sie bös schalten, mir in die Hände spielte, der gnädigen Frau Baronin zu überreichen. Jetzt liegen die Dinge anders sowohl für die gnädige Frau wie für mich, und ich stehe nicht an, Herr Baron, Ihnen freimüthig zu erklären, daß ich jenes Geschenk des launenhaften Zufalls, das die gnädige Frau mir freiwillig zurückgegeben hat, so lange in Verwahrung nehme, bis ich genau unterrichtet bin über das Ende meines armen Bruders, über seine Schicksale in Paris an der Seite einer von ihm mit leidenschaftlicher Zärtlichkeit geliebten Frau und über die gänzlich verschwundene Frucht dieser unseligen Liebe. Es geht eine Sage, Herr Baron, deren Entstehung ich nachzuspüren mich in meinem Gewissen gedrungen fühle, daß die Oeffnung der Rolle, die gegenwärtig mein alleiniges Eigenthum ist, weil nur ich sie besitze, darüber Auskunft geben könnte."

„Herr Aaron", fiel hier der Freiherr ein, der sichtlich mit seinem aufbrausenden Temperamente rang, doch aber so ziemlich Herr desselben blieb, „Herr Aaron, ich —"

„Nennen Sie mich lieber Rona, Herr Baron", unterbrach ihn freundlich der Herr der Skalhütte.

„Das Waſſer der Taufe hat den altteſtamentlichen
Namen fortgeſpült, wie das Waſſer des Teichs die
verhängnißvolle Rolle mir zntrug, aus der ich zu er-
ſahren hoffe, ob mein Bruder ſtrafbarer war vor Gott
und Menſchen als die Dáme, deren Herz er ſeines
Daſeins Ehre, ſeines Lebens Seligkeit anvertraute.“

„Wenn nun aber die Frau Baronin bittet, Herr
Rona“, fiel Cäſar von Gampenſtein wieder ein, „wenn
von der Auslieferung dieſer Rolle, wie ſie behauptet,
die Ruhe ihrer Seele, der Friede ihres Herzens abhängt, können Sie in ſolchem Falle einer Dame
gegenüber grauſam ſein?“

„Herr Baron, Ehre geht über Milde! Ich halte
es nicht für grauſam, wenn ich aus Liebe zur Wahrheit ein betrübtes Herz noch kurze Zeit ſich ſelbſt
überlaſſe.“

„Man wird erkenntlich ſein, Herr Rona, und —
verſchwiegen!“

„Beſtechungen bin ich nicht zugänglich, Herr Baron, und Verborgenes, zu lange ſchon verſchwiegen
Gehaltenes offenbar werden zu laſſen, iſt meines Strebens höchſte und heiligſte Aufgabe!“

„Die Frau Baronin bereut den Leichtſinn ihrer
Jugend. Vergeſſen Sie nicht, daß wir alle nicht
fehlerlos ſind, daß wir uns ſelbſt und Andern gar
Vieles zu vergeben haben! Man nennt es unchriſtlich,

Jemand die Mittel zu nehmen, die ihm zur Reue verhelfen."

„Es steht der gnädigen Frau frei, den Inhalt der fraglichen Rolle von mir zurückzufordern, sobald ich Einsicht davon genommen habe."

„Das würde indiscret sein, Herr Rona! Die Geheimnisse der Frau Baronin darf außer ihr selbst nur ihr Gemahl wissen!"

Rona lächelte und zuckte die Achseln.

„Ueber Ansichten läßt sich nicht gut streiten", versetzte er. „Wäre ich Freiherr von Gampenstein, dann würde ich durch großmüthiges Ignoriren feurige Kohlen auf das Haupt der gnädigen Frau sammeln."

„Nun denn, mein Herr", erwiderte weniger geschmeidig als bisher Cäsar von Gampenstein, „so lassen Sie dann dem letzten Grunde Gerechtigkeit widerfahren, aus dem die Frau Baronin wenigstens auf vorläufiger Auslieferung ihres Eigenthums bestehen muß. Dieser Grund ist ein kirchlicher. Die geängstigte Dame, geängstigt und betrübt seit Jahren, wünscht zu beichten, sie kann aber eine Generalbeichte nicht ablegen, ohne vorher den Inhalt Ihres sogenannten Fundes zu untersuchen! Können Sie, als katholischer Christ es vor Ihrem Gewissen verantworten, einer Reuigen den Beichtstuhl unzugänglich zu machen, der allein ihrer Seele Trost zu spenden vermag?"

Die Züge Rona's veränderten sich bei diesen
Worten des Freiherrn. Er gedachte der vor kurzem
erst vernommenen Mittheilungen Moser's, die Aehn=
liches über die Gemüthsstimmung der Baronin erwähn=
ten, und wenn er selbst auch der Kirche, welcher er
seit seinem Uebertritte angehörte, äußerlich ziemlich fern
geblieben war, so leuchtete ihm doch sehr wohl ein,
daß ein geängstigtes Frauenherz sich zum Beichtstuhl
hingezogen fühlen könnte, um aus dem vergebenden
Wort des Priesters einen Tropfen Ruhe zu schlürfen.
Die Behauptung des Freiherrn war jedenfalls nicht
aus der Luft gegriffen. Es mochte Wunsch und Wille
der Baronin sein, nach diesem letzten Rettungsanker
die zitternde Hand auszustrecken, und es ließ sich nicht
bestreiten, daß sie denselben nicht erreichen konnte, wenn
sie die wichtigsten Vorgänge ihres Lebens verschwieg,
weil sie Unwahres zu berichten fürchten mußte.

Rona war nicht bösartig, sein Charakter aber
zeigte eine so wunderbare Zusammensetzung wider=
sprechender Eigenschaften, daß ein endgültiges Urtheil
über ihn zu fällen eine nennenswerthe Aufgabe für
jeden Psychologen gewesen sein würde.

Menschliches Mitgefühl und christliche Nächsten=
liebe geboten ihm, der Baronin entgegen zu kommen
und ihr die Hand zur Versöhnung zu reichen. Rona
hörte das große Wort des Erlösers wie eine mahnende

Stimme aus jener Welt in seiner Seele wiedertönen:
„Vergebet, so wird Euch vergeben!" Aber der alte
Adam in ihm, der wie ein grinsender Kobold zusammen=
gekauert im hintersten Winkel seines Herzens lag und
die Scherben der zerbrochenen Gesetze des Judaismus
zusammenzusetzen sich fruchtlos abmühte, bekam doch
momentan Gewalt über ihn und entfremdete ihn der
reinern Lehre des Evangeliums. Der alte Jehovah
war ein starker, eifriger Gott, dem Zorn und Rache
nicht fremd geblieben, und die Eigenschaften dieses
zürnenden Jehovah entsprachen ganz den Gelüsten
seines nicht vollkommen geläuterten Herzens in dieser
wichtigsten Angelegenheit seines Lebens. Den verlo=
renen Bruder im Grabe noch zu rächen an demselben
Weibe, durch dessen Treulosigkeit und flatterhaft leicht=
sinniges Wesen er ihn verloren hatte, war in diesem
aufgeregten Augenblicke süßes Labsal für Rona's Seele.
Ohne sich genau Rechenschaft über sein Handeln abzu=
legen, trat er in die Fußstapfen Rosa's. Die Baronin
brauchte ja noch nicht zu beichten. Die Angst, welche
an dem Lebensmark der Unglücklichen zehrte, brachte
sie nicht unter die Erde. Und je länger die vornehme
Sünderin litt, desto tiefer und wahrer mußte ja ihre
Reue werden. Es war also nur Wohlthat, wenn
man ihr den Beichtstuhl noch nicht öffnete. Und ohne
Beichte blieb sie ein schwankes Rohr, ein willenloses,

furchtſames Geſchöpf, das wenig geiſtige Schwungkraft
beſaß. Behielt aber Rona Gewalt über die Verder=
berin ſeines Bruders, ſo ward dieſer gerächt, und ein
wahrſcheinlich noch geheim gehaltenes Verbrechen, von
welchem der Herr der Skalhütte ſeit dem Geſpräche
mit Moſer freilich nur eine dunkle Ahnung hatte,
konnte an das Licht des Tages gezogen und in dieſem
Lichte durch reuiges Büßen und gute Werke wohl auch
noch geſühnt werden.

Berthold Rona vermochte dieſer Verſuchung nicht
zu widerſtehen. In ſeinem Blicke las der Freiherr,
daß er eine Fehlbitte gethan habe. Ungeduldig harrte
er der Antwort, die ihm der geweſene Rabbiner geben
würde.

„Verzeihen der Herr Baron gnädigſt“, ſprach er
nach minutenlangem Schweigen, indem er ſich in einer
Weiſe vor dem Edelmanne verbeugte, die ungewöhnlich
ſtark an ſeine jüdiſche Abkunft erinnerte, „wenn ich
zuvor die Frage an Sie richte, ob Seine Excellenz
Graf Serbelloni in frühern Jahren mit Dero Gna=
den in Paris zuſammengetroffen ſind?“

Dieſe Frage frappirte den Freiherrn. Zu ſtolz,
um zu lügen, war er doch auch wieder nicht gewillt,
ſich wie ein Schüler von einem Menſchen examiniren
zu laſſen, den er am liebſten aus ſeinem Schloſſe hätte
werfen mögen.

„Wie können meine frühern Bekanntschaften, die ich auf Reisen bald da, bald dort machte, Interesse für Sie haben", antwortete er ausweichend, dem Herrn der Skalhütte sehr unfreundliche Blicke zuwerfend.

„Ich kenne zufällig den Beichtvater des Grafen", erwiderte Rona. „Da ich nun voraussetze, daß Standes= genossen auch in Bezug auf Gewissensangelegenheiten sich immer gern an Priester adligen Stammes wenden dürften, vermuthe ich, die Frau Baronin wird von dieser löblichen Sitte nicht abweichen."

„Das kann wohl möglich sein, mein Herr", ent= gegnete Cäsar von Gampenstein. „Ich meines Theils lasse der Frau Baronin in Bezug auf die Wahl ihres Beichtvaters völlig freie Hand."

„Dann wendet sich die gnädige Frau gewiß an den gefeierten Domherrn."

„An den Domherrn Augustin von Orna zu Ga= blona?"

„Einen andern kenne ich nicht."

„Sehr wahr", sagte zerstreut der Freiherr. „Es wird eine andere Wahl ihr kaum übrig bleiben. Die Frau Baronin war schon einmal in Gablona."

„Und der Domherr auf Schloß Gampenstein!"

„Wer behauptet das?" fuhr der Freiherr auf.

„Ich nicht, Herr Baron, aber das Gerücht, das hundert Ohren und hundert Zungen hat und dennoch

selten weder das Rechte hört, noch die Wahrheit spricht!
Der Haushofmeister Seiner Excellenz, von Geburt ein
Baske und der vertraute Diener des Grafen seit dem Tage,
wo er die Tour durch Europa antrat, soll den gelehrten
und beredten geistlichen Herrn schon lange Jahre ken=
nen.' In seiner Begleitung — ist mir erzählt worden,
— berührte der Domherr, damals noch bescheidener,
Missionsprediger, die weitläufigen Besitzungen der Herr=
schaft Gampenstein und übernachtete daselbst. Der
Haushofmeister, ein sehr schlauer Patron und etwas
gewinnsüchtig, hat eine eingefallene Wange, wohl von
einem Dolchstiche, den er vielleicht von Zigeunern in
der Vega von Granada erhielt, wo er zugleich mit
seinem Herrn ein lustiges Leben führte, wie er mir
selbst lachend erzählt hat."

Es bedurfte nur dieser Andeutungen, um den er=
regten, argwöhnischen und im höchsten Grade ärgerlichen
Freiherrn im Geiste zurückzuversetzen in jene Nacht,
wo infolge des heftigen Gewitters das Vorwerk an
der Lochbuche abgebrannt war. Dieser Wink, der
von Rona nicht als solcher gegeben wurde, ließ Cäsar
augenblicklich Cornelie und deren heißeste Wünsche ver=
gessen. Pabst, der wahrheitliebende Pachter, hatte ihm
ja am Morgen nach dem Brande erzählt, daß eines
Tages zwei Fremde auf dem Vorwerke übernachtet hät=
ten, von denen der ältere kenntlich gewesen sei durch

seinen Bart und durch eine vernarbte Stichwunde in der
Wange! Gleichzeitig gedachte er der Briefe, die ihm
damals in die Hände fielen und die ihm den ersten
Fingerzeig gaben von den seltenen Wegen, auf denen in
früher Jugend seine so lange schon melancholisch ge=
wordene Gemahlin gewandelt zu sein schien. Sprach
Rona die Wahrheit, so konnte der Haushofmeister des
Grafen Serbelloni möglicherweise auch um die Briefe
wissen und wie dieselben in das verschlossene alte Pult
gekommen waren. Das Leid Corneliens war vergessen.
Gönnte Cäsar von Gampenstein ihr auch den priester=
lichen Trost, der ihm persönlich ganz gleichgültig war,
so wünschte er doch noch lieber hinter das Geheimniß
jener in seine Hände gerathenen Briefe zu kommen;
und er mußte sich gestehen, daß auch von diesen Brie=
fen und deren Verbleiben in einer ausführlichen Beichte
der Bäronin die Rede werde sein müssen. Hier aber
konnte sich Cornelie nur durch Schweigen oder durch
offenes Eingestehen ihrer Unkenntniß helfen.

„Ich werde den Grafen auf seinem Schlosse be=
suchen, Herr Rona!" sagte er in befehlendem Tone:
„Da der Haushofmeister Seiner Excellenz Ihr Freund
ist, werden Sie mir denselben gewiß gern zuführen."

„Bis zur Freundschaft mit Herrn Reyneval, wie
er sich nennt, habe ich es nicht gebracht und bin auch
nicht willens, mich jemals so weit herabzulassen",

entgegnete der Herr der Skalhütte; „ein Anknüpfungspunkt indeß, den intriguanten Mann zu sprechen, der
um Geld sein Gewissen dreimal an einem Tage verkaufen würde, ließe sich wohl finden."

„So treffen Sie dazu sobald wie möglich Anstalt!"

„Es hängt dies ganz von Ihnen ab, Herr Baron."

„Von mir? Ich kenne Ihren Haushofmeister
nicht, wenn ich auch den Grafen ab und zu einmal in
frühern Jahren gesprochen habe."

„Reyneval soll Ihnen Rede stehen, wenn das
Paquet, das mir der Zufall schenkte und das die Baronin nach erfolgter Ablieferung mir freiwillig wieder
zurückgab, bis nach dieser Unterredung in meinem Besitze bleibt und mir gestattet wird, dasselbe ohne Zeugen
zu eröffnen und von dessen Inhalt Einsicht zu nehmen.
Auch muß ich von dem, was ich dadurch etwa erfahren
sollte, jeden Gebrauch machen dürfen, den ich für
nöthig erachte."

Cäsar erblaßte; er begann zu ahnen, daß er sich
in seiner Aufregung zu einer großen Uebereilung
hatte fortreißen lassen.

„Das nenne ich einem Ehrenmanne das Messer
an den Hals setzen, nachdem man ihn hinterrücks überfallen hat!" sprach er bitter. „Denken Sie größer von
sich selbst, Herr Rona, und stellen Sie günstigere Bedingungen!"

„Ich werde keinen Mißbrauch von dem Inhalte
der Rolle machen, Herr Baron, die Bedingungen aber
kann ich nicht ändern. Es handelt sich um die Ehren-
rettung eines Todten, um das Glück und die geistige
Ruhe einer Lebenden, die der Schatten jenes Todten
wie ein Gespenst verfolgt."

Er zog die Uhr und blickte aus dem Fenster, wo
er Moser noch immer in geringer Entfernung auf und
nieder gehen sah.

„Fassen Sie einen Entschluß, Herr Baron!" fuhr
er fort. „Ich habe mich auf Schloß Gampenstein
länger verweilt, als ich beabsichtigte. Es ist in wenigen Minuten zwei Uhr. Die Wege sind schlecht, in der
Stadt wartet mein Fuhrwerk. Kehre ich vor Dunkel-
werden nicht zurück in meine Herberge, so wird mein
Ausbleiben beunruhigen, und ich dürfte auf Gampenstein gesucht werden. Ich glaube, Herr Baron, wir
nützen uns gegenseitig am meisten, wenn wir uns
geräuschlos verständigen. Ich gebe Ihnen als Mann
von Ehre mein Wort, daß schon morgen die Rolle
mit Allem, was sie enthält, in die Hände der Frau
Baronin gelangen soll, wenn Sie in gleicher Weise
sich verpflichten, mir für heute freie Hand zu lassen.
Dann können Sie auch noch vor dem Feste den Bas-
ken sprechen."

Cäsar von Gampenstein durchwühlte sein krauses

Haar, biß die Lippen fest zusammen und murmelte un=
verständliche Worte. Rona knöpfte seinen schlichten Rock
bis an den Hals zu und stand auf.

„Elias Moser wird mein Bote sein", sprach er.
„Es bedarf keiner Schreibereien, wo ein zuverlässiger
Mann durch wenig Worte mehr ausrichten kann. Wün=
schen Sie es, so übernimmt es Moser auch, die Frau
Baronin von unserem friedlichen Abkommen zu benach=
richtigen."

Der Freiherr legte seine Hand mit solcher Wucht
auf Rona's Schulter, daß dieser erschrocken zusammenzuckte.

„Sie sollen den Freiherrn von Gampenstein als
Mann von Ehre kennen lernen", sprach er, und die
Narbe auf seiner Stirn glich wieder einer offenen blu=
tigen Wunde. „Behalten Sie den Fund bis morgen,
senden Sie ihn dann versiegelt der Frau Baronin zu,
und ich will nach dem Inhalte nicht fragen, bis ich
den Haushofmeister Seiner Excellenz des Grafen Ser=
belloni gesprochen habe."

Rona sah die Baronin nicht wieder. Er verließ
bald darauf in Moser's Begleitung das Schloß, kehrte
in die Stadt zurück und öffnete hier ohne Zeugen die
Rolle, von deren Inhalt er über die Schicksale seines
verstorbenen Bruders Näheres zu erfahren hoffte. Seine
Erwartungen sollten noch übertroffen werden. Die Rolle
enthielt so wichtige Documente, daß der Herr der Skal=

hütte die ganze Nacht keine Ruhe fand. Aber freilich
gab ihm das Vorgefundene auch ein neues Räthsel auf,
dessen Lösung von jetzt an die nächste und wichtigste
Aufgabe seines Lebens sein mußte.

Cornelie von Gampenstein erhielt am andern Tage
ihr Eigenthum durch Moser zurück, welcher gleichzeitig
dem Freiherrn ein Billet Rona's überbrachte, das
Cäsar von Gampenstein dem Haushofmeister des Gra=
fen Serbelloni empfahl. Ob und wann der Freiherr
von dieser Empfehlung Gebrauch machen wolle oder
werde, kümmerte den Herrn der Skalhütte nicht. Ihm
blieb Wichtigeres zu thun übrig, wenn der Fund, wel=
chen die Rolle barg, ihm Aufschluß über das Verblei=
ben des Knaben geben sollte, den Cornelie, damals
noch Freiin Helene von Valdegg, geboren hatte.

Rasch in seinen Entschlüssen, war Rona noch vor
Abend mit sich einig. Eine Unterredung mit Moser,
der nicht umgangen werden konnte, zog diesen mit ins
Interesse, stellte ihm aber auch eine Aufgabe, der sich
der schlichte Mann lieber entzogen hätte.

Die frühere Dienerin der Frau von Gampenstein,
deren Vertraute und Genossin in Saus und Braus
verlebter Jahre, Rosa, mußte erfahren, in wessen Hände
die Rolle gefallen war und in welch naher verwandtschaft=
licher Verbindung nach der gemachten Entdeckung die
gnädige Frau mit dem Herrn der Skalhütte stehe.

Moser besaß genug praktischen Verstand, um ein=
zusehen, daß Rona nicht anders handeln könne, und
die überraschte Rosa, die von ihrem Manne recht hart
angelassen ward, fügte sich der zwingenden Nothwendigkeit.

Am nächsten Tage schon erschien der Herr der
Skalhütte persönlich im Hause Moser's und dictirte
dessen Frau seine Bedingungen.

„Sie halten sich reisefertig, damit Sie, wenn ich
rufe, zu jeder Stunde aufbrechen können", sprach er.
„Ihre Anwesenheit an den Orten, wo ich Nachfrage
zu halten gezwungen bin, ist durchaus nothwendig.
Sie werden uns also führen und, wo es nöthig sein
sollte, auch rathen. Je zuverlässiger Sie mir dienen,
desto besser wird es für Sie selbst sein. Sind Sie
nur willig, so gebe ich Ihnen die Versicherung, daß
Niemand Sie behelligen soll. Um Elfriede brauchen
Sie auch nicht besorgt zu sein; ich werde Vorkehrun=
gen treffen, daß das freundliche Kind gut untergebracht
wird. Noch eins, Frau Moser! Für Frau von Gam=
penstein oder ihr augenverdrehendes Zöschen sind Sie
von heute an nicht zu Hause! Eine Ueberrumpelung
von seiten des Freiherrn haben Sie meiner Ansicht
nach zu besorgen. Ihn treibt der Aerger, daß er sich
so arg hat düpiren lassen, eher in ausgelassene Gesell=
schaft als in ein einsames Haus, um unliebsame Un=
tersuchungen anzustellen."

Rosa machte keine Einwendungen; sie fügte sich gehorsam allen Anweisungen ihres Mannes, der häufig ausging, um nöthige Besorgungen für den Herrn der Skalhütte zu machen. Er war nie so einsilbig und schroff gegen Rosa gewesen wie in der Zeit zwischen Weihnachten und Neujahr.

Mitte Januar waren die nöthigen Vorbereitun= gen getroffen, um die Reise in der Hoffnung, daß sie Erfolg haben werde, antreten zu können. Rona nahm Abschied von seiner Tochter und Egbert und ging zu= nächst mit seiner Begleitung nach Belgien, später nach dem südlichen Frankreich. Erst in der Woche vor Ostern betrat er, ziemlich entmuthigt, Paris, denn seine bisherigen Nachforschungen waren ohne jegliches Resultat geblieben. In Paris jedoch schienen ihm glücklichere Sterne leuchten zu wollen. Hier trat Rosa in eine ihr noch immer nicht ganz entfremdete Welt mit neugierig forschendem Auge ein und orientirte sich schnell in den Straßen, auf denen sie zahllose Male gelustwandelt war. Die Wohnung ihrer frü= hern Herrin wurde sehr leicht von ihr aufgefunden; andere Ermittelungen von Wichtigkeit knüpften sich daran, und als so ziemlich alle Fäden in Rona's Hand zusammen liefen, begehrte dieser in das Bou= loguer Gehölz geführt zu werden, um die letzten ent= scheidenden Erkundigungen hier einzuziehen. Auf diesem

Wege schließen wir uns jetzt dem Herrn der Skalhütte wieder an, der unter Rosa's Führung das Haus betreten soll, wo sein Bruder nach Allem; was ihm bekannt geworden ist, an Corneliens Seite monatelang selige Stunden reinsten Erdenglücks verlebt haben mußte.

Zweites Kapitel.

Das Haus im Boulogner Wäldchen.

Es waren beinahe drei Jahrzehnte vergangen seit Rosa's Flucht aus Paris, die sie unter äußerst mißlichen Verhältnissen in größter Heimlichkeit mit Fräulein von Baldegg angetreten hatte. Diese lange Zeit war auch nicht spurlos an dem Gehölz vorübergezogen, das für Rona eine so große Anziehungskraft besaß. Es war der Ort, wo sein Bruder Joseph die letzten glücklichen Stunden verlebt hatte, ehe die Hand des Unglücks seinen Scheitel berührte.

Rosa ging, die Bäume zählend und nach mancherlei nur ihr allein bekannten Merkmalen spähend, voraus, blieb bisweilen kurze Zeit stehen, kehrte auch wohl einmal um und suchte lange vergebens. Endlich hefteten sich ihre Blicke auf eine Ulme, deren Krone wahrscheinlich ein Blitz getroffen hatte. Wenige Schritte von diesem verstümmelten Baume bog

ein Fußsteig ins Gebüsch ab. Diesen schlug Rosa
ein, und bald rief sie den ihr folgenden Männern zu:

„Wir sind am Ziele; da liegt das Waldhäus=
chen der Wittwe Bernard!"

Rona entnahm seiner Brieftasche ein zusammen=
gefaltetes, vergilbtes Papier, schlug es auseinander
und überflog dessen Inhalt. Dann steckte er es vor=
sichtig wieder zu sich und sagte zu Moser:

„Wenn der Alte vernünftigen Worten zugänglich
ist, können wir bald am Ziele sein. Ich setze meine
Hoffnung auf seine halbdeutsche Abkunft. Die Flam=
länder sind ja doch unsere Halbbrüder."

Bald erweiterte sich der Pfad, das Unterholz
wich zurück, ein saftig grüner Wiesengrund schimmerte
durch das Gezweig, und als der Pfad diesen berührte,
lag ein Häuschen vor den Blicken unserer Freunde,
das einem barocken Baumeister seine Entstehung ver=
danken mußte. Das Erdgeschoß erinnerte an alt=
römische Bauart, während das obere Gestock nebst Dach
schweizerischen Stil zeigte. Bei alledem aber machte
das wunderliche Ganze vielleicht gerade seiner Selt=
samkeit wegen eher einen anziehenden als abstoßenden
Eindruck.

Das Haus war bewohnt. Ein alter Mann mit
langem weißen Haar saß unter der Veranda, sonnte
sich und schien dem Gesange der Waldvögel zu lau=

schen, die in ihren frischgrünen Laubzelten lustige Concertproben hielten. Das Gesicht des Alten war freundlich und zutrauenerweckend.

Rosa trat zur Seite und sagte zu dem Herrn der Skalhütte: „Gehen Sie jetzt voran, Herr Rona. Sie verstehen mit Fremden besser umzugehen als ich und Moser. Meine Schuldigkeit denke ich gethan zu haben. Hier, nun Sie Alles wissen, was ich Ihnen mittheilen konnte, hört meine Macht auf. Höchstens kann ich noch durch Auffrischen alter Erinnerungen nützen, wenn darauf Werth gelegt werden sollte."

Rona schritt dem so ungleichen Ehepaare voran, während Rosa lebhaft, aber leise den sehr finster drein schauenden Moser mit ihren Ansichten bekannt machte. Den Gruß des Herrn der Skalhütte erwiderte der Alte freundlich; als Rona am Gartenthor stehen blieb und absichtlich sein Auge halb forschend, halb fragend auf dem so sonderbar construirten Hause ruhen ließ, erhob er sich und ging dem Fremden entgegen.

„Sie entschuldigen meine Unbescheidenheit", redete ihn Rona in schlechtem Französisch an, „aber ich vermuthe, daß ich die Ehre habe, Herrn Gruithoven zu sprechen."

„Gruithoven nenne ich mich, Michel Gruithoven", entgegnete heiter der Alte, „und womit kann ich den Herrschaften dienen? Bitte, treten Sie näher! Wenn

3*

die Herrschaften beabsichtigen sollten, Haus und Garten
für die Sommermonate miethen zu wollen, so steht
es zu Diensten. Ich bin eigentlich nur Portier hier
und kann ebenso gut anderswo unterkriechen."

„Ihr Dialekt verräth mir Ihr Geburtsland",
gab Rona zurück. „Sie sind nicht in Frankreich
geboren."

Ueber Gruithoven's milde Züge lief momentan
ein schmerzliches Zucken wie der Schatten einer trüben
Rückerinnerung.

„Und doch habe ich mehr Recht, mich für einen
Franzosen als für einen Flamländer zu halten", erwiderte er. „Ich war noch ein hülfloses Kind, das
weder laufen noch sprechen konnte, als ich nach Frankreich kam, wo mein Vater bald eine seinen Neigungen
entsprechende Anstellung erhielt —"

„In der Sie sein würdiger Nachfolger wurden."

„Da Sie über meine Vergangenheit so gut unterrichtet sind", sagte Gruithoven, „darf ich wohl fragen, mit wem ich die Ehre habe —"

Rona ließ den Alten nicht ausreden; er nannte
seinen Namen und stellte seine Begleiter vor. Rosa
fixirte Gruithoven heimlich, wenn dieser nicht auf sie
achtete, und suchte in dem faltigen Gesicht des ehrwürdigen Greises nach bekannten Zügen, ohne jedoch
solche entdecken zu können. Moser betrachtete zerstreut

die wunderliche Construction des Hauses und schob behutsam seinen Dornenstock unter manche zur Erde gebeugte Tulpe, deren eine große Menge im Garten blühten, um die Zeichnung im Innern der Blume genau studiren zu können.

Gruithoven wiederholte den gehörten Namen articulirend, als wolle er seinem Gedächtniß damit zu Hülfe kommen. Letzteres jedoch ließ ihn im Stiche. Er konnte des Namens Rona sich nicht erinnern.

„Und welches Anliegen führt Sie in diese Eremitage eines wegen Altersschwäche pensionirten Lehrers älternloser Kinder?" fragte Gruithoven mit größerer Theilnahme.

„Man hat mich an Sie gewiesen, verehrter Herr", nahm Rona wieder das Wort, indem er den Greis, dessen Hände fortwährend zitterten, zu der Gartenbank in der Veranda zurückgeleitete. „Madame Bernard, die Sie aus der Taufe hoben —"

„Das wissen Sie auch?"

„Durch Madame Bernard selbst; eine sehr liebenswürdige Dame, die uns viel Rührendes von Ihnen erzählte. Sie wurden von all den unglücklichen Kindern so innig geliebt —"

Gruithoven machte eine abwehrende Handbewegung.

„Schweigen wir von Dingen, die keiner Erwähnung werth sind, Herr Rona!" fiel er ein. „Unsere

Pflicht sollen wir alle thun; geschieht dies gewissen=
haft und mit Liebe, so hat man noch keinen Anspruch
auf Lob oder Dank. Kennen Sie das Haus, wo ich
nach Kräften thätig war und mich nützlich zu machen
suchte?"

„Ich hoffe es mit Ihnen und durch Sie näher
kennen zu lernen, das heißt, wenn nicht gewisse Ver=
sprechungen Sie binden."

Gruithoven lächelte wie ein Kind. Er begriff
offenbar nicht, was die ihm unverständliche Andeutung
Rona's bedeuten sollte.

„Es hat mir Niemand ein Versprechen abver=
langt", sagte er, seine sanften Augen offen auf Rona
heftend. „Wo ich dienen kann, geschieht es nicht mehr
wie gern. Sie kommen direct von Madame Bernard?"

„So ist es, Herr Gruithoven, und zwar deshalb,
weil uns die liebenswürdige Dame mittheilte, daß in
den ersten Jahren ihrer glücklichen Ehe — kurz vor
dem Beginne der großen Staatsumwälzung und bis
in das Jahr 1793, glaub' ich — dieses Haus einem
Agenten des Hauses Jonathan und Salomo ver=
miethet gewesen sein soll. Madame Bernard wollte
sich der Persönlichkeit jenes Herrn noch ziemlich genau
erinnern können, und ihrer Beschreibung nach ist es
derselbe, über dessen Verbleiben ich gern etwas Be=
stimmtes erfahren möchte."

„Doch wohl nicht von mir, Herr Rona? Um jene Zeit habe ich das Haus, wo ich wirkte, kaum auf Stunden verlassen, und hier war ich nie. Wie kann ich da wissen, wer damals hier wohnte und wie die Leute aussahen, die sich hier für kürzere und längere Zeit einmietheten! Sie nannten die Firma Jonathan und Salomo. Sind deren Inhaber nicht Juden?"

„Allerdings, Herr Gruithoven! Auch jener Agent, dessen Verbleiben ich gern ermitteln möchte, bekannte sich zum mosaischen Glauben. Er war ein schöner Mann mit schwarzem, lockigem Haar und großen, dunkeln Augen."

Gruithoven, der jetzt erst gewahrte, daß er es höchst wahrscheinlich in Rona ebenfalls mit einem Manne jüdischer Abkunft zu thun habe, überflog ein paarmal das Antlitz des Fremden, das nicht die geringste Aehnlichkeit mit dem Portrait des Mannes hatte, dessen Bild Rona eben mit wenigen Worten zu entwerfen bemüht gewesen war.

„Später, etwa nach zwei Jahren, als in ganz Frankreich der Schrecken herrschte", fügte Rona hinzu, „verschwand jener Agent und seitdem hat man nie wieder etwas von ihm gehört."

„Kennen Sie den Namen desselben nicht?"

„Der Name thut schwerlich etwas zur Sache", fuhr Rona fort. „Es ist anzunehmen, daß jener

Mann nicht unter den Lebenden wandelt. Dagegen besitzt er nahe Verwandte, die ihn jetzt noch nicht vergessen haben und die vor nicht langer Zeit erst in Erfahrung brachten, daß er nicht ohne Nachkommenschaft geblieben ist. Es liegen Zeugnisse vor, aus denen sich fast bis zur Gewißheit ergibt, daß ihm in diesem Hause ein Sohn geboren wurde."

Rosa, die mit ihrem Mann vor der Veranda auf und ab geschritten war, trat jetzt in dieselbe, deutete auf das Eckzimmer des Erdgeschosses, dessen Fensterflügel halb offen standen, und sagte in deutscher Sprache halblaut zu Rona:

„In diesem Zimmer stand ich der Gnädigen bei; es war Niemand zugegen."

Rona gebot ihr durch einen Wink, zu schweigen, und beobachtete unverwandten Auges die Züge des Greises.

„In jenen schrecklichen Tagen", sagte Gruithoven seufzend, „sind entsetzlich viele Menschen unschuldig und ganz plötzlich umgekommen. Wenn die Mutter mit dem Kinde nicht entrinnen konnte, sofern dessen Vater den Machthabern mißliebig geworden war, dürfte ihrer ein sehr trauriges Loos gewartet haben."

„Die Mutter blieb am Leben, das Kind aber ging verloren; es ward geraubt!"

„Geraubt? Von den Verwandten?"

„Fragen Sie nicht, Herr Gruithoven! Ich kann und darf Ihnen keine Antwort geben; auch liegt zur Zeit wenig oder nichts daran. Sagen wir meinetwegen: das Kind ging der Mutter in einer Stunde ihres traurigen Lebens, wo sie ihrer Sinne nicht mächtig war, verloren. Um kam es jedoch nicht; es ist gerettet worden, darüber liegen Documente vor; wie und durch wen, bleibt noch der Ermittelung überlassen. Gewiß aber ist, daß es noch lebend in jenem Findelhause Aufnahme fand, wo Sie so lange als Lehrer und Bildner der armen, von ihren Aeltern wie von der Welt verlassenen Kinder segensreich wirkten."

Gruithoven's Auge verdunkelte sich. Bewegt drückte er Rona die Hand, hielt sie fest und sagte traurig:

„Wenn Sie in einer so ernsten Angelegenheit von weither kommen, darf ich Ihnen nicht verhehlen, daß Ihre Bemühungen wahrscheinlich resultatlos bleiben werden. Jenes Haus hat Tausende von Kindern, die es namenlos empfing, erzogen und wieder in die Welt hinausgeschickt, ohne jemals den Ort ihrer Geburt oder den Namen und Stand ihrer Aeltern zu erfahren. Wer mag wissen, wo das Kind geblieben ist, dessen sich jetzt erst mitleidige Verwandte vielleicht aus sehr eigennützigen Motiven erinnern?

Ich, werther Herr, wäre gewiß nicht im Stande,
Ihnen auch nur den geringsten Fingerzeig zu geben,
wenn Sie nicht sehr bestimmte Anhaltepunkte haben.
Bei dem Kinde selbst kann nichts Derartiges vorhan=
den gewesen sein, sonst würde man nicht unterlassen
haben, nachzuforschen, wem es angehöre.“

„Gerade solche Anhaltepunkte sind aber vorhan=
den“, entgegnete Rona. „Daß man erst jetzt, darauf
gestützt, nach dem Verbleiben jenes Kindes, der Frucht
einer ebenso tiefen als unglückseligen Neigung, sich er=
kundigt, liegt in höchst eigenthümlichen Lebensverwicke=
lungen. Betrachten Sie zunächst dieses Papier; es
wird, hoff' ich, Ihren Erinnerungen zu Hülfe kom=
men.“ Rona überreichte Gruithoven denselben ver=
gilbten Zettel, den wir schon einmal in seiner Hand
sahen. Der Greis las aufmerksam die kurzen No=
tizen, die er enthielt. Sein Auge blickte wieder
freundlicher.

„Das wären allerdings Winke, die sich weiter
verfolgen ließen“, sagte er, Rona den Zettel zurück=
gebend. „Sind die Angaben richtig und hat man das
Kind bald gefunden, so muß in den Büchern des
Hauses das nämliche Datum verzeichnet stehen. Die
Einsicht dieser Bücher aber ist leicht zu erlangen. Ich
selbst werde sie Ihnen vorlegen.“

„Die Angaben sind richtig“, fiel hier Rosa ent=

schieden ein. „Ich war es, die sie niederschrieb und
welche die andere Hälfte dieses Papieres, das, wie
Sie sehen, zerrissen wurde, auf die Brust des Knaben
legte und sie mit einer Schnur um den kleinen Kör=
per befestigte, von welcher ein Stück zu anderem Ge=
brauch zurückbehalten wurde."

Während Rosa sprach, faltete Gruithoven seine
zitternden, fast durchsichtigen Hände. Die Lippen des
Greises bewegten sich, als ob er bete. Vorwurfsvoll,
ernst, zuletzt strafend ruhte der durchdringende Blick
seines jetzt leuchtenden Auges auf den scharf geschnit=
tenen, herben Zügen der ehemaligen Zofe Corneliens
von Gampenstein.

„Arme Frau!" sagte er dann und schlug das
Ange bittend zum Himmel auf. „Wenn es eine Ver=
geltung gibt auf Erden für Alles, was wir thun, sei
es gut oder böse, so werden Sie der Fürbitte aller
Heiligen bedürfen, um dereinst in Frieden sterben zu
können."

Rosa zuckte beleidigt zusammen. Sie würde
Gruithoven eine herbe oder unehrerbietige Antwort
gegeben haben, hätte der ernste Blick Rona's sie nicht
vollkommen beherrscht.

„Rechten wir nicht mit den Schwächen des
menschlichen Herzens", erwiderte er; „wir alle haben
mit ihnen zu kämpfen und dürfen uns nur selten

eines glänzenden Sieges rühmen: „Ich halte das,
was bereits geschehen ist, und was etwa noch geschehen
mag, für die Vergeltung, die Gott über uns verhängt,
damit wir ihn wieder suchen, wenn wir ihn im wilden Strudel des verwirrenden Lebens verloren haben.
Ist die zweite Hälfte dieses Papierstreifens aufzufinden; dann muß auch dessen Träger zu ermitteln sein,
vorausgesetzt, daß er noch am Leben ist."

Gruithoven war sichtlich gerührt. Versöhnt reichte
er Rosa die Hand, mit stummem Blick sie seiner vorigen Worte wegen um Verzeihung bittend.

„Wir wollen es versuchen", sprach er aufstehend
und die Fremden in dieselben Zimmer nöthigend, in
denen Cornelie einst in jugendlicher Lebenslust gescherzt,
geliebt und gesündigt hatte.

Rosa bekannte sich leicht in den verschiedenen
Räumlichkeiten, die sie schnell durchlief, während der
altersschwache Gruithoven sich rüstete, den Herrn der
Skalhütte zu begleiten. Selbst die geheime Thür,
welche dem Marquis Zutritt gestattete und die Rosa
oft genug heimlich geöffnet hatte, war noch vorhanden: Diese Thür hatte Rona's Bruder, der sie
zufällig entdeckte, ins Unglück gestürzt, denn sie
lehrte ihn den Verrath der von ihm angebeteten
Geliebten kennen.

Moser hatte sich auf Rona's Geheiß entfernt,

um den Wagen herbeizuholen, der sie an den Eingang des Gehölzes brachte. Die Rückkehr desselben fand alle zum Aufbruche nach dem Findelhause bereit, wo Gruithoven beinahe zwei Menschenalter hindurch ebenso gewissenhaft als liebevoll die geistige Entwicke= lung aller ihm anvertrauten Kinder sich hatte ange= legen sein lassen.

Drittes Kapitel.

Cornelie.

Frau von Gampenstein war von der warmen
Frühlingsluft in den Schloßgarten gelockt worden, in
dessen geradlinigen Taxusgängen sie einsam auf und
nieder ging. Seit längerer Zeit schon pflegte sich die
ehedem so luxuriöse und gefallsüchtige Weltdame ein=
fach und ziemlich dunkel zu kleiden; jetzt trug sie volle
Trauer, obwohl der Tod an dem alten Freiherrenge=
schlecht schonend vorübergegangen war.

Folgen wir der einsam Wandelnden, die wenig
Sinn zeigt für das Wiedererwachen der Natur aus
langem Winterschlafe, die milde, weiche Luft aber doch
mit Behagen einschlürft, so bemerken wir, daß sie in
den sorgsam gepflegten Händen einen Rosenkranz
trägt. Ob das zeitweilige Fallen einzelner Perlen
desselben durch Zufall geschieht, oder ob die Wan=
delnde ihre Gebete daran abzählt, läßt sich nicht be=

stimmt ermitteln. Die tief ernsten, bekümmerten Züge
der in Trauer gehüllten Dame sprechen für Letzteres.

Cornelie hat schwere, trübe Wochen und Monate
verlebt seit jenem Tage, wo sie durch den Besitzer der
Skalhütte die Kleinodien wieder erhielt, die sie in den
letzten Jahren so schwer vermißte, die sie verloren
glauben mußte, seit Rosa hartnäckig behauptete, daß
sie nicht wisse, wo sie geblieben seien. Das eigene
Schuldbewußtsein peinigte die Unglückliche mit den
schrecklichsten Vorstellungen. Andeutungen Rosa's ließen sie vermuthen, der von ihr verrathene Geliebte
habe sich derselben bemächtigt, um für spätere Tage
eine Waffe gegen sie in Händen zu haben, mit der
er sie jederzeit zu Boden schmettern könnte! Dieses
Verschwinden des Theuersten, das Cornelie besaß,
nannte sie Joseph's Raub, den wieder zu erhalten die
Geängstigte zu den schwersten Büßungen entschlossen
war, seit sich ihr die Ueberzeugung aufgedrungen hatte,
daß ihr Sohn, den sie im Halbwahnsinn Rosa zu
tödten befahl, als der Fluch des verrathenen Geliebten auf sie niederschmetterte, wahrscheinlich noch am
Leben sei.

Berthold Rona, in welchem Cornelie den Bruder
Joseph's erkannte, verfuhr mit der schuldbeladenen
vornehmen Frau milder, als sie zu hoffen je gewagt
hatte. Ihm zunächst hatte es Cornelie zu verdanken,

daß der Freiherr sie ganz unbehelligt ließ, ja daß er
nicht einmal den Inhalt der Rolle kennen zu lernen
begehrte, die auf Schloß Gampenstein zu so bewegten
Auftritten führte. Der Freiherr verreiste unmittelbar
nach erfolgter Auslieferung der von Rona gefundenen
Rolle an Cornelie, und die Baronin blieb alleinige
und unbeschränkte Gebieterin im Schlosse.

Rona's Billet, welches die Rückgabe der Rolle
begleitete, gab Cornelie zwar nicht den vollen Frieden
ihres Herzens wieder, aber es träufelte doch Balsam=
tröpfen der Hoffnung in ihre gefolterte Seele. Rona
schrieb der unglücklichen Frau: „Ich werde es zur
Aufgabe meines Lebens machen, den Sohn meines
geopferten Bruders aufzusuchen." Kein Wort des
Vorwurfs enthielten die Zeilen des großmüthigen
Mannes, den Cornelie jetzt gern auf ihren Knieen
um Verzeihung gebeten hätte, wäre er zu bewegen ge=
wesen, noch einmal nach Gampenstein zu kommen.

Darauf mußte die Baronin verzichten. Elias
Moser, der Abgesandte des Herrn der Skalhütte, der
ihr Brief und Rolle überbrachte, benahm ihr diese
Hoffnung; später machte er Cornelien persönlich die
Anzeige, daß er mit Rona auf Reisen gehe und daß
Rosa ihn begleiten werde.

„Unsere Rückkehr, gnädige Frau, bringt Ihnen Er=
lösung von allen Uebeln und Linderung aller Schmerzen";

fügte er in seiner treuherzigen Weise begütigend hinzu.
„Wir drei werden forsch suchen, und wenn nicht
Himmel und Hölle zusammen sich gegen uns ver=
schworen haben, finden wir gewiß, was wir suchen.“

So blieb sich denn Cornelie selbst überlassen und
gewann Ueberfluß an Zeit, um über ihr Schicksal und
die Lage, in welche sie ihre leichtsinnig verlebte Ju=
gend gebracht hatte, gründlich nachzudenken.

Zunächst beschäftigte sie der Inhalt der endlich
an sie gelangten Rolle, die sie in fieberhafter Auf=
regung bei verschlossenen Thüren durchmusterte. Es
waren wenige, aber inhaltreiche Papiere, die Cornelie
erst wiedererkannte, als sie vor ihr lagen: das erste
Billet, das sie von Joseph Aaron erhielt, ein zweites
von weit späterem Datum, in welchem er ihr offen seine
Liebe gestand. Das dritte enthielt seine Werbung um
ihre Hand. Endlich lag noch ein Document in beson=
derer Umhüllung daneben, das Cornelie, vor Furcht
und Verlangen zitternd, öffnete. Es war ihr selbst
unbekannt, aber ihre Seele jubelte auf vor Frende,
als sie sich mit dem Inhalte desselben bekannt machte.
In ihrer Hand ruhte der Taufschein Aaron's. Der
von ihr verstoßene Mann, der Alles für sie geopfert
hatte, war also ganz im Stillen Christ geworden.
Cornelie konnte daran nicht mehr zweifeln, denn Ort
und Zeit des erfolgten Uebertritts waren auf dem

Documente genau verzeichnet. Nur der Name, wel=
chen Joseph in der Taufe erhalten hatte, war nicht
ausgeschrieben. Cornelie durchlas den Taufschein un=
zähligemal und konnte doch nur die beiden Buch=
staben O und A herausbringen. Auch die bei der
Handlung als Zeugen gegenwärtig gewesenen Personen
waren nur mit den Anfangsbuchstaben ihrer Namen
genannt. Dieses Versteckenspielen mit Namen war
nur erklärlich, wenn man der Zeit gedachte, in welche
Joseph's Uebertritt zur katholischen Kirche erfolgte.
Der politische Wirrwarr hatte damals gerade jenen
furchtbaren Culminationspunkt erreicht, wo den Macht=
habern in dem moralisch verwilderten Frankreich nichts
mehr heilig war, und wo der Priester, welcher Muth
genug besaß, einen Juden zu taufen, ebenso gut das
Schaffot für solchen Liebesdienst besteigen konnte als
der Täufling selbst. Nur in der Geheimhaltung einer
Handlung, auf die Niemand in jenen Tagen des
Schreckens Gewicht legte, lag Sicherheit für alle
dabei Betheiligten.

Wie dieses Document in die Rolle gekommen sei,
blieb Cornelien ein Räthsel. Joseph hatte zwar mehr=
mals von der Absicht gesprochen, seinem Glauben ent=
sagen zu wollen, falls dieser das Haupthinderniß eines
Ehebündnisses mit der Geliebten sei, daß er aber die=
sen Entschluß ausgeführt habe, davon wußte sie nichts.

Das Datum des Taufscheins sagte ihr freilich, daß Joseph diesen entscheidenden Schritt erst kurz vor jener Katastrophe gethan habe, die einen so großen Wendepunkt auch in ihrem Leben bezeichnete.

Aufschlüsse über Alles, was Cornelien noch dunkel war in dieser für sie selbst doch so wichtigen Angelegenheit, hätte nur Rosa geben können. Diese ebenso klug berechnende als intriguante Persönlichkeit, welcher der eigene Vortheil über Alles ging, mußte um den Schritt Joseph's, dessen ganzes Vertrauen sie besaß, gewußt haben. Es war bei Rosa's intriguantem Charakter nicht unwahrscheinlich, daß sie Joseph dazu ermuntert hatte, je mehr Corneliens Neigung zu schwanken begann; denn die vollendete Thatsache, daß der begabte Jude Christ geworden sei, ließ sich unter Umständen zu ihrem eigenen Besten ausnutzen.

Cornelie von Gampenstein freute sich jetzt dieser späten Entdeckung. Für die reuige Frau, die nach Vergebung schmachtete, lag in Joseph's Uebertritt zu der Kirche, deren Tröstungen sie schon lange allein noch aufrecht hielten, eine große Befriedigung. Der längst Verstorbene, der sich unter so furchtbaren Verwünschungen für immer von ihr gewandt hatte, ward ihr dadurch näher gerückt. Sie fühlte sich ihm verwandter, und wenn sie nun erst mit ganzer Seele ein offenes, wahrheitsgetreues Gemälde von ihrem verworrenen

4*

Lebensgange im Beichtstuhle entwerfen konnte, glaubte
sie mit der Vergebung des Priesters' auch die Ver=
zeihung des verrathenen Geliebten zu erhalten.

Daß ein solches noch immer nicht möglich war,
bekümmerte Cornelie wieder aufs neue. Jeder Tag
mahnte sie an die Vergangenheit und brachte ihr doch
keinen dauernden Trost. Rosa allein hätte ihr helfen
können, wenn sie zum Sprechen bewogen werden konnte.
Auf Letzteres hoffte die Baronin, seit Rona, dieser
sonderbare Mann, über den sie unter der Hand Er=
kundigungen einzog, Gewalt über sie gewonnen hatte.
Allein Rosa ließ ebenso wenig von sich hören wie
Rona und Moser, und an Personen, denen sie nicht
volles Vertrauen schenken konnte, wagte Cornelie sich
nicht zu wenden.

Moser fehlte der Baronin in diesen zu Wochen
und Monaten sich verlängernden Tagen am allermei=
sten. Mit Afra konnte sie wohl plaudern, ihr Inner=
stes aber mochte sie dem jungen Mädchen doch nicht
enthüllen. Häufig weilten ihre Gedanken auch in Ga=
bloua. Sie würde unbedenklich dahin gereist sein, hätte
sie mit gutem Gewissen so beichten können, wie sie es
wünschte; denn die Stimme des Domherrn klang
noch immer fort in ihrem Herzen, und oft ward der
Wunsch, ihn abermals zu hören, so stark in ihr, daß
sie kaum zu widerstehen vermochte. Dann aber fürch=

tete sie auch wieder den Scharfblick des Priesters, der
schon bei der ersten Unterredung ihre Verhältnisse tiefer
durchschaute, als ihr lieb war.

Cäsar, welcher Schloß Gampenstein bald nach
Neujahr verlassen hatte, kehrte nicht zurück, aber er
correspondirte fleißig theils mit seinem Inspector, theils
mit dem Pachter Pabst, die ihm auch Antwort geben
mußten. Selbst erhielt Cornelie keinen Brief von ihrem
Gemahl, was sie auch kaum erwartete; dagegen erfuhr
sie durch die Verbindung, welche der Freiherr aus geschäftlichen Gründen mit seinen Untergebenen unterhalten mußte, wo er verweilte.

Pabst, ein Mann von großer Redlichkeit, der
oft sein Auge theilnahmvoll auf Cornelie zu richten
pflegte, wenn ihr Seelenleid sich in ihren bleichen Zügen abspiegeln mochte, ward für die Baronin jetzt die
Quelle, aus der sie Nachrichten schöpfte, um hinter die
Pläne des Freiherrn zu kommen. Von ihm erfuhr sie
auch den Besuch Cäsar's bei dem Grafen Serbelloni,
den sie persönlich nicht kannte. Später hatte der Freiherr eine Nacht auf dem Vorwerke in Gesellschaft eines
Fremden, der mit ihm gekommen war, zugebracht und
war tags darauf, ohne nach Gampenstein zu kommen,
allein in die Residenz abgereist, während der Fremde,
dessen Namen und Stand er nicht zu kennen behauptete,
die Straße über den Gebirgspaß eingeschlagen hatte.

Von Cornelien mit allerhand Fragen bestürmt, ließ sich der arglose Pachter zu der Bemerkung verleiten, daß es ihm vorgekommen sei, als habe er den unbekannten Begleiter des gnädigen Herrn schon früher einmal auf dem Vorwerke gesehen. Irre er sich nicht in der Person, so habe der Unbekannte, der inzwischen sehr alt geworden sei, einen jungen Begleiter bei sich gehabt, der seinem Aussehen und seinem ganzen Wesen nach wohl Geistlicher gewesen sein möge.

Diese Bemerkungen gaben der sich selbst überlassenen Dame viel zu denken, wenn ihr Sinnen und Grübeln auch zu keinem Ziele führte. Der Verkehr ihres Gatten mit dem Grafen Serbelloni ängstigte sie, weil sie keine Erklärung dafür fand, und da alle Nachrichten von Rona ausblieben, obwohl Rosa ihr versprochen hatte, möglichst bald zu schreiben, so wollte die Qual ihres Herzens kein Ende nehmen.

Cornelie ging während ihrer Wanderung im Schloßgarten ihr ganzes Leben durch und hatte oft genug Ursache, über die Wendungen, die es zu verschiedenen Malen genommen, zu seufzen. Die Liebe Cäsar's hatte sie längst verscherzt, die Neigung, welche ihr Herz zu dem ritterlichen, starken Manne unwiderstehlich hingezogen, war zu früh in ihr erloschen; des Sohnes Liebe verstand Cornelie sich weder zu gewinnen, noch zu erhalten. So vereinsamte sie mehr und mehr und

wühlte sich immer tiefer in den Gram, der hoch aufgehäuft lag in ihrem Innern. Der Freiherr hatte sie
fast ohne Abschied verlassen, Egbert war ihr verloren
gegangen; Moser, dessen Klugheit sie ebenso sehr vertraute, wie sie seine Herzensgüte und seine unbestech-
liche Ehrlichkeit hochschätzte, ging von ihr fort; Rosa
endlich, die ihr freilich selten wahren Trost brachte, ihr
Herz aber doch regelmäßig zur Ruhe sprach, wenn sie längere Zeit mit ihr verkehrte, hielt ihr Versprechen nicht,
und Elfriede, für welche die Baronin aus innerstem
Herzensdrange zu sorgen sich verpflichtet hielt, blieb ihr
unerreichbar. Cornelie hatte das versteckt gelegene Haus
am Lärchenwäldchen, dem sie schon wenige Tage nach
Rona's Abreise einen Besuch abstattete, verschlossen
gefunden.

Wie schon so oft, endigte auch diesmal der quä-
lerische Gedankengang der Edeldame mit einem schweren, tiefen Seufzer. Da stand Afra vor ihr, einen
Brief in der Hand, den sie der Herrin lächelnd überreichte.

„Von weit her, gnädige Frau!" sprach sie mit
bedeutungsvollem Augenwink. „Ich bin gelaufen, daß
ich kaum athmen kann."

Cornelie warf nur flüchtig einen Blick auf die
Adresse und riß dann mit zitternden Fingern das Couvert auf. Der Brief war von Rosa Moser, aus Lüttich

datirt. Sein Inhalt verſetzte die Baronin in unbe=
ſchreibliche Aufregung. Sie las ihn wieder und wieder,
vergoß dabei Ströme von Thränen, küßte die Schrift
und rang dann wieder die Hände wie eine Verzwei=
felte. Afra, die ernſtlich um das Wohl ihrer Gebie=
terin beſorgt war, hielt ſich in ihrer Nähe. Fragen
an ſie zu richten, erlaubte die Stellung nicht, die ſie
einnahm.

Endlich ward Cornelie ruhiger. Sie winkte die
Zofe zu ſich, ſah ihr forſchend in die braunen Augen
und ſprach:

„Biſt Du treu und kannſt Du ſchweigen?“

„Wie das Grab, gnädige Frau“, lautete die
Antwort.

„Dann ſollſt Du mich begleiten auf der Reiſe,
die ich vorhabe. Ich werde Gampenſtein nur für ei=
nige Tage verlaſſen, aber ſogleich. Gib die nöthigen
Befehle und packe eiligſt zuſammen, was ich brauche!
Ein Bote muß auf der Stelle zu Pabſt abgeſchickt
werden, damit er nicht umſonſt vom Vorwerke herüber=
kommt. Erinnerſt Du Dich des Tages in Gablona?“

„Sehr wohl, gnädige Frau.“

„Dahin geht unſere Reiſe. Ich muß ihn ſpre=
chen und, wenn er ſich unwiſſend ſtellt, ihm dieſen
Brief entgegenhalten.“

„Den hochwürdigen Domherrn, gnädige Frau?“

„Den Domherrn!" wiederholte Cornelie erstaunt und zugleich auch erschreckt. „Wie Du doch kindisch fragst! Was habe ich mit dem Domherrn zu thun? Den Haushofmeister des Grafen Serbelloni will ich sprechen. Er wohnte in demselben kleinen Gartenpalais, in dem wir die Nacht vor der Wallfahrt zur schmerzensreichen Madonna zubrachten. Weißt Du nicht, Afra, die lebhafte, kleine Frau, die so bittere Klage über meine Appetitlosigkeit führte, schilderte uns den Haushofmeister als einen Mann, der — wie sie sich ausdrückte — mit seinen kleinen, stechenden Augen um die Ecke sehen könne und der nichts liebe als das Gold, das er auf alle nur denkbare Weise zusammenscharre."

„Und diesen schrecklichen Menschen wollen die gnädige Frau Baronin sprechen? Ist das durchaus nöthig?"

„Ich muß ihn sprechen, allein sprechen, und wäre der Teufel Oberster in ihm verborgen!"

Cornelie drängte zu größter Eile, und Afra mußte gehorchen, wenn sie ihre Gebieterin nicht ernstlich erzürnen wollte.

Viertes Kapitel.

Reyneval.

Der Weg durch das Gebirge war reich an überraschenden Aussichten, da die Straße bald an schroffen Abhängen hinlief, bald freie Kuppen berührte, die aus dem Walde hervortraten. Eine dieser Kuppen, welche der Weg aber nur streifte, trug die Trümmer einer alten Burg, die dem Geschlecht Gampenstein gehörte. Ursprünglich hatten die ersten Herren dieses Stammes, die sich aller Wahrscheinlichkeit nach wenig von den Rittern des Stegreifs unterschieden haben mochten, hier gehaust. Erst später waren die Gampenstein aus den Bergen in das freie Land hinabgestiegen, worauf die von ihnen verlassene alte Veste nach und nach verfallen war. Im Volke ging freilich eine andere Sage, die auch das Tagebuch vertheidigt hatte, obwohl Cäsar deren Wahrheit lebhaft bestritt. Nach dieser Sage war die Burg — im Tagebuch „das Raubnest" genannt — von den Bürgern der nächstgelegenen

Städte zerstört und die Herren Ritter, die lange nur vom Ueberfall friedlicher Kaufleute gelebt hatten, gewaltsam vertrieben worden.

Beim Anblick des zertrümmerten Gemäuers, das jetzt düster aus dem frischen Grün rankender Schlinggewächse und üppig wuchernder Moose hervorlugte und die Wendungen des Gebirgspasses sowohl nach Norden wie nach Süden vollkommen beherrschte, trat die Kirche von Sablona und bald darauf nur für einen Moment das imposante Schloß des Grafen Serbelloni in den Gesichtskreis. Cornelie athmete tief auf und ihre Züge verdüsterten sich. Sie hatte während der ganzen Fahrt nur selten ein Wort mit Afra gesprochen.

„Wenn ich von einem gar zu harten Geschick heimgesucht werden sollte", wandte sie sich jetzt an die Zofe, „und ich bedürfte des Trostes, so stehe nicht an, Seine Hochwürden rufen zu lassen. Ich bin dann wohl in der Lage, beichten zu können. Vielleicht ist Moser schon daheim, wenn ich nach Gampenstein zurückkehre. Erwarten dürfen wir ihn und seine Frau jeden Tag. Sie werden nach so langer Abwesenheit viel zu erzählen haben."

Der Wagen rollte weiter, und da Afra ihre Gebieterin durch Fragen nicht belästigen wollte, schwieg sie lieber, was die schon wieder in tiefe Gedanken versunkene Baronin gar nicht zu bemerken schien.

Libby Marbold rupfte eben einen Kapaun, als Cornelie in die Eremitage trat und die Frau Obergärtnerin zu sprechen wünschte. Der Schreck der kleinen, runden Frau war groß, als sie der vornehmen Dame ansichtig wurde, die sie höchst respectwidrig in vollem Küchenhabit und ohne Locken empfing. An seinen und tiefen Knixen ließ es Libby zwar nicht fehlen, der sonst so beredten Zunge standen aber die doch so nöthigen Worte der Entschuldigung nicht in reichem Maße zu Gebote.

„Excuse, gnädige Frau, Excuse!" war Alles, was Frau Marbold als Begrüßungsformel hervorstottern konnte, während sie mit ihren weichen, dicken Händen die an der Schürze hängen gebliebenen Federn abzustreifen sich vergeblich bemühte. „Geben allergnädigfte Frau Baronin mir nur eine Stunde Frift, so verspreche ich vorzügliche Bewirthung. Fühle mich außerordentlich geehrt! Bitte gehorsamft, näher zu treten! Aber taufend Excuse! Wenn der Menfch gar nicht vorbereitet ift —"

„Liebe Frau Marbold", fiel Cornelie ein, die sich bequem im Sopha niederließ, „wenn Sie wünschen, daß ich mich eine Nacht oder auch zwei wohl fühlen soll unter Ihrem Dache, so machen Sie ja keine Umstände und sparen Sie alle Entschuldigungen!"

„Allergnädigfte Frau Baronin haben bei Dero

erstem Besuche nicht einmal gefrühstückt! Selbst den
Kaffee verschmähten Ew. Gnaden und die famosen
gablonaer Butterhörnel! Ich habe damals vor
Schmerz beinahe geweint, aufrichtig geweint, Ew.
Gnaden!"

Um Corneliens Lippen spielte ein spöttisches
Lächeln.

"Ach ja, beste Frau Marbold, ich weiß, daß ich
recht unartig gegen Sie gewesen bin an jenem Wall=
fahrtsmorgen", entgegnete sie, "unartig und undankbar
dazu! Sie nahmen mich auf wie eine Freundin, ob=
wohl ich Sie früher nie gesehen, nur gehört hatte,
daß Sie eine vortreffliche, herzensgute, liebenswürdige
Frau seien, die weit und breit ihresgleichen suche."

"Sehr obligirt, gnädigste Frau Baronin!" fiel
Libby ein, machte einen Knix und pflückte die letzten
Kapaunenfedern von der Schürze. "Nichts als Schul=
digkeit, gnädige Frau! Wer gegen seinen Nächsten
nicht gefällig ist, entwürdigt sich selbst! Gefälligkeit
ersetzt in sehr vielen Fällen die Freundschaft!"

"Ich stimme Ihnen vollkommen bei, beste Frau
Marbold", nahm Cornelie von Gampenstein wieder
das Wort, "und eben deshalb muß ich nachträglich
meiner Unart wegen um Entschuldigung bitten. Der
Mensch wird häufig von den Umständen beherrscht,
während es seiner würdiger wäre, die Umstände seinem

Willen unterzuordnen. Doch lassen wir das, beste
Frau Marbold. Ich weiß, daß Sie mir nicht mehr
zürnen, und ich sage Ihnen aufrichtig Dank für Ihre
damaligen Aufmerksamkeiten, die ich so wenig zu wür=
digen verstand! Darf ich Sie heute um eine Gefällig=
keit bitten?"

„Um eine, gnädige Frau? Um hundert, wenn
Sie mich für eine respectable Person halten, die ihren
Platz in der Welt ausfüllt! Fordern Sie nur tüchtig,
gnädige Frau Baronin, an mir ist's, mit dem Kopfe
zu nicken und Amen zu sagen! Aber umsonst, meine
Allergnädigste, umsonst ist der Tod. Verlangen können
Sie von mir, was Sie wollen; Sie bekommen es, so
ich's zu schaffen vermag. Allein —"

„Nun was denn, meine gute Frau Marbold?"

„Gnädige Frau müssen mir die Ehre anthun,
von meinem Kapaun zu essen! Junge Endivien —
eigener Zuwachs — und zarteste Rapontikawurzel
dazu als Salat mit Oel süß wie Nuß! Ein Geschenk
drüben vom Schloß — sechs Flaschen! Deliciös, sag'
ich Ihnen! Man ist nie verlassen, wenn man seine
Connexionen mit der hohen Geistlichkeit und vorneh=
men Herrschaften klug zu conserviren weiß! Also,
allergnädigste Frau Baronin, ein gutes Stück meines
Kapauns gegen Ihre Forderung!"

„Ich werde thun, was in meinen Kräften steht",

erwiderte Cornelie, für welche Libby's Andeutungen
Werth hatten. „Ich nehme es für ein gutes Zeichen,
daß Sie Gewicht auf Verbindungen legen, die auch ich
für sehr fördernd halte. Der Haushofmeister Seiner
Excellenz des Grafen geht bei Ihnen aus und ein?"

„Er ist die rechte Hand seines Herrn, gnädige
Frau Baronin, und ganz charmant, wenn man ihn
nur zu behandeln versteht. Nun, was das betrifft, so
weiß ich Bescheid! Man lernt Menschen kennen, wenn
man Grafen, Fürsten und Cardinälen zu höchster Zu=
friedenheit gedient hat."

„Charmant, meine liebe Frau Marbold. Ich
freue mich, daß wir uns so ganz verstehen. Ich
wünsche nichts eifriger, als diesen interessanten Herrn
schleunigst kennen zu lernen."

Libby stemmte beide Arme in die Seite, was sie
nur dann that, wenn sie die Ansicht eines Andern
entschieden bestreiten zu müssen glaubte, und glotzte
die Baronin mit ihren runden Augen höchst verwun=
dert an. Es vergingen einige Sekunden, ehe es ihr
einfiel, daß sich directer Widerspruch der vornehmen
Dame gegenüber doch wohl nicht schicke. Sie ließ
also die Arme wieder von den vollen Hüften herab=
gleiten, machte ihrer Gewohnheit nach einen Knix,
schüttelte das lockenlose Haupt und versetzte mit einem
Lächeln, das schlau sein sollte:

„Allergnädigste Frau Baronin haben da einen
capital=superben Einfall, capital=superb, muß ich ge=
stehen! Wollen den vertrockneten alten Stockfisch
sprechen, der aussieht wie ein harpunirter Kabeljau!
Capital=superber Einfall! Würde ein schönes Bild ab=
geben! Der lederne Geldsack die schöne gnädige Frau
wie ein knurriger Pudel umkollernd!"

„Auf das Bild, das ich in einem durchaus
nothwendig gewordenen Gespräche mit diesem Manne
abgeben würde, kommt es nicht an, liebe Frau Mar=
bold", entgegnete Cornelie mit einer Stimme, der es
anzuhören war, daß ein vorgefaßter Beschluß unter
allen Umständen zur Ausführung kommen sollte. „Sie
werden mir also den Gefallen thun und den Haus=
hofmeister hierher citiren lassen."

Liddy war zu welterfahren, um durch einen
neuen Einwurf sich möglicherweise die Gunst der
Baronin zu verscherzen.

„Wenn die gnädige Frau befehlen und wenn es nö=
thig ist", entgegnete sie, „dann freilich darf man nur Ja und
Amen sagen! Gnädige Frau wollen jedoch bedenken —"

„Haben Sie noch etwas zu erinnern?"

„Daß der Herr Haushofmeister einen sehr eigen=
sinnigen Kopf hat — 's ist ein Spanier, mit Verlaub
zu sagen! — und daß ich fürchte, er bedient meinen
Boten mit höchst respectwidriger Antwort."

„Dieser Sorge will ich Sie überheben, Frau Mar=
bold. Ihr Bote hat dem genannten Herrn nur diese Karte
zu übergeben. Ist er wirklich aus Spanien gebürtig und
überhaupt ein Ehrenmann, so wird er noch früher in
der Eremitage eintreffen als die Person, die ihm
meine Botschaft überbringt. Einer Beurlaubung von
seiten des Grafen bedarf es hoffentlich nicht?"

„Nicht daran zu denken, gnädigste Frau Baronin!"
versetzte Liddy. „Der Herr Haushofmeister ist unab=
hängiger und selbstständiger als die Excellenz, der er dient!"

Cornelie von Gampenstein überreichte der Frau
des Obergärtners ihre Karte, die außer ihrem Namen
nebst der Baronenkrone noch einige französische Worte
enthielt, welche Liddy nicht zu enträthseln vermochte.

„Soll auf der Stelle besorgt werden", sprach sie.
„Nach Ablauf einer guten Stunde kann der Herr
Haushofmeister hier sein. Und nun wollen die gnä=
digste Frau mir gütigst erlauben, daß ich in der Küche
wieder zum Rechten sehen darf. Ich kann sonst für
das Gedeihen der Kapaunen nicht einstehen."

Diese Erlaubniß gab Cornelie der wirthschaftli=
chen Frau unter sehr gnädigem Lächeln.

Als Liddy Marbold sich raschelnd und ein paarmal
gleich einer rollenden Kugel um ihre eigene Achse
sich drehend entfernt hatte, legte Cornelie ihre Hand
auf Afra's Arm und sagte:

„Laß uns jetzt spazieren gehen! Die Luft ist von
einer wunderbaren Frische. Mich drängt es, oben an
der Kapelle, wo wir, versteckt hinter Blumen und
Stauden, den Domherrn belauschten, mein Gebet zu
sprechen." Afra mußte sich dem Wunsche der Gebie=
terin fügen und erstieg mit ihr den Calvarienberg, der
jetzt von Niemand besucht war. Die Thür der Ka=
pelle war verschlossen, gestattete aber durch die mit
starkem Drahtgitter versehene Oeffnung in derselben,
welche die Stelle eines Fensters vertrat, den vollen
Anblick des Altars mit dem stillen Flämmchen der
ewigen Lampe. Ein Betschemel vor der Thür, gerade
hoch genug, um den darauf Knieenden noch den
Schrein erblicken zu lassen, in welchem das wunder=
thätige Marienbild aufbewahrt wurde, lud Gläubige
zu andächtigem Gebet ein.

Cornelie bediente sich dieses Schemels, um eine
Anzahl Ave Maria und ein Paternoster zu beten.
Afra stand gebückten Hauptes seitwärts, bewegte die
Lippen und ließ ihre braunen Augen neugierig über
die Gegend schweifen, die im schönsten Schmuck des
Frühlings, von Sonnengold umglänzt und durchflutet
von dem würzigen Duft zahlloser blühender Obst=
bäume, sich vor ihr ausbreitete.

Die Stunde war noch nicht ganz abgelaufen,
als Frau von Gampenstein, geführt von Afra, die

Eremitage wieder betrat. Libby Marbold hatte die ihr
gegebene Zeit gut benützt; sie war in vollem Staat,
geschmückt mit dem schönsten Lockenwald, den sie be=
saß, und empfing die Baronin auf der Treppe zur
Eremitage.

„Genau vor sechs Minuten, gnädige Frau, ist
der Herr Haushofmeister in einem Einspänner hier
eingetroffen", sagte sie. „Das arme Thier dampfte
wie ein Theekessel! Es wird noch herumgeführt in der
Manège, damit das wilde Jagen ihm nicht schadet.
Gnädige Frau Baronin wollen aber verzeihen, wenn
ich pflichtschuldigst zu avertiren mich gedrungen fühle,
daß der Herr Haushofmeister barbarisch aussieht und
daß er mich — mit gebührendem Respect zu vermel=
den — so zu sagen angeschnauzt hat! Wann befehlen
die gnädige Frau, daß zum Souper angerichtet wer=
den soll?"

„Das bleibe Ihnen ganz allein überlassen, liebe
Frau Marbold", entgegnete Cornelie; „jedenfalls
werde ich aber erst dann an Speise und Trank den=
ken können, wenn ich mein Geschäft mit dem Haus=
hofmeister beendigt habe. Führen Sie mich zu ihm,
liebe Frau! Da ich den Mann allein sprechen muß,
werden Sie dieser Kleinen hier einstweilen wohl eine
passende Beschäftigung zuweisen können."

Der Haushofmeister des Grafen Serbelloni hatte

ohne zu fragen, sogleich Besitz von dem Zimmer der Eremitage genommen, das er seit Jahren bewohnte, wenn ihn Geschäfte nach Gablona führten. Das Zimmer lag nach hinten hinaus und hatte die Aussicht auf einige Gärten des Städtchens, die nur ein schmaler Pfad von dem gräflichen Gartengrundstück trennte.

Es war schon in der sechsten Nachmittagsstunde; die Strahlen der niedergehenden Sonne fielen schräg auf die zwei hohen Fenster des genannten Zimmers, in welchem der hagere Mann unruhig auf und ab ging. Sein Kopf war merkwürdig klein, das ledergelbe, gleichsam zusammengeknotete Gesicht hatte wirklich eine entfernte Aehnlichkeit mit einem Beutel, den scharfkantige Geldstücke füllen. Er blieb, mit der blutlosen, knöchernen, fast zigeunerbraunen Hand die nächste Stuhllehne erfassend, zwischen beiden Fenstern stehen, als die Thür sich jetzt leise öffnete und die fein gebaute Gestalt der Baronin von Gampenstein elastischen Schrittes eintrat. Cornelie ging schnell auf ihn zu und stellte sich ihm so gegenüber, daß der Hanshofmeister eine Viertelswendung machen mußte, wollte er der Baronin ins Ange schauen. Diese Wendung, zu welcher ihn die kluge Edeldame zwang, hatte für Cornelie den Vortheil, daß sein Gesicht von dem hereinfallenden Licht voll beleuchtet wurde.

Beide maßen einander mit kalten, mißtrauischen
Blicken.

„Erinnern Sie sich meiner noch, Herr Reyneval?"
redete nach kurzem Schweigen, während die Blicke
beider nur stumme Fragen an einander richteten, die
Baronin den Haushofmeister an. „Wir begegneten
uns, wenn ich nicht sehr irre, zum ersten Male in
Versailles unter jener Rotte blutlechzender Weiber des
Volkes, die verschiedene Köpfe massacrirter Edelleute
auf Piken mit sich führten. Sie kamen gnädiger als
Andere mit einer bloßen Zeichnung davon, die allerdings ziemlich tief Ihre Wange ritzte. Der Jäger des
Marquis von Saint-Hilaire leistete Ihnen die erste
Hülfe und ich beraubte mich des eigenen Tuchs, das
meine Schultern verhüllte, um einen Nothverband
daraus machen zu lassen."

„Es würde ungalant sein, gnädige Frau", entgegnete auf diese Anrede der Haushofmeister, ohne daß
sein verknöchertes Mumiengesicht eine Spur von Aufregung, ja kaum von Bewegung zeigte, „wollte ich die
Wahrheit Ihrer Behauptung anzweifeln. Der Piken-
stich, der mich noch heutigen Tages kennzeichnet, ist
wenigstens notorisch. Ich kann ihn nicht ableugnen,
und da er mir keine Schande macht, so hätte ich vielleicht sogar ein Recht, damit zu prahlen. Siege wie
Niederlagen lassen gewöhnlich Wunden zurück."

„Der Marquis von Saint-Hilaire war Ihr Freund, so behauptete die Gesellschaft."

Der Haushofmeister verbeugte sich, indem er erwiderte:

„Ich kannte der Männer dieses Namens einige."

Cornelie zog den Brief hervor, den sie von Rosa Moser erhalten hatte, trat dicht an den Haushofmeister, zeigte auf eine Stelle darin mit zitterndem Finger und raunte ihm dabei leise ins Ohr, die Worte des Briefes recitirend:

„Reyneval mit dem Lanzenstich in der Backe war der Vermummte, welcher die Briefe des schönen Joseph an sich nahm, als ich, vom Schlaf überfallen, vor Ihrem Kabinet Wache halten sollte. In Reyneval's Hände fiel das Kind, als ich mich desselben entledigt hatte, ohne ihm ein Haar zu krümmen. Er war mir heimlich nachgeschlichen, um mein Thun zu beobachten. Und endlich hat Reyneval den Knaben noch lebend in

Cornelie schwieg, deutete auf die Unterschrift des Briefes und blitzte mit ihrem gewaltigen Auge den Haushofmeister wie ein Criminalrichter an. Dieser verzog keine Miene.

„Sie kennen auch diesen Namen hier!" setzte sie erregt hinzu.

„Und wenn dem so wäre, gnädige Frau, was

würden Sie daraus folgern?" fragte der eisig kalte
Mann, dessen Hand noch fest wie eine Klammer auf
der Stuhllehne ruhte.

„Daraus würde ich folgern und folgere ich wirk=
lich, mein Herr Reyneval, daß Sie wissen, wissen
müssen, was aus jenem armen Kinde, aus dem Sohne
Joseph Aaron's, das seine eigene Mutter in der Ra=
serei des wahnsinnigsten Seelenschmerzes verstieß, ge=
worden ist!" rief Cornelie schluchzend und brach kraft=
los vor dem Haushofmeister zusammen, der noch immer
mehr einer Statue als einem belebten Wesen glich.

Der Haushofmeister hob Cornelie auf und gelei=
tete sie zu dem nächsten Lehnsessel.

„Sie bedürfen vor allem der Ruhe, gnädige Frau
Baronin", sprach er, „und Ruhe wird auch für mich
Pflicht sein, wenn nicht eine Geschichte, die ich längst
der Vergessenheit übergeben glaubte, ihre unheimlichen
Schatten in die lebendige Gegenwart hineinwerfen soll!
Behandeln wir die Sache als das, was sie ist, als
etwas Geschehenes, etwas Altes. Es sind an dreißig
Jahre darüber vergangen und Niemand hat mehr daran
gedacht!"

„Niemand!" sagte Cornelie. „Wenn Sie die
Qual einer Mutter kennten, in deren Träumen der
Säugling sie vor Gott verklagt, den die Unselige zu
tödten befahl, würden Sie weniger herzlos urtheilen!"

„Herr Aaron starb, wie Männer von starkem
Geist und edlem Charakter immer zu sterben pflegen";
fuhr der Haushofmeister scheinbar ohne Rührung, ja
ohne alle Empfindung fort. „Er blickte so heiter und
glücklich auf die brüllende Canaille, die ihm die Fäuste
entgegenballte, als sie ihn mit drei andern Leidens=
gefährten zum Schaffot transportirten, und rief sein
„Vive la république!" so hell und laut in die Luft
hinein, daß ich ihn beinahe um das Glück seiner Narr=
heit beneidet hätte. Der Marquis von Saint=Hilaire
ist ebenfalls todt, und es sollte mich wundern, wenn
die gnädige Frau bei Ihrem trefflichen Gedächtniß die
Veranlassung und die Art seines Todes vergessen hätte.
Ein Cousin des armen Thoren erzählte die Affaire sechs
oder acht Jahre später der jetzigen Excellenz in Genua."

Cornelie erhob bittend Hand und Auge zu dem
Haushofmeister, der grausam genug war, alle Wunden
im Herzen der unglücklichen Frau wieder aufzureißen.
Reyneval zuckte die Achseln und fuhr fort:

„Aus alledem ergibt sich, gnädige Frau Baronin,
daß man besser thut, Vergangenes auch vergangen sein
zu lassen. Wer dreist oder übermüthig genug ist, Grä=
ber zu öffnen, muß sich auch darauf gefaßt machen, daß
der denselben entsteigende Verwesungsdunst ihn be=
täubt, vielleicht sogar tödtet! Ich meines Theils fühle
in mir nicht das Bedürfniß, eines so ignoblen Todes

zu sterben. Darum meide ich auch alle Kirchhöfe, bete nie auf Gräbern und betrete weder Grüfte noch Grabgewölbe; mögen sie in gutem oder schlechtem Rufe stehen. Wollte die gnädige Frau in dieser Beziehung meinem Beispiele folgen, so würden selbiger wahrscheinlich viele qualvolle Stunden erspart werden. Verstorbene sprechen nicht und können nichts nacherzählen, und die Stimme Verschwundener ist im lauten Lärm der Welt schwer herauszuhören."

„Bis Thatsachen sie verkündigen, Herr Reyneval!", fiel Cornelie ein, die unter dem abweisend kalten Tone des Haushofmeisters ihre Fassung wieder gewann. „Mein Sohn, den ich verstieß, den ich vor den Menschen verleugnete, den Gott aber gnädig erhielt, damit die sündige Mutter eines Tages ihn wieder finde und zu seinen Füßen knieend um Vergebung flehe, er lebt? und Sie, Reyneval, Sie kennen den Ort, wo er lebt!"

Der Haushofmeister blickte die Baronin finster an.

„Ich begreife wirklich nicht, gnädige Frau, wie ich zu der Ehre komme, für einen in Ihre Familienverhältnisse Eingeweihten gehalten zu werden", sagte er spöttisch. „Wenn ich auch zugeben will, daß ich bei dem Anblick eines wimmernden Kindes, das ein rauher Wind auf schutzlosem Moosbette getödtet haben würde, ein menschliches Rühren fühlte und es dahin brächte, wo

es allein noch Pflege und Unterhalt finden konnte, so
bin ich doch nicht verantwortlich zu machen für dessen
spätere Schicksale. Es scheint aber, als habe die gnä=
dige Frau die Absicht, mich eines Verbrechens zu zei=
hen und als Ankläger gegen mich aufzutreten. Einem
solchen Versuche werde ich, falls er beabsichtigt wird,
zu begegnen wissen! Wozu soll überhaupt diese ganze
Unterredung?"

Cornelie ergriff die Hand des Haushofmeisters,
die ihr derselbe nur ungern überließ.

"Verkennen Sie mich nicht, Herr Reyneval", fuhr
sie fort, "und haben Sie Nachsicht, wenn ich in mei=
ner Gemüthsaufregung vielleicht falsche Mittel wähle,
um das Ziel meiner Wünsche zu erreichen. Nicht um
anzuklagen kam ich hierher, Sie um Hülfe zu flehen
war meine Absicht! Wollen Sie mir helfen, Herr
Reyneval? Wollen Sie dem Werk Ihrer Barm=
herzigkeit die Krone aufsetzen?"

"Frau Baronin, ich bin nicht ehrgeizig und nebenbei
sehr gleichgültig gegen die Urtheile der Welt", entgegnete
der Haushofmeister weniger abweisend als bisher: "Nach
den Erfahrungen, die ich machte, habe ich die üble
Angewohnheit, ehe ich Jemand eine Zusage gebe, zu=
erst immer zu fragen, was eine begehrte Dienstleistung
einbringt. Ich mache mich nicht besser, als ich bin,
gnädige Frau, und gebe deshalb zu, daß ich geizig

und habsüchtig bin! Was also habe ich zu erwarten, wenn ich Ihnen entgegenkomme?"

Cornelie drückte dem habgierigen Manne ein Papier in die Hand, das seinen vertrockneten Zügen ein kühles Lächeln entlockte.

"Setzen wir uns, Frau Baronin, und halten wir uns nur an Thatsächliches", sagte er mit größter Gelassenheit. "Die Person, deren ich mich nur dunkel erinnere, behauptet also, daß jenes von mir dem Findelhause überlieferte Kind noch am Leben sei? Gut. Es war ein Knabe, sagen Sie?"

"Sie wissen es! Joseph konnte nicht schweigen!"

"Das war ein Fehler, gnädige Frau! Wer in der Welt fortkommen und sich das Leben nicht zu sauer machen will, muß zu rechter Zeit schweigen und blind sein können! Lebt jener Knabe noch, dann ist er jetzt ein Mann und hat vielleicht schon Carrière gemacht."

"Sie kennen sein Versteck, Reyneval! Sie wissen, was aus ihm geworden ist! Rosa ließ das Kind nicht ohne Erkennungszeichen!"

"Soweit man als Mensch ehrlich sein kann, gnädige Frau, versichere ich bei meiner Ehre, daß ich die Umhüllungen des Säuglings nicht löste! Ich verstand mit so kleinen Geschöpfen nicht umzugehen. Die Frauen im Findelhause konnten besser Gebrauch machen von dem, was das Kind bei sich hatte."

„Mit zehn Jahren ward der Knabe entlassen, schreibt Rosa", fuhr Cornelie fort. „Fromme Männer, Benedictiner, nahmen sich seiner an. Der verstoßene Sohn seiner unglücklichen Mutter erhielt eine ungewöhnlich sorgfältige Erziehung, besuchte ausgezeichnete Schulen und kam zuletzt auf das Seminar in Lüttich. Dort verliert sich seine Spur, das heißt, ich vermuthe, man will sie aus Gründen, die ich nicht zu errathen vermag, verschwinden lassen."

„Von wem erhielten Sie diese Nachrichten, gnädige Frau?"

„Werden Sie davon überrascht? Sie waren in Lüttich!"

„Zu verschiedenen Malen."

„Sie trafen eines Tages mit dem Verstoßenen zusammen!"

„Frau Baronin!"

„Leugnen Sie nicht, Reyneval! Rona von Skal hat es ermittelt!"

Der Haushofmeister erhob sich aus seinem Sessel. Die Muskeln seines verfitzten Gesichtes zuckten krampfhaft.

„Was hat der Herr der Skalhütte sich in diese dunkle Angelegenheit zu mischen, Frau Baronin?" sagte er beleidigt. „Ich mache mit diesem Manne, dem man bedeutende Intelligenz nicht absprechen kann, gelegentlich wohl ein Geschäft, zum Vertrauten meiner Geheimnisse würde ich ihn aber nicht erwählen."

Auch Cornelie war aufgestanden. Das Abend=roth machte ihr bleiches Gesicht rosig erglühen. Sie erhob die Hand drohend gegen Reyneval und sagte im Tone einer Seherin:

„Gott hat ihn dazu auserwählt! Rona von Skal ist Joseph Aaron's Bruder, und das Kind, dessen Retter Sie wurden, ist sein Neffe!"

Sie schlug die Hände über ihr Gesicht, sank zu=rück in den Lehnstuhl und weinte die bittersten Thrä=nen. Als sie wieder aufsah, fiel ihr Blick auf Liddy Marbold, die eben die Thür öffnete, um sich nach der Baronin zu erkundigen. Der Haushofmeister schlüpfte geräuschlos an der kleinen Frau vorüber, und flüsterte ihr im Vorbeigehen zu:

„Ich stehe der Frau Baronin bei, Madame, vermelden Sie ihr das gefälligst; zuvor aber muß ich die Excellenz sprechen. Anfang nächster Woche werde ich mir die Ehre geben, auf Schloß Gampenstein Visite zu machen."

Er verließ in größter Eile die Eremitage, noch ehe Cornelie sich besinnen und ihn zurückhalten konnte: Ohne die Zusage, welche er Liddy gegeben hatte, würde die Baronin in großer Bekümmerniß zurück=geblieben sein.

Fünftes Kapitel.

Briefe.

Ueber den Schornsteinen der Skalhütte lag dichter
Rauch, der an den nordwestlichen Abhängen der Wald=
berge wie ein weitfaltiger Mantel niederhing und die
Aussicht beschränkte. Es gab viel zu thun in der
Glashütte, da sich neuerdings die Bestellungen sehr
vermehrt hatten. Der sachverständige Mann, dem
Rona bei seiner Abreise die Oberaufsicht des ganzen
industriellen Etablissements übergeben hatte, mußte fast
über seine Kräfte arbeiten, um allen Anforderungen
zu genügen.

Egbert war dem Freunde Rona's dabei eine
große Stütze. Der junge Edelmann hatte seinem
Gastfreunde, der sich in sehr bewegter Stimmung von
ihm trennte, mit Hand und Mund geloben müssen,
bis nach seiner Rückkehr auch in dem Falle auf seinem
Besitzthume zu bleiben, daß selten oder gar keine
Nachricht von ihm daselbst eintreffen sollte. Zweck und

Ziel seiner Reise erfuhr weder Egbert noch Lena. Im
Uebrigen traf Rona Anstalten, die auf längeres Fern=
bleiben deuteten; denn wie er der Skalhütte einen in=
telligenten Vorstand gab, so sorgte er auch für eine
tüchtige Aufseherin des Hauses, die in gewissem Sinne
Mutterstelle bei Lena vertrat.

Egbert gab die verlangte Zusage um so lieber,
als ihm der Aufenthalt in der Skalhütte sehr wohl
gefiel. Die häufigen Auslassungen Rona's über die
Bestimmung des Menschen auf Erden, über die Pflich=
ten, die er gegen sich und Andere habe, und was Je=
dem zu thun obliege, damit er nicht planlos Zeit und
Leben vergeude, fielen bei dem Junker auf fruchtbaren
Boden. Schon vor Weihnachten stand der Entschluß
bei ihm fest, seine künftige Thätigkeit ganz der In=
dustrie zu widmen, wobei er sich seinen ungewöhnlichen
Gastfreund selbstverständlich zum Muster nahm. Frei=
lich hatte Egbert auch den Wünschen seiner Aeltern
Rechnung zu tragen; an diese dachte er aber nicht zu=
nächst, da ja noch einige Zeit vergehen konnte, ehe es
ihm gestattet wurde, sie wiederzusehen.

Es fiel Egbert nicht auf, daß er von seinem
Vater seit Rona's Abreise keinen Brief mehr erhalten
hatte; hörte er ja doch auch von Moser nichts, der
für die Bewohner der Skalhütte ganz verschwun=
den war.

Da liefen, und zwar über Gablona, drei
Briefe auf einmal in der Skalhütte ein. Alle drei
trugen den Poststempel Köln, waren aber schon in
Lüttich geschrieben. Zwei davon waren an Egbert, der
dritte an Lena adressirt. In diesem letztern erzählte
Rona seiner Tochter allerhand Interessantes, ohne mit
einer Silbe der Veranlassung zu erwähnen, die ihn
mitten im Winter eine so lange Reise unternehmen
ließ. Das Schreiben Rona's an Egbert war ganz
dunkel gehalten und machte einen fast erkältenden
Eindruck auf diesen. Es lautete:

„Unser Wiedersehen, lieber Herr, das nahe bevorsteht, wird das Signal zu unserer Trennung geben
und zwar, wie ich seit kurzem glaube, für immer. Wer
sich das Wohlthun zur Lebensaufgabe macht, braucht
für Leute, die ihm eine Nase drehen und ihn hinter dem
Rücken auslachen, nicht zu sorgen. Dies Gelichter
schießt auf wie Pilze, hat aber auch freilich selten längere Dauer! Die Reise hat mich arg mitgenommen,
weil ich ein ganzes Sammelsurium schurkischer Patrone
in meiner Brieftasche untergebracht habe, die andere
Leute für hervorragende Persönlichkeiten halten. Vielleicht lege ich Sie auch noch zu diesen getrockneten
Menschenexemplaren, wenn Sie nicht Farbe gehalten
haben. Moser meint, Sie thäten es, und ich bin wirklich neugierig, ob der dumme Kerl doch klüger ist, als

ich! Ihnen, mein Lieber, vergebe ich den Freiherrn, denn was können Sie für Ihre Geburt; daß aber Elias Moser mich so plump täuschen konnte, verdrießt mich und vertreibt Sie schließlich von meinem fried= lichen Herde. Im Uebrigen bleibe ich, bis wir uns wiedersehen, Ihr

wohl affectionirter
Berthold Rona."

Anfangs erschreckte Egbert der Inhalt dieses Briefes. Es unterlag keinem Zweifel, Rona wußte, daß Freiherr von Gampenstein sein Vater sei. Er konnte dies nur durch Elias Moser erfahren haben, dieser aber mußte wieder höchst wichtige Gründe an= führen können, die ihn zu einer solchen Mittheilung bewogen hatten.

Das zweite an Egbert gerichtete Schreiben war von Moser selbst. Die herzlichen Worte des schlichten Mannes, der von schweren Bekümmernissen sprach, die Gott ihm gesendet, rührten den Junker. Wie aber der Mann zu Rona gekommen sei und was er bei diesem wolle, darüber enthielt auch dieser Brief nicht die geringste Andeutung. Am Schlusse hieß es:

„Behalten Sie nur den Kopf oben, lieber Jun= ker! Ich stehe dafür, daß Ihnen kein Haar gekrümmt wird! Noch weiß der gnädige Herr Vater und die gnädige Frau Mutter nicht, wo Sie stecken, aber sie

müſſen es jetzt beide erfahren; denn es ſteht geſchrie=
ben in der Schrift, und zwar gleich zu Anfange der=
ſelben: Es werde Licht! Mir iſt vor Licht und Feuer
nicht eben bange, wer aber verwöhnt iſt und ſchwache
Angen hat, dem muß es nur gebrochen beigebracht
werden. Und auch da wird es noch heißen: Aushal=
ten! Alſo, mein beſter Junker, den Kopf immer hübſch
oben! Der frommen Lena geben Sie, wenn Sie glau=
ben, daß ſie nicht wild wird, in meinem Namen ein
Küßchen; es wär' das in Ehren, und das kann —
ſagt das Sprichwort — Niemand wehren. Gott be=
hüte Sie und Ihre liebe, kleine, rehfüßige Heilige,
die doch noch beſſer iſt als ihr brummiger Herr Vater
mit all ſeiner alt= und neuteſtamentlichen Weisheit
und ſeinem übrigen gelehrten Krimskrams. Von Ver=
nunft wegen obligirt

Elias Moſer."

Lena konnte die Stunde kaum erwarten, wo ſie
Egbert ſprechen und ihre Gedanken mit ihm aus=
tauſchen würde. Es geſchah dies eigentlich nur ein=
mal am Tage, nach Feierabend, wenn alle Arbeiten
in der Skalhütte ruhten. Dann trieb Lena Muſik;
Egbert ſetzte ſich ihr gegenüber und hörte zu, wenn er
ſich auch in der Regel anſtellte, als ob er leſe. Die
entfernte Verwandte Rona's, welche das junge Mäd=
chen überwachen ſollte, eine ſehr ehrbare Perſönlichkeit,

hatte es dann auch gern, wenn es zu einer gemüthlichen Unterhaltung kam, und ermunterte deshalb den Junker, daß er von seinem Leben auf der Universität und von studentischem Treiben überhaupt erzähle. Selten ließ Egbert sich lange bitten; er erzählte munter und un= genirt, schmückte aber freilich Manches so stark mit phantastischen Zuthaten aus, daß seine Erzählungen gewöhnlich eine sehr abenteuerliche Färbung erhielten.

Egbert erging es nicht besser als Rona's reizen= der Tochter. Es zog ihn zu ihr wie sie zu ihm, und da die Stunde des abendlichen Beisammenseins noch fern war, verließ er das Kühlhaus, wo er die meiste Zeit des Tages arbeitete, Bestellungen entgegennahm und nach gepflogener Berathung mit dem Sachver= ständigen ausführte, und verfügte sich in das Wohn= haus. Er traf Lena vor dem Portrait des Vaters im Familienzimmer, die großen, glänzenden Augen mit Thränen gefüllt.

„Haben Sie schlimme Nachrichten erhalten?" re= dete er das junge Mädchen an, den Brief Rona's ihr hinhaltend. „Ihr Herr Vater spricht von bal= diger Heimkehr, aber er zürnt mir."

„Zürnt Ihnen? Weshalb? Haben Sie sich gegen den Vater vergangen? Mich dünkt, Sie waren ihm ein treuer, gewissenhafter Arbeiter, der statt Tadel nur Lob, statt Zorn nur Liebe und Dankbarkeit verdiente!"—

6*

„Ich sehe Thränen in Ihren Augen, Lena! Warum weinen Sie?"

„Wir sollen uns trennen — bald, und das bekümmert mich!"

„So sehen Sie mich ungern scheiden, liebe Lena?"

Die von Thränen umflorten Augen der Tochter Rona's hefteten sich mit so tiefer Innigkeit auf Egbert, daß dieser einzige Blick ihm Lena's ganzes Herz enthüllte. Er vergaß Alles um sich her, schlang seinen Arm um die Taille der Jungfrau und preßte seine Lippen auf ihren Mund, ehe sie es hindern konnte. Das Geständniß der Liebe ward ausgesprochen und erwidert, als die Blicke der Glücklichen sich noch einmal begegneten. Dies Glück aber sollte nur von sekundenlanger Dauer sein. Bei der Umarmung Lena's hatte Egbert das Bild Rona's gestreift und es durch die ungestüme Berührung vom Nagel gehoben, dem es jetzt vollends entglitt. Klirrend fiel es zwischen den Liebenden zur Erde, die erschrocken auseinander prallten.

„O Gott!" rief Lena erblassend und kniete neben dem zerbrochenen Glase nieder. „Das bedeutet Unglück, Egbert! Ich fürchte, der Vater wird uns beiden fluchen! Noch weiß er ja nicht einmal, wer Sie sind; und er haßt alle Edelleute, die er privilegirte

Müßiggänger schilt! O Gott, was haben wir gethan! Mit welchen Augen soll ich dem Heimkehrenden ent= gegen treten!"

Egbert half der Geliebten die Glasscherben sam= meln und nahm das Bild auf. Es hatte bei dem Falle keinerlei Schaden genommen; durch Einfügung eines neuen Glases, das man in der Skalhütte ja im Ueberfluß besaß, war der unbedeutende Schaden leicht wiederherzustellen.

„Auf einige harte Kämpfe, mein theures Herz", flüsterte Egbert Lena zu, „werden wir uns allerdings gefaßt machen müssen. Mich schrecken diese Kämpfe nicht; im Gegentheil, ich möchte sie mir beinahe wünschen, damit ich mir als echter Ritter Deinen Be= sitz mit einiger Mühe und einigen Gefahren erringen kann. Schlechte Kämpfer sind meines Wissens die Gampenstein' zu keiner Zeit gewesen. Mein eigener Vater, den Du nun doch bald kennen lernen mußt, trägt das Zeichen seines Muthes auf der Stirn offen zur Schau. Diese gewaltige Narbe, die bisweilen dem Antlitz meines Vaters einen dämonischen Zug bei= mischt, habe ich immer bewundert. Sie ist eigentlich das einzige Charakteristische, vor dem ich mich beuge, während die Mutter, wie ich als Knabe unzählige Male bemerken konnte, sich stets entsetzte, wenn keine herabfallende Locke das breite Wundenmal auf des

Vaters Stirn bedeckte. Hat Dein Vater nichts über
mich geschrieben?"

„Nichts, als daß Du die Skalhütte verlassen
müßtest, sobald er Dir gewisse Mittheilungen ge=
macht habe."

„Seine Worte an mich lauten wenig anders",
versetzte Egbert, das Bild Rona's, dessen Züge er mit
größter Aufmerksamkeit betrachtete, schräg gegen das
Holzgetäfel der Wand stellend. „Ich kenne den Grund
seiner, wie ich glaube, nicht gar zu tief gehenden Ver=
stimmung. Moser hat mich verrathen! Dein Vater
weiß, wen er monatelang ohne Argwohn unter sei=
nem gastlichen Dache beherbergt hat. Wer mag es
ihm verdenken, daß er einen heimlichen Schleicher in
mir erblickt, den zu entfernen ihm die Ehre gebietet?"

„Und das hat Moser gethan?" rief tief betrübt
Lena und ließ den mit Mühe zurückgehaltenen Thränen
freien Lauf. „Derselbe Moser, der Dich uns zuführte?
Dann ist auch er ein schlechter, heimtückischer Mensch,
dem ich nicht gestatten werde, daß er je meine Hand
wieder berührt!"

„Ich dagegen hoffe, Du wirst dies harte Urtheil,
das Du in diesem Augenblicke über ihn fällst, sehr
bald wieder zurücknehmen", entgegnete Egbert. „So
wenig ich in die Redlichkeit und Großsinnigkeit Deines
Vaters Zweifel setze, so wenig kann ich Moser für

einen verſteckten, charakterloſen Mann halten. Sein
eigener Brief, den Du ſelbſt leſen ſollſt, ſpricht da=
gegen. Ohne die höchſte Noth hätte Dein Vater vor
meinem Scheiden aus der Skalhütte nicht von ihm er=
fahren, wen er ſo lange als Meiſter geheimnißvoll
tiefe Moral lehrte.“

Lena wies die ihr von Egbert dargebotenen Briefe
nicht zurück; ſie ſetzte ſich an den Flügel, den Platz,
welchen ſie am liebſten einnahm, wenn keine Geſchäfte
ſie abriefen. Egbert, der Rona's Schreiben an die
Tochter ebenfalls empfangen hatte, ging, daſſelbe durch=
leſend, im Zimmer auf und nieder. Er war eher
damit zu Ende als Lena, der es ſchwer fiel, die
Hieroglyphenſchrift Moſer's zu entziffern. Den Brief
noch in der Hand haltend, ſah er nach dem Bergwald
hinüber, von dem herab die Straße führte, welche
Rona auf ſo eigenthümliche Weiſe benutzte, um —
wie er behauptete — die Ungerechtigkeit der Geſetz=
gebung auszugleichen.

Der dunkle Rauch aus den Schornſteinen der
Glashütte erfüllte wie ein grauer Nebel die Einſatte=
lung des Gebirgsthals und ſtieg noch ziemlich hoch
in den Wald hinauf, ſodaß entfernt Wohnende zu
der Annahme verleitet werden konnten, der Wald ſei
in Brand gerathen. Da ſich aber Aehnliches oft wie=
derholte, wenn die Luft ſehr ſtill war und die Sonne

gerade über der Skalhalde stand, so fiel der langsam sich verziehende Rauch den Gebirgsbewohnern wenigstens nicht auf.

Egbert's Gedanken weilten bald bei Rona, bald auf Gampenstein; auch nach Gablona schweiften sie hinüber, dessen Kuppelkirche matt durch den Rauch schimmerte. Da rollte eine Equipage aus dem Walde und verschwand hinter den vorspringenden Gebäuden der Glashütte.

Egbert wendete sich vom Fenster ab und gab Lena den Brief ihres Vaters zurück.

„Ich glaube, wir bekommen Besuch von Fremden", sagte er, die ihm zugehörenden Schreiben wieder an sich nehmend. „Da der Herr der Skalhütte nicht zu Hause ist, müssen wir wohl, so gut es gehen mag, seine Stelle vertreten und die Honneurs machen. Ich gehe, den Vertrauten Deines Vaters zu rufen, und erwarte Dich an der Gartenpforte, wo die Equipage doch vermuthlich vorfahren wird."

Sechstes Kapitel.

Cornelie in der Skalhütte.

Dies geschah, während Egbert den Sachverständi=
gen und Oberaufseher des ganzen Etablissements in
den heißen Räumen der Glashütte suchte. Zwei
Damen stiegen aus und schritten ungesäumt dem
Wohnhause zu, sodaß Lena sich genöthigt sah, ihnen
allein entgegen zu gehen. Sie that es ohne Ziererei,
wenn auch ein wenig befangen. Aber gerade diese Be=
fangenheit, die in der kindlichen Reinheit ihres jung=
fräulichen Herzens wurzelte, erhöhte den Reiz ihrer
Erscheinung, die durch ihre ungekünstelte Natürlichkeit
und Einfachheit Jedermann bezauberte.

Egbert kam zu spät, um dem Empfange der
Fremden beiwohnen zu können. Er empfand darüber
etwas wie Unbehagen und würdigte die Equipage
keines Blicks, die schon unter den übrigen Wagen
bei den Lagerhäusern hielt, wo sich auch die Ställe

Berthold Rona's befanden, die nur für die Pferde
Fremder vorhanden waren, die zu Wagen ankamen
und über Nacht in der Skalhütte verweilten.

Beide Damen kehrten der Thür den Rücken zu,
als Egbert ziemlich rasch und mit einigem Geräusch
eintrat. Sie wendeten sich und mit den Worten:
„Egbert!" — „Meine Mutter!" lagen Mutter und
Sohn sich in den Armen.

Lena trat scheu zurück; die Ueberraschung machte
im ersten Moment ihr Blut stocken, sodaß sie tief
erbleichte; dann wieder rollte das Blut in lebhaftern
Schlägen durch Herz und Adern, und Gesicht und
Nacken des schönen Mädchens hüllten sich in das feine
Incarnat holder Scham. Langsam schlug sie die lang
bewimperten Lider auf und blickte neugierig hinüber
nach der hohen, schlanken Dame, in der sie nicht mehr
allein Egbert's Mutter vor sich sah. Seit einer Stunde
hatte sich für Lena die ganze Welt verändert; sie war
nicht mehr das harmlose, stille, zufriedene Kind der
Skalhalde; aus ihrem heiß klopfenden Herzen stiegen
Wünsche auf, die mit Titanenübermuth den Himmel
stürmten und bleibend von demselben Besitz ergreifen
wollten. Wollten! So klang das Echo klagend, fra=
gend, zagend in Lena's Seele; denn vor ihr stand die
Frau, von deren Ausspruch, wie sie annehmen mußte,
zunächst ihre Zukunft abhing. Das eigene Herz sagte

ihr, daß ihr Schickſal geſichert ſei, wenn ſie das Wohl=
gefallen, die Liebe, die mütterliche Zuneigung der Ba=
ronin gewinne. Aber ſie fühlte auch, daß vorläufig
beſcheidene Zurückhaltung für ſie am ſchicklichſten ſei.
Wie hätte ſie das Wiederſehen von Mutter und Sohn,
das durch Verhältniſſe und ſeltſame Verwickelungen
mehr einem Wiederfinden glich, nur durch einen Laut
ſtören können!

„Wie kommſt Du in die Skalhütte?“ fragte zu=
erſt Egbert ſeine bis faſt zur Ohnmacht erſchütterte
Mutter, indem er ſie galant zu dem Polſterſitz am
Flügel geleitete und ihr ſodann Lena vorſtellte, die
ſich noch höher erröthend verbeugte, ſich aber in ge=
meſſener Entfernung hielt. „Ich glaubte mich in
dieſer Waldeinſamkeit vollkommen ſicher, da ich wußte,
daß auch der Vater mein Aſyl nicht kenne. Aber
wahrſcheinlich hat Moſer, der auf einmal ſchwatzhaft
zu werden ſcheint, auch dies Geheimniß ausgeplaudert.“

Cornelie fühlte ſich noch zu angegriffen, um ſpre=
chen zu können; ſie wollte ſich aber dem jungen Mäd=
chen gegenüber, das ihr Blick nur flüchtig geſtreift
hatte, keine Blöße geben, was doch ſo leicht ge=
ſchehen konnte, da der Boden unter ihren Füßen zu
weichen begann und grauſenerregende Abgründe auf
allen Seiten ſie umgähnten. Sie wünſchte vor allem
nur auf Augenblicke mit Egbert allein zu bleiben. So

bewegte sie, denn vornehm nachlässig die Hand und winkte Afra heran, deren hübsche Augen wohlgefällig die kräftige Gestalt des schmucken Junkers in der ungewohnten Arbeitstracht der Stalhütte — denn diese trug Egbert — betrachteten.

„Ein Glas Wasser, die Luft ist so schwül!" lispelte die Baronin und begleitete die fordernde Bitte mit einem Wink ihres sprechenden Auges, der nicht mißzuverstehen war. Im nächsten Moment verließen Afra und Lena zusammen das Zimmer.

Cornelie folgte den Fortgehenden mit den Augen, bis sich die Thür hinter ihnen schloß. Dann erfaßte sie krampfhaft die Hand des Sohnes, zog ihn zu sich heran und raunte ihm ins Ohr:

„Weiß Rona um Dein Hiersein?"

„Allerdings, theuerste Mutter", versetzte Egbert, erstaunt über die unbegreifliche Aufregung, in der sich Cornelie offenbar befand. „Moser hat mich hier eingeführt, und ich kann sagen, daß ich nie glücklicher gelebt habe, wie in dieser reizenden Bergeinsamkeit."

„Unbegreiflich! Unbegreiflich!" rief Frau von Gampenstein. „Rona nimmt den Erben von Gampenstein auf!"

Sie schüttelte ungläubig das Haupt und flocht die fast durchsichtig weißen Hände in einander.

„Nein, beste Mutter, das hat der Herr der Stal-

hätte allerdings nicht gethan, obwohl ich ihn für den
humansten aller Menschen halte, die ich kenne", ver=
setzte Egbert mit seinem Lächeln. „Ich war ihm nur
ein flüchtig' gewordener Student, der mit den be=
stehenden Gesetzen in Collision gerathen war und den
Anblick seines Vaters aus nahe liegenden Gründen
nicht sehr eifrig suchte. Für Leute solchen Schlags,
wenn sie nur sonst keine schurkischen Neigungen an den
Tag legen, hat Rona, der übrigens ein dem Gott
seiner Väter durch höchst wunderbare Ereignisse ab=
trünnig gewordener Jude ist — nicht blos Interesse,
sondern wirklich Passion. Es ist eine noble Passion
eigenster Art, bei welcher die privilegirten Inhaber
aller sogenannten noblen Passionen ihm schwerlich
Concurrenz machen werden. Gegenwärtig jedoch stehe
ich nicht mehr in der Sonnenhöhe seiner Gunst, denn
er hat es erfahren, daß ich — freilich ohne mein Ver=
schulden — den Kukuk gespielt habe. Am Ende setzt
es noch einen Tanz mit dem famosen Weltverbesserer
aus Jakob's Samen und Dein Sohn findet Gele=
genheit, darzuthun, daß er nicht von schlechten Aeltern
stammt!"

Cornelie hörte mit gefalteten Händen und mit
Augen, welche die Angst vor etwas Unerhörtem er=
starren machte, den an Leichtsinn streifenden Auslassun=
gen des Sohnes zu. Jedes Wort, das Egbert sprach,

ward für die schuldbeladene Frau zu einem Dolche, der ihre Brust durchbohrte. Und doch durfte sie ihm nicht wehren, doch mußte sie schweigen!

Es war Cornelien lieb, daß Afra's Rückkehr den Sohn nöthigte, eine Pause zu machen. Lena blieb aus angeborenem Taktgefühl von selbst weg; sie hatte nur auf eine schickliche Gelegenheit gewartet, um sich entfernen zu können. Frau von Gampenstein netzte die Lippen mit dem krystallklaren, kalten Bergwasser und gab darauf das Glas an die Zofe zurück, indem sie sprach:

„Mein Sohn wird Dich rufen, wenn ich Deiner bedarf."

Auf diesen Befehl mußte sich das junge Mäd= chen wieder entfernen. Corneliens Blicke irrten fra= gend durch das Zimmer, die in ihren Gesichtskreis kommenden Gegenstände achtlos streifend. Erst an dem Portrait des jüngern Rona blieben sie haften.

„Das ist er, den Du verrathen, den Du in den Tod gejagt hast!" rief der unglücklichen Frau die Stimme des Gewissens zu. „Das ist der Vater Deines Kindes, das Du dem Tode weihen wolltest und das aufzufinden der einzige Bruder des Verstor= benen Haus, Hof und Kind verläßt! Und bei diesem selben Manne findet Dein zweiter Sohn als Flücht= ling Aufnahme, Pflege, Belehrung, liebevolle Begegnung,

während das Haus des Vaters sich ihm verschließt
und das Herz der Mutter nur stille Wünsche für ihn
hegt!"

Cornelie war, diesen Gedanken sich willenlos hin-
gebend, grenzenlos unglücklich. Sie ahnte Furchtbares
und hatte doch weder Muth noch Veranlassung, dem
eigenen Sohne ihr Innerstes zu enthüllen.

Indeß blieb Egbert nicht verborgen, daß ein
ganz bestimmter Zweck die Mutter nach der Skalhütte
führen müsse. Er gedachte dabei des Wallfahrtstages
im vergangenen Herbst und der Worte, welche der
Freiherr in seinem Briefe über Cornelie hatte fallen
lassen. Damit war ihm ein Anknüpfungspunkt zu
mancher Frage gegeben.

"Ich vermuthe, theuerste Mutter, daß Dir ein
anderes Reiseziel vorschwebt als diese einsame Berghalde", begann er von neuem, da Cornelie fortwährend schwieg und ihr verschleierter Blick immer wieder
zu Joseph's Bilde zurückkehrte. "Wenn Dein Ziel
Gablona sein sollte, so biete ich Dir meine Begleitung an. Ich habe Bekannte dort und glaube, daß
ich jetzt hier entbehrt werden kann. Den Freiherrn
Egbert von Gampenstein duldet Berthold Rona keinen-
falls als Arbeiter in seiner Umgebung, ich müßte denn
die Kunst mir zu eigen machen, innerlich wie äußerlich
mich völlig metamorphosiren zu können."

„Wann warst Du in Gablona?" frägte Cornelie zerstreut.

„Als mich die Neugierde dahin lockte, beste Mutter!"

„Neugierde? Der Ort hat wenig Anziehendes."

„Ausgenommen an Wallfahrtstagen. Und wenn man dann Bekannte, Verwandte, vielleicht gar eine Mutter zu finden glaubt, wenn man interessante Persönlichkeiten kennen zu lernen hofft, verlohnt sich ein Ausflug nach dem Städtchen immerhin der Mühe."

Cornelie erhob sich, ergriff die Hand des Sohnes und führte ihn zu dem Bilde Joseph Rona's. Ihr Antlitz war todtenbleich, ihr Auge weit geöffnet und voll überirdischen Glanzes! Egbert erschreckte diese plötzliche Verwandlung seiner Mutter, zu der er doch Anlaß gegeben haben mußte. Man sah der Baronin an, daß sie mit großer Seelenstärke einen Entschluß gefaßt hatte.

„Hat Rona Dir gesagt, wen dieses Portrait vorstellt?" fragte die Mutter den Sohn, indem heiße Thränen ihre Augen füllten und ihre Stimme vor Schmerz und Bewegung bebte.

„Es ist das Bild seines Bruders", erwiderte Egbert, den diese ihm völlig unerwartete Frage der Mutter frappirte. „Hast Du von dem Manne gehört, als er noch im verführerischen Glanz der Welt lebte?"

„Ja, mein Sohn, ich hörte von ihm, und, ich habe ihn seitdem nie ganz vergessen. Er war sehr unglücklich!"

„Sein Bruder hat mir viel von ihm erzählt."

„Ohne ihn zu schmähen, ohne den Aermsten zu verdammen?"

„Rona verdammt Niemand, beste Mutter! Das Unglück des Bruders hat ihn unserer Kirche ge= wonnen."

Cornelie bedeckte ihre Augen mit dem Taschen= tuche und weinte leise. Als sie Egbert, der von bangen Ahnungen gepeinigt wurde, wieder anblickte, lächelte sie ihm durch Thränen zu.

„Dann haben die Beiden, die sich gegenseitig elend machten, doch nicht vergebens gelebt", sprach sie, und ein tröstender Gedanke schien neue Lebenskraft in ihre Seele zu träufeln. „Wisse, mein Sohn, dieser längst Verstorbene, dessen Bild auf uns herabsieht, nahm Deiner Mutter kurz vor seinem unerwarteten Tode ein Versprechen ab, das diese nicht hielt, weil sie es in den rauschenden Zerstreuungen der Welt, denen sie sich nicht entziehen konnte, vergaß. Für diese Vergeßlichkeit hat Deine Mutter später hart büßen müssen und zahllose Thränen vergossen. Sie ward traurig, weil das Vergessene nicht nachzuholen war, und diese Traurigkeit ließ die Liebe des Mannes erkalten,

die sie mit großen Opfern in ihrer Jugend erkaufte.
So ist es geblieben bis vor wenigen Tagen! Deine
arme Mutter hofft endlich die Sünde ihrer Vergeß=
lichkeit büßen zu können, und Berthold Rona, ehedem
Rabbiner Aaron, will ihr die Wege ebnen, welche sie
zu wandeln berufen ist. Einer derselben, und wohl
der rauheste, führt nach Gablona. Die Wallfahrt zur
schmerzensreichen Madonna brach das stolze Herz Dei=
ner Mutter, das vergebende Wort des Domherrn, dem
sie ihr Leid klagen und ihre Schuld bekennen will, soll
und wird es wieder aufrichten."

Cornelie sprach so gefaßt und bestimmt, daß sie
Egbert Achtung und Ehrfurcht abnöthigte. Zwar
schwebte mehr als eine Frage auf seiner Lippe, her=
vorgerufen durch Rona's Mittheilungen über die dü=
stern Schicksale seines Bruders, aber er unterdrückte
sie, um die ja ohnehin schwer leidende Mutter nicht
unnütz zu quälen. Nur was Cornelie in der Skal=
hütte suche, wünschte Egbert noch zu erfahren, und
diesem Wunsche gemäß wählte er seine Worte, die er
zunächst an die Mutter richtete.

„Frage die Vorsehung, jene über uns gebieterisch
waltende Macht, der Keiner zu entrinnen vermag", lau=
tete Corneliens Antwort. „Es lag nicht in meinem
Plane, den Wohnort Rona's aufzusuchen, nur die
dunkle Rauchsäule, die ich von der Straße aus lange

beobachtete und deren Entstehung ich mir nicht erklären
konnte, verleitete mich in dem Augenblicke, wo man
mir sagte, der Rauch erhebe sich aus den Schornsteinen der Skalhütte, zu einem Abstecher hierher. Ich
will nicht leugnen, daß Neugierde mit dabei im Spiele
war; auch die Erwartung, ich könne Rona bereits auf
seiner Besitzung treffen, trug mit zu meinem raschen
Entschlusse bei. Statt seiner finde ich nun Dich, den
langentbehrten Sohn, und so habe ich wohl Ursache,
den Fügungen des Schicksals dankbar zu sein. Du
würdest Deine Mutter beglücken, wenn Du Dich ent-
schließen könntest, ihrer Stimme zu folgen. Du selbst
hast bereits gestanden, daß die Tage Deines Aufenthalts in der Skalhütte gezählt seien. Mit Rona's
Heimkehr schließt Dein Leben hier ab. Meinst Du,
der Mann, dessen ganze Thätigkeit auf Ausgleichung
der Gegensätze, auf Versöhnung gerichtet ist, würde
Dir zürnen, wenn er erführe, die Hand der Mutter
habe Dir gewinkt und diesem Winke habe der Sohn
nicht widerstehen können?"

Diese Wendung des Gesprächs kam Egbert sehr
unerwartet. Sein Herz gerieth durch sie in noch weit
größere Verlegenheit als sein Kopf, denn er mußte
sich sagen, daß sein nächstes Zusammentreffen mit
Rona über sein ganzes Leben entscheiden müsse. Das
friedliche Asyl zu verlassen, das sich ihm so gastfrei

7*

eröffnet hatte, gleichsam bei Nacht und Nebel, heimlich, ohne Dank und ohne Abschied daraus zu entweichen, erschien ihm unedel, ja feig. Feigheit des Herzens aber würde Rona verächtlich gefunden und ihm nie= mals verziehen haben.

Er führte nach kurzem Besinnen die Hand der Mutter an seine Lippen und sagte, auf das Bild Jo= seph's deutend, entschlossen:

„Du kannst nicht wollen, beste Mutter, daß Dein Sohn etwas Unwürdiges aus zu großer Nachgiebigkeit thue. Ich gebe Dir das Geleit bis an das Gemäuer der verfallenen Burg, wenn Du es wünschest; dann kehre ich zurück auf meinen Posten und halte daselbst gute Wacht, bis Rona mich ablöst. Er ist in allen Dingen ein pünktlicher Mann und wird nicht lange auf sich warten lassen. Willst Du für mich ein bit= tendes Wort bei dem Vater einlegen, so werde ich Dir für Deine mütterliche Liebe stets dankbar sein. Wir müssen überhaupt, dünkt mich, der Liebe in alle Wege größern Spielraum geben, sonst fallen wir in die Gewalt finsterer Dämonen, die glutäugig, Unsegen stiftend, hinter allen Stationen auf dem Wallfahrts= pfade unseres Lebens hocken. Wer aber der wahren Liebe sich ganz zu eigen gibt aus reinem Herzens= drange, der mag wohl irren, ganz untergehen, dünkt mich, kann er nicht!"

Cornelie lauschte mit gesenktem Haupte den Worten ihres Sohnes.

„Ich höre Deinen Berather aus Dir sprechen", sagte sie, Egbert sanft anblickend und beide Hände auf seine Schultern legend. „Es ist zwar hart für eine Mutter, wenn der eigene Sohn ihr zuruft: Deine Stimme vernehme ich, doch folgen darf ich ihr nicht; der Augenwink eines Fremden hat größere Gewalt über mich; allein mir kommt es nicht zu, Dich zu tadeln. Folge also den Regungen Deines Herzens, ohne die Einwürfe Deines Gewissens zu überhören und zu vernachlässigen! Vielleicht sehe ich Dich mit Rona zugleich auf Gampenstein oder ich sende Dir Grüße durch ihn. Seine Tochter ähnelt ihm, um den ich so viel gelitten habe! Ist sie eine schuldlose Seele, so lehre das liebe, bescheidene Kind für das Wohl und Seelenheil auch Deiner Mutter beten."

Sie umarmte und küßte den Sohn zu wiederholten Malen, aber mit einer so feierlich gemessenen Zurückhaltung, als dürfe sie ihren Gefühlen nicht freien Lauf lassen.

„Willst Du Lena nicht Lebewohl sagen?" fragte Egbert die Mutter, als er sie zu dem Wagen geleitete. „Sie ist verständig, ohne Falsch und von großer Herzensgüte."

„Nein, Egbert, nein!" erwiderte abwehrend Cor=

nelie. „Ich sehe das Kind wieder, wenn Rona gute
Nachricht bringt und ich mit erleichtertem Herzen mich
beugen kann vor dem, der straft, vergibt und begnadigt!
Lebe wohl, Egbert, auf Wiedersehen in Gampenstein!"

Der Wagen rollte rasch dem Walde zu und
verschwand schnell den Blicken des Sohnes, der ihm
nachdenklich mit trübem Ange folgte. Eine Hand legte
sich auf Egbert's Schulter. Als er sich umwandte,
sah er in das bekümmerte Gesicht Lena's, von deren
seidenen Wimpern große Thränen fielen.

Egbert reichte ihr den Arm und führte sie zurück
ins Haus.

Siebentes Kapitel.

In schwüler Luft.

Es war ein schwüler Maitag. Den ganzen Tag
schon hatte es gewittert, ohne daß es zum Ausbruche
eines vollen Unwetters kam. Erst in den Nachmittags=
stunden thürmten sich drohendere Wolken über den
Bergen auf und eine Menge Anzeichen in der Natur
ließen für den Spätabend oder die Nacht ein Gewitter
erwarten.

Windmüller Fabian, der stundenlang mit Ab=
laden schwerer Getreidesäcke sich abgemüht hatte, war
am Fenster sitzend eingeschlafen und hatte, bald vorn=
über, bald zur Seite nickend, seine schön betroddelte
Zipfelmütze verloren, mit der jetzt der dicke schwarze
Kater, den Fabian mehr als ein Kind liebte, im brü=
tend heißen Sonnenschein spielte, welcher den weißen
Sand der Diele vergoldete. Das Einklappen der mit
Leder gepolsterten Zuschlagthür weckte den Müller; die

Katze überschlug sich noch einmal mit der Mütze und nahm dann Reißaus, während Fabian sich die Augen rieb und die liebe Kopfbedeckung murrend aufhob.

„'s ist Jemand da, Vater", sagte des Wind= müllers Tochter, die den Vater durch ihr Eintreten geweckt hatte. „Er wartet unter den Linden, hat aber nicht viel Zeit."

„Jemand! Wer ist Jemand?" entgegnete Fabián und setzte sich die von der Katze etwas zerzauste Mütze wieder auf. „Ich kenne Keinen, der so heißt."

„Nun, Jemand ist Pabst vom Vorwerke bei der Lochbuche", gab Eva etwas schnippisch zurück. „Er wird Geld holen wollen."

„Natürlich, langbezopftes Weiberwesen!" erwiderte der Müller und stand auf. „Wer einen Handel abgeschlossen hat, will bezahlt sein. Das ist ordinäre Menschenmanier, gegen die der größte Weise nichts machen kann, und wäre er noch reicher und gröber als der gnädige Herr, seit der Schleußenbau am Teiche ihm so viel Geld kostet."

Er verließ das Zimmer und suchte den Pachter unter den schattigen Linden an der Rückseite des Hauses auf.

Pabst ging mit auf den Rücken gelegten Händen unter den dichtbelaubten Bäumen, die kein Luftzug bewegte, nachdenklich auf und nieder. Als er des

Windmüllers ansichtig wurde, blieb er stehen und lüftete grüßend seine Mütze. Der Müller dankte wie ein Mann, der sich seines eigenen Werthes und der pecuniären Mittel, über die er zu verfügen hat, vollkommen bewußt ist.

„Nichts für ungut, Meister Fabian", redete ihn der Pachter an; „ich komme eben vorbei und da wollte ich gleich wegen des Korns mit Euch ins Reine kommen."

„Von wegen des Korns, meint Ihr wohl", entgegnete der Windmüller mit wichtiger Miene, setzte sich auf die Bank unter den Linden und schlug die mit großen Lederpantoffeln bekleideten Füße übereinander.

„Meinetwegen auch von wegen des Korns", sagte Pabst und nahm auf einer zweiten Bank Platz. „Mir kommt's auf ein unnützes Wort mehr oder weniger nicht an."

„Aber mir, Pabst, mir sehr! Das Unnütze kann ich schon gar nicht leiden, das Nützliche kann man aber doch nicht wie Staub zum Fenster hinausbeuteln. Ich bin patentirt für richtiges Hochdeutsch und darum von wegen!"

Der Pachter biß sich auf die Lippen und blickte nach dem schwarzen Gewölk über dem Gebirge.

„Das kann werden wie im vorigen Sommer",

sagte er. „Der Himmel hat wieder dieselbe stahlblaue
Farbe."

„Wäre schlimm für Euch, Pabst, von wegen des
Preises. Eure Frucht hat gelitten, weil sie so lange
nicht unter Dach und Fach kam. Ihr müßt eine
Kleinigkeit ablassen, sonst machen wir heute den letzten
Handel mit einander."

„Ihr tadelt immer, Meister, und habt doch stets
den größten Vortheil. Ich wollte, ich könnte mit Euch
tauschen."

„Wünscht das nicht, Mann! Müllergeschäfte sind
angreifend von wegen des Mehlstaubes. Stirbt man
nicht an der Schwindsucht, so erstickt man vor Fett.
Eins ist so schlimm wie's Andere. Wäre ich nicht
schon zu alt und stumpf auf den Beinen geworden, so
sattelte ich heute noch um. Vom Mülleresel auf einen
wohlgenährten Pachtergaul steigen, muß ein wahres
Jubiläum sein!"

Pabst hatte weder Lust noch Zeit, länger mit dem
Windmüller zu rechten, der selten von seiner Meinung
abzubringen war. Er brachte daher das Gespräch wie=
der auf seine Getreidelieferung und einigte sich mit
ihm nach kurzem Hin= und Herreden.

„Siehste, wie Du bist!" rief Fabian aus, als er
schließlich doch seinen Willen bekam, und rieb sich vor
Vergnügen die Hände. „Man muß Euch immer erst

den Daumen aufs Ange setzen, sonst entwischt Ihr
einem wie die Mäuse! Also abgemacht! Morgen
schicke ich Euch das Geld. Wann seid Ihr sicher zu
treffen?"

„Morgen?" erwiderte Pabst. „Zu Hause bin ich
von Mittag an gewiß, wenn auch vielleicht nicht un=
gestört. Ich erwarte Besuch, aber das thut nichts.
Paßt's Euch just, so schick nur."

„Besuch?" fragte der neugierige Müller. „Es
kommt jetzt oft Besuch zu Euch, meine ich. Oder gilt
er nur dem jungen Herrn? Schade, daß Vater und
Sohn so conträr sind! Wie steht's denn mit der
Gnädigen seit dem letzten Unfalle? Ist sie wieder
ganz ordentlich?" Er strich mit der Hand über seine
runzlige Stirn und glotzte den Pachter mit großen
Angen an.

„Wenn Ihr Euch doch abgewöhnen wolltet,
immer über anderer Leute Unglück zu radotiren,
Meister!" entgegnete Pabst ärgerlich. „Die gnädige
Frau ist genau so vernünftig, wie sie immer war,
aber die Geschichte mit Vater und Sohn hat sie an=
gegriffen."

„Und was sonst noch daran hängt, nicht zu ver=
gessen!" fügte Fabian schmunzelnd hinzu. „O wir
sind nicht so dumm, wie wir aussehen! Wir haben
Sprit, aber wir halten, wenn's Noth ist, damit

hinter dem Berge. Freilich, Ihr könnt lachen, denn
für Euch fällt' ja bei dem heimlichen Handel eine
allerliebste, quietschjunge Frau ab!"

„Wer hat Euch das aufgebunden?" brauste der
Pachter auf.

„Gott, Gott, habt Euch nicht, Mann!" erwiderte
der Müller. „Meister Fabian läßt sich nichts auf=
binden; er hat selbst Augen zum Sehen und Ohren
zum Hören. Und seit Elias seine Botengänge wieder
besorgt und früh und spät durchs Land läuft, gibt
er's den Leuten bei jeder Pfeife Tabak, die er sich
einfüllt, zu hören, daß es nur von ihm abhängt, seine
Tochter auf das schönste Vorwerk der Herrschaft Gam=
penstein zu verheirathen. Natürlich, es ist von wegen
des Schwindels, in den sich vor seiner Zeit seine Frau
eingelassen hatte. Mögen hübsche Geschichten gewesen
sein! Man wird nicht umsonst fromm wie die gnä=
dige Frau und auch nicht umsonst eine Quacksalberin,
die sich vor der Polizei in Acht nehmen muß! Wir
kennen den Rummel. Basta!"

„Ihr thätet jedenfalls besser, Meister Fabian,
wenn Ihr Eure Zunge etwas mehr im Zaume hieltet",
entgegnete Pabst, „sie kann Euch sonst noch einmal
theuer zu stehen kommen! Gott befohlen! Ich bin für
Euch oder Euern Boten morgen zu Hause, von
Euern unnützen Reden will ich aber nichts mehr hören!"

Er verließ den schattigen Platz unter den Linden, um den Weg nach Gampenstein einzuschlagen. Fabian schwenkte die Mütze hinter ihm drein und murmelte zufrieden lachend:

„Doch richtig vermuthet! Des Boten Tochter Frieda und Pachter Pabst, vom Vorwerke an der Lochbuche werden ein Paar, oder ich will gekochte Mühlsteine essen! Na, wohl bekomm's! Möchte die Proste=Mahlzeit mit meinem eigenen Magen nicht verdauen."

Pabst verdroß das Geschwätz des Müllers, ob=wohl es nicht ganz aus der Luft gegriffen war. Die Rückkehr Moser's von seiner mitten im Winter ange=tretenen Reise, die allen Menschen, welche den Mann kannten, Stoff zu den seltsamsten Vermuthungen gaben, konnte in der ganzen Umgegend für ein Er=eigniß gelten. Sie hatte zunächst die Folge, daß Mo=ser's Frau mit Elfriede auf das Vorwerk übersiedelte, wohin auch die Baronin einstweilen — wie es hieß, aus Gesundheitsrücksichten — ihren Wohnsitz verlegte. Es mußte freilich auffallen, daß dieser Wohnungs=wechsel ganz plötzlich angeordnet ward, und daß er gerade zusammenfiel mit der Rückkehr des Freiherrn aus der Universitätsstadt, wo es dem Vater nach langen Unterhandlungen und gegen Bestellung einer bedeutenden Caution gelungen war, straffreie Rück=

kehr des Sohnes nach Gampenstein und dessen Perti-
nentien zu erlangen.

Egbert hatte bald darauf eine Unterredung mit
seinem Vater gehabt, die sehr stürmisch verlief und
welche Cornelie, die derselben beiwohnte, so erschütterte,
daß sie unmittelbar darauf ernstlich erkrankte. Dieser
Auftritt trug sich auf dem Vorwerke zu, das Pabst in
Pacht hatte. Der Freiherr stieg, ohne dem Sohne
verziehen zu haben, zu Pferde, jagte zurück nach
Schloß Gampenstein und ließ sich tagelang nicht
sehen.

Auf der letzten Poststation vor Gampenstein hatte
Berthold Rona sich bei seiner Rückkehr von seinen
seitherigen Reisegefährten getrennt. Er wollte zunächst
sein Heimwesen besuchen und dann erst der Baronin
Bericht über den Erfolg der Mission abstatten, zu der
ihn das eigene Herz drängte.

Rona hatte zuletzt auf möglichst große Beschleu-
nigung der Reise gedrungen, seit Moser ihm die Herkunft Egbert's zu entdecken für Pflicht hielt. Damals,
als der junge Mann seine Schwelle überschritt, sah
Rona nur den verfolgten Flüchtling in ihm, dem
Schutz zu gewähren ihm das Gesetz gebot, das er
sich selbst gegeben hatte. Die neuesten Enthüllungen,
welche zuerst durch den Besuch des Findelhauses in
der Nähe von Paris und mehr noch durch weitere

Nachforschungen in Lüttich über die Vergangenheit
der Frau von Gampenstein Licht verbreiteten, erfüllten
Rona mit Angst, und ihm bangte vor der Heimkehr,
obwohl er nirgends mehr Ruhe fand. In dieser
düstern Gemüthsstimmung schrieb er jenen Brief an
Egbert, dessen Schluß wir kennen. Rona hielt es für
heilsam, Egbert auf das veränderte Verhältniß vorzu-
bereiten, das sich ohne beiderseitige Schuld zwischen
ihnen herausbilden müsse. Sein Rechtsgefühl und die
Vorzüge, welche Rona in Egbert schätzen gelernt hatte
und die er zu entwickeln sich angelegen sein ließ, bewahrten ihn vor jedem übereilten Schritt. Er wollte
den Sohn der Frau, die ja einst auch die Gattin
seines Bruders gewesen war, nicht kalt von sich
weisen, ihn nicht für immer aus seinem Hause vertreiben; nur eine zeitweilige Entfernung hielt er für
geboten, damit er Zeit gewinne, sich selbst zu ermann-
nen, und damit volle Klarheit in die Verhältnisse
komme. Rona liebte Egbert, aber er scheute noch immer
zurück vor dessen Mutter! Das war die Kluft, die
den mild gesinnten, nur nach Gerechtigkeit strebenden
Mann von dem Söhne der Frau schied, die ihrer
maßlosen Eitelkeit und Gefallsucht den Mann opfern
konnte, dem sie sich doch ganz zu eigen gegeben hatte.

Am zweiten Tage nach dem Besuche der Frau von
Gampenstein in der Skalhütte betrat Rona nach mehr

als viermonatlicher Abwesenheit unter sehr getheilten
Empfindungen seine Besitzung wieder. Es war gegen
Abend, wenige Minuten vor der Stunde, wo die Ar=
beiten eingestellt wurden. Der vielbeschäftigte Egbert
hatte die Ankunft seines Gastfreundes nicht bemerkt;
Rona überraschte ihn mitten in der Arbeit, was einen
guten Eindruck auf denselben zu machen schien.

Mit unverstellter Herzlichkeit begrüßte der Erbe
von Gampenstein den Herrn der Skalhütte, bemerkte
aber sogleich, daß dieser kein vertrauliches Entgegen=
kommen wünsche, was dann auch Egbert zu kühlem
Zurückweichen veranlaßte.

„So ist's recht, Herr Baron", hob Rona an,
einen langen Blick auf den kräftigen, von Gesundheit
strotzenden Jüngling werfend, der ihm frei und stolz
in die Augen sah. „Wir sind zu verschiedenen Stan=
des, um uns sogleich brüderlich umarmen und ans
Herz drücken zu können, verständigen aber werden wir
uns, das weiß ich. Damit dies recht von Grund aus
und für die Dauer unseres Lebens geschehe, wollen
wir uns Zeit nehmen. Vorläufig freilich bin ich ge=
zwungen, Ihnen die Rückkehr nach Gampenstein drin=
gend zu empfehlen. Ich sehe mich außer Stande, Sie
länger in der Skalhütte zu beschäftigen. Es versteht
sich aber von selbst, daß wir als Freunde scheiden
und daß wir uns in sehr kurzer Zeit wiedersehen.

Dann soll Ihr Anblick mir das Herz erleichtern helfen."

Zu einem weitern Aussprechen kam es nicht, ebenso wenig zu einer Erklärung von seiten Rona's, welche Egbert einen Blick in die Verhältniſſe hätte thun laſſen. Der Junker mußte ſich zum Aufbruche nach Gampenſtein rüſten, was ihm wenig Mühe machte. Rona hielt inzwiſchen ſcharfe Inſpection auf der Skalhütte, erkundigte ſich nach allem Vorgefallenen, ſah die Geſchäftsbücher ein und gab allen Betheilig= ten ſeine Zufriedenheit zu erkennen. Egbert ging dabei nicht leer aus; ſogar ein dankender Händedruck ward ihm von Rona zu Theil.

Lena war von dem Verhalten ihres Vaters am wenigſten befriedigt und konnte dies nicht verbergen. Oft überraſchte ſie der Vater in Thränen, einmal vor dem Bilde ſeines Bruders. Er küßte ſie auf die Stirn und ſagte:

„Weine nicht um dieſen, Kind, ihm iſt wohl. Haſt Du Thränen in Ueberfluß zu vergießen, ſo ſpare ſie auf ſchwerere Tage auf!"

Dieſe wenn auch im milden Tone gegebene Zurecht= weiſung machte Lena gegen den Vater zurückhaltend. Sie blieb ſchweigſam, und Rona würde die kurze An= weſenheit der Baronin ſchwerlich jetzt ſchon erfahren haben, wäre der Oberaufſeher ein wortkarger Mann

gewesen. Die Bemerkung desselben, es sei ganz vor
kurzem eine fremde Dame zu Wagen angekommen
und habe allein mit Egbert und Lena verkehrt, führte
zu weiterer Nachfrage, infolge deren Egbert unum=
wunden die Wahrheit sagte.

„Ich danke Ihnen, Herr Baron, daß Sie keine
Ausflüchte machen", erwiderte Rona. „Eilen Sie jetzt
nach Gampenstein zu kommen; Sie werden dort wahr=
scheinlich ein paar Bekannte finden. Melden Sie mich
Ihrer Frau Mutter an, denn ich folge Ihnen nach,
sobald ich hier wieder ganz orientirt und auch sonst
au fait bin. Zur Beruhigung dürfen Sie schon jetzt
der Frau Baronin sagen, daß sie das Beste hoffen
dürfe."

Für Egbert enthielten diese Worte Rona's un=
lösbare Räthsel, und als er sich am dritten Tage
nach dessen Ankunft auf der Skalhütte von ihm und
Lena verabschiedete, geschah es unter Bangen und
Zagen. Egbert's bemächtigte sich eine Angst, als gehe
er direct dem Tode oder doch namenlosem Elend ent=
gegen, und nur die Furcht, Rona könne, wenn er sich
schwach oder wankelmüthig zeige, ihn verächtlich an=
blicken, verlieh ihm Standhaftigkeit. Er verließ die
Skalhütte, ohne die heftige Erschütterung, die der Ab=
schied von Lena in ihm hervorbrachte, äußerlich zu
verrathen.

Dieser Besuch war es, den Pabst erwartete. Er
hatte wegen Kränklichkeit der Baronin verschoben
werden müssen, da man Cornelie bei ihrer ohnehin
stark angegriffenen Gesundheit zu schonen Ursache hatte.
Erst als sie wiederholt den Wunsch einer Zusammenkunft mit Rona äußerte, forderte Egbert diesen auf,
seine gegebene Zusage nunmehr zu halten.

Frau von Gampenstein bewohnte auf dem neu
erbauten Vorwerke einige Parterrezimmer mit freier
Aussicht nach dem Gebirge. Die Einrichtung derselben
war von ländlicher Einfachheit und stach gegen Corneliens Boudoir im Schlosse Gampenstein gewaltig ab.
Dennoch behauptete die verwöhnte Dame, hier glücklicher zu sein; einer Büßenden, der noch nicht vergeben sei, zieme einfaches Wesen und Entsagung allen
Glanzes. Sie lebte eingezogen, las viel und sah nur
vorübergehend ihren Sohn, den sie stets mit so sonderbaren Blicken betrachtete, daß Egbert gleich in den
ersten Tagen vor der Mutter bangte. Von dem Freiherrn ward gar nicht gesprochen. Die Scene zwischen
Vater und Sohn mußte von allen der Vergessenheit
übergeben werden, wenn sie nicht immer zu neuen
Aufregungen und Gemüthserschütterungen führen sollte.

Als Pabst das Vorwerk bei der Lochbuche erreichte, begegnete er Elfrieden Moser auf dem Hofe.
Das junge Mädchen war eben beschäftigt, dem Feder-

8*

vieh Futter zu streuen. Freundlich grüßend nickte sie
dem Pachter zu und sagte, die weißen Zähne zwischen
den rosigen Lippen zeigend:

„Die Gnädige hat Besuch. Wir sind allesammt
ins Freie verbannt."

„Der junge Herr auch, Frieda?"

„Er machte anfangs Einwendungen, als aber
Herr Rona sagte, die Unterredung betreffe das Seelen=
heil der Gnädigen, da sattelte er sich den Roth=
schimmel und jagte wie ein Rasender den Bergen
zu. Wenn der arme Herr nur kein Unglück nimmt!"

Pabst überhörte die letzten Worte Elfriedens.

„Kam Herr Rona allein?" fragte er, seiner Woh=
nung zuschreitend.

„Ganz allein, das heißt den Kutscher ausgenom=
men, der ihn fuhr. Dort unter der Remise steht sein
Fuhrwerk. Es ist ein jämmerlicher Klapperkasten."

„Dein Vater hat nicht vorgesprochen?"

„Noch nicht."

„Dann kommt er noch. Geh, liebe Frieda, und
sage Deiner Mutter, sie möge mir jetzt die Papiere
schicken, von denen sie letzthin mit mir sprach.
Ich habe gerade eine Stunde Zeit, um sie durch=
zusehen."

Elfriede schüttete den Rest des Futters dem flat=
ternden, gackernden und schnatternden Hühner= und

Entenvolk vor und eilte, dem Pachter noch einmal
zunickend, nach einem Anbau des Hauptgebäudes, der
Rosa und ihrer Tochter als Wohnung eingeräumt
worden war. Pabst warf noch einen beobachtenden
Blick auf den immer dunkler werdenden Himmel und
trat in die Hauptthür des langgestreckten Gebäudes,
von welcher ein quer laufender Corridor, der verschließ=
bar war, zu den Zimmern der Baronin führte.

Achtes Kapitel.

Im Gewitter.

Wir treffen Cornelie von Gampenstein in Thrä=
nen gebadet. Ihr gegenüber an länglichrundem, schma=
lem Tische, den Bücher und Schriften bedecken, sitzt
Berthold Rona. Seine Hand hält eine kleine Sil=
honette, die er mit vieler Aufmerksamkeit betrachtet.
Durch den grauschwarzen Gewitterhimmel zucken in
kurzen Zwischenräumen rothgelbe Blitze, denen nach
ziemlich langer Pause dumpfes, unheimlich klingendes
Donnergeroll folgt.

„Das sind dennoch recht traurig lautende Nach=
richten, Herr Rona", sprach Cornelie, ihre Thränen
trocknend und die vor ihr liegenden Papiere, unter
denen sich auch jener Streifen befand, dessen wir als
eines wichtigen Erkennungszeichens bereits gedachten,
zusammen legend, um sie sorgfältig wieder zu ver=
bergen. „Da sich die andere Hälfte dieses Papier=

streifens in dem Hanse der Unglücklichen nicht vor=
gefunden hat, dürften alle weitern Nachforschungen
erfolglos bleiben. O ich Unglückselige, ich Elende!
Der Friede, nach dem meine Seele lechzt, soll mir
nicht werden! Ich leide Pein wie der reiche Mann
des Evangeliums! Joseph zürnt mir noch immer!"

"Wer Frieden begehrt, gnädige Frau, muß sich
vor allem selbst überwinden", entgegnete Rona, die
Silhouette vor sich hinlegend. "Ich theile Ihre Be=
fürchtungen nicht. Dies kleine Bild stellt freilich einen
zwölfjährigen Knaben dar und wir suchen einen fast
dreißigjährigen Mann; dennoch halte ich dasselbe für
einen vortrefflichen Führer, den man nur vorsichtig
benutzen muß."

"Was verstehen Sie unter vorsichtiger Benutzung?"

"Es lassen sich verschiedene Wege dazu einschla=
gen. Welches der beste, der zweckmäßigste sein mag,
ist augenblicklich noch fraglich. Man muß zunächst
sondiren."

"Machen Sie Ihre Vorschläge, Herr Rona. Sie
besitzen mehr Ruhe, mehr Selbstbeherrschung als ich,
und auf Ihrer Seele lastet kein Vergehen, das fast
einer Blutschuld gleicht!"

"Dieses Bild, das Portrait des Knaben, den wir
suchen, trägt die nämlichen Zeichen wie der Papier=
streifen, der sich in der Rolle vorfand. Man nannte

den Knaben in der Taufe Aurel und gab ihm, als er das Findelhaus verließ, sowohl das Papier als die Schnur mit, die man beide auf der Brust des Kindes fand. Rosa hat in jeder Hinsicht die Wahrheit gesagt und Sie brieflich von ihren Aussagen unterrichtet."

„Eben deshalb will ich ihr vergeben und sie nie wieder in Versuchung führen", fiel die Baronin ein. „Ihre Tochter soll, wenn Gott seinen Segen dazu gibt, glücklicher werden als die Mutter. Dieses Vorwerk ist mein Witthum; ich habe das Recht, es zu schenken, wem ich will."

„Lassen Sie uns nicht abschweifen, gnädige Frau", fuhr Rona fort. „Lebt Aurel, so ist er im Besitz derselben Erkennungszeichen, die uns auf seine Spur leiteten. Wir konnten sie verfolgen bis in das Seminar zu Lüttich. Dort haben wir sie verloren, wie ich vermuthe, infolge eines geheimen Abkommens. Es gibt — so denke ich — irgend eine Persönlichkeit, welche ein Interesse daran hat, den einmal verschollenen Knaben für immer verschwunden bleiben zu lassen." —

Cornelie richtete ihre großen Augen fragend auf den Herrn der Skalhütte.

„Können Sie diese schrecklichen Vermuthungen begründen?" forschte sie angsterfüllt. „Es müßten dann ja noch Andere um —"

Sie vollendete nicht. Eine plötzlich aufflammende Röthe überlief Stirn und Wangen; ihre Blicke senkten sich, die Hände zitterten.

„Sollten Sie meine Ahnung theilen, gnädige Frau?" fuhr Rona fort, die Baronin immer schärfer fixirend. „Es kann doch wohl nicht Ihr Wille sein."

„Sie haben mich in Verdacht?" fuhr Cornelie auf. „Beim ewigen Gott, ich bin unschuldig, wenn irgend Jemand Sie auf eine falsche Spur zu leiten suchte!"

„Ich lasse mich nicht täuschen, wo ich argwöhne", versetzte Rona, „aber ich darf Ihnen nicht verhehlen, daß wir in Lüttich ohne Antwort geblieben sind. Ein Unbekannter war uns zuvorgekommen. Wäre der Einfluß dieses Unbekannten größer als unsere Vorsicht — oder nennen Sie es Schlauheit — so würden wir bereits an der Grenze unseres Witzes angelangt sein. Zum Glück haben wir vor unsern geheimen Gegnern doch noch einen Vorsprung voraus, und dieser soll uns jetzt zu statten kommen."

Cornelie, die sich wieder gesammelt hatte, sagte: „Sie wollten sondiren, Herr Rona. Wir sind von diesem Plane unbemerkt abgekommen."

„Nicht doch, gnädige Frau! Mein Sondirungs-vorschlag ist unser Vorsprung. Er führt Sie in den Beichtstuhl."

„Endlich?" schrie Cornelie auf. „Sie glauben es,

Herr Rona? Sie machen mir Hoffnung? O, dann
sind Sie der Erretter, den Gott mir nach jahrelangem
heißen Flehen sendet!"

„Geben wir der Aufwallung des Blutes keine
Gewalt über uns", fuhr der besonnene Rona kaltblütig fort. „Es gibt noch einen andern Weg, der
vielleicht schneller zum Ziele führen könnte; es ist der
der Oeffentlichkeit. Daß Sie diesen zu vermeiden
wünschen, leuchtet mir ein. Der Beichtstuhl ist verschwiegen. Sie haben sich nur sorgfältig darauf vor-
zubereiten. Wollen Sie Ihr Gewissen erleichtern, so
werden Sie sich streng prüfen und Ihre Vergangenheit
dem Priester ganz enthüllen müssen. Da, wo die eigene
Unkenntniß Sie stocken macht in Ihren Bekenntnissen,
beginnen die Fragen des Priesters. Das Seminar
in Lüttich gibt dazu den ersten Anstoß, und Ihr
Beichtvater dürfte, da es sich um einen jungen Menschen handelt, der Priestern zur Erziehung übergeben
wurde, seine Fragen sehr auf die Spitze stellen."

Cornelie war aufgestanden und ging unschlüssig
im Zimmer auf und nieder.

„Es wird eine der schwersten Stunden meines
Lebens, auch wenn sie mir Frieden bringt!" sprach sie,
die Hände faltend und ihre feuchten Augen dem flammenden Himmel zukehrend, aus dessen krachendem Gewölk jetzt der Sturm seine Boten entsendete.

Mit furchtbarer Gewalt brach das Unwetter los.
Der Sturm knickte unentwurzelte Bäume, sündflut=
artige Regengüsse entstürzten den Wolken und Alles
zerschmetternder Hagel rauschte nieder.

Das gewaltige Naturschauspiel entriß Frau von
Gampenstein momentan den Gedanken, die sie in der
Regel ausschließlich beschäftigten. Der in zuckendes
Feuer sich auflösende Himmel, das unaufhörliche Kra=
chen des Donners, unter dem die Erde bebte, das
Zischen des Regens, der prasselnde Hagel, dessen Ge=
walt durch das Geheul des Sturmes verdoppelt und
verdreifacht wurde, unterbrachen das Gespräch, das
noch kein bestimmtes Resultat geliefert hatte. Rona
folgte der Baronin an das Fenster, von dem sich der
Zug des Unwetters weithin übersehen ließ. Der Feuer=
strom eines neuen Blitzes, dem unmittelbar der Don=
ner folgte, zeigte beiden Ausschauenden jenseits des
Wassertümpels, welchen die breitästige Lochbuche über=
schattete, auf galoppirendem Rosse einen Reiter, der
im Sturme den Hut verloren hatte. Das braune
Haar flog ihm verworren um Stirn und Wangen,
während er vornübergebeugt das schnaubende Thier
zu noch schnellerem Laufe anzuspornen schien.

„Egbert!" rief Cornelie, vom Fenster vor der
blendenden Flamme zurücktretend. „Der Schimmel=
hengst geht mit ihm durch!"

Da zuckte ein rother Strahl und warf sein grelles Licht auf das dunkle Gewässer des Tümpels. Die Lochbuche, vom Blitze getroffen, stand in Flammen! Der Reiter war aus dem Gesichtskreise verschwunden.

Berthold Rona hatte den Junker ebenfalls er= kannt, und er theilte mit Cornelien die Furcht, daß er mit dem wahrscheinlich scheu gewordenen Thiere zu Schaden kommen könne. Rasch entschlossen riß er die Thür auf, um sich nach helfenden Händen umzu= sehen. Es war dies jedoch nicht nöthig, denn das ganze männliche Personal des Vorwerks war schon in voller Bewegung. Der lohende Baum, der einen Funkenregen über den Hofraum ausgoß, mahnte zur Vorsicht. Der Pachter Pabst ertheilte ruhig mit lauter Stimme Befehle an seine Leute, als Egbert, mit fester Hand das Thier zügelnd, in den Hof sprengte.

„Es ist ein Unglück geschehen oben im Hohlwege, der von der Landstraße auf unsere Feldmark abbiegt", rief er, sich aus dem Sattel schwingend und dem Hause zuschreitend. „Soviel ich sehen konnte, gingen, erschreckt durch die Blitze und wüthend gemacht durch die scharfen Keilstücke des Hagels, die Pferde eines Wagens durch und stürzten kopfüber mit sammt dem Wagen in die steinige Tiefe des Hohlwegs. Wenn wir uns beeilen, können wir vielleicht noch ein Menschen= leben retten."

Er winkte dem Pachter und gebot deſſen Leuten durch befehlende Handbewegung, ſich nach dem Schau= platze des Unglücks zu verfügen.

„Die brennende Buche thut keinen Schaden", fuhr er fort, da er den Pachter mit Handſpritze und Feuereimer bewehrt traf. „Das Feuer wird in ſich ſelbſt erlöſchen, da der alte Baum hohl und morſch iſt. Geſchähe es nicht, ſo läßt ſich die matt flackernde Flamme ſpäter noch ausgießen."

Pabſt folgte willig dem Junker, welcher in ſeiner Aufregung den Herrn der Skalhütte entweder über= ſehen hatte oder abſichtlich nicht bemerken wollte. Rona fiel das nicht auf; er begab ſich zurück in das Zimmer der Baronin, beruhigte die Mutter über das Befinden des Sohnes und berichtete, was Egbert erzählt hatte.

Cornelie zeigte große Beſtürzung.

„Wenn er es wäre!" ſprach ſie mehr zu ſich als zu Rona.

„Fürchten Sie, der Freiherr könne verunglückt ſein?"

„Nein, nein!", erwiderte Cornelie; „er aber iſt unterwegs; er hat ſich angemeldet. Es wäre ent= ſetzlich!"

„Wen erwarten Sie, gnädige Frau?"

„Fragen Sie nicht, Rona, ich kann und darf in dieſem Augenblicke keine Antwort geben! Ich habe den

verhängnißvollen Schritt gethan auf Anrathen Rosa's!
Es war wohl unvorsichtig von mir, aber ich wollte
ihm noch einmal ins Gewissen reden. Und er, der so
verschlossen und unzugänglich blieb, sagte zu!"

Rona trat kopfschüttelnd ans Fenster und blickte
wieder in die Gegend hinaus. Der Stumpf der vom
Blitze zerschmetterten Lochbuche brannte nicht mehr
hell, er glühte nur noch. Die letzten heftigen Schläge
schienen die Macht des Unwetters gebrochen zu haben.
Das Gewölk lichtete sich an einzelnen Stellen; es fiel
kein Hagel mehr, nur Regen noch in Menge. Unter
den landeinwärts ziehenden Wolken wurden schon die
einzelnen Kuppen des Gebirgs wieder sichtbar.

Cornelie von Gampenstein war zu ihrem Sitz
am Tische zurückgekehrt und stützte grübelnd den ge-
dankenschweren Kopf in beide Hände. So vergingen
schweigend mehrere Minuten. Dann unterbrach Rona,
den die ihm unverständlich gebliebenen Worte der
Baronin fortwährend beschäftigt hatten, die unheimliche Stille.

„Der Pachter mit seinen Leuten kommt zurück",
sprach er. „In einiger Entfernung, ganz allein, sehe
ich den jungen Herrn. Die Leute tragen offenbar einen
verunglückten Menschen."

Cornelie trat an Rona's Seite und blickte ebenfalls in die Gegend. Als die Gruppe der Männer,

denen der Pachter vorausschritt, den noch immer glim=
menden Stumpf der Lochbuche erreicht hatten, seufzte
sie tief auf und verließ das Zimmer. Rona folgte ihr
auf dem Fuße.

„Hier herein in mein Zimmer!" befahl Pabst,
als die Männer mit dem Verunglückten den Eingang
des Vorwerks erreichten. Die Baronin stieß in dem=
selben Augenblicke die Thür des zu ihren Zimmern
führenden Corridors auf. Von der andern Seite her
in etwas scheuer Zurückhaltung erblickte Rona neben
dem blühenden Gesicht Elfriedens die scharf ausge=
prägten, kalten Züge Rosa Moser's.

Im Zimmer des Pachters war es dunkel, da
noch immer graue Gewitterwolken den Himmel be=
deckten.

„Kennt man den Verunglückten?" fragte Rona
den Pachter, der bemüht war, dem aus mehreren
Wunden blutenden Kopf des Unglücklichen eine an=
gemessene Lage auf dem lederbezogenen Kanapee zu
geben.

Auch Egbert suchte in die Nähe des Leidenden
zu kommen, der offenbar kein Bewußtsein mehr hatte
und nur noch matt röchelte. Einzelne Blutstropfen
rannen aus Mund und Ohr; der Schlag eines
Hufes schien die Hirnschale lebensgefährlich verletzt
zu haben.

„Waſſer und Schwamm!" befahl Pabſt unge=
duldig. „Man muß zuerſt das zerſtampfte Geſicht von
Blut und Erde reinigen, damit man doch ſieht, wen
man vor ſich hat."

Die dienſtwillige Elfriede brachte dem Pachter
Beides und ſah unerſchrocken in das entſtellte Geſicht
des Halbtodten.

Rona erfaßte mit ſcharfem Auge die eingefallenen,
gelbbraunen Züge des Verunglückten. Er erkannte ihn
und ſein Blick traf fragend die Baronin, der er ſich
wieder näherte.

„Es iſt der Haushofmeiſter des Grafen Ser=
belloni", ſprach er ſo leiſe, daß nur Cornelie ihn ver=
ſtehen konnte. „Erwarteten Sie den Beſuch dieſes
Mannes?"

Die Baronin gab keine Antwort. Geſenkten
Auges, als habe man ſie auf einem Vergehen ertappt,
ſtand ſie hinter dem Pachter und ließ, ohne zu beten,
die Kugeln des Roſenkranzes durch die weißen, ſchlan-
ken Finger gleiten.

Pabſt hatte die Züge des Fremden, der ſchon mit
dem Tode rang, lange aufmerkſam betrachtet. Jetzt
tauchte eine alte Erinnerung in ihm auf. Er kehrte
ſich ſchnell um und ſagte zu Frau von Gampenſtein
ſo laut, daß alle Umſtehenden ſeine Worte vernehmen
konnten:

„Wer dieser Unglückliche sein mag, weiß ich nicht, gesehen aber habe ich ihn schon. Ich erkenne ihn an der Stichwunde in der Backe. Als er vor neun oder zehn Jahren hier auf dem Vorwerke übernachtete, trug er einen langen Bart und ich hielt ihn für einen polnischen Juden. Ich vermuthe, daß er es war."

Ein glühender Zornesblick aus Corneliens Auge schloß ihm den allzu beredten Mund.

„Er stirbt!" sagte Egbert, der sich theilnehmend über ihn beugte.

„Das Bündel unter dem zertrümmerten Wagen oder Papiere, die der Aermste wohl bei sich führen dürfte, werden uns hoffentlich Aufschluß über Herkunft und Namen geben."

„Es bedarf keiner Nachfrage", fiel Rona ein, die Hand auf das Haupt des Sterbenden legend, der den letzten Seufzer aushauchte. „Ich kenne den Mann genau; er war die rechte Hand Seiner Excellenz des Grafen Serbelloni! Wenn die gnädige Frau Baronin mir gütigst erlauben wollen, daß ich mich Dero Schreibmaterialien bedienen darf, will ich noch in dieser Stunde von dem unerwartet raschen Hingange des in seiner Art verdienten Mannes Anzeige machen. Vielleicht fühlt sich die gnädige Frau gedrungen, meiner kurzen Meldung noch eine zweckentsprechende Nachschrift hinzuzufügen."

Cornelie winkte Egbert, daß er Rona gebe, was dieser begehrte. Sie selbst kniete an der Leiche nieder, drückte dem Todten die Augen zu und lispelte, in lautes Schluchzen ausbrechend:

„Vergib mir, wie ich Dir vergeben habe! Der Weg, den ich von heute an zu wandeln habe, ist mir durch Dein Verscheiden vorgezeichnet."

Neuntes Kapitel.

Die Beichte.

Der jähe Tod des bekannten Haushofmeisters, welcher zugleich der Vertraute des sogenannten Excellenzgrafen war, machte großes Aufsehen, besonders in Gablona, wo sich der Mann häufig sehen ließ. Beliebt war der Verstorbene nicht gewesen, weil er überall habgierig auftrat und Schadenfreude über Anderer Unglück ein hervorstechender Zug seines Charakters war. Diese Schattenseiten in dem Leben des Mannes, dem man sonst nicht eigentlich Uebles nachsagen konnte, gaben doch zu allerhand Gerüchten Anlaß, die bald im Munde des Volkes über ihn umliefen. Daß er eines wenn auch gewaltsamen, doch von Niemand verschuldeten Todes gestorben sei, konnte nicht bezweifelt werden. Der gänzlich zertrümmerte Wagen blieb an dem Orte des Unglücks liegen, bis Freiherr von Gampenstein die Fortschaffung desselben befahl. Das

9*

Doppelgespann, das beim Sturz schrecklich beschädigt worden war, verfiel dem Messer.

Weit schärfer ward die Reise des Verunglückten über das Gebirge kritisirt an einem Tage, wo das Wetter sich so drohend gestaltete. Eine solche Reise mußte einen wichtigen Zweck nach der Ansicht derer haben, die sich auf den Charakter des Haushofmeisters verstehen wollten. Es ward sogar gemunkelt, daß schon einigemal zwischen dem für schlau bekannten Manne und dem Freiherrn von Gampenstein heimliche Zusammenkünfte stattgefunden hätten.

Mochten solche Gerüchte auch nur auf Vermuthungen und unhaltbaren Voraussetzungen beruhen, so ließ es sich doch nicht vermeiden, daß der Name Gampenstein in aller Mund kam. Auf einem zu der Herrschaft des reichen Barons gehörenden Vorwerke war der Verunglückte verschieden; von dort ließ Graf Serbelloni die Leiche abholen, um sie in Gablona feierlich bestatten zu lassen.

Auf solche Weise hörte auch Domherr Augustin von Orna den Namen Gampenstein, der ihm nicht wichtiger war als hundert andere Namen. Die Besitzungen des Freiherrn lagen nicht in seinem Sprengel, mithin blieben auch die Bewohner der großen Herrschaft seiner Oberaufsicht als Seelenhirt entzogen.

Die nähern Umstände über den Tod des Haus=
hofmeisters gaben indeß dem Domherrn doch zu denken.
Der Name des Mannes, der im Gebirge so großen
Einfluß hatte, den Graf Serbelloni seiner Intelligenz
und seiner rastlosen Thätigkeit wegen schätzte, den hun=
dert und aber hundert Lippen als den uneigennützigsten
Wohlthäter aller Darbenden priesen, dieser Name
ward jetzt so häufig vor dem geistlichen Herrn ge=
nannt, daß dieser Erkundigungen über den Herrn der
Skalhütte einzog. Was ihm dabei zu Ohren kam,
erregte des Domherrn Befremden. Rona war Ka=
tholik, mied aber Kirche und Beichtstuhl. Man sagte
ihm nur Gutes nach und doch lebte er thatsächlich
geschieden von aller kirchlichen Gemeinschaft! Bei
Convertiten kommt dergleichen selten vor, sie zeigen
gewöhnlich mehr Eifer als Andere. Aber freilich,
Rona war Jude gewesen, war erst in reifern Jahren
übergetreten und zu diesem Schritte möglicherweise
durch äußere Einflüsse veranlaßt worden. Domherr
von Orna beurtheilte die Menschen immer mild. Er
kannte die Hinfälligkeit der Creatur, und er verlangte
deshalb von einem Bekehrten nicht, daß er auf der
Stelle allen alten Gewohnheiten entsage, mit allen
Erinnerungen breche, allen mit dem innersten Wesen
der Natur, der Ueberlieferung und der Sitte ver=
wachsenen Schwächen und Härten mit einem Male

entsage. Wohl aber ward der Wunsch in ihm rege, diesen ungewöhnlichen Mann persönlich keunen zu lernen.

Der Graf war eine zu exclusive Natur, um einen passenden Vermittler abzugeben, sonst hätte sich durch ihn am leichtesten eine Zusammenkunft des Domherrn mit Rona einleiten lassen. Der Geistliche wandte sich deshalb an den Obergärtner Marbold, bei welchem, wie er wußte, der Verstorbene häufig verkehrt hatte.

Ehe noch aus der Eremitage eine Antwort einlief, erhielt der Domherr ein Schreiben, dessen Inhalt ihn in ungewöhnliche Aufregung versetzte. Ein Mann von unscheinbarem Aeußern, lang, hager und von etwas gebeugter Haltung hatte es in Abwesenheit des geist= lichen Herrn abgegeben. Es war anonym, stand aber offenbar in genauestem Zusammenhange mit jenem Briefe, durch welchen der Domherr am Vorabend des Wallfahrtstages überrascht worden war. Dieser Brief lautete:

„Hochwürdigster Herr!

Eine Unglückliche, deren Lebenstage wahrscheinlich gezählt sind, flüchtet sich an Ihr priesterliches Herz, um Ruhe zu finden für ihre Seele. Jahrelang schon trug dieselbe Sehnsucht, ihr Gewissen zu erleichtern, die Verhältnisse aber und die Banden, welche sie an die Welt ketten, waren stärker als ihr Wille. Sie mußte warten, trauern, dulden, leiden und durfte doch

weder zagen noch verzagen. Unerwartete Ereignisse
haben plötzlich die Fesseln gesprengt, die sie zur gehor=
samen Sklavin weltlichen Herkommens machten. Was
auch geschehen möge, die Unglückliche, welche von Ihrer
Lippe das Wort der Vergebung zu hören hofft, will
mit der Welt abschließen und ihren Frieden mit Gott
machen. Verlangen Sie den Namen der Büßerin, die
Ihre Worte aufrichten sollen, nicht zu erfahren. Die
Zeit dazu wird erst gekommen sein, wenn sie getröstet
von Ihnen geht; erlauben Sie, dagegen, daß die
Friedensbedürftige, ehe sie als Beichtende vor Ihnen
erscheint, Sie mit einer Bitte belästigen darf.

Es gibt einen dunkeln Punkt in der Vergangen=
heit Ihres Beichtkindes, der nur noch eines einzigen
einfallenden Lichtstrahls bedarf, um das Abschreckende
der noch darüber lagernden Dämmerung zu verlieren.
Ein Wort von Ihnen, hochwürdiger Herr, der Welt
verkündigt, wird dies Wunder bewirken. Damit Sie
aber dieses Wort sprechen können und damit Sie
überhaupt den Willen in sich lebendig werden fühlen,
es aus eigenem, freiem Antriebe zu sprechen, muß die
Beichte der Bedrückten vorangehen.

Und dies diene der Unglücklichen zum Zeichen,
daß Sie, Hochwürden, barmherzig sein wollen, wie es
der Herr war gegen Zöllner und Sünder! Sie werden
zwei Tage nach Empfang dieser Zeilen abends zwischen

ſechs und ſieben Uhr gegenüber dem Beichtſtuhle eine
Betende finden mit dichtem ſchwarzen Schleier. Sagen
Sie zu dieſer Bedrängten im Vorübergehen: Komm,
meine Tochter! ſo wird ſie Ihnen folgen und mit
Willen nichts verſchweigen, was ſie bedrückt. Möge
der barmherzige Gott ihr gnädig ſein!"

Gleich beim erſtmaligen Leſen dieſes Briefes
durchzuckte den Domherrn der Gedanke, es könne die
geiſtig Bedrückte, die ſich auf ſo ſeltſame Weiſe als
Beichtkind bei ihm anmeldete, ein und dieſelbe Perſon
mit jener Unbekannten ſein, die ihm vor Monaten
ebenfalls brieflich angekündigt, damals aber als eine
nicht vollkommen Zurechnungsfähige ſignaliſirt wor=
den war.

Das Schreiben, das Auguſtin von Orna noch
einigemal überlas, zeigte keine Spur geiſtiger Unklar=
heit. Die Verfaſſerin deſſelben konnte ſich ſelbſt un=
gerechterweiſe anklagen, trübe, vielleicht furchtbare
Begebenheiten konnten verdüſternd auf ſie einwirken
und ihr Urtheil befangen machen, an wirklich geſtörter
Seelenthätigkeit litt dieſelbe gewiß nicht. Bezog ſich
alſo der anonyme Brief vom Sommer vorigen Jah=
res auf die Schreiberin des eben empfangenen — ſchloß
der Domherr — ſo war beabſichtigte Täuſchung oder
Intrigue im Spiele; beiden zu begegnen und ihren
unheilvollen Wirkungen vorzubeugen, konnte auch einem

Priester, gab man ihm dazu gewissermaßen die Mittel
in die Hand, nicht verargt werden.

Zunächst holte der Domherr den früher erhaltenen
Brief aus dem Versteck hervor, um ihn mit dem
Schreiben von heute zu vergleichen. Die Schriftzüge
ähnelten sich nicht, das Papier aber trug dasselbe Wasser=
zeichen, was freilich ein Spiel des Zufalls sein konnte.
Dennoch glaubte der Geistliche einiges Gewicht darauf
legen zu müssen. Er heftete beide Briefe zusammen
und legte sie so wieder in die Höhlung des Kreuzes.

Zwei Tage später von fünf Uhr nachmittags an
ward in der Kirche zum heiligen Nepomuk von ver=
schiedenen Priestern Beichte gehört. Es war dies her=
kömmlich, mithin auch allgemein bekannt. Deßhalb
war es nicht auffällig, daß die Fremde sich um die
rechte Zeit als Beichtende anmeldete.

Bald nach sechs Uhr begab sich der Domherr in
die Sakristei, legte die Stola an und fragte den
Kirchendiener, ob die Zahl der Beichtenden bedeutend
sei. Die Antwort entsprach seinen Erwartungen. Nach
ihm selbst hatte noch Niemand gefragt, da er gewöhn=
lich erst von sieben Uhr an Beichte hörte.

Die Zeit verging dem erwartungsvollen Priester
diesmal zu langsam. Er sah wiederholt nach den
beiden Sanduhren auf dem Gotteskasten, ob sie auch
wirklich die Zeit noch richtig anzeigten, und als die

Gläfer sich über zwei Drittheile geleert hatten, trat er in die Kirche. Seine Blicke fielen an der bezeichneten Stelle auf eine Betende, die in tiefer Trauer ging und einen so dichten Schleier trug, daß keine Linie ihres Gesichts' hinter demselben zu erkennen war.

Auguftin von Orna kniete zur Seite des Hoch= altars nieder und betete. Es war ihm mehr denn je Bedürfniß, Gott um Kraft zu bitten, damit. er sein würdiger Priester sei. Als er aufstand, hob auch die Betende das Haupt, ließ es aber sogleich wieder sinken.

Der Domherr näherte sich langsam dem Kirchen= stuhle, schritt vorüber und hauchte leise die verlangten Worte über sie hin. Die Trauernde erhob sich und folgte dem voranschreitenden Priester. Eine Minute später fielen die ersten Worte der Beichtenden in das aufmerksam lauschende Ohr Auguftin's von Orna.

Die erften Bekenntniffe der fremden Dame ent= hielten nichts, was dem Domherrn hätte auffallen·oder besonderes Interesse in ihm hätte erwecken können; es waren allgemeine Geständnisse, wie sie Jeder zu ma= chen hat, der sich ernsthaft prüft und wahr gegen sich selbst sein will, auch wenn das Bekennen dieser Wahr= heit ihm Ueberwindung kostet. Die Stimme aber war dem Priester keine fremde; er hatte sie von der Un= bekannten vernommen am Spätabend des Findungs= festes der schmerzensreichen Madonna! Er legte sein

Herz, seine ganze Seele in das Ohr, das der warme Hauch der Beichtenden berührte.

„Ich verlobte mich jung — aus Verblendung des Herzens, verführt von äußern Reizen, mit einem Manne, der nicht meines Glaubens war", begann die Trauernde nach einer Pause mit leiserer Stimme.

„War dieser Mann ein Abtrünniger der heiligen Mutterkirche?" lautete die forschende Gegenfrage des Domherrn.

„Er bekannte sich zu den Lehren des alten Testaments", antwortete noch leiser, fast klagend die Unbekannte.

Der Domherr schwieg, die Stola an seinen Mund ziehend.

„Wir liebten uns", fuhr die verschleierte Büßerin fort, „wir liebten, wie sündige Herzen lieben, die immer nur in den Freuden der Welt geschwelgt hatten; wir liebten, bis des Genusses Zauber meine Sinne verwirrten und mich die heiligsten Schwüre brechen ließen. Ich verrieth den Verlobten und fiel tief, unendlich tief vor Gott."

„Hat der von Ihnen Verrathene sich an Ihnen gerächt oder Rache zu nehmen versucht?" fragte der Domherr, gefaßt auf ein schreckliches Bekenntniß.

„Mich traf sein Fluch, Hochwürden", stammelte die Reuige, indem Thränen ihre Stimme fast unver=

ständlich machten, „mich und das Kind, das ich ihm geboren hatte! Da umnachtete der Wahnsinn meine Seele. Ich ergriff eine seidene Schnur und schlang sie um den Hals des hülflosen, vom eigenen Vater verfluchten Knaben."

„Mörderin! Kindesmörderin!" stöhnte der entsetzte Domherr und erhob das Haupt aus den Falten der Stola, die großen, flammenden, dunkeln Augen strafend auf die Beichtende heftend.

Zerknirscht brach diese zusammen, schluchzte laut und fuhr dann mit größerer Fassung fort:

„Vor diesem Verbrechen hat mich die göttliche Vorsehung bewahrt. Meine Dienerin, die leichtsinnig war wie ich, entriß mir das Kind und entfernte es. Sie gab später an, es sei während der Krankheit, in die ich verfiel und in der ich mehrere Tage lang ohne Bewußtsein lebte, gestorben und der kleine Leichnam durch einen Bekannten in ungeweihter Erde begraben worden."

„Lebt dieser Mann noch?"

„Vor sehr kurzer Zeit lebte er noch, jetzt ist er unerwartet schnell vor seinen Richter gefordert worden."

„Die Angabe der Dienerin war erlogen?" fragte der Domherr mit mehr Schärfe als bisher.

„Aus Liebe zu mir betrog mich die leichtsinnige

Thörin. Das arme, verstoßene Geschöpf ward von der Dienerin ausgesetzt, und jener jetzt todte Mann nahm es auf, um es dem Findelhause von *** zu übergeben."

Der Domherr richtete sich abermals auf. Sein Antlitz war bleich; Schmerz und Wehmuth vermählten sich in dem Blicke, der auf die Beichtende fiel.

„Haben Sie über die fernern Schicksale des Kindes, dem Sie Mutter gewesen sein würden, hatten Sie es nicht als todt beweint, nie etwas erfahren?" fragte er mit bewegter, zitternder Stimme.

„Zu wenig, Hochwürden, um mich über den ver= schollenen Sohn, der ja mein Eigenthum ist und den ich schon längst gern umfangen hätte mit zärtlichster Mutterliebe, beruhigen zu können. Nur Zeichen, Zei= chen sind mir geworden, daß er noch lebt, und diese Zeichen will ich Ihnen übergeben, damit Sie mir die= selben deuten helfen vor aller Welt und mich ledig sprechen können der Sünde eines geflissentlich ver= heimlichten Geheimnisses."

Sie lüftete die Mantille und schob ein kleines mit seidener Schnur umwundenes, kaum zwei Zoll breites Couvert in die Hand des Domherrn. Als dieser den Blick darauf heftete, entfiel es der zittern= den Hand. Er schwieg, löste die Schnur und brach das Couvert. Die Silhouette eines Knaben und ein

vergilbter Streifen Papier, bekritzelt mit wenigen
Buchstaben, blieben in seiner Hand.

„Sind das die Zeichen, die ich deuten soll?"
fragte er, mit größter Anstrengung nach Fassung rin=
gend, indem er seine Stola schützend darüber breitete.

„Es ist Alles, was ich besitze, Hochwürden, und
was mich hoffen läßt, daß mein unglücklicher Sohn
noch lebt", schluchzte die Trauernde.

Es trat eine kurze Pause ein. Im Thurm der
Kirche läutete die Betglocke; die untergehende Sonne,
sich brechend in den farbigen Fenstern, malte bunte
Schatten auf die Sandsteinfliesen im Chor.

„Du wirst ihn wiedersehen, wenn Du Glauben
hast!" erklang es dann aus dem Beichtstuhle, wie von
fremder Prophetenstimme, vor welcher die Beichtende
demüthig das Haupt beugte. „Gehe hin, ich absol=
vire Dich! Nach einer Stunde wünsche ich Dich zu
sprechen."

Der Schieber sank vor dem Fenster. Die Fremde
hörte, daß der Domherr den Beichtstuhl verließ. Sie
sprach noch ein Gebet, ehe auch sie sich zum Gehen
anschickte. Um besser sehen zu können, hob sie den
Schleier, das Antlitz dem Schiff der Kirche zukehrend.
Der Domherr stand vor der Thür der Sakristei. Ehe
er öffnete, blickte er noch einmal zurück und vor sich
sah er in greifbarer, naher Wirklichkeit dasselbe bleiche,

sein geschnittene Frauengesicht, das sein geistiges Auge
am Abend vor dem Findungsfeste der schmerzensreichen
Madonna von dem Fenster seines Studirzimmers aus
erblickt hatte.

Die Sakristei war leer. Augustin von Orna
küßte in leidenschaftlicher Glut die Gabe der Frem=
den, beugte sein Knie vor dem kleinen Altar und be=
tete, während Ströme von Thränen über seine Wan=
gen herabrieselten, für das Seelenheil und die irdische
Ruhe — seiner Mutter.

Zehntes Kapitel.

Cornelie bei dem Domherrn.

„Ich erwarte eine in tiefe Trauer gekleidete
Dame", sprach der Domherr zu seiner Haushälterin
Motte, als er bald darauf sehr erschöpft seine Amts=
wohnung betrat. „Melde sie an, wenn sie kommt,
und sorge dafür, daß Niemand unsere Unterredung
stört. Zünde zwei Wachskerzen an und stelle sie
auf meinen Arbeitstisch, denn ich werde verschiedene
Schriften einzusehen und zu prüfen haben."

Nachdem er Motte diese Instructionen gegeben
hatte, trat er ans Fenster und sah träumerisch über
den Ring Gablonas nach den Kuppen des Gebirgs
hinaus, bis die ersten Sterne am tiefblauen Himmel
aufleuchteten. Zurücktretend ins Zimmer und die
schwere Gardine schließend, fand er die still brennenden
Kerzen auf seinem Tische. Er verriegelte die Thür,
hob den obern Theil des aus Baumrinde geformten

Crucifixes ab und entnahm dem hohlen Stamme desselben verschiedene Gegenstände. Jeden einzelnen mit Aufmerksamkeit, ja mit Rührung betrachtend, legte er sie geordnet neben einander auf den Arbeitstisch. Sie bestanden aus einem abgerissenen Streifen vergilbten Papieres, einer seidenen Schnur, der Silhouette eines Knaben und aus jenem Briefe, den wir kennen. Die Gabe der Beichtenden an den Domherrn glich den erstgenannten drei Gegenständen so täuschend, daß man sie verwechseln konnte. Der Domherr legte sie in derselben Umhüllung, in der er sie erhalten hatte, auf den anonymen Brief.

Kaum war er damit zu Stande gekommen, als es an die Zimmerthür klopfte. Augustin von Orna öffnete.

„Frau Baronin von Gampenstein wünscht Hochwürden zu sprechen“, meldete die Haushälterin.

„Ich bin bereit, die gnädige Frau zu empfangen“, erwiderte der Domherr und schob zwei Sessel an den Arbeitstisch, in deren einem er sich niederließ. Geräuschlos wie ein Schatten glitt die Baronin ins Zimmer, das bleiche, schleierlose Gesicht dem Priester mild lächelnd zuwendend. Ehe noch der Domherr es verhindern konnte, lag Cornelie vor ihm auf den Knieen, hatte seine Hand ergriffen und bedeckte sie mit Küssen.

„Ich bleibe Ihnen tief verschuldet in Ewigkeit, Hochwürden", rief sie aus, „denn Sie haben die Last der Sünden durch Ihr versöhnendes Wort als Prie= ster des Herrn von mir genommen! Nnn darf ich wieder hoffen, wieder leben!"

Der Domherr hatte Mühe, sich zu fassen und seine priesterliche Würde zu behaupten. Er nöthigte durch Geberden die Baronin zum Niedersitzen.

„Regen wir uns nicht auf, Frau von Gampen= stein", sprach er so gefaßt wie möglich. „Sie werden alle Kraft Ihres Geistes zusammenraffen müssen, um das zu tragen, was ich Ihnen mitzutheilen habe. Der Sohn, den Sie durch eigene wie durch fremde Schuld verloren, den Sie mit dem vollen Wehgefühl einer zärtlichen Mutter jahrelang als einen Todten bewein= ten, dieser Sohn lebt und ist bereits gefunden."

„Er lebt? Sie wissen es? Sie kennen ihn vielleicht?"

„Wenn Sie finden, daß diese Zeichen, die ich Ihnen hier vorlege, genau zusammenpassen mit den= jenigen, die ich von Ihnen erhielt, glaube ich ihn zu kennen."

„O Himmel, du bist gütiger, als ich es ver= diene!" rief Cornelie und wollte die Hände des Dom= herrn abermals an ihre Lippen drücken. Dieser zog sie zurück und deutete auf seinen Arbeitstisch.

„Prüfen Sie, ehe Sie sich von Ihren Gefühlen fortreißen lassen", sprach er, die Augen niederschlagend, um die Baronin die aufquellende Thräne nicht sehen zu lassen, die sie erfüllte.

„Und ich soll den geliebten Sohn sehen, soll ihn an mein Herz drücken, soll in einem einzigen seligen Kusse ihm all das Leid abbitten, das ich ihm unbewußt zufügte?" rief sie aus. „O martern Sie mich nicht, hochwürdiger Herr! Ich bin stärker, als Sie glauben! Ein Mutterherz, das nach einem verloren gegangenen Kinde verlangt, kann selbst eine zusammenstürzende Welt nicht zerschmettern! Seien Sie barmherzig und führen Sie mich zu ihm!"

Der Domherr zeigte abermals auf den Tisch und sagte leise:

„Er ist Ihnen nahe, gnädige Frau, so nahe, daß er mir diese Schnur, dies Papier und diese Silhouette überreichen konnte! Alle drei Gegenstände gleichen den Ihrigen!"

Cornelie griff hastig danach und Freudenthränen glänzten in ihren Augen.

„Ja, er ist gefunden!" rief sie aus. „Sie kennen ihn von Angesicht! Sie sind sein Freund!"

„Sein Freund und Bruder!" stammelte der Domherr und breitete die Arme aus. „Der Sohn Joseph Aaron's hat auch seine Mutter gefunden!"

Cornelie erhob zitternd das Auge zu dem Geist-
lichen, der liebevoll vergebend auf sie herabblickte. In
diesem Moment ähnelte er auffallend dem verdeckten
Portrait Joseph's in ihrem Boudoir auf Schloß
Gampenstein, und mit dem jauchzenden Rufe: „Mein
Sohn! Mein verstoßener Sohn!" stürzte sie an seine
Brust.

Es war eine lange, erschütternde Umarmung, in
der sich Mutter und Sohn umschlungen hielten.
Schluchzend entrang sich endlich Cornelie derselben.

„Und Du vergibst mir, Augustin?" stammelte
die Baronin, den Domherrn mit unbeschreiblicher
Liebe anblickend. „Ich bin so tief gesunken!"

„Wem Gott verzieh, dürfen dem Menschen zürnen?" versetzte Orna. „Und könnte ich Priester sein,
wenn mein Herz nicht überströmte von jener Liebe,
die unser aller Meister lehrte? Es ist die erste
Stunde meines Lebens, in der ich wahrhaft glücklich bin!"

Mutter und Sohn setzten sich zusammen an den
Arbeitstisch, welcher das hohle Kreuz trug. Er nahm
den Brief und reichte ihn der Baronin.

„Es ist jetzt wohl die Stunde gekommen", hob
er an, „wo Mutter und Sohn einander ihre Herzen
erschließen dürfen. Vor bald einem Jahre ward mir
abends in der Dämmerung dieses Schreiben überbracht,

das mich auf einen Besuch vorbereiten sollte, der sich auch wirklich bei mir einstellte. Wie erklärt sich der Zusammenhang zwischen jenem Besuch und diesem Briefe?"

Cornelie erkannte beim ersten Blicke die Hand=schrift Cäsar's.

„Von dem Freiherrn!" rief sie erschrocken und verschlang mit gierigem Ange die Schriftzüge.

„Du bist nicht glücklich mit dem Manne, arme Mutter?" fragte der Domherr. „Wohl erinnere ich mich noch genau Deiner Fragen und meiner Ant=worten. Sie erschütterten Dich — ich sah es — und vielleicht hätten wir uns damals schon erkannt, wenn nicht eine zufällig eintretende Störung, die im Uebri=gen für mich persönlich keine Bedeutung hatte, mich abgehalten hätte, Dir diese Zeilen vorzulegen. Ich war dazu entschlossen, da hattest Du Dich lautlos entfernt! Fürchtete Freiherr von Gampenstein, Du könntest durch ein freimüthiges Bekenntniß sein altes Wappenschild beflecken?"

Cornelie bedurfte einiger Zeit, um sich zu sam=meln. Dann sprach sie, den Brief Cäsar's wieder zurückgebend:

„Als ich dem Freiherrn meine Hand reichte, blieb Manches aus meinem vergangenen Leben in tiefes Dunkel gehüllt. Cäsar von Gampenstein war ein

ritterlicher Herr, ein Edelmann alten Schlages, mit
allen Vorzügen und Fehlern seines Standes. Er
liebte in mir die geistig lebendige, junge, von allen
Männern bewunderte Frau und ich bevorzugte in ihm
den Mann, der alle übrigen seiner Umgebung durch
Muth, Unternehmungsgeist und Charakterstärke über=
ragte. Meiner Liebe war eine nicht geringe Dosis
Furcht vor Cäsar's leidenschaftlichem Wesen beigemischt,
und diese Furcht machte mich ihm schnell unterthan.
Indeß lehrte mich die Klugheit schweigen, wo ich an=
nehmen durfte, daß offene Aussprache gewaltsame
Stürme erregt haben würde. Die Vergangenheit der
Freiin von Valdegg blieb Cäsar von Gampenstein
ein Geheimniß. Und doch wurde sie ihm enthüllt
und zwar, wie ich anzunehmen Ursache habe, durch
göttliche Fügung! Briefe Deines Vaters an mich,
geschrieben vor unserer unauflöslichen Verbindung,
waren mir in derselben furchtbaren Zeit, wo Du mir
verloren gingst, entwendet worden, und diese Briefe
fielen bei einer Feuersbrunst, welche ein Blitzstrahl
verursachte, in die Hände des Freiherrn! Seit jener
unseligen Stunde verwandelte sich seine Liebe in Haß
und ich führte das Leben einer auf Erden schon Ver=
dammten. Zugleich griff ein Familienereigniß störend
ein in den Frieden des Hauses. Mein Sohn Egbert
hatte sich als Student in Verbindungen eingelassen,

die man für staatsgefährlich hielt. Um sich der Unter=
suchung zu entziehen, ward er flüchtig —"

„Ich habe also das Glück, einen Bruder zu be=
sitzen!" fiel der Domherr bewegt ein. „Das ist mehr,
als ich auch in den Momenten meines reinsten Erden=
glücks hoffen durfte."

„Und Du wirst ihn lieben, Augustin, wie einen
rechten Bruder, denn Egbert ist ein braver, guter
Mensch, nur gar zu leidenschaftlich. Ach, diese Leiden=
schaftlichkeit bekümmert mich, und ich fürchte, sie wird
ihn in schwere Trübsal stürzen!"

„Wo lebt Bruder Egbert?"

„Augenblicklich hält er sich bei mir auf."

„In Schloß Gampenstein?"

„Auf einem am Abhange des Gebirges gelegenen
Vorwerke, das Cäsar nach dem Brande wieder statt=
lich aufbauen und recht wohnlich hat einrichten lassen.
Man nennt es von einem alten Baume, den ebenfalls
ein Blitz zerschmetterte, das Vorwerk an der Loch=
buche."

„Sonderbarer Zufall!" sprach der Domherr, stand
auf und machte einen Gang durchs Zimmer. „Ich
habe diesen Namen schon früher, vor vielen Jahren
gehört, und ich glaube sogar, daß ich eine Nacht da=
selbst zugebracht habe."

Die Baronin erhob sich jetzt ebenfalls. Ihr Ange

ruhte fragend auf dem blaſſen Antlitz des geiſtlichen
Sohnes.

„Auguſtin, wär' es möglich!" rief ſie in großer
Aufregung. „Du warſt nicht allein?"

„Graf Serbelloni, mein Gönner, der ſich ſchon
früher für mich intereſſirt hatte und mich nicht wieder
aus den Augen verlor, lud mich zu einem Beſuche auf
ſeinem Schloſſe in der Nähe dieſes Städtchens ein, da
er wußte, meine mir vorgezeichnete Reiſeroute werde
mich in dieſe Gegend führen. Er ſandte mir ſeinen
vertrauten Haushofmeiſter."

„Reyneval, den Kammerdiener des Marquis von
Saint-Hilaire", unterbrach ihn Cornelie und erfaßte
die Hände des Sohnes.

„Seinen Namen habe ich vergeſſen, doch habe ich
Grund anzunehmen, daß er deren mehrere führte", fuhr
der Domherr fort. „Es war derſelbe Mann, den wir vor=
geſtern beerdigt haben. Von ihm hörte ich den Namen
des Freiherrn von Gampenſtein zum erſten Male nennen.
Er behauptete, einen Auftrag des Grafen an denſelben
zu haben, deſſen er ſich entledigen wollte. Unterwegs
jedoch brachten wir in Erfahrung, daß Schloß Gam=
penſtein noch unbewohnt ſei, daß man die Herrſchaft
erſt in einigen Monaten erwarte und daß bis dahin
die Pforten des Schloſſes ſich Niemand öffneten. Dieſe
Nachricht verſtimmte meinen Begleiter; weil es aber

schon spät am Tage war und wir den Wohnsitz des
Grafen doch erst in tiefer Nacht erreicht haben würden,
schlng er vor, auf jenem Vorwerke um Nachtquartier
zu bitten. Man nahm uns gastfrei auf und wies uns
ein Zimmer zu ebener Erde an."

„In dem ein altes, morsches Schreibpult stand?"
warf Cornelie ein.

„Irgend ein solches Möbel war in dem sehr
schmucklosen Zimmer wohl vorhanden", fuhr der Dom=
herr fort. „Ich habe, offen gestanden, mich wenig um=
gesehen, denn ich war ungewöhnlich müde und schlief
nach genossenem frugalen Abendbrode sehr bald und
sehr fest ein. Mein Begleiter war nicht so glücklich.
Kaum graute der Tag, so weckte er mich, be=
hauptete, in dem alten Gebäude sei es nicht geheuer,
er habe die ganze Nacht unheimliches Stöhnen und
schauerliches Schlürfen gehört, und weil er nicht ohne
Waffen habe einschlafen wollen, sei er in die Küche
gegangen und habe sich aus derselben ein Beil geholt.
Er zeigte mir das Beil, legte es wieder leise an den
Ort, wohin es gehörte, und ruhte trotz meines Wider=
strebens nicht, bis ich mit ihm das Vorwerk verließ,
ohne unserem freundlichen Wirthe auch nur einen schrift=
lichen Dank zurückzulassen."

„Es ist entschieden", sprach Cornelie resignirt.
„In jener Nacht legte Reyneval die Briefe Deines

Vaters an mich in jenes alte Pult, das beim Feuer
erst in Trümmer ging und den verborgenen Schatz
in Cäsar's Hände lieferte. Mir wäre viel Kummer
erspart worden, hätte nicht der Dämon des Geizes
und der niedrigsten Habsucht die Seele Reyneval's be=
herrscht! Dieser Dämon ließ ihn oft Böses thun,
selbst wo er die Absicht hatte, Gutes zu stiften. Ich
bin überzeugt, es war des Geizhalses Plan, mir seinen
Raub, dessen Werth ihm bekannt war, für den höch=
sten Preis, den er erzielen konnte, zu verkaufen. Nun
hat das Schicksal ihn dahingerafft, und selbst ein Ge=
ständniß konnte die zitternde Lippe des Verunglückten
nicht mehr stammeln!"

Augustin von Orna schwieg zu diesen Mitthei=
lungen seiner Mutter. Er wünschte mehr von Egbert
zu erfahren, den er ja gar nicht kannte, und brachte
deshalb das Gespräch wieder auf diesen, indem er
sagte:

„In diesem selben Vorwerke lebt also jetzt mein
unbekannter Bruder! Droht ihm keine Gefahr mehr,
und wo hielt er sich als Flüchtling auf?"

Cornelie zögerte einige Augenblicke, ehe sie dem
Domherrn erwiderte:

„Es ist wohl gut, daß ich von dieser Frage
gleichsam überrumpelt werde. Es gibt doch kein dauern=
des Glück, als das emporsprießt aus dem Wurzel=

gefaſer der Wahrheit. Egbert's Hort und Schutz war
Dein Oheim!"

„Wie machſt Du mich doch reich, gütiger Gott,
um mich zu entſchädigen für ein langes Leben ohne
jegliche Familienbande!" rief der Domherr und blickte
dankend gen Himmel. „Du ſendeſt mir in der beichten=
den Büßerin eine Mutter, daß ich ihr die Sünde
vergebe an Chriſti Statt und ſie mich ſegne dafür als
ihren Sohn; dann ſchenkſt Du mir einen muthvollen
Bruder und beglückſt mich mit einem großmüthigen
Oheim! Führe mich zu ihm, Mutter, damit auch er
mich ſegue und die Liebe uns verſöhne und verbinde
für immerdar!"

„Dieſen Wunſch kann ich nicht erfüllen", ver=
ſetzte Cornelie. „Der Herr der Skalhütte muß durch
Andere erſt vorbereitet werden, daß Domherr von
Orna ſein Neffe iſt, und ich glaube, dieſe Vorberei=
tung dürfen wir Egbert überlaſſen. Berthold Rona
iſt kein gewöhnlicher Menſch; er hilft den Bedürf=
tigen, ſpeiſet die Hungrigen, gewährt Flüchtigen eine
Freiſtätte in ſeinem gaſtlichen Hanſe und — über=
windet ſich ſelbſt!"

Der Domherr ſchloß die Mutter noch einmal in
ſeine Arme.

„Gehe hin in Frieden!" ſprach er, ſich ebenfalls
überwindend. „Ich werde warten, bis Rona mich ruft.

Grüße Bruder Egbert und lehre ihn mich lieben, auch ehe wir uns sehen! Wer begleitet Dich zurück nach Gampenstein?"

„Der treue Bote, der mich Dir brieflich anmeldete. Er wartet meiner in der Eremitage."

„So gebe ich Dir bis dahin das Geleit", sagte der Domherr. „Wir sehen uns hoffentlich befriedigter wieder in der Wohnung Rona's von Skal, von dem ich lernen will, wie man das Gesetz erfüllt, ohne es doch zu beobachten."

Eilftes Kapitel.

Sühne durch Liebe.

Sonnabend vor Pfingsten war gekommen. Nach alter Väter Sitte schmückten Land- und Städtbewohner die Thüren und Zimmer ihrer Häuser mit grünen, duftigen Maien, die in dem waldreichen Lande in Ueberfluß vorhanden waren. Es gab freilich Unzählige, die bei Anlaß des schönsten Festes im ganzen Jahre unverzeihlich gegen den Buchstaben des Gesetzes verstießen. Gebirgsbewohner sind selten reich, wären sie es aber auch, so würden sie doch der Mehrzahl nach den Wald als eine gemeinsame Gabe Gottes betrachten, aus dem sich Jeder einmal ein grünes Birkenbäumchen zum Festschmuck für Pfingsten holen dürfe. Maien zu kaufen und zu verkaufen, ist in dieser Gegend nicht Sitte. Was Gott ohne Zuthun und Pflege der Menschen in freier Natur wachsen läßt, auf daß sich jedes Auge daran erfreuen kann, damit soll nicht schnöden Gewinnes wegen Handel getrieben werden.

Gegen Waldfrevel gibt es allerwärts strenge Ge=
setze, die auch regelmäßig streng gehandhabt werden;
dem wirklichen Holzdiebe droht Zuchthausstrafe oder
noch Schlimmeres, wenn er sich auf verbotenem Wege
betreten läßt. Jäger und Förster aber wissen Unter=
schiede zu machen. Es ist ihnen bekannt — und sie
selbst haben ja die eigene Erfahrung für sich — daß,
wer sich ein schlankes Birkenbäumchen mit hellgrün
schimmernder Blätterkrone abschneidet, kein Holz zu
stehlen beabsichtigt.

Dennoch schleichen sich auch hier an einzelnen
Orten Mißbräuche ein, die nicht geduldet werden
können. Es liegt nun einmal in der Natur des Men=
schen ein Hang zur Unersättlichkeit, der auch in dem
besten der Zügelung bedarf, soll er sich nicht manch=
mal in unangenehmer Weise bemerkbar machen.

Diese Beobachtung hatte Berthold Rona schon
seit manchem Jahre gemacht und er machte sie immer
von neuem, so oft das Fest der Pfingsten wieder=
kehrte. Zu Hunderten zogen die Menschen dann in die
Wälder, am hellen Tage wie in der Abenddämmerung,
um nach Herzenslust Maien zu schneiden, und da es
der Unverständigen genug darunter gab, so artete das
übliche Maienholen in eine unerlaubte Plünderung des
Waldes aus.

Das Unerlaubte hätte Berthold Rona bei seiner

Art, die Welt zu betrachten, wohl übersehen, die Ver=
stümmelung mancher schlank und vielversprechend auf=
geschossenen Birke aber schmerzte ihn, als schnitte man
tief in sein eigenes Fleisch. Und damit dieser Schmerz
sich nicht alljährlich erneuern möge, ersann er ein
Mittel, das nur in seinem Kopfe entspringen konnte.

Zur Skalhütte gehörte ein schönes Stück Wald=
land, dem auch eine Birkenschonung nicht fehlte. Rona
verstand wenig vom Forstwesen, aber er sah doch
darauf, daß sein Waldbesitz gedieh und in gutem
Stande erhalten wurde. Nun gab es Nutzholz in dem
von hohen Föhren eingeschlossenen Birkenwäldchen, von
dem jährlich eine bestimmte Quantität geschlagen
wurde. Die obern, schön grünen Zweige dieser zum
Fällen bestimmten Bäume ließ der Herr der Skal=
hütte in der Woche vor Pfingsten ausschneiden, auf
Wagen laden und, soweit der Vorrath reichte, unter
die maienliebenden Gebirgsbewohner unentgeltlich ver=
theilen. Für diese Freigebigkeit erntete er den Dank
und die Liebe Hunderter ein, und er mußte es sich
schon gefallen lassen, daß alle zur Skalhütte gehörenden
Baulichkeiten von dankbaren Händen am Pfingstsonn=
abend höchst reich und geschmackvoll mit auserlesenen
Maien geschmückt wurden.

Diese Arbeit war jetzt beinahe beendigt. Nur am
Gartenthore vor dem Wohnhause fehlten noch zwei

Maienbäume. Die Arbeiter hatten mit deren Aufpflan=
zung gezögert, weil sie den freigebigen Herrn damit
überraschen wollten und dieser erst gegen sechs Uhr
abends das Haus verließ, um mit seiner Tochter
einen Gang ins Holz und von da nach der Kapelle
zu machen, die er dem Andenken seiner verstorbenen
Frau errichtet hatte.

Als die Leute sich sicher wußten, holten sie aus
einem Versteck hinter der Glashütte zwei hohe junge
Birken hervor, die dicht an der Wurzel abgehauen
waren, und stellten sie zu beiden Seiten der Garten=
pforte in große Kübel. Dabei überraschte sie Elias
Moser, der geradeswegs aus dem Walde kam, wie
sonst wieder Dornenstock und Ranzen tragend und
seine ewige Maserpfeife rauchend.

„Herr Rona wird Euch für das Stück Arbeit
da wenig Dank wissen", sprach er, sich auf seinen
Stock lehnend und die glatten, halbwüchsigen Stämme
betrachtend. „Daß Ihr auch das verdammte Mausen
nicht lassen könnt! 's ist pur, als ob's Euch im Blute
säße!"

„Das thut's auch, Moser, gerade wie Euch's
Botenlaufen in den Beinen sitzt", versetzte ein schon
ältlicher Mann. „Und was gibt's dabei zu ver=
wundern? Wir machen's genau so, wie Herr Rona
selber."

„So?" erwiderte Moser gedehnt und blickte den
fecken Sprecher unheimlich finster an. „Ich wußte
nicht, daß der Herr der Skalhütte unter die Schälke
gegangen sei. Ist mir ganz was apart Neues, werd'
mich aber forsch zusammennehmen und es ihm gleich
rapportiren."

„Thut, was Ihr wollt", versetzte der vorige
Sprecher, „ich werd' mich schon verdefendiren. Herr
Rona hat ein Einsehen und von allen Dingen das
richtige Verständniß."

Moser ging, den Kopf mißbilligend schüttelnd,
zwischen den Maienbäumen hindurch nach dem Hanse.
Die Thür stand offen, das Wohnzimmer aber war
leer. Er fand Alles ganz so wieder, wie er es vor
Weihnachten zuletzt verlassen hatte, nur schlang sich um
die Brustbilder der beiden Brüder eine Guirlande aus
frischem Immergrün, die ganz neuen Datums sein mußte.

Rona hatte inzwischen mit seiner Tochter die uns
bekannte Kapelle besucht, vor deren Altar Lena, wenn
es die Witterung irgend erlaubte, regelmäßig ihre
Abendandacht zu verrichten pflegte. Heute dufteten
auch an dieser stillen, Gott geweihten Stätte grüne
Maien und der Altar war reich mit Blumen geschmückt.

Lena, am Arm ihres Vaters hängend, hörte, den
Wiesenpfad entlang schreitend, aufmerksam auf die
Worte, die Rona an sie richtete.

„Ich kenne Dein Herz, liebes Kind", sagte er,
„und table Dich nicht Deiner Gefühle wegen; loben
jedoch kann ich sie auch nicht, weil das gegen meine
Natur wäre. Halb und halb trage ich die Schuld
dieser neuen Verwirrung, die mich um Dich am mei=
sten besorgt macht. Du sagst, er sei ein seelenguter
Mensch; hast Du aber auch schon seinen Charakter
erprobt?"

„Du schenktest ihm volles Vertrauen, Vater",
entgegnete Lena unerschrocken, „und zu Dir habe ich
immer wie zu einem Menschen aufgeblickt, der nicht
fehlen könne!"

„Und doch irren wir alle täglich, stündlich, täu=
schen uns selbst und täuschen Andere! Hätte ich Eg=
bert's Herkunft gekannt, so würde ich ungleich vorsich=
tiger gehandelt haben."

„Hättest Du ihm die Thür gewiesen?"

„Das würde unmenschlich gewesen sein. Aber ich
hätte den Herrn Baron als ein Geschöpf anderer Art
behandelt, wie es die sogenannte Noblesse ja auch sein
will; wäre immer höflich und kühl gegen ihn gewesen
und hätte die Fensterladen Deines waldfrischen Ge=
sichts verhangen, um ihn nicht neugierig zu machen.
Nun hat der Fant erschaut, was ihn reizt, und Du
findest, ein undankbares Mädchen sei noch schlechter
als ein falscher Spieler!"

„Und ungefähr so denkt mein Vater auch", sagte Lena, ihr seelenvolles Auge zu ihm erhebend. „Du fandest ebenso großes Wohlgefallen an Egbert von Gampenstein wie ich, und doch wußte ich auch nicht, wer er war und was er Dir einst werden sollte oder könnte!"

„Just dieser Name ist's, an den ich mich stoße", erwiderte Rona mit einem Anfluge von Bitterkeit. „Du kennst jetzt den Zusammenhang der Verhältnisse, die uns zu nahen Verwandten dieses Hauses machen, und dieser Zusammenhang, den ich leider nicht aufheben kann, hat nicht meinen Beifall."

„Sind wir dafür verantwortlich zu machen, Vater?" entgegnete Lena. „Wir alle, Egbert nicht ausgenommen, hatten ja keine Ahnung von diesen Verwickelungen! Und nun eine befriedigende Lösung nahe bevorsteht, wollen wir von neuem Unkraut säen und unser besseres Urtheil gefangen nehmen, weil die Eitelkeit unseres Herzens sich verletzt fühlt? Das widerspräche doch ganz Deinen Ansichten wie Deinem Streben und würde aussehen, als wolltest Du dem Domherrn Trotz bieten."

Rona schritt eine Zeit lang schweigend neben der Tochter her. Dann sagte er, auf die von Maien umwehten Gebäude der Skalhütte zeigend, die an der Waldecke sichtbar wurden:

11*

„Morgen feiern wir Pfingsten. Du kennst die
Veranlassung und die Bedeutung dieses Festes, und
ich finde, daß die Menschen, wollen sie ihre Bestim=
mung wirklich erfüllen, gut thun, wenn sie unwandel=
bar daran festhalten. Ohne Geist kommt nichts zu
Stande auf Erden; von dem aber, was zu Stande
kommt, hat nur das vom heiligen Geist Durchwehte,
Getragene und Erleuchtete Dauer! Mich verlangt,
den Domherrn zu sprechen, der uns morgen besuchen
will. Der Eindruck, den er auf mich machen wird,
soll meinen Entschluß bestimmen. Bis dahin dringe
nicht in mich, sondern harre und hoffe! Trügt Dich
die Hoffnung, so lasse Dir von dem Vetter Domherrn
erklären, welch tiefer Segen in solchen Täuschungen
liegt, die wie kältende Wolken über unser Herz laufen.
Auch von Gampenstein müssen Nachrichten bis mor=
gen eintreffen. Ich hoffe, daß sie uns nicht warten
lassen. Der Freiherr hindert ihr Kommen wenigstens
nicht. Er ist auf Reisen gegangen, wie Egbert mir
meldet, und es scheint nicht, daß er die Absicht hat,
Gampenstein sobald wiederzusehen. Was der von
ihm schriftlich zurückgelassene Befehl, sein Zimmer erst
drei Wochen nach seiner Abreise zu öffnen, bedeuten soll,
läßt sich freilich nicht errathen. Auch den Ablauf dieses
Termins werden wir abwarten müssen, ehe wir zu=
versichtlich das letzte Wort sprechen können.“

Vater und Tochter hatten die Skalhütte erreicht. Die Sonne ging eben unter und tauchte Berg, Wald und Thal in purpurne Glut. Aus dem flutenden Sonnenäther erhob sich das blitzende Kupferdach der Kuppelkirche von Gablona, wohin Lena sehnsüchtigen Blickes schaute.

Rona blieb stehen und maß die hohen, schönen Birkenstämme mit großen Angen.

„Wer hat mir nun das gethan?" sprach er. „Es kann mir damit das ganze Fest verdorben werden. Ich wette, irgend ein waghalsiger Bursche, dem es mit dem Schmuggeln glückte, hat Hals und Kragen daran gesetzt, um diese prächtigen Stämmchen aus reinem Uebermuth ums Leben auf sonniger Bergeshöh' zu bringen!"

An den Lagerhäusern fand Rona die von der Arbeit Ruhenden. Der finstere Ausdruck seines Gesichts schon sagte diesen, daß sie eine harte Anrede zu gewärtigen hätten. Dieser kam der Mann, welcher mit Moser gesprochen hatte, zuvor.

„Blicken Sie nicht so unzufrieden in die Welt, Herr von Skal", sagte er. „Die Birken dort, die Sie ärgern, sind mein rechtmäßiges Eigenthum. Weil ich die paar Fuß Erde, in der sie wurzelten, verkaufen muß und die Stämmchen, an denen ich jahrelang meine Freude hatte, nicht mit veräußern will, hieb ich

sie ab. Das Fest hindurch sollen sie den Eingang
Ihres Hauses zieren, zum Winter helfen sie mir die
Stube heizen, wenn dann nicht der lieve Herrgott die
Sorge für mich ganz allein übernommen hat:"

- Rona drückte dem Alten schweigend die Hand
und trat dann mit erheiterter Miene in den Garten
seines Hauses. In der Thür erschien die Gestalt
Moser's.

„Wir finden Nachricht vor von Gampenstein",
sagte er zu Lena und beschleunigte seine Schritte. Er
nahm es als ein gutes Zeichen, daß er Moser mit
der Pfeife im Munde erblickte, welche dieser erst in
die Seitentasche seiner Jacke versenkte, als ihm der
Herr der Skalhütte die Hand zum Gruße bot.

„Sie kommen?" fragte er erwartungsvoll.

„Die Gnädige mit sammt dem jungen Herrn",
entgegnete Moser, Lena, die scheu zur Seite getreten
war, eigenthümlich schlau anblinzelnd. „Hier sind meine
Beglaubigungen."

Er legte zwei Briefe in Rona's Hände. Einer
derselben war von der Baronin an den Herrn der
Skalhütte gerichtet, der zweite trug Lena's Adresse.
Sein Schreiber war Egbert.

Der Vater zeigte der erröthenden Tochter diesen
zweiten Brief, steckte ihn aber zu sich.

„Es kommt auf den Inhalt dieses Schreibens

an, liebes Kind", sprach er, „ob ich heute oder erst morgen Deine Neugierde befriedigen kann. Wie geht es Elfrieden und dem wackern Pabst?"

„Ich denke, so gut, Herr von Skal, daß sie beide Sünde thun würden, wollten sie sich's noch besser wünschen", erwiderte Moser. „Selbst meine Alte, die ich immer nur resolut kannte und die ich im Leben noch niemals weinen sah, war, als ich fortging, gerührt. Freilich, die letzten Wochen haben ihr arg zugesetzt, und daß die Baronin ihr kein Wort des Vorwurfs gesagt hat, nun Alles offenbar geworden ist, macht ihr das Herz auch wärmer schlagen. Wäre sie keine Sektirerin, die kaum recht weiß, was ihr gelehrt worden ist, so ließ ich sie auch einmal dort hinüber wallfahrten. Ohne Demuth und Buße der Gnädigen wären wir doch nie ans Ziel gelangt!"

Rona ging in sein Privatzimmer. An dem alten Schreibtische, wo er Egbert die traurige Geschichte seines Bruders erzählt hatte, ohne zu ahnen, daß die junge vornehme Dame, die ihn ins Unglück stürzte, die Mutter seines Zuhörers sei, las er den Brief der Baronin.

Cornelie von Sampenstein schrieb:

„Wenn diese Zeilen in Ihre Hände kommen, edler Mann, habe ich mit der Welt meine Rechnung abgeschlossen. Es ist mir über Verdienst viel vergeben worden, und für das Böfe, das ich oft gethan habe, hat man mir Gutes erwiesen. Zu meinem Frieden bedarf es noch der Erfüllung zweier Wünsche, die mir sehr am Herzen liegen, mir aber auch noch bange Stunden machen. Es wird zumeist von Ihnen ab= hängen, edler, großherziger Mann, ob ich erwarten darf, daß Sie auf die Bitte einer Unwürdigen hören. Wenn mir Egbert von Ihnen erzählt, gebe ich mich diesem erhebenden Gedanken hin, und dann fühle ich mich glücklich. In der Einsamkeit freilich, wenn die Schreckgestalten einer unheimlichen Vergangenheit mich grinsend und höhnend umtanzen, will oft das alte Chaos wieder über mich hereinbrechen, und dann rettet mich nur die geistige Flucht nach Gablona.

Egbert hat mir gesagt, daß Sie dem Andenken Ihrer verstorbenen Gemahlin eine Kapelle am Ab= hange der Skalhalde gewidmet haben. Vor dem Altar dieser Kapelle wechselte mein Sohn die ersten Worte mit Ihrer Tochter. Es war ein Zufall, welcher die jungen Leute sich gerade an einem Orte finden ließ, den für gewöhnlich die Jugend nicht allzu häufig sucht, weil das ungestüm klopfende Herz andere Wünsche hegt und sie auch geraume Zeit hegen muß, um sich zu stählen für den Riesenkampf in der Wildniß des von Leidenschaften und Täuschungen schrecklichster Art erfüllten Lebens. Mehr als Zufall aber nenne ich es, daß jene erſte Begegnung zwei Herzen ſich finden ließ, die ſich verſtanden, noch ehe ſie an einander geruht hatten!

Berthold Rona von Skal, es ſpricht zu Ihnen eine Mutter, die Buße that, ſchwere Buße zu den Füßen ihres Sohnes, den ſie aus Leidenſchaft in die Wildniß des Lebens hinausſtieß und der ſie dennoch ſegnete, obwohl er die Mutter in ihr erkannte! Das ſind Zeichen von oben, die wir beachten ſollen! Sie ſind die Verkündiger des großen Wunders, das ſich in dem Walten der Vorſehung immer von neuem vollzieht und das Niemand anzweifelt, über das Niemand erſtaunt, weil es allen ſo natürlich vorkommt wie der Wechſel von Tag und Nacht, von Wachen und Schlafen. Würde es wohlgethan, recht, weiſe, human ſein in dem Sinne, wie Sie es ſelbſt ſind, edler Mann, wenn wir verſuchen wollten, der Vorſehung meiſternd entgegen zu treten? Ich glaube nicht und bin deshalb dafür, daß man dem Wunder der Herzensbegegnung freien Lauf läßt.

Domherr von Orna wird am erſten Pfingſttage ſeinen einzigen Bruder und ſeine einzige Couſine kennen lernen. Er ſoll von mir erfahren, wie ſie ſich fanden, und ſagt dann der Prieſter, deſſen geſalbtes Haupt die Weihen empfing, der Tag des Findungs=feſtes zweier Herzen verdiene ebenſo gut gefeiert zu

werden, wie das Findungsfest eines Gnadenbildes, so
werde ich dieses Wort des Priesters und Sohnes seg=
nen und ihm den Werth eines prophetischen beilegen.

Der Freiherr hat an mich und an Egbert ge=
schrieben. Er meldet uns, daß er sich demnächst nach
Amerika einschiffen und die nächsten Jahre dort ver=
leben werde. Die Verwaltung der Güter soll mein
Sohn übernehmen. Es fehlt ihm also, wie Sie sehen,
nicht an der praktischen Thätigkeit, die Sie als die
Grundlage aller wahrhaften Weltbeglückung bezeichnen.
Daß Egbert sich derselben mit ganzer Seele hingeben
lerne, möge die Liebe ihn lehren!"

Rona legte das Schreiben Egbert's an seine
Tochter in den Brief der Baronin und übergab beide
Lena.

„Für mich?" fragte die Tochter, innerlich er=
bebend.

„Für Dich, zur Lectüre und zur Beherzigung!
Deine Gedanken aber sollst Du bis morgen für Dich
behalten."

Lena verbrachte eine unruhige und doch überaus
glückliche Nacht. Schon mit Aufgang der Sonne eilte
sie durch die thaufrischen Wiesen nach der Kapelle, um
ein inbrünstiges Gebet zu sprechen. Als sie zurückging,
hallte vom Süden herüber das melodische Geläut der
Glocken in Gablona.

„Ich soll ihn wiedersehen", sprach sie unter stär=
kerem Klopfen ihres Herzens, „und sein Wort soll
für mich die Bedeutung eines Urtheilsspruchs haben!
Wenn er Gott und Menschen wahrhaft liebt, kann
ich ihm vertrauensvoll ins Ange schauen!"

Gegen Mittag langte Cornelie von Gampenstein
mit Egbert in der Skahütte an, eine Stunde später
Augustin von Orna.

Die Baronin legte die Hände Rona's und des
Domherrn in einander, indem sie sprach:

„Liebet Euch und sorget, daß allen denen, die zu
Euch stehen, die Liebe, welche Segen bringt und Frie=
den, nie verloren gehe!"

Darauf winkte sie Lena und Egbert und führte sie,
des Domherrn Hand erfassend, zu dem Bilde Joseph's.

„Das ist Dein Vater, Augustin", sagte sie mit
großer Bewegung. „Er hat Dich nie mit leiblichem
Ange gesehen, sein geistiges Ange aber hat Dich zu
dem gemacht, was Du Dir selbst, Deiner Mutter
und der Welt geworden bist! Was glaubst Du, daß,
lebte er noch, diese Beiden von ihm hören würden?"

„Dasselbe Wort, das mir die Mutter ans Herz
legte", versetzte der Domherr, drückte Egbert und Lena
die Hände und fügte sie dann mit einem Segens=
spruche zusammen.

Auf Corneliens Wunsch las der Domherr vor
seiner Abreise aus der Skalhütte in der Kapelle am
Waldessaume eine stille Messe, der sich auch Rona
und Moser nicht entzogen. Im Juli, an demselben
Tage, welcher Egbert zum Herrn der Skalhütte führte,
segnete Domherr Augustin von Orna in der Kirche
des heiligen Nepomuk zu Gablona Lena und Egbert
als Brautpaar ein. Diesem feierlichen Acte wohnten
außer den nächsten Verwandten nur Moser, dessen
Frau und Tochter und der Pachter Pabst, Elfriedens
Verlobter, bei. Die redegewandte Frau Liddy Marbold war nicht rechtzeitig mit ihrer Toilette fertig geworden, die Küche hatte sie zu lange festgehalten.
Sie kam erst, als der junge Herr von Gampenstein
schon den Ring mit seiner schönen Braut gewechselt
hatte. Dafür war aber auch das Hochzeitsmahl, das
in dem geräumigen, luftigen Saale der Eremitage
ausgerichtet wurde, welche der Obergärtner Marbold
zu diesem Behufe mit einem Wald von Blumen umgeben hatte, tadellos, ja über alles Lob erhaben. Frau
Liddy feierte einen ihrer herrlichsten Triumphe als Koch-
künstlerin und übernahm sich bei den vielen Schmeicheleien, die man ihr sagte, so sehr in Knixen, daß sie
sich abends kaum mehr aufrecht erhalten konnte.

Nach einer kurzen Hochzeitsreise mit Lena hielt
Egbert seinen Einzug auf Schloß Gampenstein. Als

er das Zimmer seines Vaters öffnete, fand er auf
dessen Schreibtische eine versiegelte Rolle, welche die
Adresse seiner Mutter trug. Der gehorsame Sohn
sandte dieselbe sogleich durch Moser, der bei dem Ein=
zuge der jungen Herrschaft nicht fehlen mochte und
Egbert seine guten Dienste anbot, nach dem Vorwerke
bei der Lochbuche, wo Cornelie den Rest des Jahres
in stiller Zurückgezogenheit zuzubringen wünschte. Die
Rolle enthielt die ihr geraubten Briefe Aaron's.

Unter Strömen von Thränen las Cornelie die
glückverheißenden Worte des längst Verstorbenen noch=
mals durch, siegelte sie dann abermals ein und sendete
sie zugleich mit dem von ihrem eigenen Portrait ver=
deckten Bilde Joseph's durch Elias Moser an den
Domherrn von Orna.

Ein Jahr später verhüllte Cornelie mit eigener
Hand das reizende Bild, das sie als Mädchen dar=
stellte, nahm Abschied von Egbert und Lena, besuchte
noch einmal die Skalhütte und ging dann nach Ga=
bloua, wo sie eine lange Unterredung mit dem Dom=
herrn hatte.

Später erfuhren Sohn und Schwiegertochter, daß
Cornelie von Gampenstein in Genua den Schleier
genommen habe.

Ende.

— Verlag von Ernst Julius Günther in Leipzig. —

Herrin und Dienerin.

Eine Erzählung aus dem häuslichen Leben
von
der Verfasserin von „John Halifax".
Aus dem Englischen
von
Sophie Verena.
Autorisirte Ausgabe.
Zwei Bande. 8. Geheftet. Preis 1 Thlr. 10 Ngr.

Die Channings.

Romau
von
Frau Henry Wood,
Verfasserin von „East Lynne" 2c.
Aus dem Englischen
von
A. Kretzschmar.
Autorisirte Ausgabe.
Vier Bande. 8. Geheftet. Preis 2 Thlr. 20 Ngr.

Verlag von Ernst Julius Günther in Leipzig.

Doctor Antonio.

Aus dem Englischen.

2 Bände. 8. Geheftet. Preis 1 Thlr. 10 Ngr.

Ravenshoe

Oder:

Der falsche Erbe.

Roman

von

Henry Kingsley.

Aus dem Englischen

von

Marie Scott.

Autorisirte Ausgabe.

4 Bände. 8. Geheftet. Preis 2 Thlr. 20 Ngr.

Lightning Source UK Ltd.
Milton Keynes UK
UKHW051811110119

334943UK00017B/898/P